本州島東北部の
弥生社会誌

Sociography of Yayoi Period in the NE Honshu Island

高瀬 克範

六一書房

写真1 実験石器による使用痕光沢面の分類（すべて200×，2のみ片岩，そのほかはすべて頁岩）

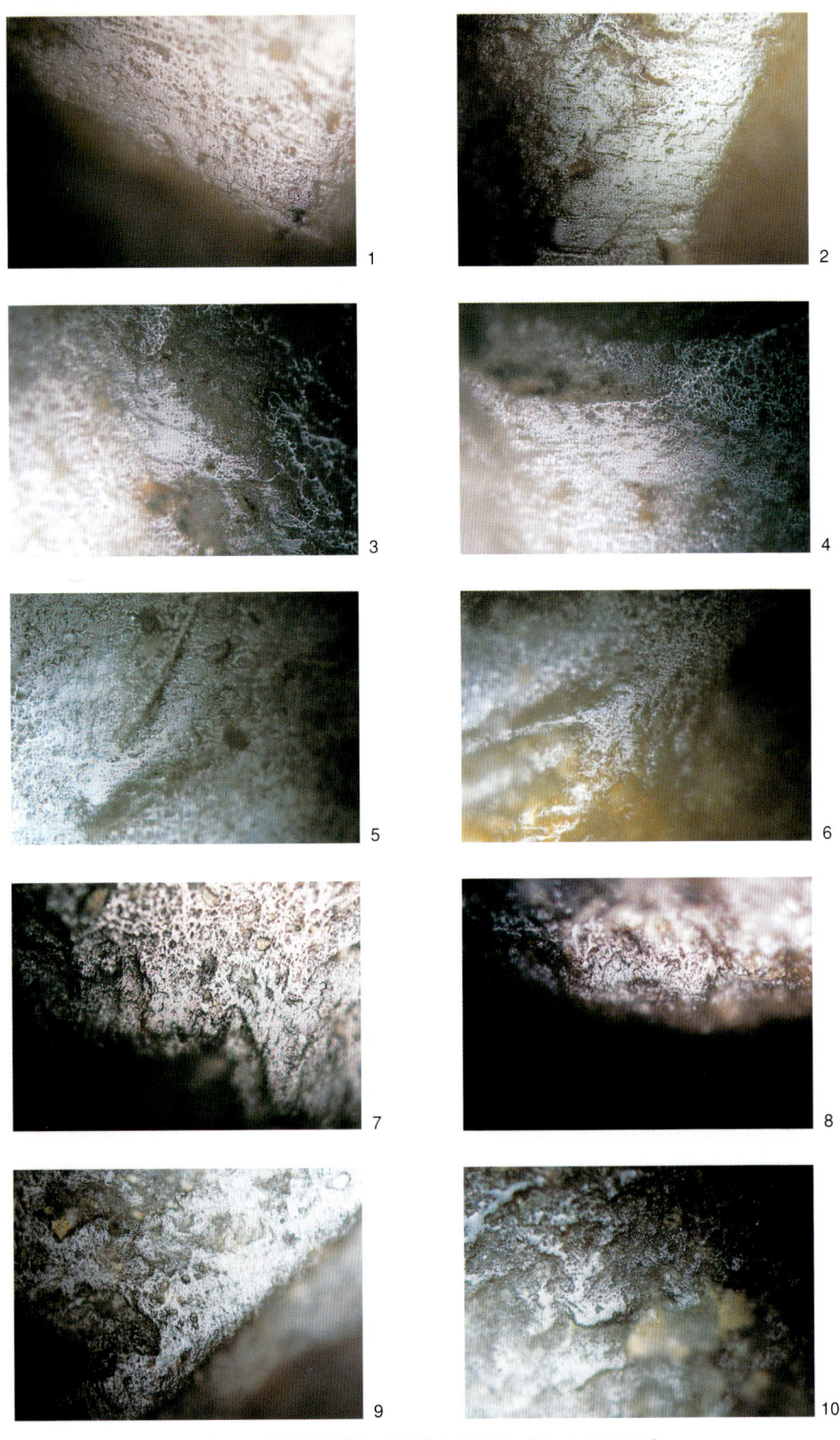

写真2　上杉沢遺跡出土石器の使用痕（すべて200×）

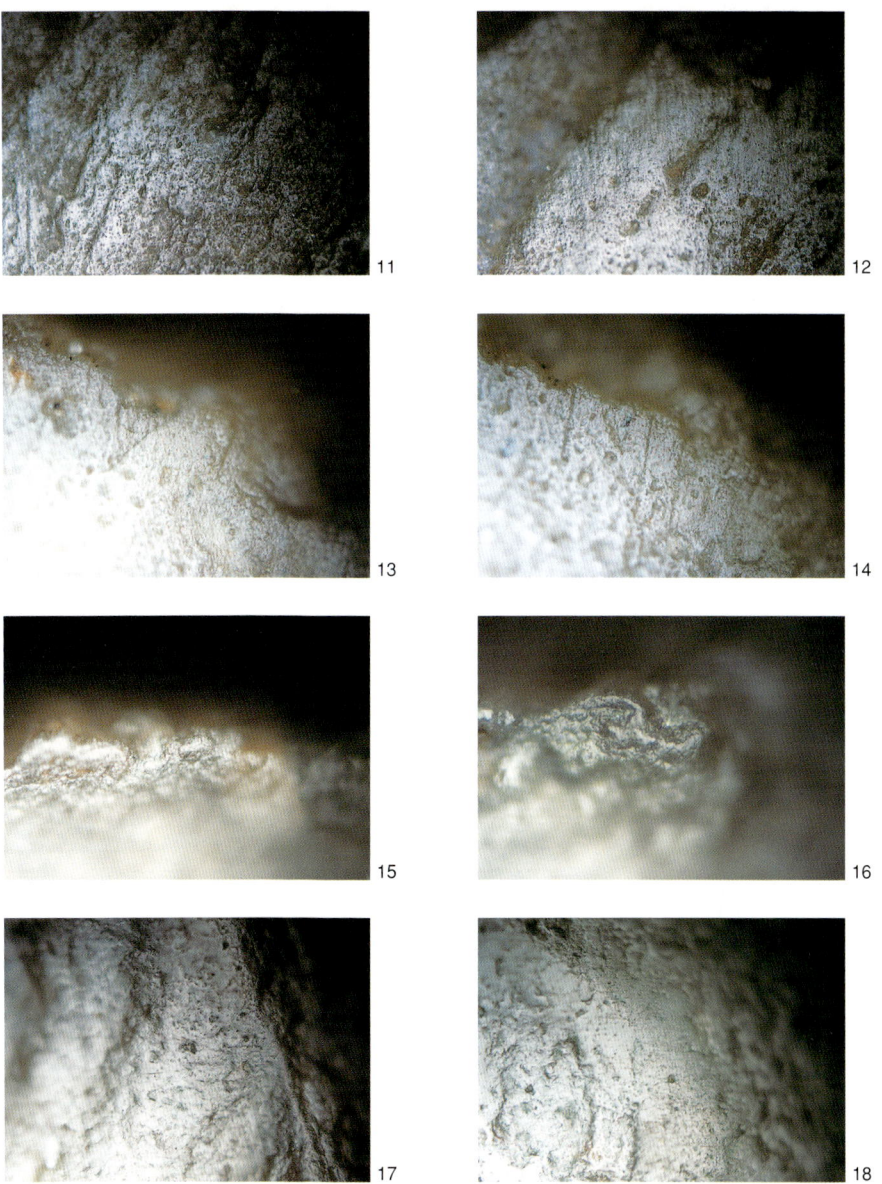

写真3　砂沢遺跡出土石器の使用痕（11・12：100×，15・16：500×，その他：200×）

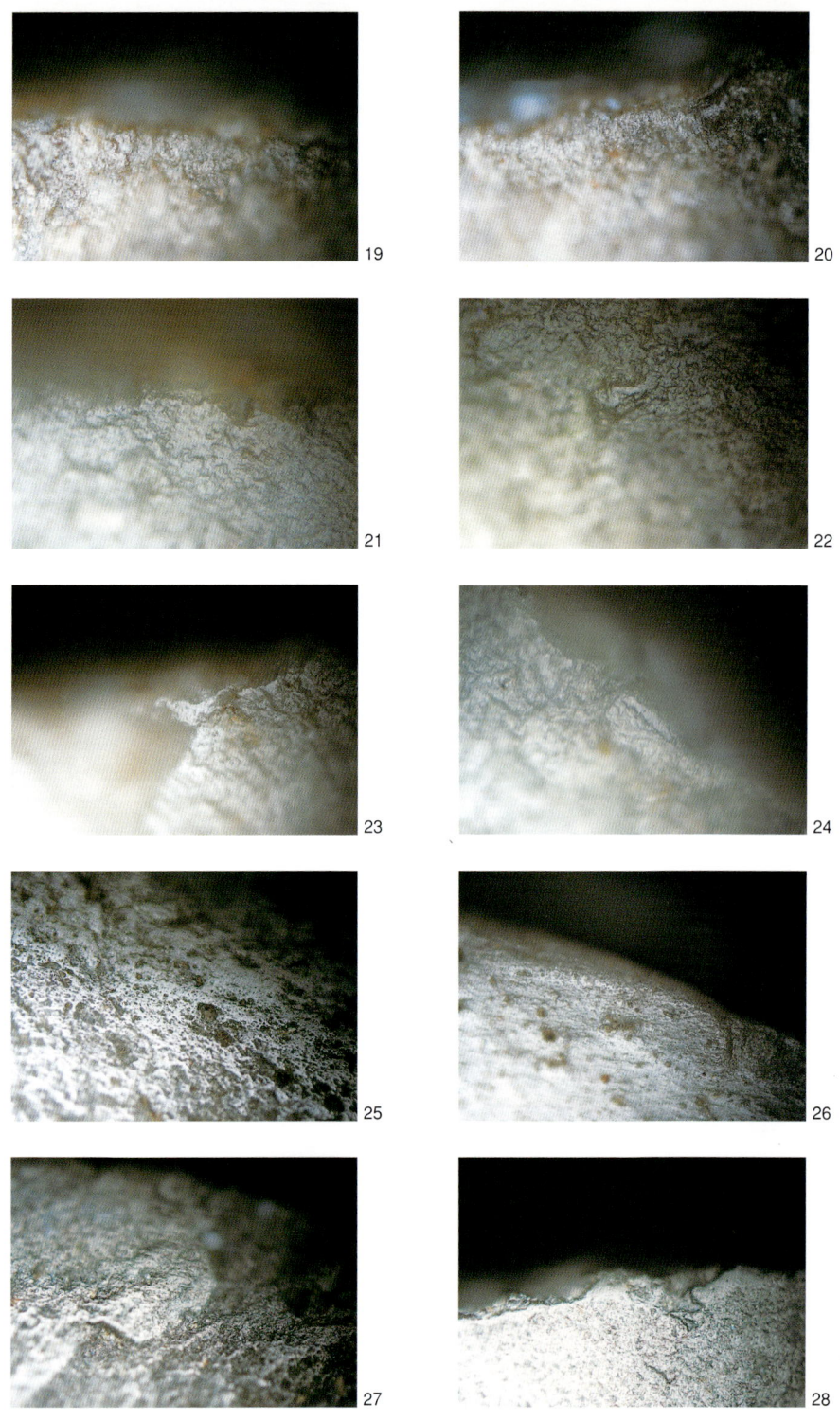

写真4　諏訪台C遺跡出土石器の使用痕（1）（25：100×，21・22：500×，その他：200×）

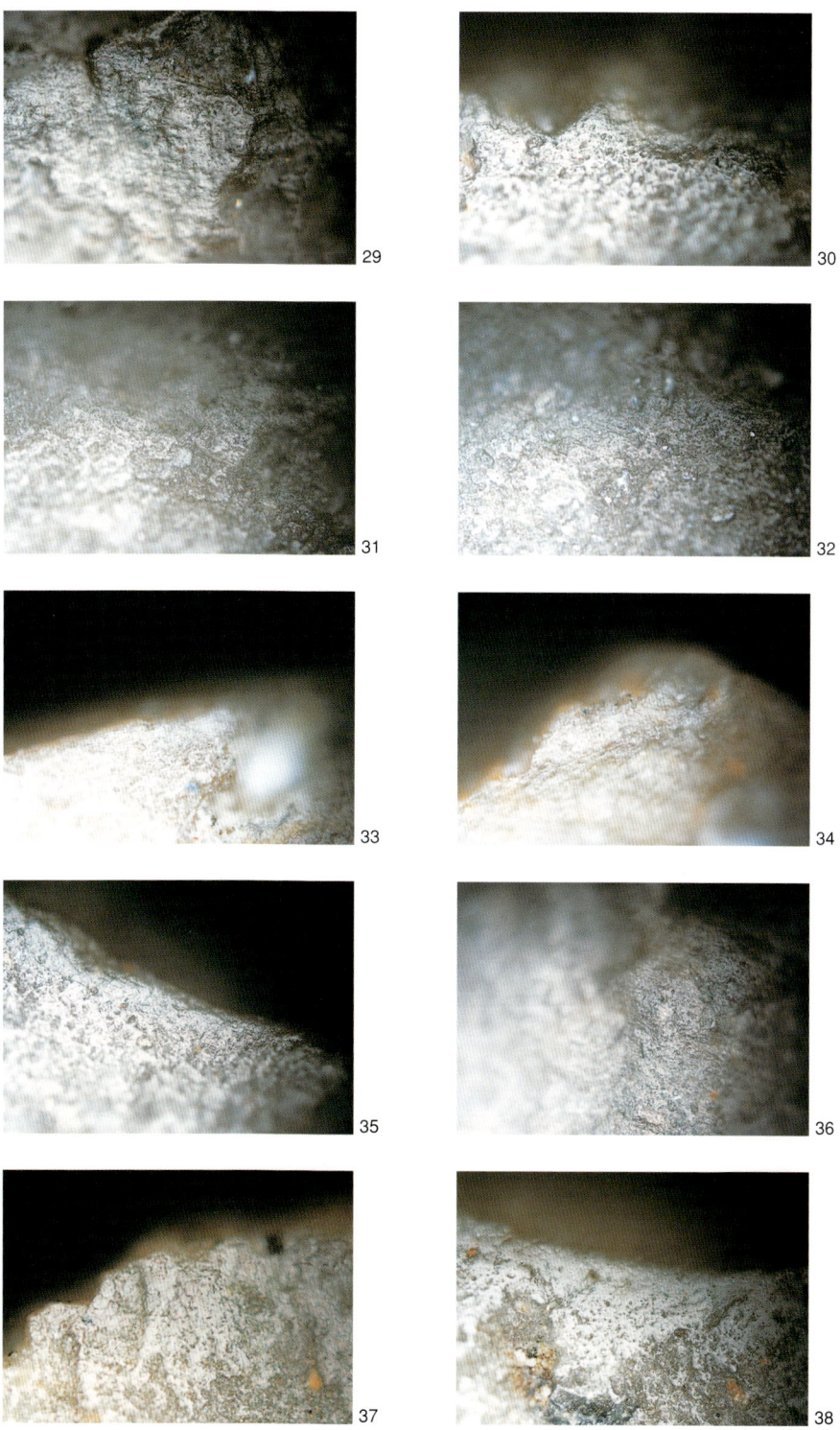

写真5 諏訪台C遺跡出土石器の使用痕 (2) (すべて200×)

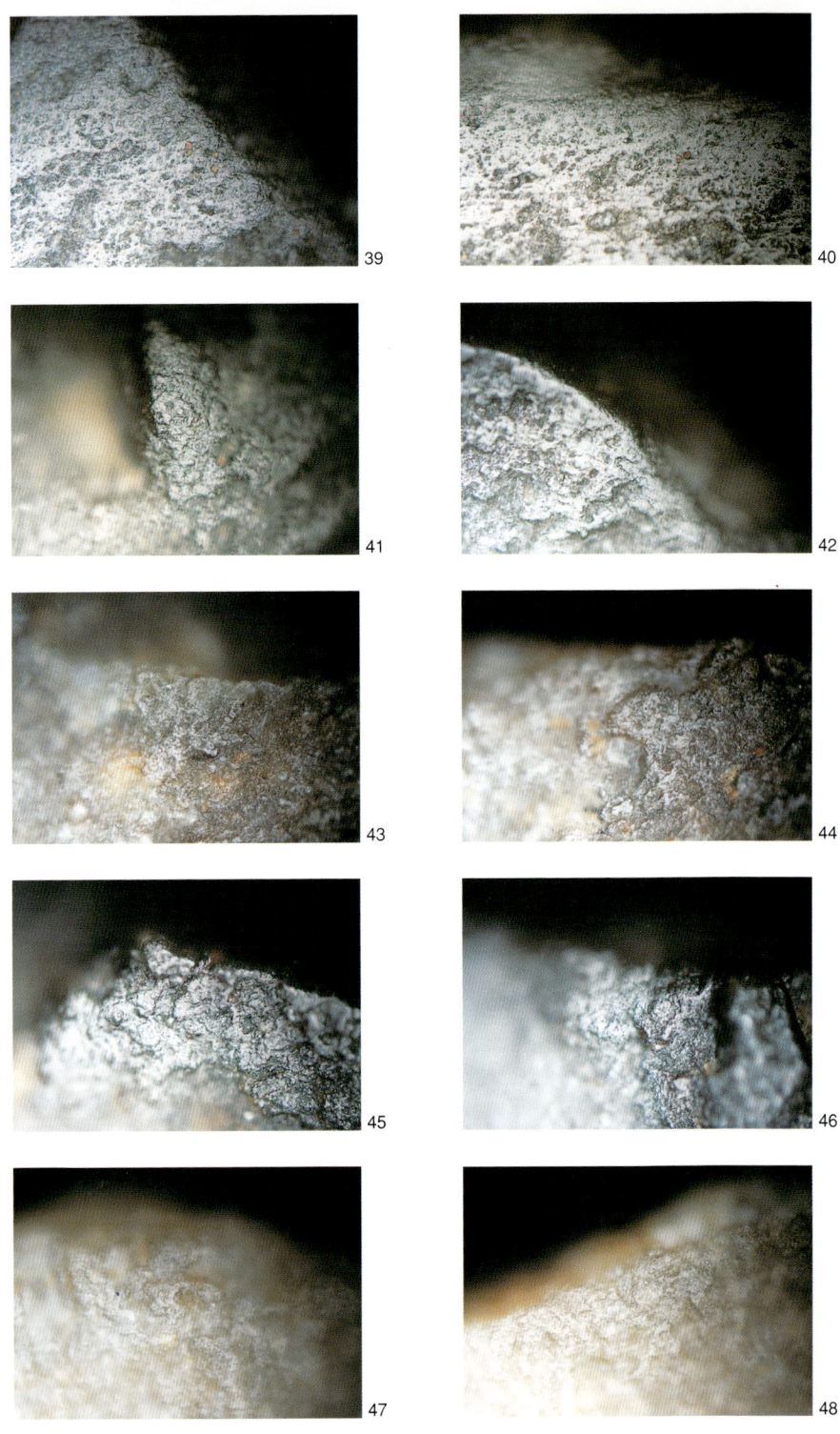

写真 6 諏訪台 C 遺跡出土石器の使用痕 (3) (すべて 200×)

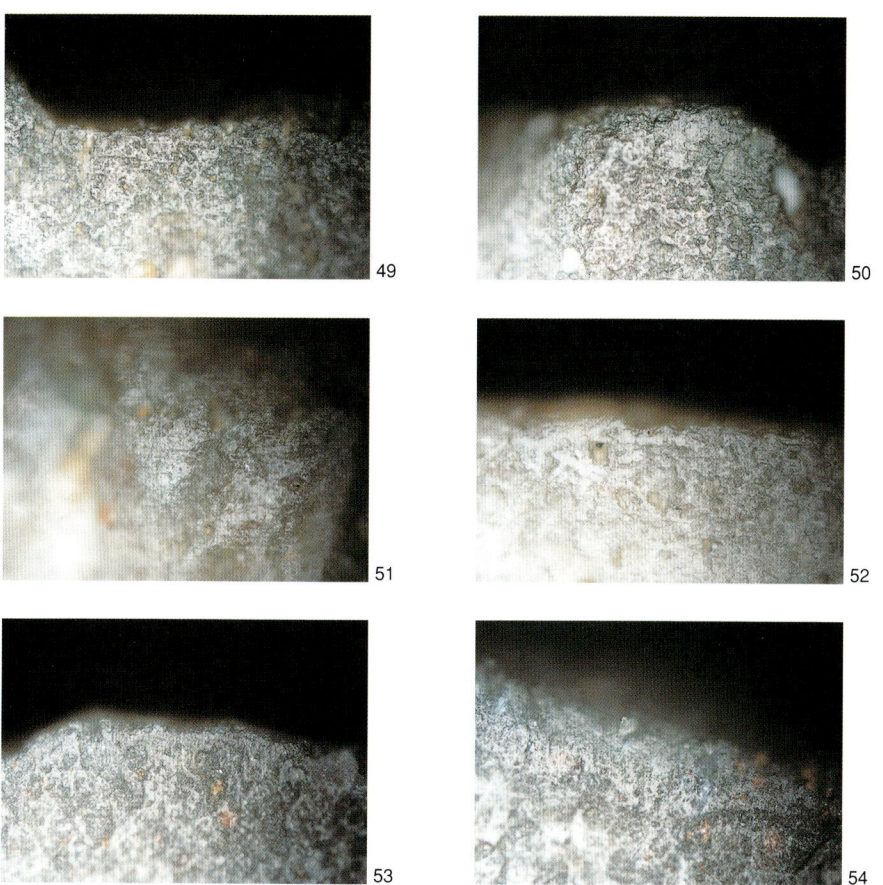

写真7 諏訪台C遺跡出土石器の使用痕 (4) (すべて 200×)

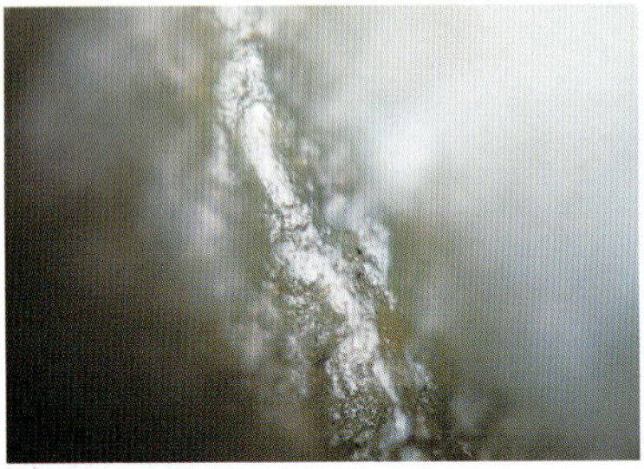

55

56

57

58

59

60

61

62

写真８　垂柳・高樋（3）遺跡出土石器の使用痕（59：100×，58・62：500×，その他：200×）

0　400 μ
100×

0　200 μ
200×

0　80 μ
500×

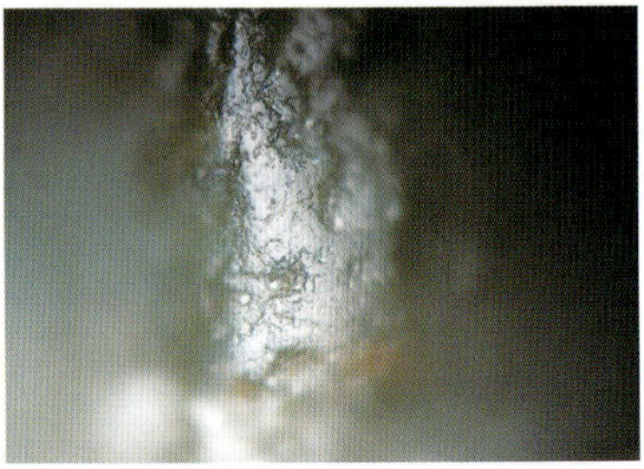

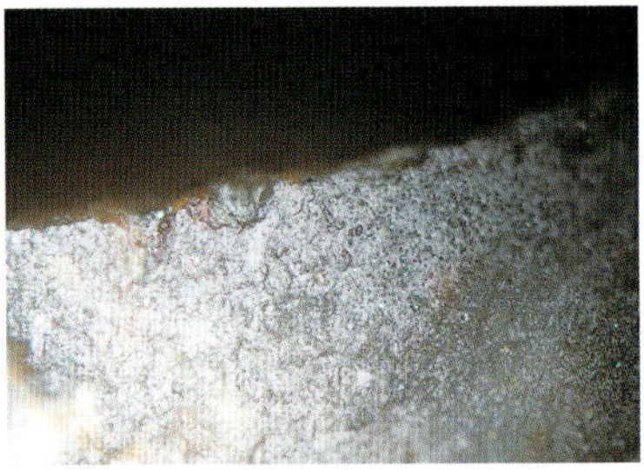

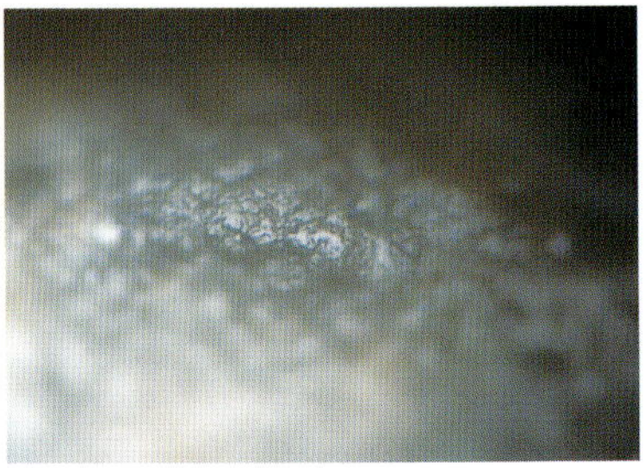

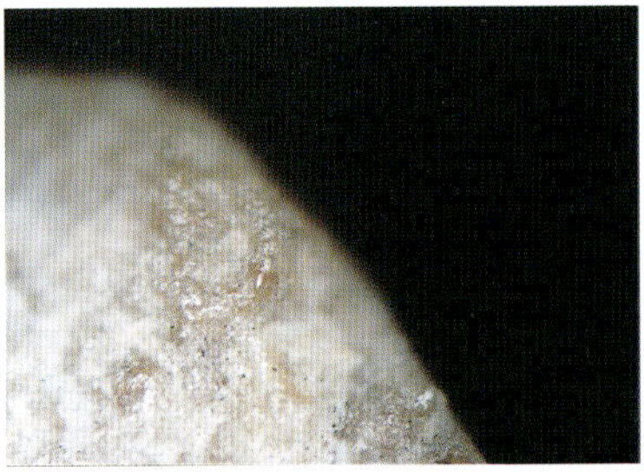

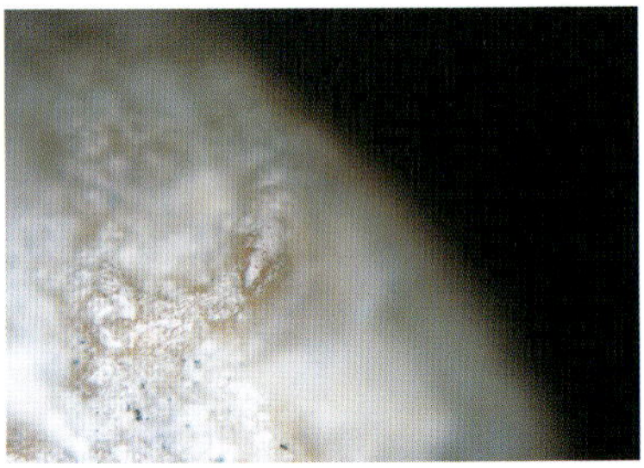

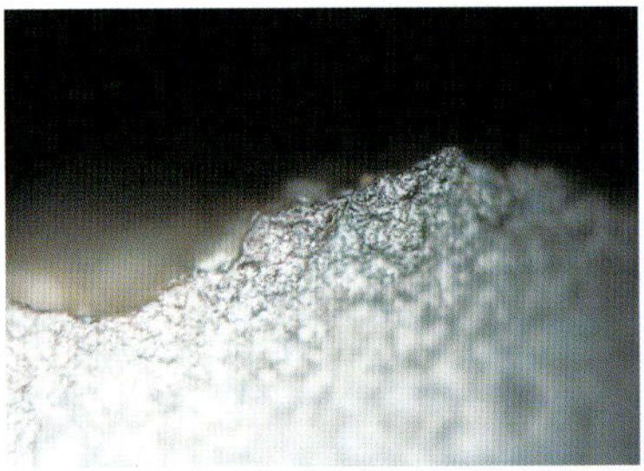

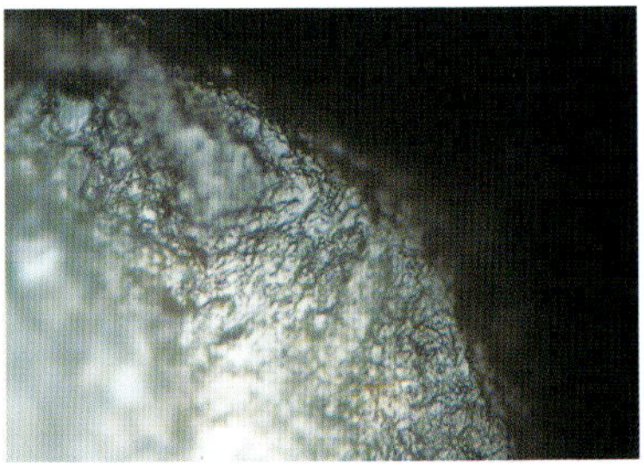

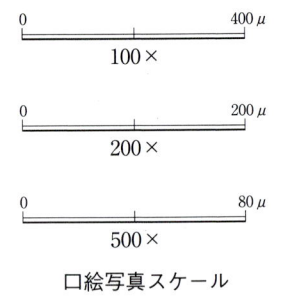

口絵写真スケール

目 次

第Ⅰ部 「東北弥生社会」へのまなざし

第1章 序　章—フィールドとしての「東北」···3
第2章 研究の到達点と展望···9
　1. 戦前における到達点···9
　2. 戦後研究の再構築—伊東信雄···12
　3. 伊東以後の潮流···14
　　(1)同一化アプローチ、(2)差異化アプローチ、(3)アプローチの越境
　4. 視点と展望···19

第Ⅱ部 時間軸の設定

第3章 縄文時代晩期後葉～弥生時代前期の土器編年···23
　1. 編年の問題点···23
　2. 大洞A'式の上限···26
　　(1)大洞A'式の設定、(2)大洞A_2式から大洞A'式へ、(3)文様の系列化、(4)変形工字文の多元的発生、(5)大洞A_2式設定の意義
　3. 大洞A'式直後の土器群···37
　　(1)本州島東北部北部、(2)本州島東北部中部、(3)本州島東北部南部、(4)大洞A'式の下限と本州島東北部内部の並行関係
　4. 広域編年への位置づけ···53
　　(1)関東平野との関係、(2)中部高地・北陸地方との関係、(3)東海地方との関係、(4)近畿地方との関係
第4章 弥生時代中期の土器編年···62
　1. 変形工字文と磨消縄文の推移···62
　2. 地域ごとの編年···66
　　(1)津軽・下北半島、(2)岩木川水系（津軽平野）、(3)馬淵・新井田川水系、(4)雄

物・米代川水系、(5)北上川水系・三陸沿岸部、(6)仙台平野・仙台湾沿岸、(7)最上川水系、(8)阿武隈川水系、(9)阿賀野川水系、(10)磐城・相馬海岸
　　3．広域編年への位置づけ …………………………………………104
　　　　(1)本州島東北部内部の並行関係、(2)広域編年への位置づけ

第Ⅲ部　「弥生化経験」の社会誌

第5章　遠賀川系要素の伝播と拡散 ……………………………………111
　　1．従来の研究と問題点 ……………………………………………111
　　　　(1)年　代、(2)製作者、(3)伝播経路
　　2．壺の系譜 …………………………………………………………114
　　　　(1)壺の実態、(2)縄文晩期（大洞A'式期）の壺、(3)弥生前期（砂沢式期）の壺
　　3．甕の系譜 …………………………………………………………124
　　　　(1)縄文晩期（大洞A'式期）の甕、(2)弥生前期（砂沢式期）の甕
　　4．蓋の系譜 …………………………………………………………128
　　　　(1)蓋の出現、(2)弥生前期（砂沢式期）の蓋
　　5．伝播・拡散プロセスが提起する問題 …………………………133
第6章　本州島東北部の対内交渉と地域構成 …………………………135
　　1．縄文時代晩期の交渉形態と小地域 ……………………………135
　　　　(1)広域な交渉の事例、(2)狭域な交渉の事例
　　2．大洞A$_2$・A'式期の粗製土器 …………………………………139
第7章　居住単位の変化 …………………………………………………144
　　1．弥生時代住居の特質 ……………………………………………144
　　　　(1)住居構造に関わる属性、(2)付帯施設、(3)居住者数とメンテナンスに関わる属性、(4)弥生時代住居の特質
　　2．住居の空間利用 …………………………………………………154
　　　　(1)住居内の遺物分布、(2)土器ブロックの内容
　　3．住居の居住者たち ………………………………………………159
　　　　(1)居住者の単位、(2)細分単位の性質、(3)面積と居住人数の関係
　　4．「世帯の統合」の意義……………………………………………166

目次 3

第8章　集落・村落組織の再編 ……………………………………………168
　1. 縄文晩期の集落 ……………………………………………………168
　2. 弥生集落の類型化 …………………………………………………168
　　　(1)龍門寺タイプ、(2)風無台タイプ、(3)風張タイプ、(4) 地蔵田タイプ
　3. 集落類型の分布と「集落の統合」 ………………………………179
　4. 集落再編のあり方 …………………………………………………180
　　　(1)米代・雄物川流域、(2)馬淵・新井田川水系、(3)岩木川水系（津軽平野）、(4)津軽・下北半島、上北地方、(5)北上川水系・三陸沿岸部、(6)仙台平野、阿武隈川水系、磐城・相馬海岸、(7)最上川水系
　5. 集落の再編から導かれる問題 ……………………………………196

第9章　集住化の二形態—津軽平野と仙台平野— ………………………198
　1. 遺跡の基礎情報 ……………………………………………………198
　　　(1)遺跡の選択、(2)遺跡分布図の作成
　2. 遺跡分布の特徴 ……………………………………………………204
　　　(1)分布の特徴、(2)バイアスの検証、(3)縄文晩期・弥生時代遺跡にみられる傾向
　3. 集住化の二形態 ……………………………………………………212

第10章　水稲耕作の生産性と労働力 ………………………………………214
　1. 本州島東北部の初期水稲耕作 ……………………………………214
　　　(1)水田構造、(2)農耕具、(3)収穫・脱穀具、(4)イネの性質
　2. 生産性と労働力 ……………………………………………………222
　　　(1)生産性の推定、(2)必要な労働力
　3. 集落構成員との関係 ………………………………………………228
　　　(1)集落類型との対比、(2)イネへの依存度、(3)水田経営の最小単位

第11章　食料資源利用の評価 ………………………………………………232
　1. 採集・栽培活動の評価 ……………………………………………232
　　　(1)木本の利用、(2)草本の利用、(3)植物利用の評価
　2. 狩猟活動の評価 ……………………………………………………239
　　　(1)動物遺存体からみた狩猟活動、(2)石器からみた狩猟活動
　3. 食料資源利用の包括的な理解にむけて …………………………274
　4. 「亀ヶ岡文化」の終焉と水稲耕作の開始 ………………………277

5. 北海道島の評価 …………………………………………………281
第12章　墓制にみる社会関係の変化 …………………………………284
　1. 葬送過程と再葬墓の起源 ………………………………………284
　　⑴1次葬、⑵2次葬、⑶再葬に付随する行為、⑷壺棺再葬墓の発生と展開
　2. 複棺型壺棺再葬墓の分析 ………………………………………288
　　⑴墓地の構成、⑵墓坑の内容、⑶再葬が意味するもの、⑷被葬者の系譜
　3. 本州島東北部北半の再葬墓 ……………………………………315
　　⑴再葬墓の拡散、⑵地蔵田遺跡の解釈

　　第Ⅳ部　本州島東北部の初期稲作農耕社会―その特質と意義―

第13章　「東北弥生社会」の特質と意義 ………………………………323
　1. 本書の位置づけ …………………………………………………323
　2. 本州島東北部における弥生社会の特質 ………………………325
　　⑴社会変化の単位と社会階層化、⑵儀礼・祭祀と流通原理、⑶日本史学のコンテクストから
第14章　狩猟採集民と農耕の関係性―「非文明」への視角― ………332
　1. 動的かつ多様な〈関係性〉へ …………………………………332
　2. これまでの図式との比較から …………………………………335
　3. 「多様性論」をこえて ……………………………………………339
結　論 …………………………………………………………………………342
あとがき ………………………………………………………………………344
註 ………………………………………………………………………………349
英文要旨 ………………………………………………………………………359
引用文献 ………………………………………………………………………365
索引 ……………………………………………………………………………401

第Ⅰ部 「東北弥生社会」へのまなざし

第1章　序　章—フィールドとしての「東北」

―東北は、日本史のなかにしゃにむに引っぱり出されたそもそものはじめから、この標準型日本産業様式（米つくり…引用者）に仲間入りさせられた。そして、ぶきっちょうな身ぶり手ぶりで、必死になってそのまねごとにつとめてきたにもかかわらず、よそのようにはかばかしい成績をあげかねたばかりに「後進」のあざけりをながく残して今日にいたったのである。

　　　　　　　　　　（高橋富雄 1973『東北の歴史と開発』山川出版社、p.124）。

　本書ではおもに、現在の青森・岩手・秋田・宮城・山形・福島の6県の行政区に含まれている地域を取り扱う。「東北地方」とよばれるこの地域は、文字どおり本州島の東北部に位置しており、日本列島のなかでは冷涼な気候を特徴としてはいるものの、重要な穀倉地帯ともなっている。南北500km、東西200kmにもわたる広大な土地には、多様な地形と気候条件が包摂され、日本の国土の約17％を占めている一方、居住人口は総人口の8％弱にとどまっている。内部を流れる河川には長大なものが多く（第1図）、8本の主要河川はすべて流域面積が日本国内の上位31以内に入っており、岩木・馬淵川をのぞけば15位以内に名を連ねている。

　この地域に対して紡ぎ出されてきたイメージは、「北奥」・「陸奥」・「みちのく」などということばに表れているように、どちらかというと暗く、停滞的なものであったことは否めない。それゆえに、「発展」の重要な要件と見なされる水稲耕作が、この地域でいつ、どのように出現するかは特別な意味合いがあるわけである。しかしながら、負のイメージを伴う「東北」観は主として近代以降に形成されたものであり、近世以前においてはより多様な価値観を含むものでもあったらしい（河西 2001）。

　日本考古学は、このような近代以降に植え付けられた「東北」観、および古代における「蛮夷征討」の歴史に引きずられるかたちで、この地域をとり扱ってきた。弥生時代の研究も例外ではなく、むしろそうしたイメージを積極的にとりいれて「東北」を停滞的に描いたり、逆に「東北」内部ではそうした見方

への反発を原動力として研究が進んできたといっても過言ではない。遅れたイメージや偏見をめぐるせめぎ合いの場、これが「東北」というフィールドのひとつの特徴であったといえる。これまで提出されてきたこの地域の弥生時代に関する言説のなかに、一見すると矛盾するふたつの側面が同居しているのもここに原因があるのではないだろうか。

そのひとつは、「水田経営が拡大し、…（中略）…農耕集落は確実に発達する」（須藤 1998、p.364）、あるいは「東北弥生時代の水田稲作が発展し、定着していった過程をたやすくよみとることができる」（広瀬 1997、pp.82-83）など、この地の「弥生文化」が前～中期にかけて順調に発展していったという趣旨の発言である。この根拠となっているのは、ふるくから知られてきた大陸系磨製石器の伝播、1980 年代以降になって検出された広大な水田と多量の木製農具、類遠賀川系土器の拡散といった外来系の要素である[1]。こうした発言は、規模や技術が日本列島西南部と大きくは変わらない水稲耕作が急速かつ広域に列島内にひろがるという現在の弥生時代観の形成に大きな役割を果たしてきている。

もうひとつの言説とは、「縄文時代に確立した集団関係が強くこの地方の農耕社会に受け継がれ……」（須藤 1998、p.372）、あるいは「縄紋的な世界観は消滅していない」（広瀬 1997、 p.84）といった発言である。これは、日本列島東北部、とりわけ本州島東北部では青銅器や墓の差異化など社会階層化の指標とされる証拠が非常に希薄であり、祭祀遺物や土器をはじめとする物質文化の大部分が縄文時代から連続的に変化している点から導かれたものである。これによって、本州島東北部においては弥生時代にいたっても社会原理や精神文化といった側面では「亀ヶ岡文化」の伝統がきわめて強く残るという認識が定着してきた。

これらふたつの説明は、確かにどちらも一定の考古学的な根拠にもとづいている。したがって、この両者をとりいれた説明である「社会の原理は変化させずに、水稲耕作だけを受容した地域色のつよい弥生文化」（禰宜田 1993、2000、広瀬 1993、1997）という結論についても問題はないということができるかもしれない。しかし、労働力の集約を必要とする水稲耕作の導入と、自然資源の利用という観点から分散居住をおこなってきた縄文後・晩期社会のあり

方は本来、相反する性質をそなえている。このような性質をひとつの社会のなかで同居させて説明するには、それらを両立させるための中間項がべつに必要となってくるはずである。青森県垂柳や宮城県富沢などでの継続的な調査により、当時の水田規模が縄文晩期の集落規模で経営できるほど小さくなかったことが実証的に示されてきている現在、この点に折り合いをつける必要性はますます高まっているといえるにもかかわらず、そうした議論が放置されつづけていることが問題なのである。

　こうした二面性を帯びた説明をつなぐものは、当時の人びとが抱えていた問題とそれへの対処方法を吟味することで初めて明らかにされるはずである。灌漑施設を伴う水稲耕作の導入とその運用技術の実践、金属器・木器・石器にみられる外来系要素の急増、儀礼・祭祀形態の変貌など、紀元前一千年紀の日本列島にみられる相対的に大きな社会組織上、物質文化上、食料資源利用戦略上の変化を、歴史事象としての「弥生化経験」と呼ぶ。ここで扱う本州島東北部に関しては、「亀ヶ岡文化」の人びとが自らの問題意識から「弥生化経験」をいかなるものとしてとらえ、それといかなる関係性を構築しようとしたのかという視点から見直し、その変化の過程と要因を明確に出来たならば、この地の「弥生文化」に関するひとつの包括的な仮説として昇華されることになるだろう。本書では、その性質が大きく変化すると考えられる弥生時代後期直前まで（近畿第Ⅳ様式並行まで）を対象として、社会組織の変化を中心に据えた検討を行う。これによって、従来の説明を順次検証すると同時に、それを土台として、あるいはそれに替わる新たな歴史像を提示したい。

　本書のもうひとつの目的は、表面的には衰退しつつあるようにみえる発展史観や進歩史観に対して、「非文明」を等価に対置させるための展望を切り拓くことにある。本格的な生産経済の導入と社会階層化や戦争などは、密接な関係にあるという考えがいまなお広く受け入れられてきている。しかし、本州島東北部をもふくむ北緯40°付近以北のアジアにおいては、栽培植物種の集約的利用が確認されたとしてもこうした図式が全面的に適用できない事例が、今後、相当数確認されてくるものと思われる。近年では日本列島西南部においても水稲耕作の受容形態に多様なありかたが認められる点が議論されているが、列島東北部では農耕を行いながらもそれに付随すると考えられる要素の多くが

6　第Ⅰ部　「東北弥生社会」へのまなざし

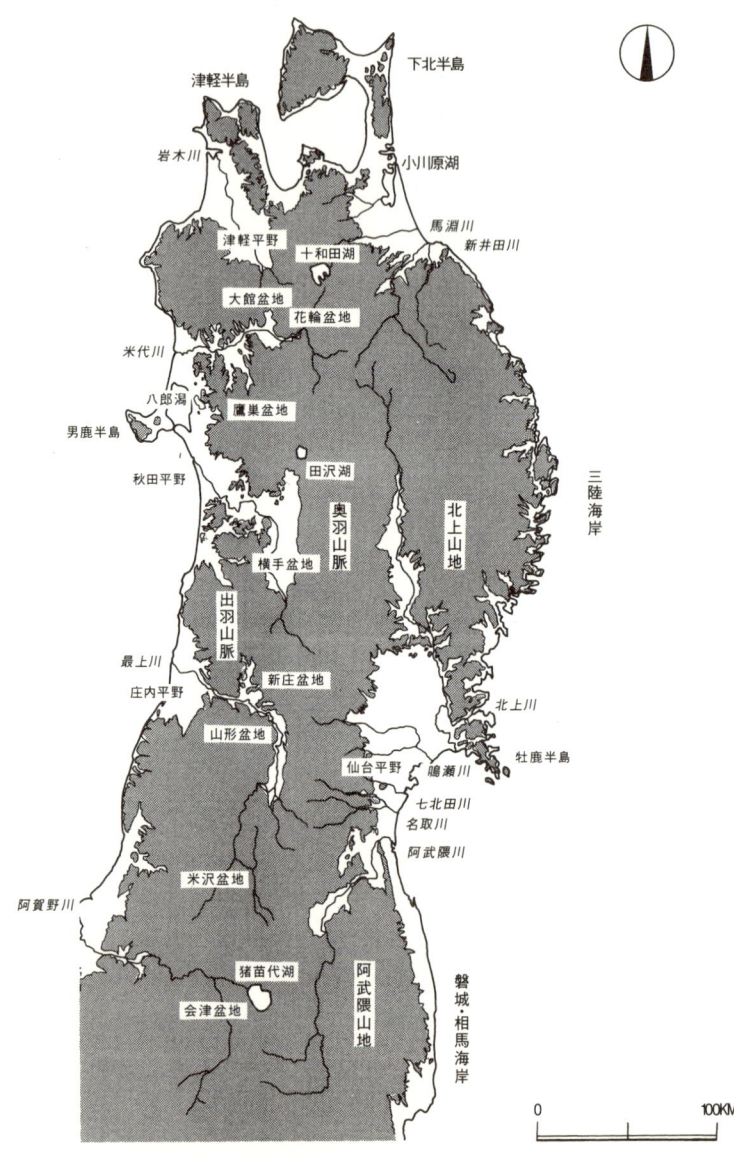

第1図　本州島東北部の河川と地形［等高線は標高100m］

第1章 序 章―フィールドとしての「東北」

抜け落ちており、これまで知られてきた農耕社会の成立過程とはまったく異なる変化の道筋をたどる事例研究としての可能性が秘められている。狩猟採集民の主体的な農耕への働きかけや対処のしかたという視点から本州島東北部を見直すとき、従来の枠組みにとらわれることなく狩猟採集民と農耕の関係性を描けることになるだろう。

　もちろん、こうした認識はいまに始まったわけではない。しかし、この領域の議論がこれまで確固とした潮流として成熟してこなかったのは、さきに述べた二面性を帯びた説明の中間項を明らかにする努力がおろそかになっていたからにほかならない。水稲耕作の積極的な導入と社会としての縄文時代との連続性が強調されつつも、平等原理を貫徹させながら生産経済を導入することができたメカニズムについてはまったくふれられてこなかったのである[註2]。むしろ、縄文社会との連続性を強調することがこのメカニズムの説明を行わないことへの免罪符となってきた経緯があり、二面性をおびた説明が文脈によってたくみに使い分けられることで重要な問題から逃れられてきたとさえいえる。

　すでに述べたとおり、本書ではこのメカニズムと直接むきあうことを第一の目的としている。その成果を列島西南部で想定されてきた社会変化の内容と比較することにより本州島東北部の「弥生文化」の歴史的な意義をより明確にすることができるだろう。また、ここでの議論は単に日本列島のみの問題にとどめておくのではなく、一面的な「発展の図式」を相対化しようとする議論の中に積極的に位置づけられ、それを先導する役割を担ってゆくものでなければならないと考える。これによって、従来の図式に収まりきらない狩猟採集民と農耕の多様かつ動的な関係性への議論の展望を拓きたいのである。

　こうした目的を達成するために、本書では土器・石器・住居・墓をはじめとする複数の種類の遺物・遺構を検討することになる。第Ⅰ部において研究史の整理から分析の展望をえたのち、第Ⅱ部で考古学的議論の基盤となる土器編年を整備する。第Ⅲ部では、外来・在地要素の分布からみた地域圏の構成や、住居・集落・水田・墓などからみた社会変化のありかたとその要因を検討し、動植物遺体や石器からみた食料資源利用の包括的な理解についても論じる。第Ⅳ部ではそれまでの検討を総括し、とくに日本列島西南部における弥生文化の研究状況、またそこで形成されてきた弥生時代像との比較を通じて、本州島東北

部の特質と歴史的な意義がどこにあるのかを考える。さらに、ヨーロッパや熱帯雨林地域の研究状況も考慮しつつ、狩猟採集民と農耕の関係性という視点から農耕社会の成立過程やそれと併存する狩猟採集社会の内容を見直す必要があることを主張したい。

第2章　研究の到達点と展望

　山内清男・伊東信雄の業績を嚆矢とする本州島東北部における弥生時代の研究は、すでに80年ちかくの歴史を有している。いうまでもなく、この間の研究の蓄積は膨大なものがあるが、個別のテーマの学史は第Ⅱ部以降の各章で必要に応じてふれることとし、ここでは本州島東北部の弥生時代の社会・文化的側面に関する学史を方法論とその背景にあった理論的側面から整理してみることにしたい。この地域の弥生時代研究がいかなる分析過程と解釈の基盤にもとづきながら何を目指してきたのかを明らかにし、これからその研究に着手しようとするわれわれがどのような視点と方法を持つべきかの指針をえたいと考えるからである。

1．戦前における到達点

　山内清男（1925）による桝形式土器の籾圧痕についての報告は、本州島東北部の「石器時代」末期頃に、「稲を培養し、農耕をおこないたるものありし」(p.184) という点を明確にすることを主眼としていた。しかし、のちに桝形式が弥生時代に属することが明らかになっても、それが直ちに本州島東北部の稲作を証明することにはならなかった。天皇制イデオロギーと皇国史観が支配する当時の日本社会と学界にあって、『記紀』の記述を自明なものとし（工藤1974）、本州島東北部で農耕が開始されるのは7、8世紀になってからという認識を覆すことは当然、容易ではなかったからである（伊東1970）。

　こうした認識は、「石器時代」の研究によって「天孫種族」以前にいた日本列島の居住者を明らかにしようとする明治から戦前までの人類学・考古学的目的のなかで、いわば議論する余地のない前提となっていたものである。蝦夷・熊襲・土蜘蛛・コロボックルといった『記紀』や伝承に登場する異族と遺物・遺構を対比する当時の考古学は、「真理」とみなされた記述・伝承に資料をあてはめているという点で科学とはほど遠い論理構造をもっている（林1994）。また、こうした学問成果の多くが日本植民地主義の正当化に積極的に加担していたことも見逃せない（工藤1974、p.23、29など）。住居や集落などの調査技

術が確立していない時期であったとはいえ、『記紀』の記述から読みとることができる「プリミティヴ」な生活様式のイメージを縄文・弥生時代の考古資料に反映させることを是としていたことはうたがいなく、蝦夷との関連から縄文時代の終末年代を著しく下げようとする認識が固まっていた本州島東北部では、こうした傾向がとくに強くみられたのはむしろ当然であったといえる。

　この意味で、本州島東北部の弥生時代研究の学史においても、ミネルヴァ論争のもつ重要性にはどうしても触れておかなければならない（山内 1936a、1936b、喜田 1936a、1936b）。縄文時代の終末年代は列島内において大きな差をもたないとする山内（1930）の見解に対しては、当時の「常識」からいえば当然ともいえる拒否反応があり（森本 1933、中谷 1934）、喜田貞吉との論争もこの延長線上に位置づけられる。この論争の学史的な意義としては、『記紀』の記述や「亀ヶ岡式土器」と宋銭の共伴を「真実」とみなす当時の常識に対する型式論的手法の科学性が強調されてきている（勅使河原 1988、1995）。この評価の是非については疑う余地はないが、本州島東北部の弥生時代をあつかう本書では、山内（1930）が提起した問題が約 20 年にわたって放置されてきたことが、戦後研究の性質に大きな影響を与えた点を強調しておきたい。

　山内が、列島内でほぼ同時に縄文時代が終焉を迎えるという認識に確信をもつことができたのは、中部高地・関東平野の「亀ヶ岡式」前半期およびそれに類似する土器には「弥生式的」な特徴が見られないのに対して、「亀ヶ岡式」後半期およびそれに類似する土器には「弥生式的」な特徴が伴いはじめる点が根拠となっている。これは、山内自身も指摘しているように、「亀ヶ岡式」が本州島東北部において自立的に変化し、なおかつ本州島東北部以外で発見される「亀ヶ岡式」は本州島東北部からの搬入品か模倣品でなければならないという前提に立っている[註1]。

　この考えは、列島内における「東から西へ」、あるいは「北から南へ」の影響関係を考えざるを得ない点で、また広域な流通・交渉や土器の模倣関係などを考える必要がある点で、当時の「常識」とはあい入れない性格のものであったといえるであろう。喜田（1936a）は逆に、より西方の影響が本州島東北部に及ぶことによって、「亀ヶ岡式」が盛行したと推測している。

　さらに、山内が採用している「製作、形態、装飾等多数の特徴」（山内

1930）の一致を同時期とみなす型式論的な前提があることも見逃せない。列島内の文化変化に段階差を認めようとする傾向が多分にあった当時の学会に、このような説明がどれほどの説得力をもって受け入れられたかははなはだ疑問である。とりわけ本州島東北部に文化的停滞性を認めようとする考えに立つのであれば、物質文化における「製作、形態、装飾等多数の特徴」の類似性が同時期性をあらわすという考えには直接的には結びついてこないと思われ、実際、喜田（1936a, p.6）はこうした思考法にたいして「常識より考ふるに」と前置きして反論をおこなっているのである。

　さらに山内が、縄文時代の終末を大洞A'式におくことができたのは、桝形式の認識に負うところが大きい。桝形式は、後年になって「弥生式文化」の「東部文化圏」に含められるが（山内編1964）、戦前の山内は桝形式の籾圧痕を非常に重視しつつも、それが「弥生式」に属するか否かについては明言をさけている。しかし、桝形式には「弥生式的特徴が多く、底部に稲の圧痕のある例があり、又弥生式に伴存する石器類を伴出することがある」、「弥生式的特徴が濃厚な桝形式」との発言にみられるように、すくなくとも「農業」が始まった時代としての「弥生式文化」（山内1939）に並行する時期に属すると考えていたことは明らかである。これに、「大洞A'式の直後又は遠からず桝形式が来る」という大洞A'式との型式論的な距離の認識を考え合わせれば、大洞A'式と桝形式のあいだに縄文時代の終末があるという見通しができあがる。

　本州島東北部に文化的停滞性をみとめようとするのは、「天孫種族」を中心とする歴史観の裏返しにほかならない。やや乱暴ではあるが、戦前・戦中のこうした立場を皇国史観にもとづく人種論として一括するならば、山内の学説は型式論的な一体性や共伴関係・層位論による共時性の確認に立脚した文化区分を採用している点で、単に時間的尺度を制定したというだけではなく、人種論を脱した弥生時代・続縄文期の社会研究のための議論の前提を多数用意していたということができる。資料の不足から桝形式の文化的位置づけには慎重にならざるをえなかったものの、大洞A'式までを縄文時代としたうえでそれ以後の社会の内容を探る土台は1930年の時点ですでにできあがっていたのである。ミネルヴァ論争やひだびと論争（赤木1937、甲野1937、八幡1938）など歴史観や方法論をめぐる重要な論争が行われた1930年代であったが、その一

方で本州島東北部の弥生時代については1930～1950年にいたるまで、山内の提言に触発された研究は全く存在しておらず、実質的な進展はみられないといってよい。ここに、当時の学会における本州島東北部研究の限界が如実に現れている。

対照的に、日本列島西南部における1930年代の弥生時代研究の進展はいちじるしい。中山（1932）・小林（1932など）・森本（1933など）らによる積極的な発言のほか、1937年の唐古（末永・小林・藤岡1943）の発掘など、戦後の登呂や板付遺跡の調査につながる問題意識を確立してゆく重要な論考と調査結果が蓄積されている。弥生時代における社会組織研究の出発点という意味からも、1930年代のもつ学史的重要性が指摘されており（都出1988）、日本列島の東西にみられる研究内容の進展のちがいは、戦後研究が開始される時点でその質に大きな違いをもたらしたことを強く意識しなければならない。

2．戦後研究の再構築―伊東信雄

戦後、本州島東北部の弥生時代研究を精力的におしすすめたのは伊東信雄である。伊東が重視したのは、土器編年の大綱づくりや（伊東1950、1956、1960）、籾圧痕・炭化米・石庖丁をはじめとする稲作関連資料の集成（伊東1950、1957、1979、1984）であり、単純ではあるが実証的な手法が採られていた。

このような伊東の努力は、桝形式の文化的位置づけなど山内（1930）が提起した問題を、20年の空白ののちに具体化しようとする活動であった。と同時に、1930～40年代における列島西南部の研究情勢によって確立した「弥生文化」の西方からの伝播をつよく意識し、本州島東北部をそうした伝播の図式に参画させるための運動という性質をはじめから帯びていたのである。戦前の日本列島東西における研究状況の違いが、最大の力点を稲作の証明そのものにおかざるをえなかった伊東の方向性を決定的に規定したと考えられる。

当初、伊東が扱った稲作関連資料はすべて間接的なデータにとどまらざるを得なかった。本州島東北部の負のイメージも大きく作用して、この地での水稲耕作の存在については即座に研究者間での同意をとりつけるまでにはいたっていない。ただし、青森県砂沢・垂柳遺跡で水稲耕作の直接的証拠である水田を

検出せしめる問題意識を醸成してきたのは間接的な証拠の地道な積み重ねにほかならなず、この意味で伊東の洞察力と業績はたかく評価されなければならない。

　この反面、伊東がとった「ナイーヴな伝播主義」がさまざまな問題を抱えていたことも確かである。伊東（1970）は、本州島東北部への稲作の伝播ルートとして内陸経由、とくに関東平野北部からの伝播を強調し、本州島東北部内部における拡散に関しても「南から北」へという認識をもっていた。そこでは、土器などの遺物を用いて伝播プロセスの複雑性や伝播の過程で生じる地域的な問題、また稲作が受容された要因に言及することは不可能ではなかったはずであるが、実際にはほとんど触れられることはなかった。

　また、伊東が当時の社会組織をとりあげることもほとんどなく、古墳時代にはいって本州島東北部南部では政治的社会が形成されると指摘するにとどまっている（伊東 1970、p.42）。1970 年代までの段階で確認された集落遺跡は非常に少なかった点は勘案しなければならないとしても、墓はふるくから知られていたものも多い。伊東の研究ではこうした遺構資料が積極的に扱われることはなく、また縄文時代との対比が行われることもない。稲作を行っていたはずの弥生時代の社会組織が、縄文時代とどのような関係にあるのかは少なくとも文章のうえでは全く等閑視されている。

　こうした問題点は、伊東の潜在的な意図と密接に関係していた可能性が高い。すなわち、本州島東北部が農耕社会への「発展の図式」から取り残されたわけではなかったことを示すねらいである。縄文期との関係を棚上げしたとしても、稲作の存在を証明できさえすればこの地域の発展を見抜くことができる。このような方針が採られていたからこそ、稲作の証明以外の問題は先送りせざるをえなかったのではなかろうか。

　社会変化を積極的に論じようとしない現在の傾向、あるいは稲作の存在を確認することが社会変化の説明にもなっているという誤認は、戦後の研究の端緒を切り開いた伊東の姿勢に根ざしている。しかし、伊東の段階まではともかく、高度経済成長期やバブル経済期を経験し資料の蓄積がすすんだ現在でさえも、こうした傾向が引き継がれていることは大きな問題といわざるをえない。水稲耕作が行われていたことを前提としたうえで、社会組織の変化の内容をよ

り具体化する研究の方向性が拓かれないかぎり、伊東が力を注いできた稲作の証明の成果が本当の意味で活かされているとはいえないからである。

3．伊東以後の潮流

(1) **同一化アプローチ**　伊東以後の研究には、大きく2つのながれがある。その1つに、伊東の研究路線を継承・発展させる立場があり、そこでは日本列島西南部との共通性・同一性が強く意識されることになる。このような研究戦略を同一化アプローチと呼ぶことにしよう。

　同一化アプローチでは、伊東が見落としていた伝播プロセスの複雑性や、地域的な問題に目がむけられるようになり、日本列島西南部の弥生時代研究の成果をたくみに取り入れながら研究水準が飛躍的に高められてきた。しかしその一方で、「列島西南部とほぼ同一歩調」という伊東以来のテーゼがあたかも強迫観念となって予定調和的な資料の解釈と記述を生むという問題も抱えている。冒頭で述べたような、水稲耕作の急速な伝播や列島西南部系要素の流入を強調する言説は、とくにこの立場から生み出されていることはいうまでもない。

　本州島東北部弥生時代研究の金字塔ともいえる『東北日本先史時代文化変化・社会変動の研究』（須藤1998）では、弥生土器の分布と変遷を詳細に把握する伊東以来の方針が受け継がれているだけではなく、稲作農耕がどのような社会によって支えられていたのかといった点についても具体的な議論が展開されている。集落・墓地あるいは水田の規模拡大現象への着目にくわえ（pp.356-373）、列島西南部における磨製石器の生産・供給体制の図式を本州島東北部にも持ち込み（pp.350-356）、稲作農耕社会がきわめて順調に推移したことが強調されている。須藤（1998）の著作には「発展」・「拡大」・「定着」といったキーワードが溢れており、水田や居住域の状況がほとんど明らかになっていない弥生時代後期でさえも、丘陵地帯における畑作農耕が想定されるなど（p.451）、基本的には古墳時代へむけての「社会の発展」と「生産力の向上」がこの時代の解釈の基盤になっている。

　須藤（1998、p.354）は本州島東北部の弥生時代の社会組織についてもふれ、日本列島西南部と同じように日常的な協業の単位としての単位集団（近藤

1959) と灌漑施設の維持管理にあたる農業経営集団という図式を適用できることを主張している。にもかかわらず、社会の階層化や稲作生産性などの問題について具体的にはいっさい触れられていないのは、日本列島西南部との違いの露呈を避けたいという意図のあらわれであろう。しかし、これらの問題の解決なくして正当な歴史的評価への到達が不可能である以上、「同一歩調」というテーゼそのものが同一化アプローチの限界を生みだす結果となっていることは否めない。

　須藤（1997）の最近の業績のなかでは、集落の規模拡大や集落からの墓地の隔絶化などが重視され、「縄文晩期社会の集団関係や生活様式が大きく変容し、新たな農耕社会が成立」(p.73) し、類遠賀川系壺を転用した土器棺の存在から、本州島東北部北部の縄文集団と列島西南部の弥生農耕民との間の緊密な交流関係があったとまで説かれている (p.73)。しかし、縄文晩期社会が具体的にどのように変化したのかについては一切の説明がなく、列島西南部との緊密な交流関係についても十分な根拠が示されているわけではない。弥生時代に農耕が安定して発展するという考えにたっているとするならば、居住単位や労働組織編成のあり方、また水田経営の実態についても本州島東北部の資料を用いて検討することは不可能ではないはずである。これら諸問題の実情に触れないまま、確固とした農耕社会の成立と発展を説き、列島西南部との緊密な交流を語る手続きに筆者は大きな不安を抱かざるをえないのである。

(2) **差異化アプローチ**　もうひとつの立場として、本州島東北部における「弥生文化」の存在をみとめたうえで、その独自性を見いだし強調してゆくものがある。これを差異化アプローチとよぶ[注4]。冒頭で述べたような本州島東北部の独自性や縄文文化との連続性をとくに強調するのはこの立場であり、「弥生文化」が強固な一体性をもったものではなく、多様な地域色を包摂していることを前提としたうえでの議論であるといえよう。

　広瀬（1993、1997）は、本州島東北部各地で検出される水田・木製農具などから稲作農耕技術は外部から持ち込まれ、その開始時期と技術水準は列島西南部と大きく変わらなかったことを認めている。しかし、a) 大陸系磨製石器、b) 稲作信仰、c) 鉄器製造技術、d) 高床倉庫・貯蔵穴、e) 青銅製品、

f）階級差を示す墓、といった6つの要素が本州島東北部では抜け落ちているか、ほとんど定着しないことを指摘し、逆に利器や宗教的な遺物が縄文時代との連続性がつよい点に着目する。

　縄文時代との強い文化的連続性を有している点が本州島東北部（あるいは列島東北部）の特色であり、その点を評価しなくてはならないとする姿勢は林（1993a）・禰宜田（1993）にも共通してみられる。そこでは稲作という生業活動は、「新しい生業が一つ加えられたにすぎない」（広瀬1993、p.57）、あるいは「弥生時代になっても当分の間は、こうした状況（縄文晩期の状況…引用者）におおきな変化はなかったようだ」（p.57）という発言にみられるように、それほど大きな社会的インパクトをもっていなかったと評価されているようだ。

　こうした点を総括して広瀬（1993、1997）は、この地で社会階層化が生じなかった要因を「東北型弥生文化論」として展開する。その骨子はつぎのように要約される。日本列島西南部では中小河川を単位として集団がひしめきあうなかで、灌漑をめぐる集団間の利害関係を調整する首長が登場し、その権力は戦争をも含む集団間のヘゲモニー闘争によって強化されてゆく。これに対して本州島東北部では、各地域集団の領域が広大であったがゆえに相互の利害が抵触しづらく、地域集団間に秩序を形成する政治的契機が生じる機会が少なかったため首長はうまれない。さらに縄文時代以来の地域集団間の「分業─交換のシステム」が機能していたため富が特定の人物に集積せず、威信財としての鉄・青銅製品や長の地位を外部から保証する国際的契機が欠如していた点も階層化が生じない要因とされる。

　広瀬による「東北型弥生文化論」は、生産経済への転換や社会階層化が決して自然な成り行きではなかったことに注意を払っている点で重い意味をもっている（広瀬1993、pp.57-58）。そして、同一化アプローチにおいて重視されてこなかった列島西南部との異質性を掘り下げることによって、生産経済を導入しながらも社会階層化が生じなかった要因に言及した点はたかく評価されなければならないだろう。

　しかしながら、「本州島東北部の弥生社会は縄文期との連続性がつよい」という前提は物質文化の類似性のみから導出されており、縄文晩期とおなじ社会

で本当に水田経営がおこなえるのかどうか、あるいは「分業─交換のシステム」が縄文と弥生とでどれだけの連続性があるのか、といった点についての具体的な検証がなされているわけではない。数棟の竪穴住居が1つの集落を形づくり、それがいくつか集まって地域集団を形成する、などといった縄文期の社会組織の認識自体は的を外れたものとはいえず、1960年代以降急速に進展した縄文時代研究の成果が差違化アプローチを支えている点は十分に認識されなければならない。しかし、こうした社会が弥生時代になっても本当に維持されていたのかどうかの検討がじつはまったくなされていないのであり、この意味において、列島西南部的な図式で説明できない側面をすべて縄文社会との連続性に還元する傾向のある同一化アプローチとおなじ問題を抱えているともいえる。のちに筆者が明らかにするように、本州島東北部の大部分では弥生時代に入って新たな集落・村落組織が成立するのであり、その内容は列島西南部の弥生時代とも列島東北部の縄文晩期とも異なるものなのである。

　近年では、石川（2000c）が本州島東部の弥生時代を概説し、その地域をおおきく3つに区分している。本州島東北部がふくまれる「第1の地域」の弥生前～中期はじめに関しては、秋田県地蔵田遺跡の例を引き合いに出し、柵列をもつ集落、住居数棟からなる集落の構成、土坑墓と土器棺からなる墓地、石器組成などが縄文時代との連続性を示すとして、この地域を縄文期の伝統が最もつよく残る地域と規定する。このように、差異化アプローチでは物質文化の種類やリストの連続性に着目した発言が行われてきている。しかし、物質文化の系統的な連続性がその社会的機能の連続性までを保証するものではない以上、時期毎に物質文化の機能を確定し、それを用いた人々の組織のされ方や労働の内容の把握が行われないかぎり、この地域の「弥生文化」の正当な評価にたどりつくことはできないであろう。こうした観点から、差異化アプローチの成果は改めて検証される必要があり、筆者も集落の全貌がわかる例として地蔵田遺跡をのちに検討するが、そこでは石川とはまったく異なった解釈を引きだすことになる。

　とはいうものの、本州島東北部の独自性を重視する差異化アプローチは、それに目をそらしてきた同一化アプローチへの反省としては画期的な意味をもっていることは疑いない。この地域の弥生社会研究が日本考古学に寄与しうる意

義の1つは、日本列島西南部において確立された図式への異同性を投げかけ、それを相対化することにあると考えられ、その意味で差異化アプローチの研究姿勢は大いに参考とすべきものがある。ただし、そこで注意しなければならないのは、社会の組織のされ方が縄文時代や並行期の他地域と質的にどのように異なるのかを見極めながら議論を展開しなければならないという点である。本州島東北部の独自性を強調することに終始してしまうならば、たんなる相対主義に陥ってしまう危険性をつねにはらんでいるからである。

(3) **アプローチの越境**　以上のような2つの大きな潮流にとらわれない研究も増加してきている。これは研究領域の細分化とも無関係ではないと思われるが、とくに水田の検討と石器の使用痕分析をおし進める斎野（1987、1996、1998）による一連の研究は、同一化アプローチと差異化アプローチの両方の良質な側面をもちあわせているといえるだろう。

　斎野は石器にのこされた収穫痕の分析、水田跡にかかわる研究を行うなかで、本州島東北部では少なくとも技術的には列島西南部と非常に近い水稲耕作がおこなわれていたことを明らかにしてきた。そのいっぽうで、本州島東北部と北海道島との交渉の痕跡にも注意を払い、大陸系磨製石器として一括されてきたものでさえも列島西南部のみから流入してきているわけではない点も評価している。「同一歩調」や「遅れ」という評価軸にとらわれることなく、弥生時代の物質文化を構成している要素の系統性や機能を客観的に記述する姿勢がみられ、これは須藤（1984、1998）による北海道島恵山式の検討が一貫して本州島東北部との生業形態のちがいを意識しつつ進められているのとは非常に対照的である。

　また、佐藤由紀男（1999、2002、2003）が推し進める土器の容量分析のように、同一化アプローチ、差違化アプローチとは研究の系統的な出自を異にする試みもみられるようになってきた。堅果類の煮沸処理に適する大容量の土器の組成率を検討の核に据え、列島全域を同じ手法で評価するその考察は、いわば土器の生態論ともいえる立場からの提言である。

　このように2つの潮流とはことなる研究が最近になって表れたのは、筆者には非常に重要と思える。「辺境」とされる地域に対しては、単にその独自性を

認めようとする単なる相対主義と変わらない言説が、差違化アプローチの中から実際に生み出されつつあるからである。違いを違いとして認めたさきには、いったい何があるのか。そこで認めた違いを別の価値観の中で保護することが出来なければ、やがてその違いは再び「発展の序列」の波に飲み込まれてしまうのではないか。こうした危機感をもっている者にとって、地域によって分析方法を変えるのではなく、また予め用意された図式を適用するのではなく、列島全域を同じ手法で通観する考察は少なくとも試みる価値がある視点として、積極的な評価を得るべきであろうと考えられる。この点は、先に指摘した中間項への着目とともに、現状を打破する有効な方策として念頭においてよいだろう。

4．視点と展望

　以上のように整理される本州島東北部弥生社会論の系譜をふまえ、われわれは今後の研究の指針をどこに求めればよいのだろうか。筆者は、山内・伊東とともに、同一化アプローチに受け継がれている土器の分布と変遷を詳細に把握し、稲作の直接的・間接的証拠を集成する地道な努力、および斎野による一連の研究のように物質文化の系統性や機能をできるかぎり客観的に把握する手法は、今後もおし進めてゆくべきと考える。

　しかし、水田跡を含めた新資料が急速に増加している現在、最大の課題は当時の人びとの組織のされ方と資源利用形態をいかに整合的に説明できるかという点に移行してきていることを感じとらなければならない。すでにみたように、これは同一化アプローチにおいても差異化アプローチにおいてもほとんど放置されてきている問題なのである。

　そのためには、縄文晩期～弥生時代にかけての居住・消費単位の連続性、集落・村落組織の連続性、耕作の労働力と稲作生産性の整合性を点検し、食料資源利用の包括的な理解に到達する必要がある。本論では、土器・石器はもちろん住居・集落・墓・水田・動植物遺存体などの考察からあらたな本州島東北部の社会像を提起し、同一化アプローチにおいて含意される列島西南部との等質性や、差異化アプローチにおいて強調される領域面積の差からくる列島西南部との異質性、社会としての縄文時代との連続性の妥当性について考えてみた

い。
　さらに佐藤（2002、2003）の姿勢に刺激を受け、その成果を列島西南部、ヨーロッパや熱帯雨林地域などにおいて考えられてきた本格的農耕開始期の社会変化図式と対照・比較することにより、本州島東北部に展開した初期稲作農耕社会の持つ特質と意義がどのように評価されうるのかを考えてみることにする。

第Ⅱ部　時間軸の設定

第3章　縄文時代晩期後葉〜弥生時代前期の土器編年

　縄文土器の大別のひとつである縄文晩期は、大洞諸型式の総称としての「亀ヶ岡式」を根拠としている。このため、日本列島各地の縄文晩期土器は、つねに「亀ヶ岡式」との対比を念頭において検討が行われてきている。この意味において「亀ヶ岡式」は、縄文晩期編年の核ともいうべきものであるが、「亀ヶ岡式」に対する認識そのものが一枚岩ではないことが、各地域における縄文社会の終末や水稲耕作の導入背景をさぐろうとする際に少なからず悪影響を及ぼしてきている。

　本章であつかう縄文晩期終末期〜弥生前期に関しては、「亀ヶ岡式」の最終末に位置づけられる大洞A'式の範囲の確定と、その直後の土器群の並行関係の把握が最大の課題となっている。ここでは編年の現状と課題を整理したうえで、それを克服するための具体的な作業にとりかかることとする。

1．編年の問題点

　「亀ヶ岡式」の地域性を捨象して並行関係を論じるためには、広域に分布しつつも複雑な描出体系をもっている点で共時性の指標として有効な単位文様を重視した議論が不可欠である。晩期終末期の単位文様である変形工字文については、青森県牧野Ⅱ（弘前大学教育学部考古学研究室1981）・砂沢（藤田・矢島ほか1988、1991）・剣吉荒町（工藤1987、鈴木1988）、宮城県山王囲（伊東・須藤1985）、岩手県中神（須藤1997）などの報告において、層位的なデータに基づきながら型式論的な検討が行われてきた。その結果、浮線手法から沈線手法へ、匹字文から三角文へ、という変化の概略がとらえられている。

　工藤竹久（1987）は、大洞A式の工字文から砂沢式の変形工字文にいたるまでの変遷を考えているが（第3図）、この区分にもとづけば「変形工字文A、B」までが浮線手法であり、それ以降が沈線手法となる。ここでは「変形工字文C・D・E」を有する剣吉荒町Ⅱ群が大洞A'式の古相に位置づけられており、砂沢式は大洞A'式の新段階として扱われている。砂沢式の位置づけに関しては、林謙作（岡田編1988）・須藤（1997）も同様の見解を示している

24　第Ⅱ部　時間軸の設定

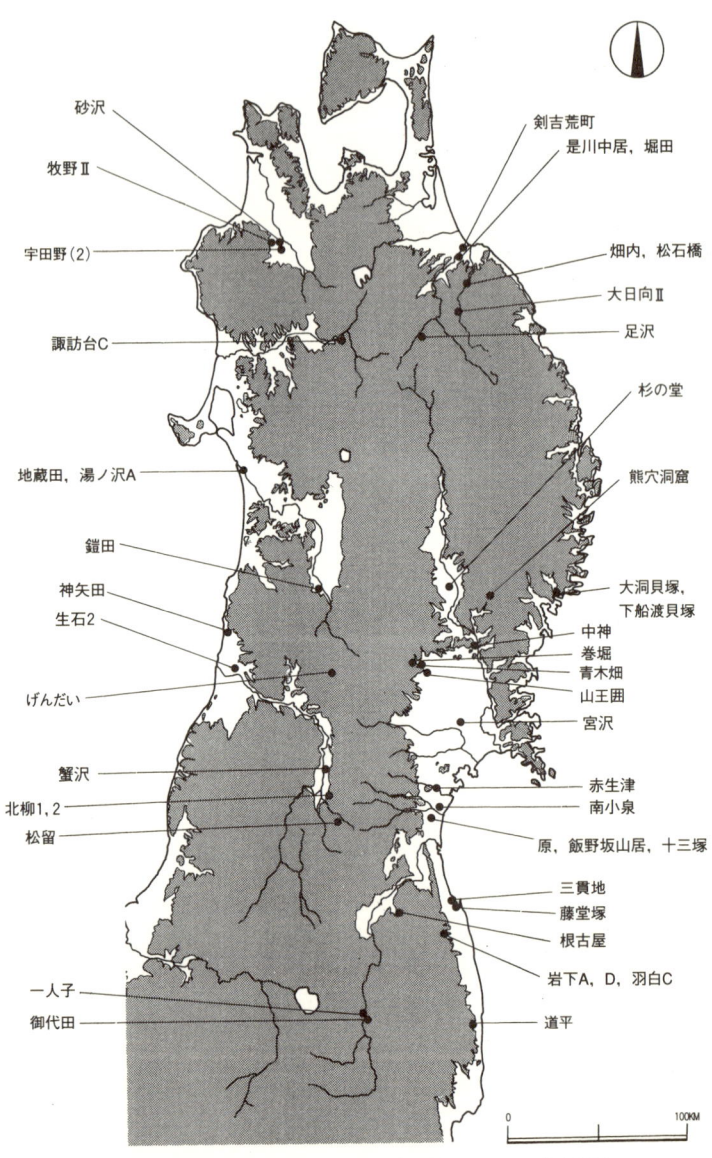

第 2 図　縄文時代晩期後葉～弥生時代前期にかけての主な遺跡

が、弘前大学教育学部考古学研究室(1981)、中村(1988)、藤田・矢島ほか(1988)、佐藤(1991)、松本(1998)らは、砂沢式を大洞A'式に後続する別型式として位置づけている。こうした見解の相違は、研究者間における大洞A'式の下限の認識に齟齬が生じていることを端的に示しているといえるだろう。

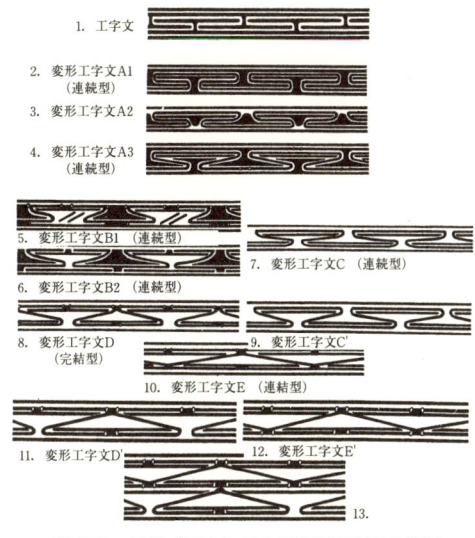

さらに問題を複雑にしているのは、大洞A'式の上限に関する認識のちがいである。牧野Ⅱ出土資料には浮線的な表現がみられ基本単位文様間に補助単位文様が充填されるなど、工藤（1987）のいう「変形工字文B」が非常に多くみられる（牧野Ⅱ遺跡Ⅲa類）。牧野Ⅱ遺跡の報告（弘前大学教育学部考古学研究室1981）では、これらは大洞A'式の範疇に含められており、中村（1988）・設楽（1991a）も同様の立場から大洞A'式の古段階に位置づけている。いっぽう鈴木（1987a）・田部井（1992）は大洞A_2式の設定の必要性を主張しており、これにしたがえば浮線的描写による変形匹字文がみられる牧野Ⅱ遺跡Ⅲa類は、大洞A_2式に含まれることになる。つまり、大洞A'式はその上限・下限ともに非常に不明確な部分を残したままとり扱われている型式なのであり、その範囲を明確にしなければならないとする中沢（1991、p.448）の指摘は重く受け止められなければならない。

もうひとつの問題は、本州島東北部内部での並行関係が明確に把握されていない点にある。これまで、砂沢式の特徴として、1）文様帯幅の拡大、2）粘土瘤の大型化、3）太く深い沈線などが注目されてきた。工藤（1987）や藤田・矢島ほか（1991、pp.69-71）による模式図を参照しても、これらの特徴が表現

第3図　工藤（1987）による変形工字文の分類

1. 工字文
2. 変形工字文A1（連続型）
3. 変形工字文A2
4. 変形工字文A3（連続型）
5. 変形工字文B1（連続型）
6. 変形工字文B2（連続型）
7. 変形工字文C（連続型）
8. 変形工字文D（完結型）
9. 変形工字文C'
10. 変形工字文E（連結型）
11. 変形工字文D'
12. 変形工字文E'
13.

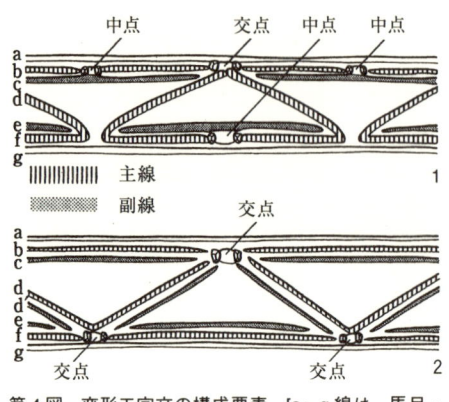

第4図 変形工字文の構成要素　[a〜g線は、馬目・古川（1970）による]

されていることがわかる（第3図）。大洞A'式と砂沢式の間にみられるこのような違いをもとに型式区分を行うか否かは先述の問題につながるが、こうした基準が本州島東北部北部にのみ適用可能であり、また実際に適用されてきているという点も重要である。換言するならば、同中・南部ではこれとはことなった変形工字文の変遷がみられるはずなのであり、ここに本州島東北部内部の並行関係が不明瞭となり、ひいては浮線文・条痕文土器群との時間的関係にもいくつかの考え方が生じてきた原因があるのである。

　大洞A'式の上限と下限を定め、つぎにそれに後続する時期における本州島東北部内部での並行関係を確認すること、これがまず取り組むべき主要な課題として認識することができる。

2．大洞A'式の上限

(1) **大洞A'式の設定**　大洞A'式の範囲の問題から考えてみることにしよう。「亀ヶ岡式」の6型式細分において、大洞A'式はどのような内容をもっていたのだろうか。細分が発表された当初の大洞A'式に関する山内（1930）の記載を拾い上げると、工字文の存在（p.142）、壺形土器における口縁外面の隆線の存在（p.144）、無文の器面上に加えられる彫紋（p.151）などの特徴があげられている。しかし、これらは大洞A式の特徴でもあり、大洞A'式だけにみられる特徴としては、頸部・体部文様帯の合体（p.143）、稍々大型の突起の存在（p.143）、点列がない（p.144）、精製土器における口縁内面沈線の存在（p.144）が示されている。また、大洞B〜A'式は、若干の地方差がありながらも本州島東北部全域に認められるという（p.145）。

　この段階では変形工字文への具体的な言及はないが、のちに山内が編集にた

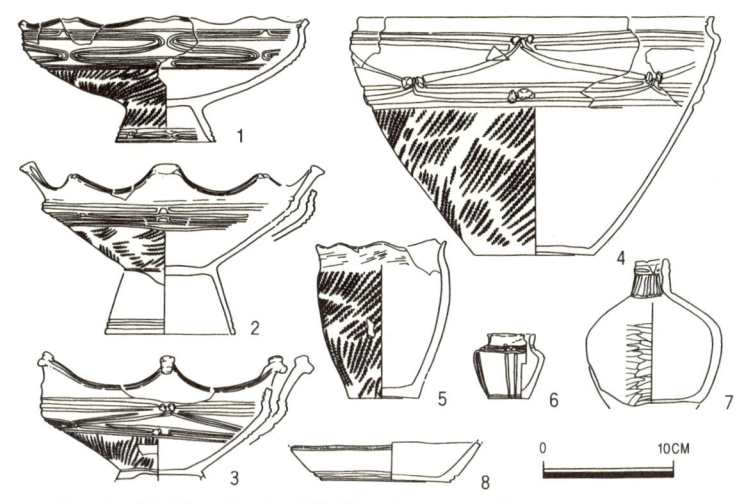

第5図　大洞貝塚A'地点出土資料［筆者実測、東京大学総合研究博物館保管］

ずさわった『日本原始美術』1において「平行線的な工字文が崩れて三角連繋化した変形工字文」（磯崎1964、p.171）が大洞A'式の特徴として言明されることとなる。ただし、『日本原始美術』1のなかで大洞A'式として図示された資料には、沈線表現による主線と副線（第4図）を組み合わせた「変形工字文C、D、E」（第3図）のみがみられ、浮線手法による「変形工字文A、B」はみられない。また、山内がたびたび引用してきた「亀ヶ岡式精製土器の文様帯を示す模型図」（第10図）では、大洞A'式の例として一貫して「変形工字文E」のみが図示されている。これらを厳密に解釈するならば、工藤（1987）のいう「変形工字文A、B」までを変形工字文のなかに含めるのは必ずしも適切ではないことになる。

　つぎに、現存する標準資料（大洞貝塚A'地点出土土器）全点の内容をみてみよう（第5図）。これらはすでに、中村（1988）・設楽（1991a）・須藤（1997、1998）らによって紹介されており、時間的にやや幅のある資料と認識されている。このなかには「変形工字文A3」をもつ資料が1点含まれており（第5図1）、大洞A'式の上限はこの標本をどう考えるかに左右される（設楽1991a、p.215）。すでにみたように山内が執筆・編集に関与した文献におい

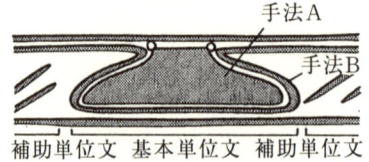

第6図 変形匹字文の構成要素[トーン：ネガ部、名称は鈴木(1987a)にしたがった]

て、「変形工字文A、B」をもつものが大洞A'式としてとりあげられてこなかった経緯を尊重すれば、これを大洞A'式にふくめるのはやはり拡大解釈につながる。

　ではこれらの土器群は、どこに位置づければよいのか。工藤 (1987) は「変形工字文A、B」を有する剣吉荒町Ⅰa・Ⅰb群を大洞A式と大洞A'式のあいだと考えているが、比定される型式の断定は避けている。また、牧野Ⅱ遺跡の報文（弘前大学教育学部考古学研究室 1981）、鳥内遺跡の報文（芳賀 1998）、中村 (1988)、設楽 (1991a) らの見解では、これらは大洞A'式の古い部分にふくめられている。たしかに頸・体部文様帯の合体がみられるため、大洞A式とすることはできない。しかし、厳密な意味での変形工字文が完成していない段階であり突起も非常に小さいため、山内が列挙した大洞A'式の特徴からははずれてしまうのである。この脈絡において重要性を帯びてくるのが、大洞A_2式の存在なのである。

(2)　**大洞A_2式から大洞A'式へ**　　山内は大洞諸型式の9細分案を発表した際に、大洞A_2式の特徴として文様帯の狭小化を指摘した（平山ほか 1971）。これをうけて鈴木 (1987a)・田部井 (1992) は、大洞A式の工字文と大洞A'式の変形工字文のあいだに存在するヒアタスを埋める型式として、大洞A_2式の設定を重要な課題として認識している。これは大洞A'式の上限の確定にかかわる重要な問題であり、ここで大洞A_2式と大洞A'式の区分問題に分け入る必要が生じてくる。

　鈴木 (1987a) は大洞A_2式の変形匹字文から大洞A'式の変形工字文が発生したとし、そのプロセスをつぎのように説明する。変形匹字文は、基本単位文としての三角文と補助単位文としての斜行沈線により構成され、いまのところ層位的な検証例はないがタイポロジカルにみて補助単位文を有するものが古いと考えられる（弘前大学教育学部考古学研究室 1981、小林 1988）。このうち基本単位文は「三角区画内の抉り出し（手法A）」とそれに「必ず対になる輪郭沈線文（手法B）」によって描出される（第6図）。これが、大洞A_2式にみら

れる典型的な変形匹字文である。しかし、第7図1面では、「手法A」の三角文を描出したのちに「手法B」をとることなく、その下部に馬目・古川（1970）のいうe・f線（第4図）を配することによってより大きな1単位が形成されている。そしてe線には匹字文が付属している。2面もほぼ同様であるが、e線の下方に付属する匹字文が2カ所ある点がことなっている。ここでも「手法B」を形成するはずであった沈線は平行沈線化し、匹字文をともなっている。3a・3b面では「手法A」の端部どうしが沈線でつながるいっぽう、やはり「手法B」を形成するはずであった上部の沈線はc線との融合を果たしている。これが鈴木（1987a）のいう最古の変形工字文（「霊山根古屋1式」）の例である。

鈴木（1987a）は、このように「手法B」が平行沈線化し「輪郭沈線文」としての意義をうしなった段階を大洞A'式古古段階に、さらに「手法A」までもが沈線化した段階を大洞A'式古段階に位置づけている。「手法A」までもが沈線化すれば、大洞A'式にみられる典型的な変形工字文につながることが理解できるであろう。浮線手法から沈線手法への変遷は層位的に動かしがたいにもかかわらず、その中間形態をとるものは非常に少ない。したがって、変形匹字文がきわめて急速に沈線化する画期があることが予測され、これによって認識される変形工字文の完成は時間的階梯の境界としての意味をもつことが十分に考えられるのである。

工字文から変形工字文が生じるためには、変形匹字文が介在しなければならないことは、山形県北柳1遺跡2ブロックを検討した小林・大泉（1997）によっても説かれている。また、宮城県山王囲遺跡（伊東・須藤1985）では、Va・k層が大洞 A_2 式の段階としてとらえられる可能性が考えられてきたが、近年の岩手県中神遺跡の調査においても大洞 A_2 式の段階が層位的にとらえられることが確認された（須藤1997）。中神遺跡の北斜面包含層C北区では、上層の3～13層で山王Ⅲ層式、14層で青木畑式、16層で大洞A'式、17～19層で大洞 A_2 式、20～21層で大洞 A_1 式が出土している。北斜面包含層A東区では、32層～39層から出土したとされる土器の帰属層が詳述されていないため判然としないが、ここでも大洞 A_2 式が層位的に独立して出土している可能性がある。このような近年の発掘成果は、大洞 A_2 式の設定を支持していると考

えることができ、ここでは頸・体部文様帯の合体がみとめられるにもかかわらず、変形工字文が完成していない階梯として大洞A_2式をあつかい、大洞A_1式と大洞A'式のあいだに位置づける[注5]。

　従来、変形工字文が工字文との系統関係を有していると漠然と考えられながらもその成立過程が不明確であり、実際に工字文からの変遷を示す資料が非常に乏しかった。しかし、鈴木(1987a)が変形匹字文の沈線化を介在させることによって、変形工字文の具体的な成立過程の説明を試みた点は高く評価される。

　ただし、鈴木の考えとは若干ことなる変形工字文の成立過程の説明も可能である。鈴木によって着目された根古屋例1・2面(第7図)では、「手法B」が沈線化してc線となり、「手法A」の下部にe線やf線が配置され、大きな三角文が形成されるととらえられている。鈴木が注目しているように、c線が三角文頂部(「手法A」の頂部)にそったかたちで曲がっているのは、「手法B」とのつながりを示す証拠とはなるだろう。しかし、f線がe線に付属する匹字文を包み込んでいる点を考えるならば、「手法A」と「手法B」の下部が融合して、大きな1単位が形成されているととらえることも可能である。この場合、「手法B」はその上部でc線と融合しているとみるわけである。いまのところ、どちらの解釈が妥当かの判断はしかねるが、根古屋第9号土坑例が変形

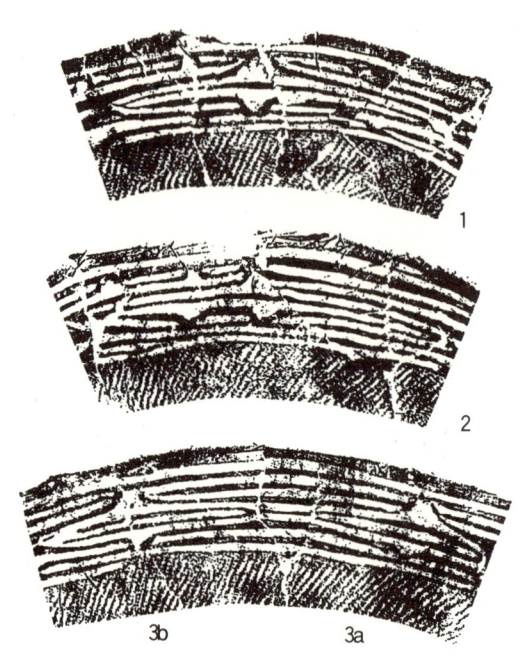

第7図　根古屋遺跡第9土坑出土土器拓影図［鈴木(1987a)より作成］

第 3 章　縄文時代晩期後葉～弥生時代前期の土器編年　31

匹字文から発生したきわめて古い変形工字文であることはうごかしがたい。

(3)　**文様の系列化**　ではこのような考え方によって、すべての変形工字文の成立が説明できるだろうか。もしすべての変形工字文がこうしたプロセスで発生しているとすれば、「変形工字文A」(工藤1987) からの変形工字文の生成は望めないことになる。しかし、剣吉荒町などには「変形工字文A3」に類似する工字文的なすがたをのこす変形工字文があることも確かである。そこで工藤 (1987) のいう「変形工字文A」が大洞A_2式のなかでどのような位置を占め、その後どのような変遷を見せるのか、この点を考慮しながら変形工字文の成立過程に潜むもう1つの側面を明らかにしてみよう。

「変形工字文A」の図中での位置づけから推して (第3図)、工藤 (1987) はそれを典型的な変形匹字文 (「変形工字文B」) よりも古く考えているとみられる。ところで、「変形工字文B」はそのモチーフと基本・補助単位文の配置からみて、大洞A_1式の特殊工字文 (高橋1993) の一部と直接的な系譜関係にあり (第8図6、第9図1～3)、これに三角文内部の抉り込み (「手法A」) が加わって成立したと考えられる。しかし、「手法A」は工藤 (1987) のいう「変形工字文A」からの影響としなければ説明がつかない現象である。したがって「変形工字文A」と「変形工字文B」を時間差としてとらえるには無理があ

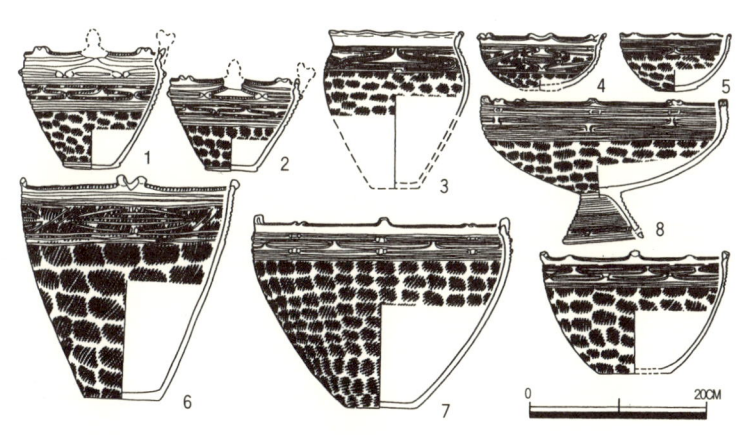

第8図　九年橋遺跡第11次調査出土資料 [藤村編 (1988) より]

り、むしろ両者は時間的に並行する部分をもちつつも別の系譜関係にあった文様ととらえるべきなのである。

　したがって、大洞貝塚 A' 地点出土資料の一部（第5図1）に関しても、須藤 (1998、p.266) のように大洞 A₂ 式よりも古く位置づける必要はないだろう。さらにここでは、第3の系列として「根古屋型工字文Ⅰ～Ⅳ類」（志賀1986）を時間的に再構成した凸字文系列をくわえ、当該期の文様をつぎのように整理する（第9図）。

a. 変形匹字文系列　　典型的な変形匹字文からの系統的な連鎖をさす。基本的なモチーフは三角文であり、主線・副線の区別が明確である。補助単位文や小さな粘土粒の貼付は、この系列にとくに顕著である。設楽（1991a）は根古屋遺跡出土土器群の分析にあたり、本州島東北部中・南部の土器群をおもな対象として文様の系列化をおこなっている。そこでの分類にしたがえば、本系列は「入組匹字文系」の一部ということになる。

b. 工字文系列　　工字文からの系統的な連鎖をさす。基本的なモチーフは流水的な工字文・入組文的なモチーフで、これが横位に連鎖する文様構成をとる。主線・副線の区分が発達せず、補助単位文はみられない。2個1対の大きな粘土粒が付けられる場合は近い距離に施される。設楽（1991a）による「工字文系」の一部にあたる。

c. 凸字文系列　　「根古屋型工字文Ⅰ～Ⅳ類」（志賀1986）からの系統的な連鎖をさす。ほんらい「匹字文系列」とよぶのがふさわしいが、変形匹字文系列との区分がまぎらわしいのでネガ部に着目したこの名称を用いる。平行沈線間に、上向きあるいは下向きの凸字状のモチーフが貫入する。設楽（1991a）による「匹字文系」の一部に相当する。

(4) **変形工字文の多元的発生**　　これらの系列は大洞 A₂～大洞 A' 式期に相互に影響しあっており、とりわけ変形匹字文系列と工字文系列は変形工字文の成立にも深く関与している。結論をやや先取りすれば、本州島東北部中・北部における文様の地域性はこれらの系列の量的比率や、影響関係などが複雑に絡んで生起しており、その過程でさまざまな中間形態を生み出しながら変遷を遂げている。若干の具体例をみてみよう。

大洞A'式には、上部の平行線から垂下する二又のモチーフを下から包み込む沈線を配したり、頂部のひらいた三角文を組み合わせて配置する「入組型」とでも称すべき変形工字文がみられる（第9図25〜27）。こうした変形工字文には主線が上部平行線と接着しているものがみられ、工字文系列内での成立が想定できる。とくに第9図16・17の「手法A」が沈線化することで第9図25・26への連鎖があとづけられ、「手法B」と下方からのびる「手法A」の沈線化と融合によって第9図27の成立が説明できる。後者のばあい、結果的に三角文斜位部分が複数の沈線によって描かれることになる点は、後述するように青木畑式や砂沢式の新しい段階の変形工字文へも影響を与えていると考えられるのである（第9図45・50）。この系列は第9図29・30のような定型化した「連結型」の文様構成を生み出すいっぽうで、変形匹字文系列の影響をうけつつ第9図28のような簡略化がすすんだものにも深く関与している。さらに変形工字文にしばしばみられる2個1対の粘土瘤については、離れた位置に小さなものが付される変形匹字文系列よりも、近い位置に比較的大きなものが付される工字文系列との関係が深いと考えることもできる。
　横位に三角文を反転させる「変形工字文C・C'」の基本的な文様構成法は、変形匹字文系列にきわめてちかい。また、主線が変形匹字文の名残をのこした1本の沈線によって描かれたり、副線が変形匹字文と同様の位置に付される点も（第9図20・21）、これらが変形匹字文系列に属していることを示している。変形工字文の副線のうち、主線の斜位部分に沿うものは工字文系列との関連で生じていたが、水平線部分にともなうものについては変形匹字文系列の変遷のなかで定式化した可能性がつよい。すでにみた根古屋第9号土坑例は変形匹字文系列に属しているので、これは鈴木（1987a）の議論とも符合する。もちろんこの影響は工字文系列にも及んでおり、第9図29〜33などにもほとんど例外なくとりいれられている。たとえば「変形工字文D」（第9図31）は、工字文系列の文様構成と、変形匹字文系列の副線の位置がとりいれられた中間形態であるが、完結型変形工字文として急速に普及するのである。
　このように筆者は、文様の沈線化をもって変形工字文の完成とする鈴木（1987a）の基準は受け入れつつも、変形工字文の発生を変形匹字文・工字文系列が関与して多元的に発生したものととらえる。磯崎（1975、pp.58-59）は、「大

34　第Ⅱ部　時間軸の設定

〈大洞A₁式（新）〉

〈大洞A₂式〉　変形匹字文系列

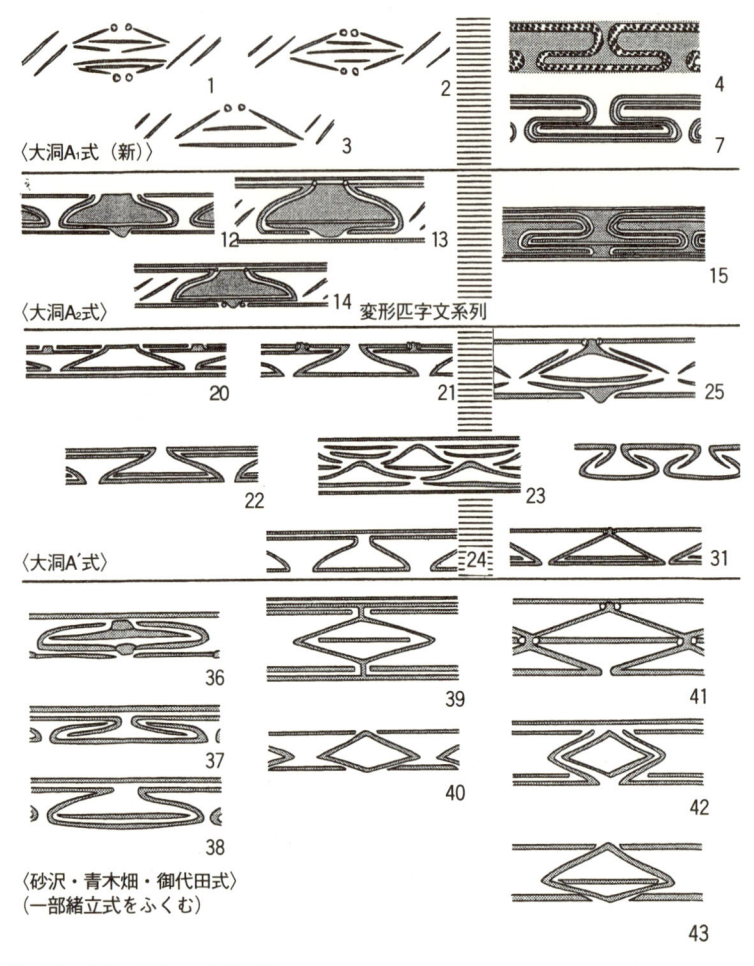

〈大洞A'式〉

〈砂沢・青木畑・御代田式〉
（一部緒立式をふくむ）

第9図　変形工字文の変遷模式図

洞A式の中に極く少数ではあるが磨消縄文の手法を伴った文様が混って」いることを指摘している。これをもとに「この種のモチーフの中には大洞A'式と寸分違わぬ構図も認められるのであって…（中略）…大洞A'式の変形工字文が、大洞A式の工字文より発展生成したと考えるよりも、むしろ、この曲

第 3 章　縄文時代晩期後葉～弥生時代前期の土器編年　35

工字文系列

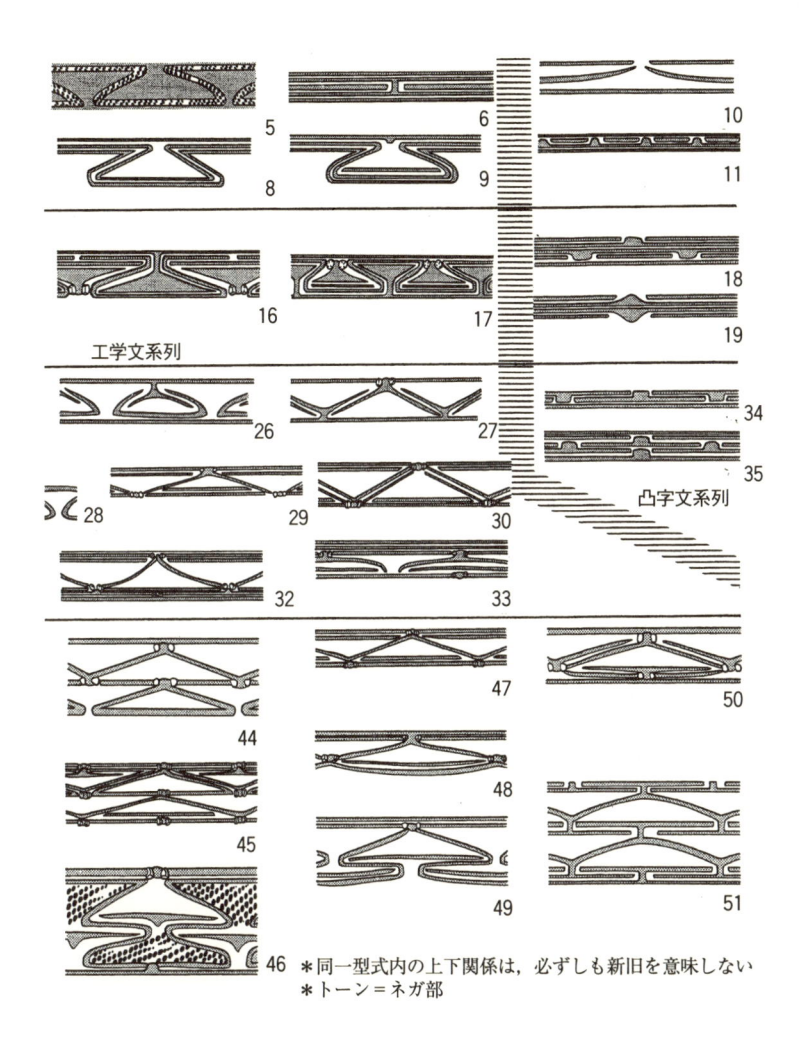

凸字文系列

46　＊同一型式内の上下関係は，必ずしも新旧を意味しない
　　＊トーン＝ネガ部

線的な構図を持った文様からの転化とした方が、型式学的にも、よりスムーズな発達の軌跡を描くことが出来るのではないか」と述べている。磯崎がどのような資料を意識していたのかは必ずしも明確ではないが、ここでいう工字文系列との関連で注目される発言であることは確かと考えられる。

(5) **大洞 A₂ 式設定の意義**　ここで、大洞 A₂ 式とその前後型式との関係についても考察しておく必要がある。藤村（1980）は山内が再三にわたって図示した「模型図」の変更点を指摘し、とくに大洞 A'式上段の図が削除された経緯を重視して大洞 A'式の内容が途中で変更されたと理解している（第10図）。しかし、飯塚（1989）が的確に指摘しているように、この削除は大洞 A'式の内容の改定ではなく文様帯の理解の変化、あるいは山内の考える文様帯系統論の確定に起因していると考えられる。大洞 A'式上段の標本の文様帯は「Ⅱc」ではなく「Ⅱ」なのであり、この意味で大洞 A₁ 式上段（山内編 1964、山内 1972）の図との連続性をしめすことができないために削除されたと解釈するのが妥当であろう。さらに大洞 A'式下段に掲げられている変形工字文を有する標本が一貫して大洞 A'式として扱われてきた点を考え合わせれば、大洞 A'式の内容が変更されたと考えるわけにはゆかなくなる。「大洞 A'式の標本の指標性は、すぐれて明確といえる」（飯塚 1989、p.92）のであり、これは同時に変形匹字文を大洞 A'式の古相には含められない傍証ともなるであろう。

　大洞 A'式の範囲に改定がなかったとすれば、大洞 A₂ 式の設定は大洞 A'式の範囲をせばめたことを意味しているのではなく、大洞 A₁ 式と A'式のあいだにまったく新しい型式を挿入したと考えなければならなくなる（鈴木 1987a、p.126）。大洞 A₂ 式は頸部文様帯をもたないため大洞 A₁ 式に含めることはできないし、変形工字文をもたないために大洞 A'式とすることもできない。こうした問題を認識していたからこそ山内は大洞 A₂ 式の特徴を述べ（平山ほか 1971）、実際に前後型式との区別を遂行していたと考えられるのである（山内編 1964、山内 1972）。

　中村（1988、1990a）は、山内が浮線文土器との関係から大洞 A₂ 式の理解に苦しんだ経過をふりかえり、中村自身は大洞 A₂ 式の基準資料が未発表であることから、むしろ大洞 A 式と大洞 A'式の区分を問題視している。これは、大洞貝塚 A'地点出土土器はすべて大洞 A'式であるという前提にたった場合の当然の帰結といえる。しかし、大洞諸型式の基準資料が大洞貝塚のそれぞれの地点から出土した土器の「主要なもの」（山内 1930、p.141）でしかない以上、そうした前提を無批判に受け入れるのには逆に危険が伴う。また、第5図1の資料の位置づけが、あえて避けられていた可能性も考えられる。これも、ここで

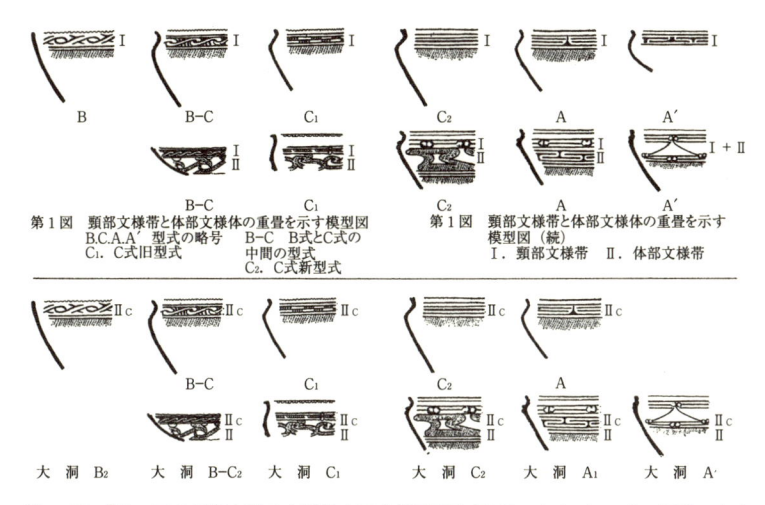

第3章 縄文時代晩期後葉〜弥生時代前期の土器編年　37

第1図　頸部文様帯と体部文様体の重畳を示す模型図
B.C.A.A´型式の略号　B-C B式とC式の中間の型式　C₁. C式旧型式　C₂. C式新型式

第1図　頸部文様帯と体部文様体の重畳を示す模型図（続）
Ⅰ. 頸部文様帯　Ⅱ. 体部文様帯

大洞 B₂　　大洞 B-C₂　　大洞 C₁　　大洞 C₂　　大洞 A₁　　大洞 A'

第10図　「亀ヶ岡式精製土器の文様帯を示す模型図」［上段：山内（1930）、下段：山内編（1964）］

大洞 A₂ 式の設定を認め、第5図1の資料を大洞 A₂ 式と考えようとする根拠である。

　大洞 A₂ 式の設定が遅れたのは、1930年の段階で「亀ヶ岡式の文様を頸部と体部の文様をあげてその変遷を非常に簡単にしめした（傍線筆者）」（平山ほか1971、p.71）からである。しかし「中間の形式（ママ）がみつかってBの前にもう一つ、BとBCの間にもう一つ、それからAの段階のあとにもう一つ、AとA'のあいだにですね…（傍点筆者）」（p.71）という理解にいたり、最終的に「形式（ママ）としてはB₁、B₂としてるんです。それからBC₁にしてBC₂にして、C₁ C₂で、Aの次にA₂とやっちゃうんです。その次がA'」（p.72）となるのである。大洞 A₂ 式が「みつかって」と表現されている点は、この型式が決して大洞 A 式や A' 式のなかから独立したわけではないことを雄弁に物語っている。

3．大洞 A'式直後の土器群

　変形工字文の完成をメルクマールとすることで、大洞 A' 式の上限は確定する。大洞 A' 式の下限の認識は、砂沢・青木畑・御代田式などの地域色ゆたかな土器群がからんでより複雑である。ここでは、本州島東北部各地における大

洞 A'式の下限とその直後と考えられる土器群への変化をとらえる。なお、本書でいう本州島東北部北・中・南部の区分は、北部が津軽・下北半島部・岩木川水系・馬淵川水系・新井田川水系・米代川水系・雄物川水系、中部が北上川水系・三陸沿岸部・鳴瀬川水系・仙台平野・最上川水系、南部が阿武隈川水系・阿賀野川水系・相馬海岸・磐城海岸をさしている。

(1) **本州島東北部北部**
a. **砂沢式の内容とその評価** 　北部の大洞 A'式としては、青森県剣吉荒町（鈴木編 1988）・砂沢（藤田・矢島ほか 1988、1991）・咽畑（松山ほか 1979）、秋田県湯ノ沢 A（菅原編 1984）・鐙田（山下・鍋倉 1974）・平鹿（小玉 1983）・諏訪台 C（利部・和泉 1990）、岩手県大日向 II（田鎖 1995）・足沢（須藤 1999a）などがあげられる。多段構成による変形工字文は大洞 A_2 式の文様構成とは連絡しないので、この出現をもって大洞 A'式の新相を認識することができる。なお、鈴木（1987a）のいう大洞 A'式古古段階は、本州島東北部全域に共通してみられる資料の僅少性から時間的階梯として設定することにはいまのところ無理があり、古段階に含めておくのが妥当であろう。

　大洞 A'式よりもあたらしい特徴を有していると考えられているのが砂沢式（芹沢 1960）であり、青森県砂沢（藤田・矢島ほか 1988、1991）・是川中居（工藤・高島 1986）・是川堀田（宇部 1980）・松石橋（工藤 1987）・畑内（木村ほか 1997）・宇田野 (2)（白鳥ほか 1997）、大曲（青森県立郷土館考古部門 1989）、秋田県地蔵田（菅原編 1986）・諏訪台 C（利部・和泉 1990）などで良好な資料が出土している。先述のとおり、砂沢式では 1) 文様帯幅の拡大、2) 粘土瘤の大型化、3) 太く深い沈線が顕著に認められるようになる。こうした属性が大洞 A'式のなかでも新しくなることは剣吉荒町や砂沢遺跡などで層位的に確認されてはいるものの、大洞 A'式と砂沢式を型式として分離するか否かは依然として決着をみていない。

　これまで型式区分を否定する根拠として、砂沢式の特徴が大洞 A'式との「程度の違い」（岡田編 1988、p.49）しか表していないという点が強調されてきた。また、『日本原始美術』1（山内編 1964）で、山内清男も砂沢式を大洞 A'式のなかにふくめていたこともこうした考えに影響を与えているのかもしれな

い。しかし、松本 (1998) は浅鉢・高坏類における文様帯の占める割合が器高の 50% に達しているかどうかによって、両者が明確に区分できることを明らかにした。大洞 A' 式と砂沢式のあいだには質的な差も多く存在していることから、筆者も砂沢式をひとつの画期とすべきと考える。そこで便宜的に「剣吉荒町 II 群段階」と「砂沢段階」を分けたうえで、前者から後者へどのような変化がみられるのかを考えてみることにしたい。

b.「剣吉荒町 II 群段階」から「砂沢段階」へ
変形工字文の変化 変形工字文にみられる変化としてあげられるの

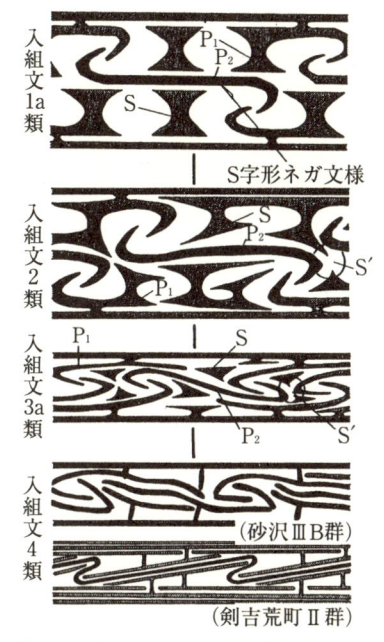

第 11 図 福田(1997)による波状文の成立過程 [P=主要素、S=副要素、S'=入組間要素]

は、1) 上下で半単位ずれた多段構成の一般化、2) 粘土瘤間調整の消滅である。大洞 A' 式新段階に多段構成が出現するという鈴木 (1987a, p.119) の指摘は妥当であり、これは本州島東北部北部においてもあてはまる。「剣吉荒町 II 群段階」にみられる多段構成は、縦位に三角形を反転させることによってつくられているが (第 12 図 18)、「砂沢段階」では連結型の下に連結型もしくは完結型を配した二段構成が普及する。このとき上段の変形工字文の交点を、下段の変形工字文の頂点と共有させることによって上下で半単位がずれた構成になる (第 12 図 26・33・34)。

また、「剣吉荒町 II 群段階」では変形工字文の主線が粘土瘤の間にまで入り込むものが多数含まれており、粘土瘤間の調整はまさに沈線の一部として処理されている場合が多い。これにたいして「砂沢段階」では粘土瘤の大型化と沈線幅の拡大にともない、粘土瘤間の調整は変形工字文の主線文から全く切り離

40　第Ⅱ部　時間軸の設定

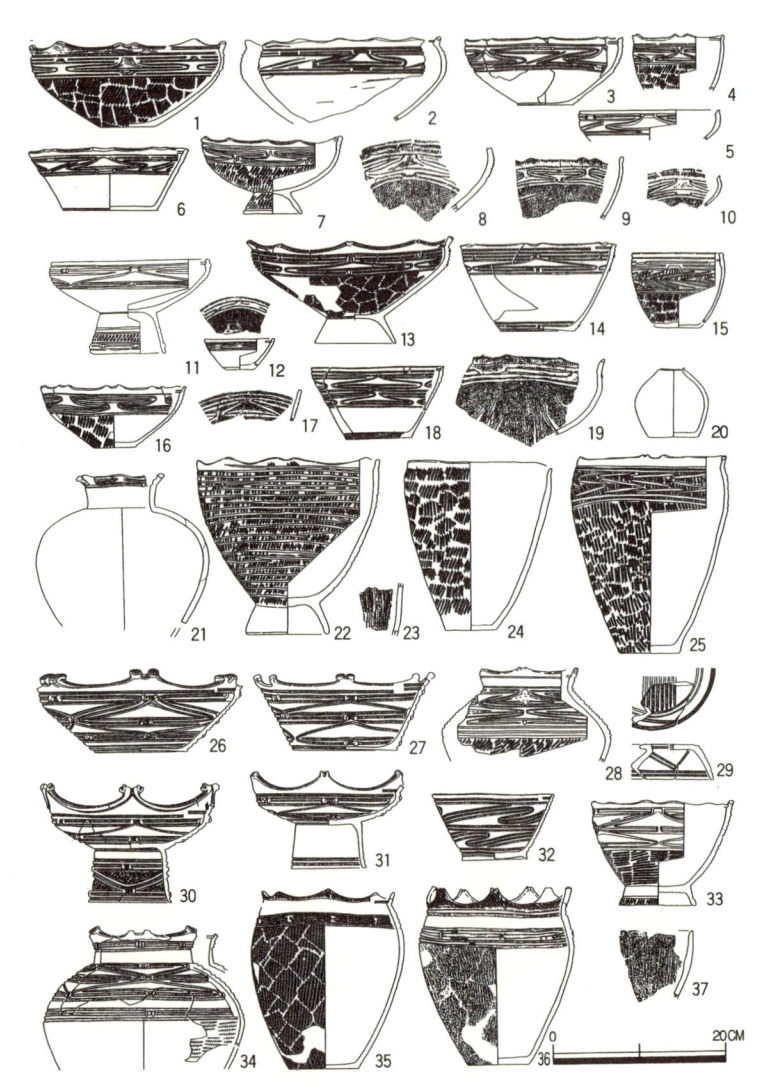

第12図　本州島東北部北部の土器群　[1・13・22・26・27・29〜31・35・37 砂沢（藤田・矢島ほか 1988・1991）、2 牧野Ⅱ（弘前大学教育学部考古学研究室 1981）、3〜12・14〜20・23〜25・28・32・33 剣吉荒町（鈴木編 1988、滝沢・工藤 1984）、36 諏訪C（利部・和泉 1990）、21 畑内（木村ほか 1997）、34 是川中居（工藤・高島 1986）]

されてしまう。

　「砂沢段階」になると、変形匹字文系列・工字文系列の相互干渉からさまざまな構成の変形工字文が生成されるため、もはや系列の区分は困難となる。しかし、本州島東北部の北部では大洞 A'式（「剣吉荒町 II 群段階」）の変形工字文の特徴が中・南部よりもよく受け継がれ、主線斜位部分に副線がともなわない（第12図27・30・31）。ここに副線が加わってくるのは工字文系列が優勢である本州島東北部中部からの影響と考えられるが、こうした影響は「砂沢段階」の全般にわたっているわけではなく、おそらく新しい段階にはいってからである（第12図26）。したがって主線の複線化をメルクマールとして、将来「砂沢段階」にも新古ふたつの段階をみとめうる可能性が指摘できる。こうした考え方をするならば、三角文の内部をやや彫り込み、浮線的な表現となる変形工字文は、複線化がすすんだ段階であることがわかる（第12図33）。この種の変形工字文を有する是川中居（第12図34）の土器群などは、中村（1988）のように「砂沢段階」の最古段階に位置づけるのではなく、むしろあたらしい段階を含んでいるとみるべきではないだろうか。

波状文の完成　　工藤（1987）は大洞 A'式にみられる矢羽根状モチーフを手がかりに、波状文（波状工字文）の発生過程を論じている。これに対して福田（1997）は、大洞 A_1～A'式期にみられる入組文3a・4類（第11図）から、波状文が成立するプロセスを説いている[注6]。福田の指摘によって、二枚橋式古段階（高瀬1998）の波状文の主線・副線にしばしばみられる沈線のとぎれは、入組文における上下の沈線との連結部の残存と解釈できることになった。この考えは、波状文の成立過程に関するもっとも有力な説明であることは疑いない。

　ただし、波状文が右上がりだけに集中する点は、入組文からの系譜関係だけでは説明が難しい。筆者は大洞 A'式の矢羽根状モチーフ（工藤1987）・斜行沈線（中村1988）、荒海式の特異な変形工字文（西村1975、p.16）にみられる「右上がり志向」の存在から、基本的には福田の考え方を踏襲しながらも、これを加味して考えなければならないと考える。いずれにせよ、遊離のない主線とそれに併走する副線を要素とし、しかも上下の横走沈線との連結部がなくなった波状文（第12図32）は、「砂沢段階」にいたって完成することは間違い

ないだろう。

その他の文様の変化　「砂沢段階」の浅鉢には変形工字文が胴上半部に限られるものがあるが、その下の無文部にも積極的に横走沈線が入るようになる（第12図26）。これは本来底部に近い部分に描かれていた沈線が分離・上昇してきたものと考えられるが、これも文様帯の拡大と関連をもつ現象として注意される。この特徴は青木畑式の浅鉢にも認められ、本州島東北部中部との対比のうえで重要な意味をもってくる。

「剣吉荒町Ⅱ群段階」までの深鉢には頸部無文帯はみられないが、「砂沢段階」には狭いながらも意識的に無文帯が形成される傾向がある（第12図35・36）。山内（1930、p.144）が指摘しているように、大洞A'式で頸・体部文様帯の合体が生じても、壺には頸部文様帯はのこりつづける（第12図21）。この影響をうけ、「砂沢段階」ではとくに深鉢において頸部文様帯の復活が顕著にみられ、頸部に狭い無文帯をはさんで肩・胴部に沈線文が描かれるようになるのである。ここでの頸部文様帯には地紋・キザミ・沈線・列点の充填などがみられ、より新しい二枚橋式（須藤1970b）などでは弧線文なども加わってくる。このほか高坏・浅鉢では波状口縁の大型化にともなって、突起の頂部に装飾がつけられるようになるが、これも鉢類における頸部文様帯の復活と無関係ではないはずである（第12図30）。

「剣吉荒町Ⅱ群段階」までは組列をトレースすることができた凸字文系列は、「砂沢段階」にはその影をほとんど潜めるようになる。平行沈線間に2個1対の粘土粒を有するものがこれとのつながりを示しているのかもしれないが、これは変形工字文の中点として大洞A'式期から存在しており、ここでは凸字文系列の中には含めてはいない。

器形の変化　「剣吉荒町Ⅱ群段階」の浅鉢は、比較的大きく開く器壁をもち、口縁部で直立あるいはやや内傾する（第12図12・14・16・18）。胴部は、ゆるやかに丸みを帯びている場合が多い。「砂沢段階」では直線的あるいはやや外反気味に立ち上がる器形が多い（第12図27）。口縁部が直立する場合もあるが、胴部は「剣吉荒町Ⅱ群段階」のようには丸みを帯びない（第12図26）。

「剣吉荒町Ⅱ群段階」の高坏胴部も、やや丸みを帯びる（第12図11・13）。

台部は大きく開き、高さが比較的低いのは、大洞A_2式から継続してみられる特徴である（弘前大学教育学部考古学研究室 1981、p.33）。「砂沢段階」では口縁部の屈曲が強くなり、台部はほとんど開かずに、ほぼまっすぐ下におりるようになる（第12図30・31）。

　第6章でも触れるが、「剣吉荒町Ⅱ群段階」の深鉢には、大きくふたつの種類を認めることができる。ひとつは、器壁がやや丸みを帯びながら立ち上がり、口縁部で直立あるいは内傾するきわめてシンプルなものである。これには口縁部に数条の沈線が付されるほかは文様はなく、地紋には縄文（まれに撚糸文）もしくは条痕がもちいられる（第12図24）。いまひとつは頸部でやや屈曲して口縁部がひらくものであり、頸部から口縁部にかけて沈線文が付され、体部には縄文がほどこされる（第12図25）。「砂沢段階」になると前者が非常に少なくなるいっぽうで後者が増加し、類遠賀川系甕の影響をうけて頸部により強い屈曲をもつものも増加する。またあらゆる器種にいえることであるが、「砂沢段階」では突起の大型・複雑化が引き起こされる。

　ここまで述べてきた「剣吉荒町Ⅱ群」と「砂沢段階」のちがいの多くは、重要な文様・文様構成の成立あるいは器形のちがいに着目した質的な変化であり、これによって両者のあいだの時間的変遷は追認される。同時にそれぞれは型式として分離されるに十分な基準をみたしていると考えるが、その前に隣接地域との型式論的な秩序を維持する作業が必要である。そこで「剣吉荒町Ⅱ群段階」と「砂沢段階」の分離問題をいったん保留し、本州島東北部中・南部の様子をつづけて概観してみることにする。

(2) **本州島東北部中部**

a. **青木畑式の内容**　中部における大洞A_2式としては、岩手県大洞貝塚A'地点出土資料の一部（第5図1）、宮城県梁瀬浦（角田市教育委員会 1976）・巻堀（一迫町教育委員会 1977）・赤生津（佐藤編 1990）・二月田貝塚（後藤 1972）、山形県蟹沢（加藤 1965）・げんだい（安部・月山 1988）・北柳1（2aブロック、小林・大泉 1997）などの出土資料をあげることができる。中村(1988)は、巻堀を剣吉荒町Ⅰb群、梁瀬浦を剣吉荒町Ⅱ群に並行させているが、梁瀬浦では変形工字文が完成していないことから剣吉荒町Ⅱ群よりは古く

位置づけるべきである。変形匹字文は北部のものときわめて類似しており、共通性が非常に高い。ただし器形のうえでは、北部とは明瞭な地域差を認めることができる（第13図1～10）。

　大洞 A'式に相当する中部の土器群は、標準資料（第5図2～8）のほか、宮城県宮沢（斉藤・高橋・真山 1980）、岩手県熊穴洞窟（小田野編 1985）・杉の堂（伊藤・佐久間・西野 1982）・下船渡（江坂 1961）、山形県神矢田遺跡（佐藤・佐藤 1972）・にひゃく寺（安部 1985）・北柳1（2b・4a・4bブロック、小林・大泉 1997）などの出土資料があげられる。変形工字文には第13図15のような工字文系列に属する「入組型」変形工字文もみられるが、これはおそらく完成直後のふるい変形工字文であろう。連結型の出現は工字文系列の中で生じるが、下方からの「手法A」のすがたをのこすものを経て（第9図27）、定式化した連結型（第9図29・30）が完成するものとみられる。北部でもおなじプロセスをたどると考えられるが、南部の連結型については後述するように関東平野との関係が強い点は注意を要する。器形のうえでは、やはり北部とは異なったものもみられる（第13図9・12）。

　これに後続する型式として考えられているのが、青木畑式である。加藤（1982）は山王囲遺跡との比較から、青木畑遺跡出土土器を山王Ⅳ層とⅢ層出土土器の中間に位置づけた。そこでは山王Ⅳ層出土土器は大洞A式に比定されているが、山王Ⅳ l・m層（伊東・須藤 1985）の土器には明確な変形工字文がともなうことから大洞A'式とすべきである。したがって、青木畑式は大洞A'式直後かつ山王Ⅲ層式（須藤 1983）よりも前に位置づけられることになり、中部ではいまのところこれらの間にあらたな型式が加わる余地はないと思われる。仙台・名取平野ではややことなる変遷がみられ、大洞A'式直後に南小泉（仙台市 1950）・郡山（長島編 1992）・飯野坂山居（太田 1988）・十三塚（太田 1979）が、この次段階には後述するように原遺跡（大友・福山 1997）が位置づけられる。北上川水系では小田野（1987a）によるⅠ期、最上川水系では佐藤庄一（1978）による蟹沢Ⅰ段階と佐藤嘉広（1985）による弥生Ⅰ期が、青木畑段階に相当するとみなすことができる。

b. 大洞A'式から青木畑式へ

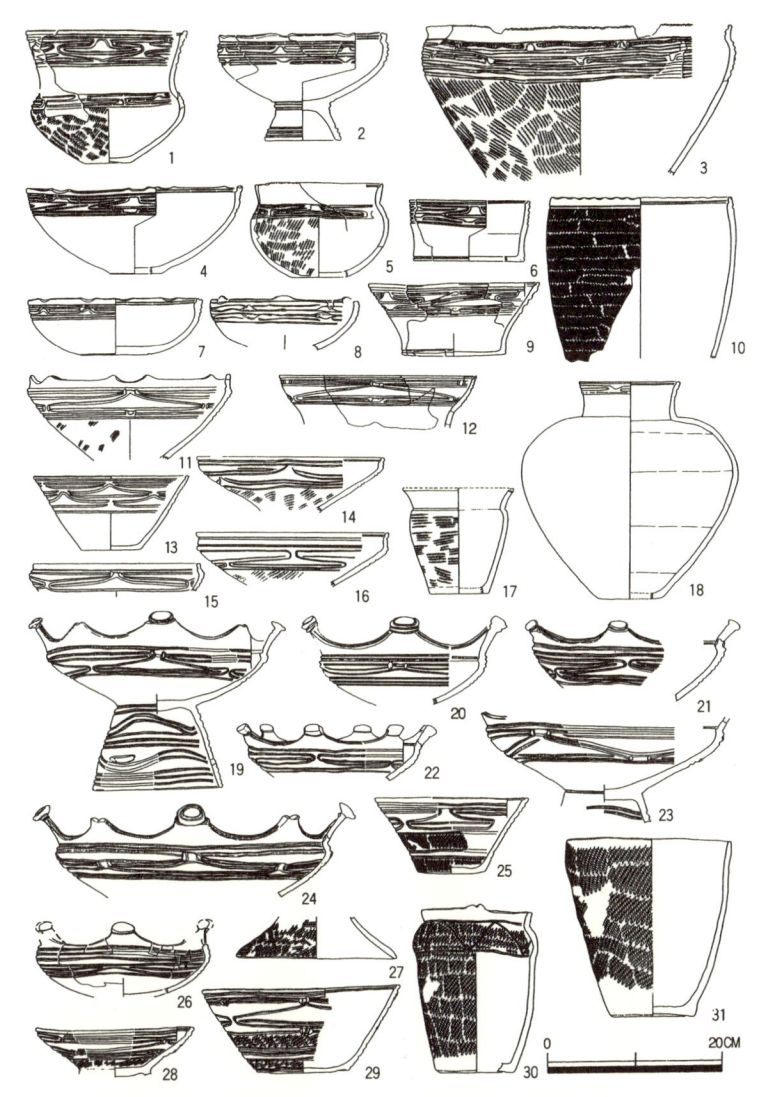

第3章　縄文時代晩期後葉〜弥生時代前期の土器編年　45

第13図　本州島東北部中部の土器群　[1・8梁瀬浦（角田市教育委員会1976）、2・4・6・7・10赤生津（佐藤編1990）、3・5巻堀（一迫町教育委員会1977）、9北柳1（小林・大泉1997）、11・13・15・17・18熊穴洞窟（小田野編1985）、12にひゃく寺（安部1985）、14・16・20谷起島（林・小田野編1977）、19・21〜25・27〜31青木畑（加藤1982）、26郡山（長島編1992）]

変形工字文の変化　本州島東北部中部の大洞 A₂ 式の変形匹字文は剣吉荒町 I 群と非常に高い共通性を示しており、同様のことは大洞 A' 式の変形工字文についてもいえる。ただし、熊穴洞窟（第 13 図 13）のような崩れた多段構成が中部の大洞 A' 式に特徴的にみられ、しかも、上下段で半単位ずれたものが北部よりも早く出現している点は注目される。粘土瘤が付される場合、典型的な「変形工字文 E」もみられるが、第 13 図 16 のように下部の交点には粘土瘤をつけずに工字文風につなげてしまう省略例も中部には多い。

　大洞 A' 式直後の変形工字文から、北部とは大きくことなった展開をみせる。交点・中点の粘土瘤がない場合が多く、それが付されても砂沢式のようには大型化しない（第 13 図 19）。「変形工字文 C」が非常に多くみられ、主線となる 1 本の細い沈線で描かれた三角形が横位に反転を繰り返し、副線は三角形の底部や斜線にあたる部分にも添えられる。これは大洞 A' 式期からの中部の特徴であったが、青木畑式期にも明確に受け継がれている。また、主線の内側と外側の両方に副線が添えられる場合も出現するので、一見すると 3 本 1 組の沈線が変形工字文を形作っているように見えるものもある。また、「入組型」変形工字文の存在が目立つ点も、中部の特徴となっている（第 13 図 21・22）。

　粘土瘤が付いていても、「変形工字文 D（完結型）」は非常に少なく、「E（連結型）」が多い。「D」は横位反転が繰り返されるという意味で変形匹字文や「C」・「C'」にもっとも類似するにもかかわらず、これが少なく「E」が多いのはやはり工字文系列の影響が強く残っているからといえよう。ただし「変形工字文 E」の描き方には、北部とは若干の違いも生じている（第 14 図）。主線斜位部分の出発点（頂点）および終着点（交点）に着目したとき、北部では粘土瘤間から出発し粘土瘤間で終着または反転上昇するものが多い（第 14 図 1）。これにたいして中部では、粘土瘤間から出発して粘土瘤横で終着するもの、あるいは粘土瘤横から出発して粘土瘤間で反転上昇するものが多い（第 14 図 2）。とくに後者は、大洞 A' 式における変形工字文の主線・副線の取り違えが、青木畑式期に生じていたことを示している点で重要である。

その他の文様の変化　中部では、浅鉢・高坏の文様帯の拡大は北部ほど顕著には生じない。ただし、地紋帯の中央付近に沈線が描かれる例は多く、この点に関しては砂沢式との類似性も認められる（第 13 図 25・29）。

口縁内面の沈線は頻繁に描かれるが、高坏などでは突起にそって描かれているものもある。これは平行線が主流となる砂沢式とは対照的な特徴といえる。

粗製の深鉢は、熊穴洞窟・宮沢などと比較してもほとんど変化がない（第13図31）。ただし、変形工字文や三角形のモチーフが描かれた半精製の深鉢形土器が多い点は、北部との大きなちがいといえるだろう（第13図30）。

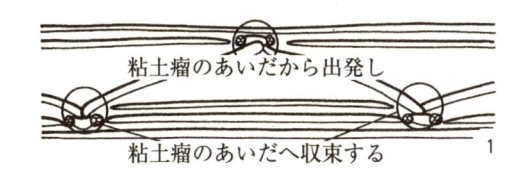

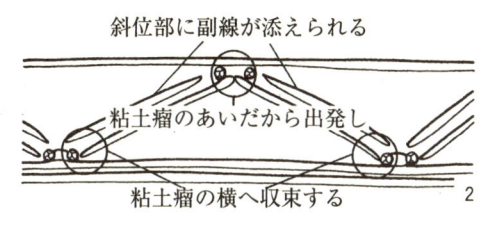

第14図　変形工字文の描き方　[1：本州島東北部北部型、2：本州島東北部中部型]

器形の変化　浅鉢の器形は、北部と同様の変化がみられる。すなわち、口縁部が直立またはやや内屈し胴部が丸みを帯びる大洞A'式にたいして、青木畑式では直線的な器形になる。ただし、砂沢式のように外反気味の器形はない。口の開きも大洞A'式よりは小さくなり、突起は発達せず平縁のものが卓越する（第13図25・29）。

青木畑式で急増する高坏の台部は大型化がすすむが、大洞A'式と同様にやや開いたものが多く、砂沢式のようにまっすぐ下りるものはない（第13図19）。突起は非常に発達し、大きなものが4～8単位つけられるようになる。しかし、その形態は扁平な円形あるいは角柱状で、先端がいくつかにわかれる北部とは対照的である（第13図19～24、26）。

深鉢の形態は、口縁部がやや屈曲して甕にちかいものもある。しかし、この形態は中部の大洞A'式期から連続しているので、粗製深鉢については青木畑式期以前から地域性があることがわかる（第6章）。

(3)　**本州島東北部南部**

a. 御代田式の内容　南部の大洞A$_2$式としては福島県羽白C（鈴鹿ほか

1988)・根古屋（梅宮・大竹ほか 1986）遺跡出土土器などがあげられ、器形のうえでは北部との差異は大きいが、文様自体の規格性は非常に高いといってよいだろう（第15図1〜11）。

本地域の大洞A'式としては、福島県滝ノ口（高田 1987、郡山市教育委員会 1988）・岩下D（鈴鹿・松本 1986）・鳥内（目黒ほか 1998）・根古屋（梅宮・大竹ほか 1986）・三貫地（渡辺ほか 1981）・道平（渡辺・大竹 1983）・岩下A（松本編 1985）などの出土土器があげられる。福島県域の大洞A'式は、北・中部とはやや趣を異にする（第15図12〜23）。これは関東平野の三角連鎖文の影響から、極度に簡略化がすすんだとみられる変形工字文が目立つ点に起因している。そのなかにあって、北・中部と直接的な対比を行いうる資料も存在しており（第15図16〜23）、本稿ではこれらを本州島東北部内部での並行関係をつかむための重要な指標として扱いたい。とくに連続型・完結型の変形工字文は、三角連鎖文の影響をつよく受けている連結型とは変化の道筋がことなっていたために、中部との類似性が保持される結果になったと思われる（第15図16・19・22）。各地域で在地化しつつある変形工字文を捨象するならば、文様の共通項はこの段階まで認めることができるのである。

土器組成全体に南部の地域色が顕在化してくるのは、やはり大洞A'式のあとからである。大洞A'式直後の土器として、これまで御代田遺跡（目黒 1962、馬目 1978）、岩尾遺跡（中村 1982、1988）の土器群が考えられてきた。岩尾遺跡については、石川（1984）・鈴木（1987a）が大洞A'期に位置づけており、筆者もこの見解を支持する立場からここではとくに問題とはしない。

従来の御代田式が時間的に幅をもっている点は、石川（1984）・大竹（1985）の指摘のとおりである。御代田I群（大竹 1985）・一人子（馬目・古川 1970）遺跡出土資料の変形工字文は、滝ノ口や岩下Dなどに比してさらに簡略化がすすんでおり、文様帯幅の拡大と複段化（半単位ずれない構成）が顕著にみられる。しかし、両者は非常に連続的であり、おそらく中間に未知の型式を挟むことはできないであろう。御代田と一人子では、一人子のほうが三角形のモチーフを遵守した変形工字文の残りが良好で、やや古く位置づけられる（馬目 1978）。ここでは一人子遺跡と御代田I群をあわせて御代田式とし、そ

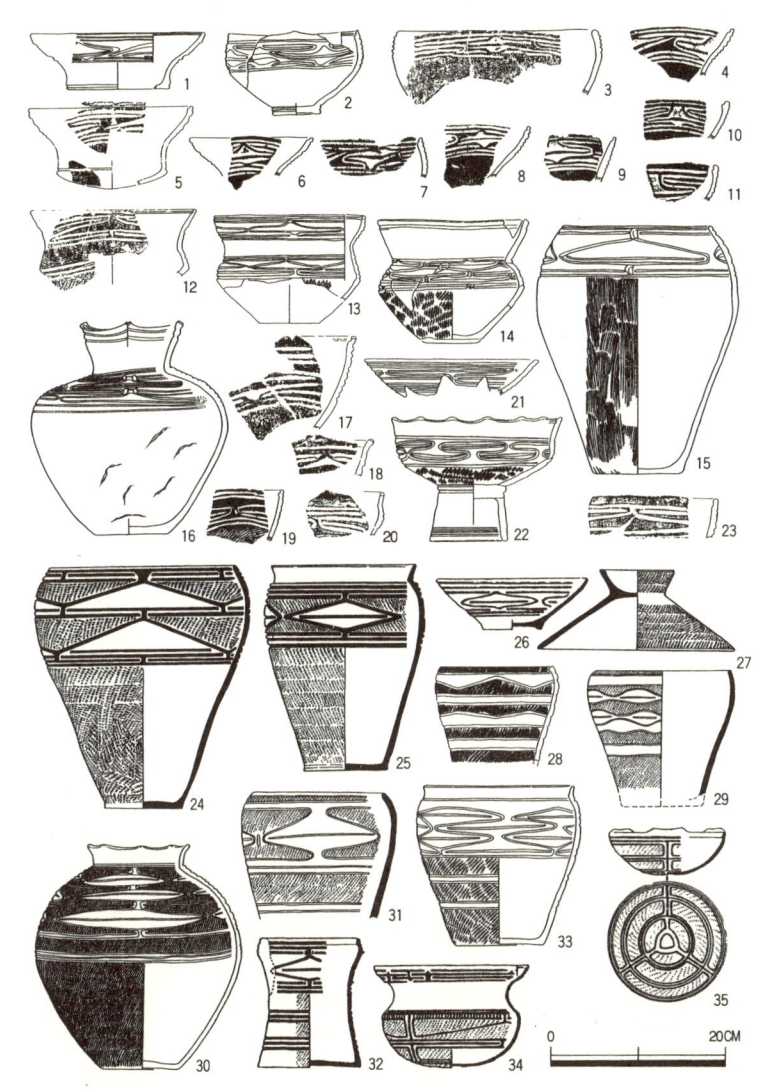

第 3 章　縄文時代晩期後葉～弥生時代前期の土器編年　49

第 15 図　本州島東北部南部の土器群　[1・15・16・30・33 鳥内（目黒ほか 1998）、2～4・6～11・22 羽白 C（鈴鹿ほか 1988）、5・17・18・21 岩下 A（松本編 1985）、12・13・20・23・28 三貫地（渡辺ほか 1981）、14 滝ノ口（高田 1987、郡山市教育委員会 1988）、19 岩下 D（鈴鹿・松本 1986）、24・25・27 一人子（馬目・古川 1970）、26・32・34・35 御代田（目黒 1962）、29・31 鱸沼（志間 1971）]

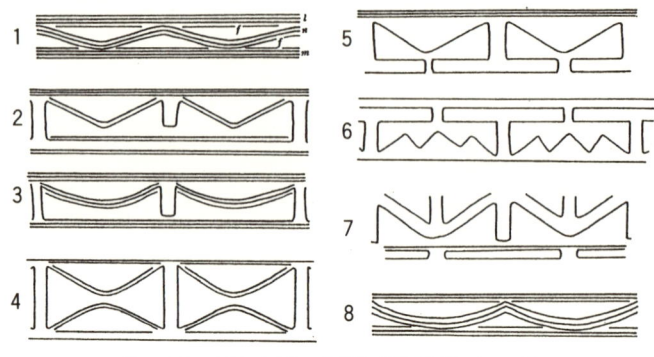

第16図　山王Ⅲ層式の文様模式図 ［須藤（1983）］

の古段階に一人子遺跡、新段階に御代田Ⅰ群を位置づける。
　これらに後続する土器群の状況も瞥見してみよう。御代田式期に出現し、その直後から発達する磨消縄文から、御代田Ⅱ群・孫六橋出土資料と山王Ⅲ層式（須藤1983）の大部分の並行関係が導き出せる。南部の菱形モチーフをもつ磨消縄文やヒトデ文の祖型となる文様は、山王Ⅲ層式における文様（第16図）そのものかそれに非常に類似した文様である。この現象は会津地方の今和泉式（第17図、小滝1960、大竹・志賀1985）にもみられ、これらは御代田式を基盤としながら中通り地方とは若干ことなった脈絡のなかで成立したということができるであろう。鈴木（2000）は、鳥内遺跡出土資料をもちい、磨消帯と地紋帯の逆転現象と文様構成上の対象性の崩れに着目し、ヒトデ文の成立過程を説得的に解説している。
　次章で述べるように、山王Ⅲ層式は青木畑式の次段階に位置づけられる。文様の類似性から、御代田Ⅱ群・孫六橋・今和泉などを山王Ⅲ層式並行に位置づけるとすれば、それよりも古い御代田式の位置づけはやはり大洞A'式直後とするのが妥当である。なお、浜通り地方では成田藤堂塚（杉原1968b）が御代田期に位置づけられると考えられるほかは、該期の遺跡は判然とはしていない。

b. 大洞A'式から御代田式へ

変形工字文の変化　　大洞A'式から御代田式にかけてみられる急速な変形工

字文の簡略化は、北・中部との対比を難しくしている。粘土粒は用いられることが少ないかわりに交点が主線とひとつながりの沈線やスリットによって代用される（第15図24・25）。変形工字文の構成は連結型と完結型がみられ、前者の場合は直線的な主線が、後者の場合はやや丸みを帯びるか菱形の主線が描かれるといった対応関係もみてとれる。このほか、菱形の主線の中央に副線が入るなど、すでに本州島東北部の伝統を脱した要素もみられる（第15図25・30～32）。磨消縄文は本州島東北部の中で最も多用されており、これはほんらい変形工字文が描かれていた無文部の一部に、地紋が侵入したことによって生じている。

その他の文様の変化　御代田式の粗製土器は全貌が明らかになっているわけではないが、大洞A'式には条痕や網目状撚糸文をともなうものが多い。現在の資料から判断するかぎり、御代田期には条痕をもつものは残るが、網目状撚糸文をもつものは急速に衰退あるいは消滅するものとおもわれる。

器形の変化　御代田・一人子および根古屋・鳥内の資料を総合すると、大洞A'式～御代田式にかけて器形のうえで大きな変化が生じていると考えられる。とくに壺形土器は、大洞A'式期までの細頸・いかり肩の器形から短胴化が急速にすすみ、相対的な広口・球胴化がひき起こされる（第15図30）。文様帯はひきつづき肩部に設けられるが、胴部最大径付近にまで拡大する。

量的に卓越する深鉢・鉢では頸部がやや膨らみ、変形工字文が付される場合が多い（第15図24・25・28・29・31・33）。中部のように高坏が急増することはないが、小型精製鉢が発達し底面にまで文様が描かれる資料が増加する

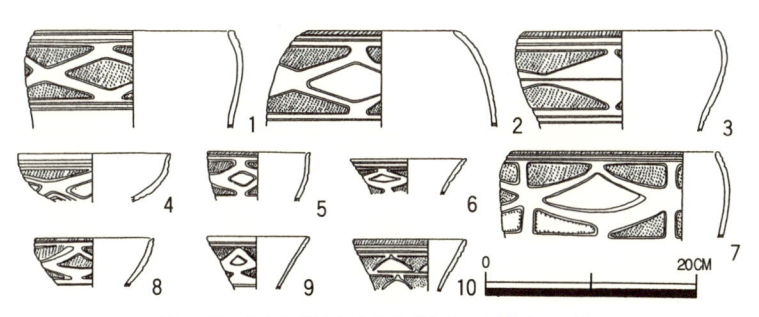

第17図　今和泉遺跡出土土器［大竹・志賀（1985）］

(第15図34・35)。これらは頸部無文帯を挟んで口縁部と胴部に文様帯をもち頸部がややくびれることから、同様の文様帯構成をもつ縄文晩期後葉の鉢との関連性がうかがえる（第15図5・13）。

(4) **大洞A'式の下限と本州島東北部内部の並行関係**　ここまで本州島東北部における大洞A_2式から大洞A'式、さらにそれに後続する土器群を概観してきた。大洞A'式以降の変形工字文は、南部でとくに簡略化がすすんでいるものの、そのなかには北・中部と共通の俎上にのせることが可能な連続型・完結型も存在していた。また、変形匹字文系列・工字文系列の大部分は北・中部での共通性が高く、工字文系列に属する「入組型」変形工字文などは北部と中部の並行関係の把握に役立てることができる。この意味で、山内（1930）の発言にもみられたように、すくなくとも大洞A'期までの精製土器は、共通項を保有しつつ本州島東北部一円に分布しているといえる。だとすれば、「剣吉荒町Ⅱ群段階」までの本州島東北部の並行関係を認めることが可能で、ここまでを大洞A'式としてとらえることができるだろう。すなわち剣吉荒町Ⅱ群—宮沢・熊穴洞窟—岩下A・D段階が大洞A'式に相当するわけである。

　中・南部の例から判断すれば、青木畑・御代田段階から急速に地域色が顕在化しており、すでに大洞A'式の範疇を逸脱していると考えることができる。これに北部にほぼ限定される砂沢式の分布を考えあわせるならば、砂沢式が落ち着く場所は大洞A'式直後以外にないであろう。もし砂沢式を大洞A'式の新段階に位置づけるのであれば、この時期に相当する中・南部の土器はまったくなくなってしまうか、大洞A'式にみられる型式論的一体性のなかに時間差を認めてしまうことになる。これが現在の問題意識からみた大洞A'式の下限およびその直後のとらえかたの根拠であり、「砂沢段階」を大洞A'式のなかにはふくめない理由である。したがって「砂沢段階」は、大洞A'式（「剣吉荒町Ⅱ群段階」）とは独立した型式として扱い、砂沢式—青木畑式—御代田式が大洞A'式直後に位置づけられることになる。この並行関係は、中村（1976）によって早くから指摘されてきたところである。

　砂沢式と青木畑式の並行関係をしめす共伴事例として、山形県生石2遺跡の事例をあげておこう（第18図）。生石2遺跡C・E区出土土器は、土器の廃棄

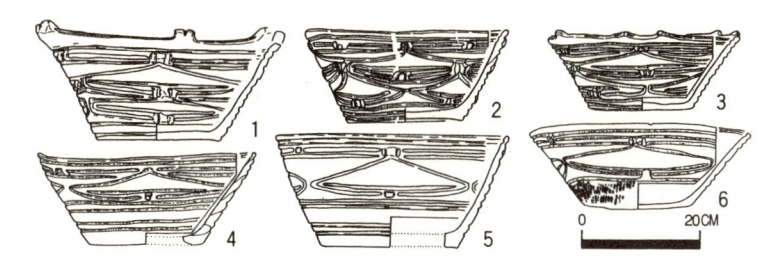

第18図 生石2遺跡出土土器［安部・伊藤（1987）、上段：砂沢系浅鉢。下段：青木畑系浅鉢］

ブロック出土と考えられる一括性の高い土器群である。本遺跡の浅鉢を検討すると、砂沢式と青木畑式の特徴をもつものが共存していることがわかる。前者には直線的な器形、多段構成の「変形工字文D、E」（連結型）、太い沈線、大きな粘土瘤、幅広の文様帯、大型の突起といった砂沢式の条件がすべてそろっている（第18図1～3）。これにたいして後者には、口がやや大きく開く器形、比較的狭い文様帯、細い沈線、「変形工字文C」（完結型）などの青木畑式に特徴的な要素が組合ってみられる（第18図4～6）[註7]。このような砂沢式と青木畑式の浅鉢がひとつの遺跡内で共存している例によって、両者の時間的並行性が確認できるだろう。おなじような現象は砂沢遺跡でもみられ、量的に卓越する砂沢系浅鉢に少量の青木畑系浅鉢が共伴している。

青木畑式と御代田式の並行関係を確認するための良好な共伴例は、いまのところ見いだせない。むしろ南部と関東平野の並行関係が考えやすい状況にある。よって、つぎに関東平野以西の地域へと目を転じ、本州島東北部とどのような関係にあるのかを考えることにしたい。

4．広域編年への位置づけ

(1) **関東平野との関係**　御代田式類似の資料が関東平野北部から新潟県域に広く分布することは、石川（1985）によって論じられている。石川（1985）は、関東平野の甕形土器を分類し、岩櫃山・須和田系A1、A2類に御代田式と区別し得ない変形工字文をもつ資料が含まれていることを指摘している。これらが出土する遺跡は利根川上流域に集中しており、変形工字文の種類や変遷の

歩調に関しても関東平野北部と本州島東北部南部は非常に緊密な関係にあることが考えられている。さらに、群馬県上久保遺跡（工楽 1968）ではA1・A2類甕形土器に、搬入品とおもわれる水神平式および近畿第Ⅰ様式「新段階」（佐原 1967、1968）に対比される遠賀川系または類遠賀川系土器が伴出している。これらの資料は御代田式と水神平・近畿第Ⅰ様式「新段階」の双方と接点をもつ「鍵」としての役割をもつ土器群として認識できる。

関東平野東部における千網・荒海式に関しては、長い研究の歴史にもかかわらず、多くの不明な部分が残されている。鈴木（1985）、鈴木・川井・海老沢（1991）は、「荒海1式—大洞A_2式」、「荒海2式（+3式）—大洞A'式」との並行関係を示しているが、これは荒海式4細分の大洞式との対比としてはごく整合的なものと評価される。しかし、荒海貝塚の荒海式（西村 1961）・姥山Ⅳ（鈴木 1963）・殿内BV（杉原・戸沢・小林 1969）をふくめて荒海式とし、千網式・荒海式・氷Ⅰ式の一部並行関係を認める見解も提起されているように（中沢 1991）、当該期の土器変遷はきわめて複雑な様相を呈している。変形工字文が多用される荒海式の検討は本州島東北部との系統関係を考えるうえで非常に重要なテーマであることは確かであるが、ここでは結論を保留する。ただし荒海式の一部が大洞A'式、さらには砂沢式に並行するという説の蓋然性は高く、砂沢式をあつかううえでもいずれは触れなければならない問題となるであろう。

関東平野南部に関しては「ポスト浮線文土器」（谷口 1996）の理解が重要であるが、氷Ⅱ式（永峰 1969）については型式設定の妥当性や氷Ⅰ式との時間的関係が依然として明確にはなってはおらず、関東平野東部と同様の理由からここではくわしい言及をさけておく。

(2) **中部高地・北陸地方との関係**　　長野県荒神沢（気賀沢・小原 1979）・御社宮司（小林編 1982）・トチガ原遺跡（大町市教育委員会 1980）の事例から、中部高地では浮線文土器群のもっとも新しい段階に位置づけられる氷Ⅰ式（第19図）と東海地方の初期条痕文土器である樫王式（紅村ほか 1961）の共伴関係が見いだせる。しかし、この段階と御代田式の接点は明確には確認することができない。氷Ⅰ式の設定当初においては大洞A_1式に並行すると考えら

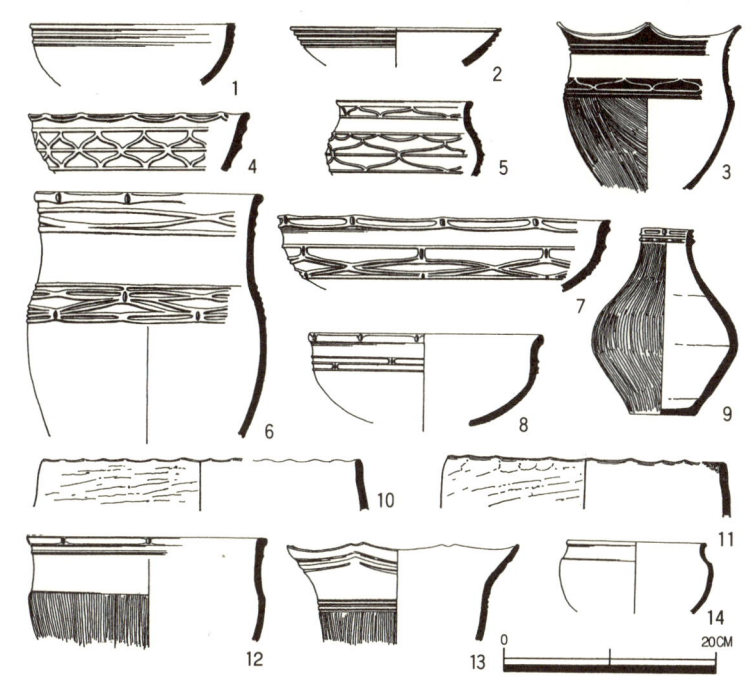

第 3 章　縄文時代晩期後葉〜弥生時代前期の土器編年　55

第 19 図　氷遺跡出土土器［永峰（1969）、1—5（古段階）、6—9（中段階）、10—14（新段階）、段階区分は中沢（1998）にしたがった］

れたが（永峰 1969）、福島県滝ノ口遺跡（高田 1987、郡山市教育委員会 1988）において大洞 A'式とも共伴することがあきらかになった（第 20 図）。第 20 図 1・2・8・9 が、SI01（1 号住居跡）検出面において「折り重なるように」出土したからである（高田 1987、p。140）。

　設楽（1991a）は滝ノ口の浮線文浅鉢（第 20 図 2）を、浮線文の会合点がはなれ規範から外れてはいるものの、典型的な氷 I 式に対比しうると考えている。いっぽう田部井（1992）は、口外帯の退化と浮線のとぎれの存在からより新しい段階に位置づけている。ここでは、口外帯の状況とやや外反した口縁部の器形、直線的な浮線文のモチーフが氷 I 式中段階（中沢 1998）に比定しうることから設楽（1991a）の見解を支持したい。いっぽう第 20 図 1 の鉢には、関東平野の三角連鎖文の影響をつよくうけた変形工字文がみられる。設楽（1991

a）は、これを女方 34 号竪穴（田中 1944）直前の大洞 A'式古段階の所産とみている。設楽のいう大洞 A'式古段階には大洞 A_2 式もふくまれると思われるが、女方 34 号竪穴例と滝ノ口例のあいだにはそれほど大きな型式論的差異は認められない。同様の器形であるが抉りこみによる文様描出がみられる西方前第 94 号土坑出土土器（仲田編 1987、p.128）はこれらと同時期かやや古いと考えられるが、これにも大洞 A'式と考えられる資料がともなっている点を勘案すれば、女方 34 号竪穴例と滝ノ口例の両者はここでの大洞 A'式の範囲内におさまるものと考えられる。典型的な氷 I 式と大洞 A'式の共伴例ではないことで滝ノ口例の解釈は微妙な問題をふくんでいるが、氷 I 式中・新段階と大洞 A'式の並行関係は認めざるを得ないだろう。

　新潟平野の浮線文土器である鳥屋式（磯崎 1957）についても、その終末をより新しくする修正がおこなわれている。石川（1993）は六野瀬遺跡（石川・増子・渡辺 1992）出土の一括資料の検討から、鳥屋 2b 式が大洞 A_2 式、さらには少なくとも大洞 A'式の一部と並行することを指摘した。鳥屋 2b 式の終末が氷 I 式の終末と同じと仮定するならば、ここでいう大洞 A'式との並行関係は認められてよいであろう。これらと大洞 A'式の終末が一致するかどうかについては検討の余地が残されているが、浮線文土器群分布圏で大洞 A'式新相のみの組成がみられないことを考えれば、編年表のうえでは浮線文土器の終末を大洞 A'式の終末と同時期としておくのが現時点でのもっとも妥当な方策である。鳥屋 2b 式を大洞 A_2・A'式並行と考えれば、砂沢式並行期には緒立式がくることになる（第 21 図、磯崎・上原 1969）。緒立式は御代田式ときわめて類似した内容をもっており、御代田式の 1 つのバリエーションとしての理解も可能である。両者が並行関係にあることはほぼ疑いなく、この段階が大洞 A'式直後に位置づけられることになる。

　北陸地方西部の縄文晩期終末期の土器群として、下野式（吉岡 1971）とそれよりやや新しい特徴を有する長竹式（中島 1977）が認識されてきた。しかし、長竹式は新しく見積もっても大洞 A_1 式並行と考えられ、その後の変遷は本地域の初期弥生土器である柴山出村式の細分にゆだねられることとなる。橋本（1982）による柴山出村式の 2 細分のうち新しい部分は、いわゆる「大地式」（吉田 1951、大参 1955）に類する工字状沈線・点列、さらには羽状条痕を

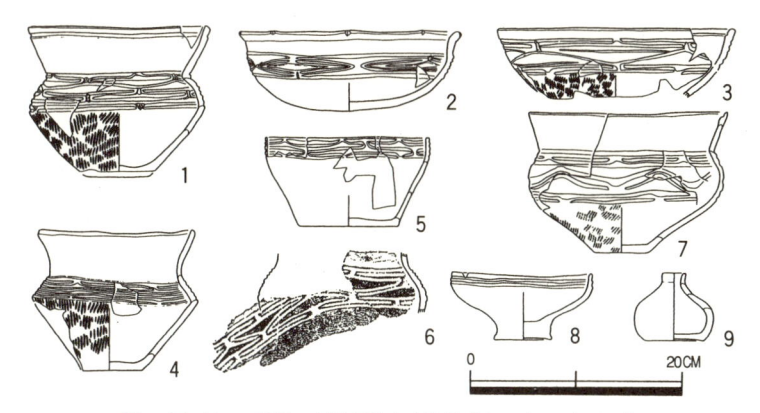

第3章 縄文時代晩期後葉～弥生時代前期の土器編年 57

第20図 滝ノ口遺跡1号住居跡出土資料［高田（1987）より］

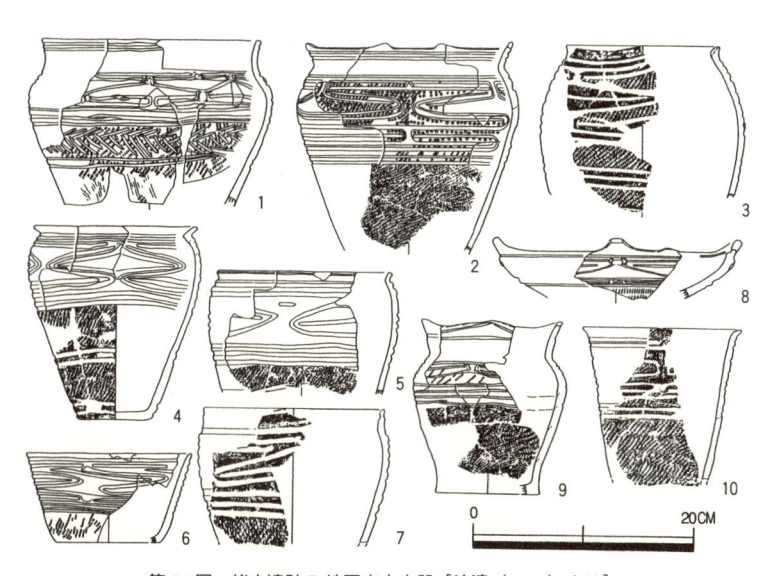

第21図 緒立遺跡B地区出土土器［渡邊（1998）より］

有する土器を含んでおり、こうした特徴を重視するならばこれらは弥生前期末
〜弥生中期にまでさがる土器群ということになる（湯尻1983）。柴山出村Ⅰ式
と長竹式とのヒアタスは依然として大きいが、柴山出村Ⅱ式を水神平式並行〜
弥生中期初頭に位置づけるとすれば、これよりも古い柴山出村Ⅰ式が大洞
$A_2 \cdot A'$式に並行する可能性が高いであろう。

(3) **東海地方との関係**　　東海地方西部の遠賀川式は、近畿第Ⅰ様式「中段
階」並行とされる「貝殻山式」と、「中段階」の一部と「新段階」並行とされ
る「西志賀式」に区分されている（紅村1956）。しかし、基準資料が明示され
ないことで、あらたな資料の評価が実態不明の「貝殻山式」・「西志賀式」に
とらわれるという弊害を生んできた。こうした問題意識のもと、石黒（1992）
は近年増加しつつある遺構出土の一括性が高いと考えられる資料を用いた編年
試案をしめしている（第22図）。この結果、東海西部の前期弥生土器はⅠ－1
からⅠ－4期に細分され、さらにⅠ－2期は古・中・新の3段階に、Ⅰ－3期
は古・新の2段階に段階区分された。これにより、従来判然としなかった「貝
殻山式」と「西志賀式」のあいだの変遷過程がスムーズに把握できることにな
り、現状ではもっとも説得力に富む編年案のひとつであると評価される。ただ
し各期の段階区分については、とくにⅠ－2期（新）とⅠ－3期（古）の区分
の根拠が弱く、Ⅰ－3期古段階をⅠ－2期新段階のなかに含めて理解したほう
が整理がつく。近畿との並行関係を掴む際に生じる支障をさけるため、本稿で
はⅠ－2・3期の細分段階は採用しないこととする。

さらに石黒（1992）は、尾張地方と三河地方東部以東における条痕文土器の
変遷がことなる点を明示したうえで、遠賀川式との対応関係に言及している。
それによればⅠ－2期には条痕文深鉢の口縁部外反化による甕形土器への移行
が生じるが、体部は横位条痕を有している。尾張ではⅠ－3期になってから口
唇部押引と羽状条痕をもつものが出現する。Ⅰ－3期の条痕文は口縁部の外反
の度合いが弱く、短頸である点で樫王式的な特徴をのこしている。しかし、羽
状条痕を有する甕がともなうことで、樫王式の段階をすでに脱していると考え
なければならないという。したがって、Ⅰ－2期までが樫王式に、Ⅰ－3・4期
が水神平式期に並行する可能性が考えられる。樫王式と氷Ⅰ式の並行関係は、

愛知県樫王（紅村ほか1961）・西浦（大参1972）・古沢町（吉田・和田1971）・伊川津（渥美町教育委員会1972）、静岡県山王（稲垣ほか1975）において確認されており、Ⅰ-1・2期の遠賀川式および樫王・氷Ⅰ式は非常に強固な横の関係としてとらえなければならない。したがって、大洞 A'式の位置づけもこの段階とするのが妥当であり、砂沢式はつぎの水神平式並行に落ち着くこととなる。

(4) **近畿地方との関係** 近畿では、佐原（1967）による近畿第Ⅰ様式の細分、すなわち「段→削出突帯・少条沈線→貼付突帯・多条沈線」という変遷を仮定した3段階区分が長らく支配的であった。この考えは土器の変化の大枠を

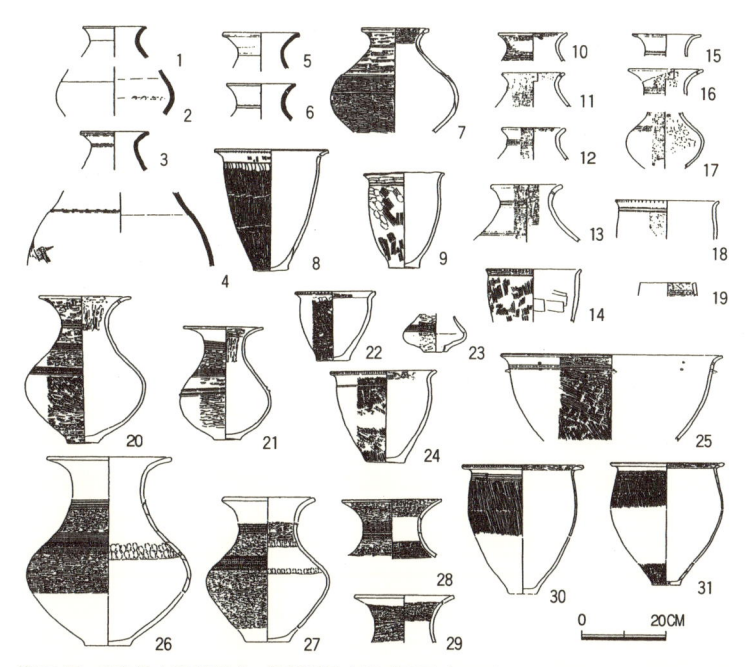

第22図 東海地方遠賀川式・遠賀川系土器［石黒（1992）より作成、1～6朝日貝殻山（柴垣ほか1972）、7～9白石（贄1993）、10～14月縄手（松田ほか1990）、15～19元屋敷（澄田ほか1967）、20～25高蔵SD03（重松1987）、26～31山中（服部編1992）、1～4（Ⅰ-1期）、5～9（Ⅰ-2期古）、10～19（Ⅰ-2期新）、20～25（Ⅰ-3期）、26～31（Ⅰ-4期）］

とらえたものという意味で現在でも重要な意味をもっており、井藤（1981）、寺沢・森岡編（1989、1990）の見解も若干の相違点はあるものの基本的に佐原編年との対比が可能である。しかし、近年の列島西南部では急速に増加しつつある古相の遠賀川式の検討をふまえ、これらの要素がより複雑な変遷をとげることを認識したうえで、前期弥生土器を4段階に区分する考えが支持されつつある（田畑1997、伊藤2000、中村2000など）。ここで近畿地方と東海地方西部の対比をおこなうにあたっても、4段階区分を採用することとする。

　従来から指摘されてきたように、愛知県朝日遺跡貝殻山地点出土資料のうち、頸部に段をもち短い口縁部を有するものは、濃尾平野でもっとも古い遠賀川式の一例といえる（石黒編年Ⅰ-1期）。しかし数少ない断片的な資料のため近畿地方との対比は難しく、たとえば田畑（1997）が提起するような古段階と中段階を区分する判断基準となる段をもつ資料の割合や、削出突帯Ⅱ種や蓋形土器の有無などを検討することができない。また、近畿地方では若江北（三好編1996）や本山をはじめとして沈線をほとんど含まない段階の遠賀川式が検出されているが、濃尾平野ではここまで古い段階が安定して存在していたとは考えにくく、東海Ⅰ-1・2期（先述の通り石黒案のⅠ-3期古段階をふくむ）が一段階遅れて近畿Ⅰ-2期とⅠ-3期の一部に並行する可能性がたかいだろう。

　東海西部Ⅰ-3期は、「く」字状に曲がる壺形の口縁部がなくなり、貼付突帯も出現するが、いまだ少条沈線が支配的な段階であり、近畿地方のⅠ-3期の一部に比定される。東海西部Ⅰ-4期は、壺の肩部に貼付突帯が多用され、口縁部は大きくひらく。また、頸部が一度直立気味にたちあがり、そこに多条沈線が付されるという意味でも、中期初頭につながる器形と文様を有している。これは近畿Ⅰ-4期とほぼ同様の内容と考えることができ、両者は並行関係にあるとみることができる。

　ここまでの検討から明らかになった並行関係は、ひとつは近畿第Ⅰ-2・(3)期遠賀川式・東海西部Ⅰ-1・2期遠賀川式・樫王式・氷Ⅰ式・鳥屋2b式・（荒海2・3式）・大洞A'式であり、いまひとつは近畿第Ⅰ-(3)・4期遠賀川式・東海西部Ⅰ-3・4期遠賀川式・水神平式・（氷Ⅱ式）・緒立式・御代田式・青木畑式・砂沢式という段階である。

第1表 縄文時代晩期後葉〜弥生時代前期の編年

近畿	東海	北陸西部	中部高地	関東平野北部	北陸東部	本州島東北部南部	本州島東北部中部	本州島東北部北部
Ⅰ-1	馬見塚	長竹	離山	千網	鳥屋2a	大洞 A$_1$（新）		
Ⅰ-2・(3)	Ⅰ-1・2 樫王	柴山出村1	氷Ⅰ（古）		鳥屋2b	大洞 A$_2$		
			Ⅰ（中・新）（如来堂）			大洞 A'		
Ⅰ-(3)・4	Ⅰ-3・4 水神平	柴山出村2	（氷Ⅱ）	沖	緒立・御代田	御代田	青木畑	砂沢

ここまでの検討から、縄文時代晩期終末〜初期弥生土器の広域編年は第1表のようにまとめることができる。砂沢式の広域編年上での位置づけにかぎっていえば、ここでの結論は中沢道彦（中沢・丑野1998）のしめす編年観にきわめて近いものといえる。

第4章 弥生時代中期の土器編年

　弥生時代前期において顕在化しつつあった土器の地域色は、中期に入ってより鮮明となる。中期土器群の文様は、変形工字文の簡略化と磨消縄文の盛衰を軸として変化する。しかし、変化の内容は空間的な変異が非常に大きく、土器型式の分布圏も各水系や平野単位にまで狭小化してくる。さらに、在地土器の変化には外来系である類遠賀川系土器の土着化のプロセスも関与していることから、組列間の関係もより複雑なものとなる。

　このような事情による説明の繁雑さを避けるため、本章では型式分布圏にほぼ対応する地域を区切ったうえで中期土器群の検討をおこない、そののちに本州島東北部内部での並行関係および広域編年を検討するという手順をふむ。

1．変形工字文と磨消縄文の推移

　戦後、日本列島東北部の弥生時代研究がすすめられるなかで、杉原荘介による「東日本弥生時代中期開始説」が定着した（石川 1996）。しかし、中村（1978）は列島東北部の弥生時代が前期にさかのぼることをいちはやく指摘し、さらにこの見解は東海地方・中部高地・関東平野を中心とした研究によって追認されることとなった（設楽 1982、吉川 1982、佐藤 1983）。さらに佐原（1987a、1987b）を中心とする1980年代の類遠賀川系土器をめぐる議論は、本州島東北部においても弥生時代の開始が前期にさかのぼるという認識の形成に大きな役割を果たした。前章でふれたように、本書でも砂沢・青木畑・御代田段階を弥生時代前期としてあつかっている。

　本州島東北部の弥生中期の土器群は、変形工字文の簡略化と磨消縄文（厳密には充填縄文も含まれる）の盛衰によって特徴づけられる。地域ごとの具体的な型式変遷を考えるまえに、これら2点のおおまかな変遷について第24図をもちいて概観しておくこととする。

　本州島東北部各地の弥生中期前葉土器の多くは、いずれも変形工字文の主線がえがかれたのち、その内部に横位・斜位の補助線が加えられ、明確な粘土瘤は付されないようになる。補助線の加えかたには大きな地域性があり、北部で

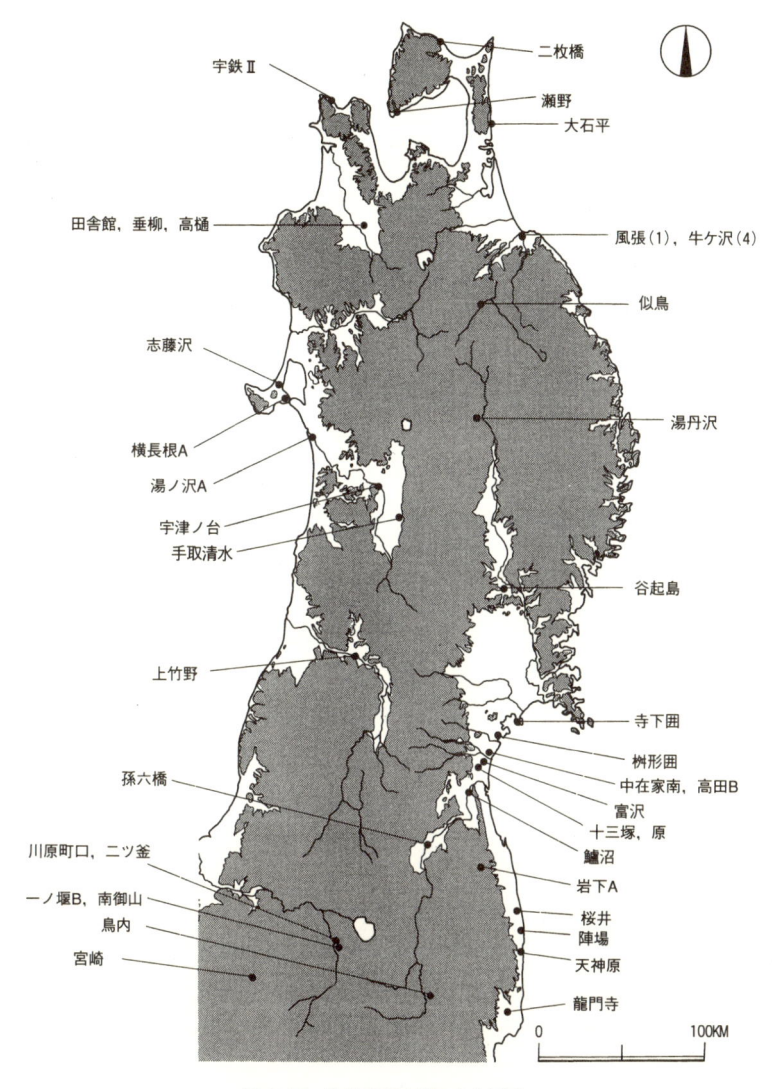

第4章 弥生時代中期の土器編年 63

第23図 弥生時代中期の主な遺跡

は主線斜位部分の両脇に1本ずつもしくは主線の片側に副線を2本付け足すことによって、結果として3本1組の沈線で変形工字文が描かれているように見えるものが多くなる（第24図2）。これに対して、大洞A'式〜青木畑式期に主線斜位部分の副線を多用していた中部では、この傾向が引き継がれて主線の片側に1本のみ副線が加えられるケースが多いが（第24図3）、副線が加えられない場合もでてくる（第24図1・4）。

本来、変形工字文は地紋の上に描かれる文様ではなかったが、御代田式期の南部においてその一部に地紋が侵入しはじめ（第15図24・25・30・31）、この現象は弥生時代中期にいたって本州島東北部のほぼ全域に拡大する。これが契機となって磨消縄文が多用されるようになり、文様のくずれや地紋・無文部の反転現象が複雑に絡み合いながら、各地でさまざまな文様が用いられるようになる。

磨消縄文は、変形工字文に由来する三角・菱形モチーフをのこしているものと（I類）、円形・方形・斜行モチーフが組み合わされるもの（II類）に大きく分かれる。I類のうち、やや曲線的な主線をもつもの（第24図1・2）の系譜は、第24図11・12を経て第24図26への変遷をたどる。そのいっぽうで、第24図24・25のような層波文（赤澤1996）もうみだし、本州島東北部中部で在地系の鉢・甕・蓋を中心にさかんに用いられるようになる。これらの器種はもともと変形工字文が付されていたものであるため、磨消縄文がさかんに用いられるようになっても器種と文様の系統の関係は崩れていないことになる。層波文は、中期の後葉にいたって縄文が抜け落ちて沈線のみの表現になって残存する（第24図41）。

I類には、このほかに直線的な沈線によって描かれていた変形工字文（第24図3・4）の系統をひくものがあり、これは第24図27のような菱形を基調とした文様の成立に関与し、さらに重菱形文（第24図28・29）・重三角文（第24図35・36）の成立にも関与する。中期後葉にはやはり縄文が抜け落ちるが、本州島東北部北部では磨消縄文が残り続ける。第24図42・43はこの系列の残存とも考えられるが、北海道島の恵山式からの影響を受けている可能性もある。この系列はまた、より平行線化したいわゆる王字文などにも関係していると思われる（第24図13・14・15）。

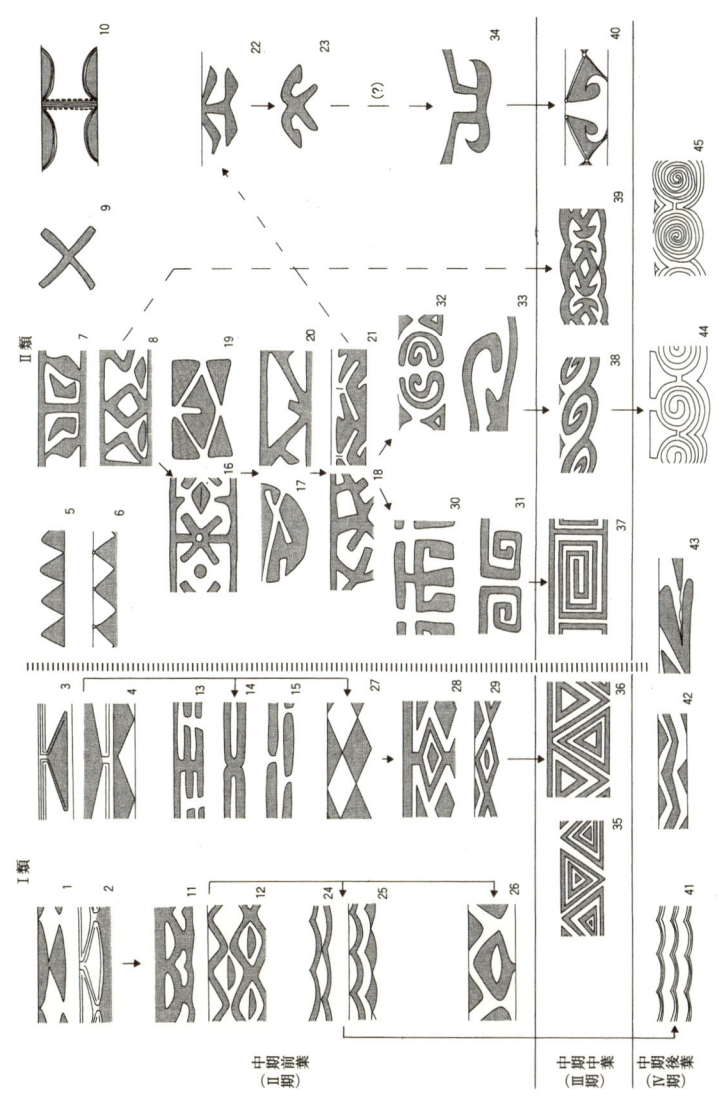

第4章 弥生時代中期の土器編年　65

第 24 図　磨消縄文の変遷模式図 [トーン：地紋部]

Ⅱ類は、高坏の台部や筒形土器の文様帯に地紋が侵入して成立したものである。第24図7・8から第24図16・19を経て第24図18のような典型的なヒトデ文を生み出す。さらに第24図30・31のように方形を基調とするモチーフと、第24図32・33のように円形・曲線を基調とするモチーフに分化し、その詳細なプロセスは未だ明らかにはなっていないものの雷文や渦文といった中期中葉に多用される文様の成立に関与している可能性が高い。中期後葉にはやはり縄文が抜け落ちた渦文などがみられるようになる（第24図44・45）。

このほか本州島東北部北半においてⅡ期後半に成立する錨文を形成する第24図22・23・34・40と連なる系譜が想定されるが、これらがどのように連鎖するのかは判然としない。また、日本海沿岸では第24図9・10のようなものがみられるが、これがどのような経緯で出現し、その後どのような変遷をたどるのかもいまのところ不明確である。なお、第24図5・6のような単純な山形のモチーフはⅡ類だけではなく、Ⅰ類からの変遷でも説明が可能な点を付け加えておく。

磨消縄文の変遷を以上のようにおおまかに把握したうえで、つぎに細かな地域のなかでの土器編年について考える。

2．地域ごとの編年

(1) **津軽・下北半島**　　本書では、紀元前一千年紀の日本列島において、水稲耕作を指標として弥生時代と認める立場をとっている。海岸段丘が続く津軽・下北半島部の地形から判断して、この地域に大規模な水田が拓かれていた可能性は低いと予想せざるをえない。しかし、小河川の下流域においてごく小規模な谷水田が営まれていた可能性までは排除できない。また、下北半島では体系だった微細植物遺体の検出の努力が行われていないにも関わらず炭化米の出土が豊富であり、籾圧痕土器の確認例も多い。これは現在まで籾圧痕土器が確認されていない北海道島とは対照的であり、組織的なフローテーション法を導入したにもかかわらずイネが検出されなかった恵山期の集落である上磯町茂別遺跡（佐藤・工藤ほか1998）の例を考えても、イネをめぐる情勢は津軽海峡の南北で大きく変わっていると考えたほうがよい。この点を勘案して、本書では津軽・下北半島についても「弥生文化」の範疇に含めてあつかうこととする。

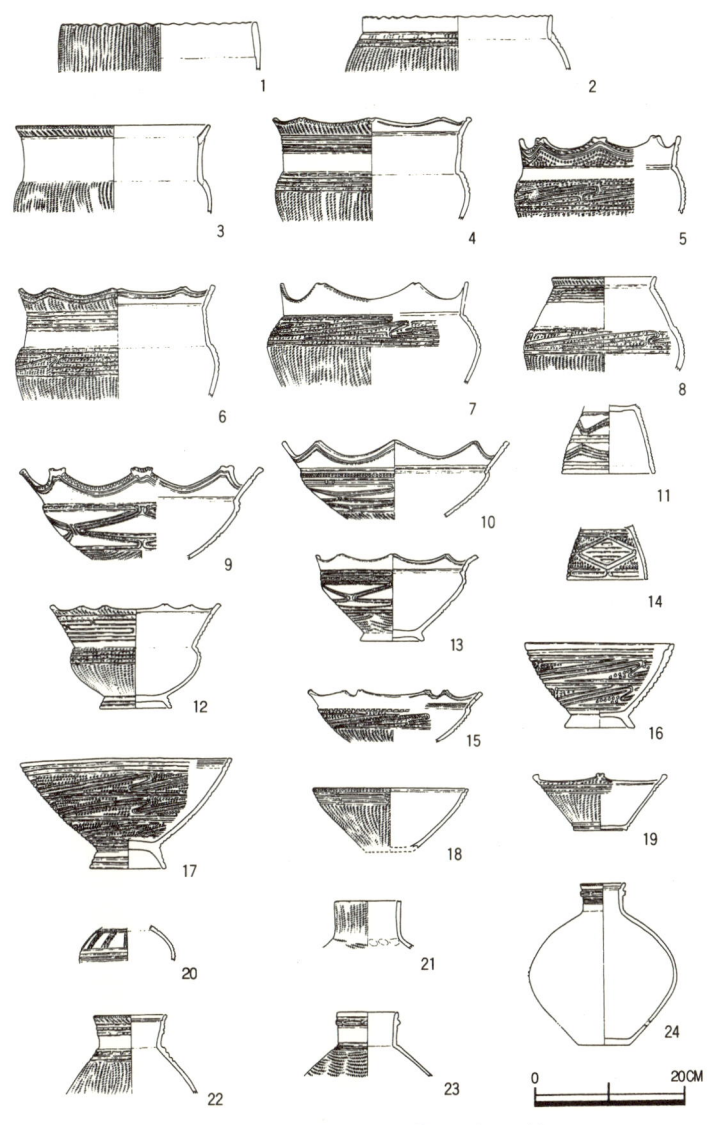

第4章 弥生時代中期の土器編年　67

第25図　二枚橋遺跡出土土器［須藤（1970b）］

本地域において砂沢式直後に位置づけられている二枚橋式（第25図、須藤1970b）は、頸部に無文帯を有する鉢・長頸甕が器種組成のなかで卓越し、これらの肩部に設けられた文様帯には変形工字文や波状文が描かれるのが特徴である。変形工字文は、粘土瘤が退化して粘土を左右に寄せて盛り上がりが作られるだけの場合が多い。下北半島部の砂沢式は波状文が多く見られたり台付の鉢を主とする器種構成がみられる点で津軽平野とは若干ことなる様相を呈しており（いわゆる江豚沢式のうち新しい部分、橘・山本1967）、これが二枚橋式の母胎となっていることは疑いない。

　しかし、二枚橋式で一般化する肩部がふくらみ波状縁と頸部無文帯をもつ鉢形土器、および斉一性の高い結節沈線文などは、砂沢・江豚沢式のなかに祖型を認めがたいことも事実である。筆者は、下北・津軽半島部における砂沢・江豚沢式期の土器群の内容は、二枚橋式の成立過程を念頭においてより明確に説明されるべきであろうと考えている。その際、それらと二枚橋式古段階（高瀬1998）のあいだに時間的単位として認めうるあらたな土器群の存在の可能性も、あらかじめ排除すべきではないだろう。

　二枚橋式の次段階に位置づけられる宇鉄Ⅱ式期（第26図）では、鉢・長頸甕・壺を中心とする器種組成には大きな変化はないが、そのほかに甕形土器やカップ形土器なども安定して組成されるようになる。文様は2～3本1組の沈線で描かれる変形工字文のほか鋸歯文・磨消縄文などがあるが、変形工字文は二枚橋式期よりもさらに簡略化して弧状のモチーフが連結したような印象を与えるものもある（第26図3・14）。

　宇鉄Ⅱ式よりも新しい時期の土器群としては、「念仏間式」（橘1971）あるいは大石平遺跡出土土器群（第27図）があげられる。大きく開く口縁部と丸みを帯びた胴部の甕形土器が多く、頸部と胴部最大径付近で区画された文様帯の中に鋸歯文や小波状文が描かれる。また、地紋には稚拙ながら帯縄文が多用され、北海道島南部における恵山式土器群のうち最も新しい段階である恵山3式（高瀬1998）との共通性がたかい。いっぽう、宇鉄Ⅱ式にみられる多様な器種組成や磨消縄文のありかた、さらに頸部に無文帯を残す文様帯の構成からみて、これは恵山式の比較的古い部分にあたる恵山1式に並行すると考えることができる。

しかし、津軽・下北半島部では恵山2式に並行する時期の資料が不明で、宇鉄Ⅱ式と大石平出土土器群のあいだには空白があることが予測される。橘（1977）・工藤（1978）によって紹介されている八幡堂遺跡出土土器（第28図）は井沢式や志藤沢式に類似する土器が大部分であるが、第28図8のようにより新しいと考えられる資料も若干存在している。こうした土器群が宇鉄Ⅱ式と大石平のあいだに位置づけられると考えられるが、資料数が極端に少ないためこの時期の状況を明確に把握することは難しい。

(2) 岩木川水系(津軽平野)　津軽平野において砂沢式直後に位置づけられるのは五所式である（村越1965）。2～3本1組の沈線で変形工字文が描かれ、粘土瘤が小さくなり形骸化している点で二枚橋式との類似性がたかい。これまで標識遺跡である五所遺跡をふくめても断片的な資料しか得られてはいなかったが、近年日本海沿岸の津山遺跡（笹森・茅野1997）において比較的まとまった資料が得られている。

　井沢式（第29図）は錨文や隆線による施文がみられる点で五所式よりも新しく、磨消縄文が卓越していない点で田舎館式よりは古く位置づけられる。器種には、甕や隆線施文の蓋が安定して組成され、広口の壺も多い。この井沢式をへて田舎館式が成立するわけであるが、いわゆる田舎館Ⅱ群とⅢ群（第30図）の理解に関しては研究者間で一致を見ているわけではない。田舎館Ⅱ群は磨消縄文や波状文を特徴とする点で、宇鉄Ⅱ式との直接的な系譜関係が認められる。壺・高坏・長頸甕などが器種組成の主要な部分を占め、その分布は津軽平野から馬淵川水系下流域にまで拡がる。いっぽう、津軽平野に分布がほぼ限定される田舎館Ⅲ群は弧状文・鋸歯文などを特徴とする点で、井沢式と直接的な系譜関係にあることは明白である。両群にみられる器種と文様のちがいは非常に整然としており、これを時間差とするか地域差とするかが田舎館式の理解において重要な分岐点になってくる。

　型式論的には、甕の頸部無文帯が存在し、変形工字文や波状文ののこりが良好である点で、Ⅱ群がより古い様相を呈していることは確かである。垂柳遺跡ではⅡ・Ⅲ群の層位的区分は不可能だが、遺物集中区では空間的に分かれて出土する傾向がある。このような点から、筆者は将来的に田舎館Ⅱ・Ⅲ群が時間

70 第Ⅱ部 時間軸の設定

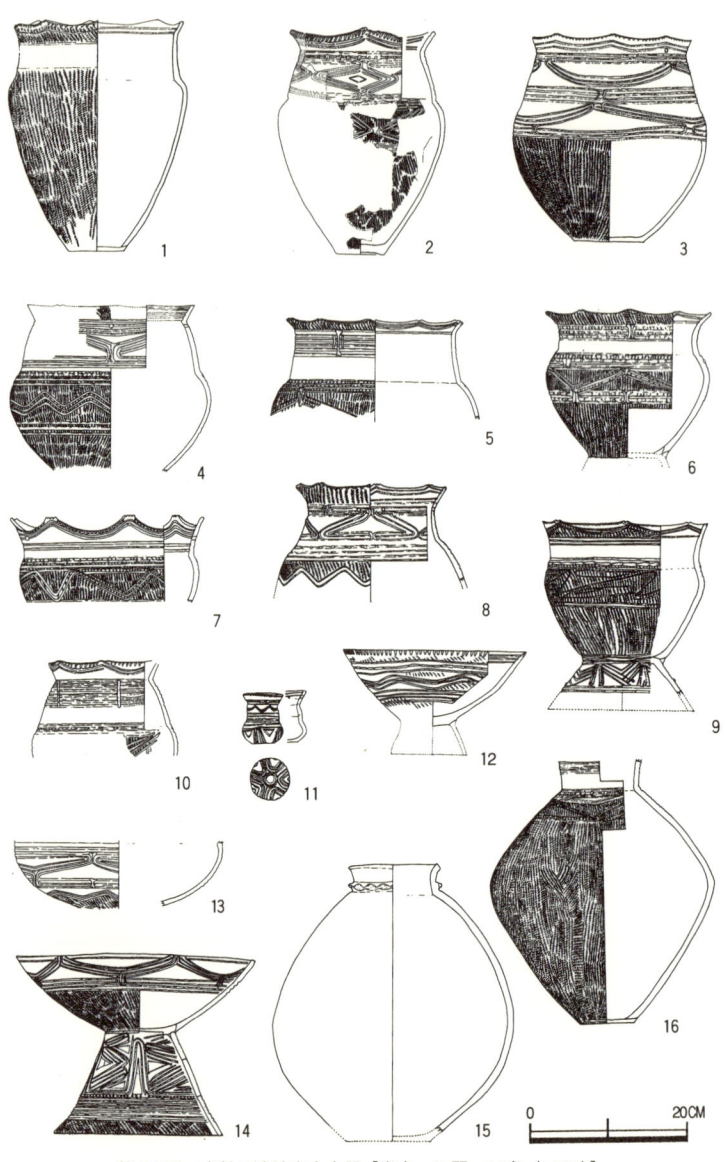

第26図 宇鉄Ⅱ遺跡出土土器 ［岩本・天間・三宅（1979）］

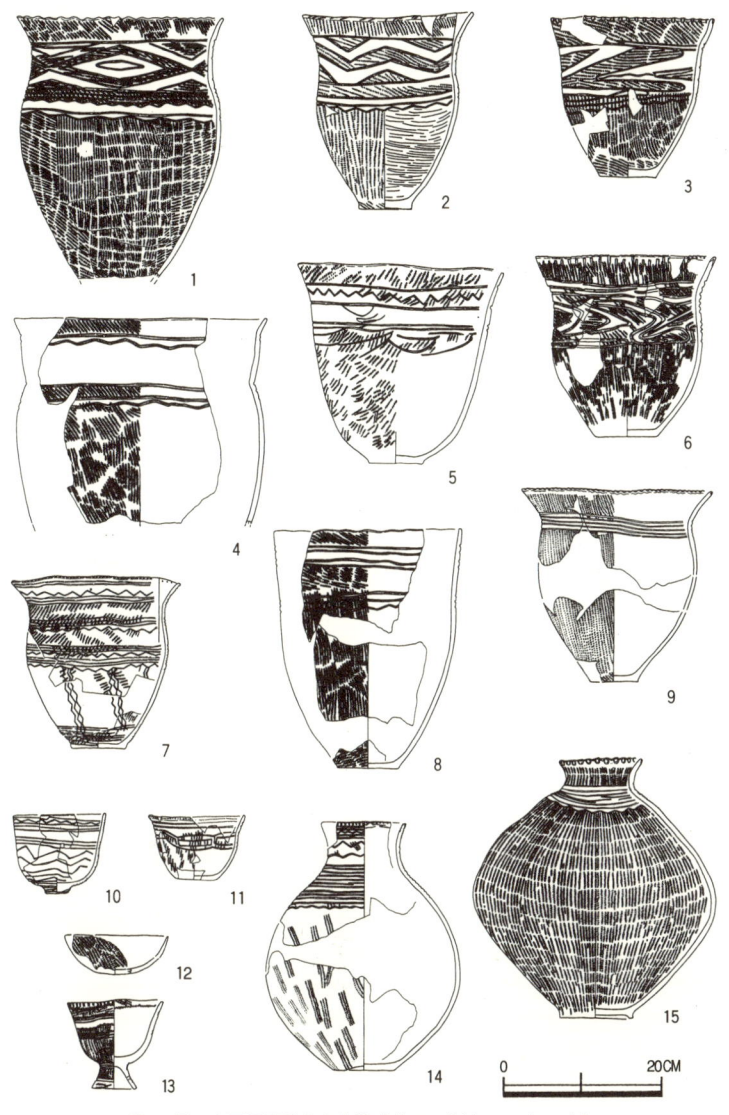

第4章 弥生時代中期の土器編年　71

第27図　大石平遺跡出土土器［成田・北林ほか（1984）］

72　第Ⅱ部　時間軸の設定

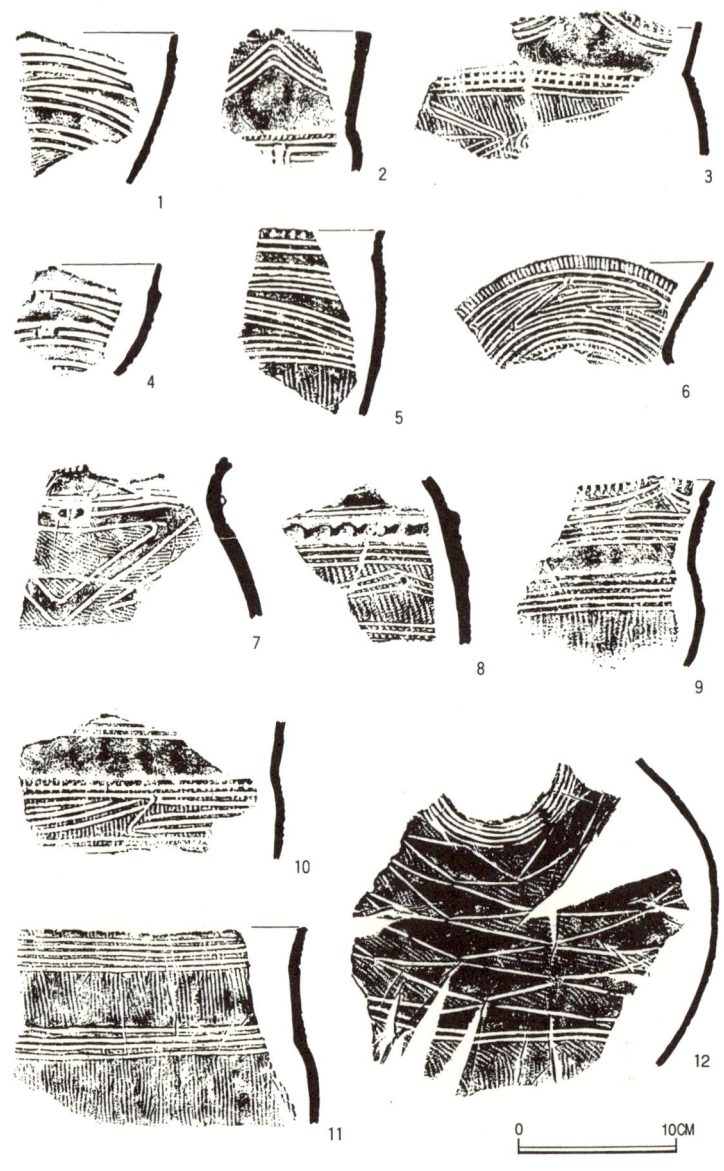

第28図　八幡堂遺跡出土土器 [橘 (1977)]

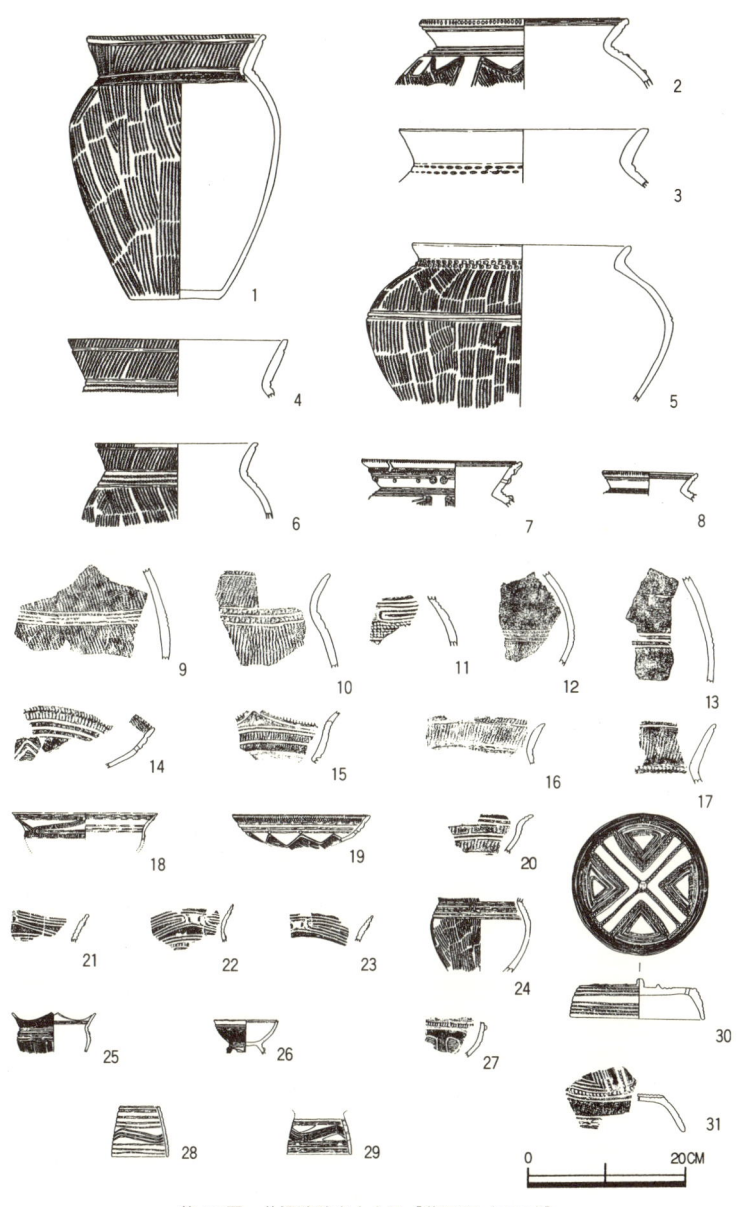

第4章 弥生時代中期の土器編年 73

第29図 井沢遺跡出土土器 ［葛西編 (1976)］

74 第Ⅱ部 時間軸の設定

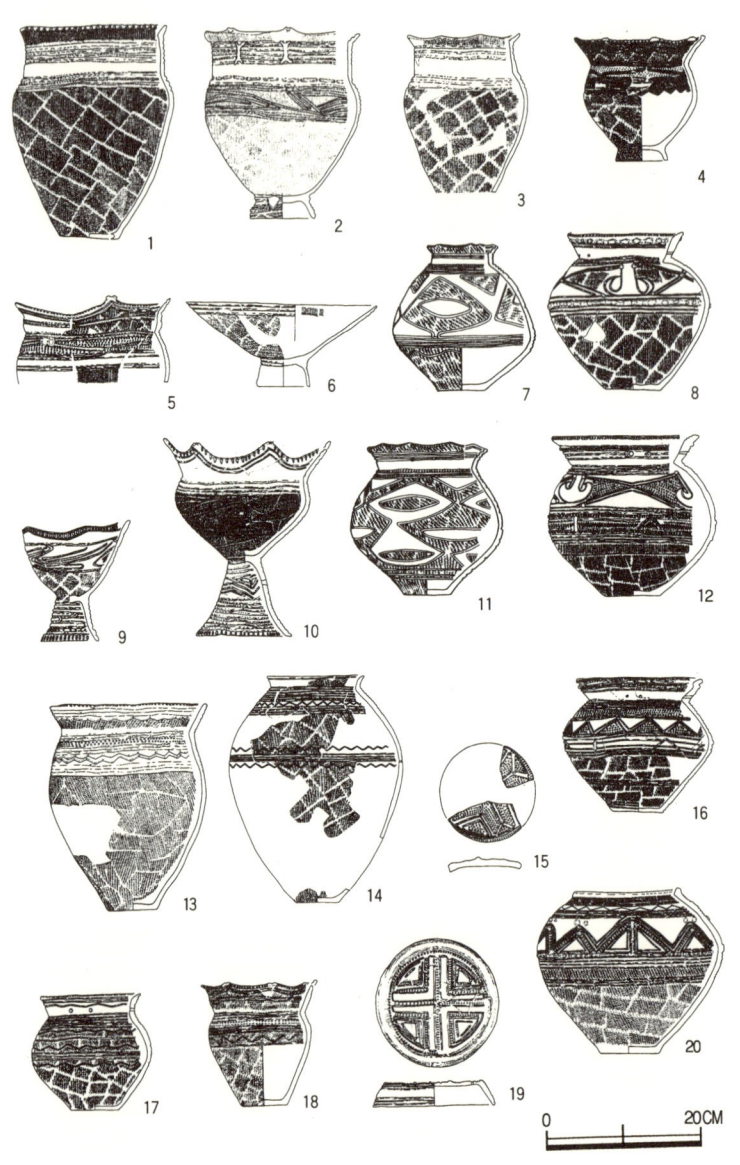

第30図 田舎館Ⅱ・Ⅲ群土器［垂柳遺跡出土、1～7、9～11（Ⅱ群）、13～20（Ⅲ群）、1～6・8～10・12～20 青森県教育委員会（1985）、7・11 須藤（1998）］

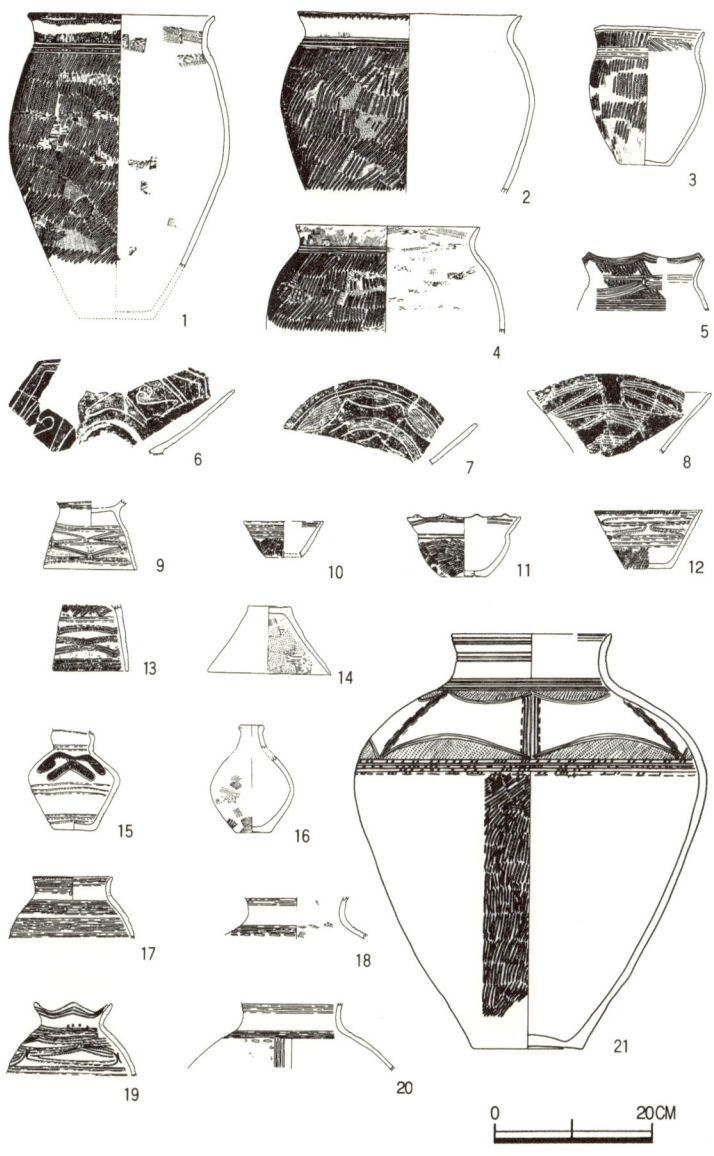

第4章 弥生時代中期の土器編年　75

第31図　横長根A遺跡出土土器［児玉（1984）］

的に区分できる可能性をみとめる。しかし、それぞれが並行関係にある宇鉄Ⅱ式と井沢式から生じている明確な系統の差を考えるならば、両者を完全に時間的な前後関係におくこともまた難しいと考える。したがって、ここでは田舎館式Ⅱ・Ⅲ群の時間幅をおおきく1つの時期と見なして把握しておくことにしたい。

　田舎館式の成立にあたっては、他地域の要素が多く取り入れられている点が注目される。田舎館Ⅱ群の磨消縄文は秋田県域の志藤沢式（第32図13）との関係が考えられ、いわゆる錨文は本州島東北部南部の中期初頭の磨消縄文が本州島東北部太平洋側を伝播するなかで定型化してきたものと考えられる。さらに、高坏は比較的高さのある鉢形の器形に、大きく開く台部がつくようになり、鉢と台部の接合部は非常に細いのが特徴的である（第30図9・10）。高さのある鉢形の器形は二枚橋式以来の鉢の系譜をひくものであることは、肩部に波状文に由来する文様が付されることからも理解できる。しかし、従来この器形には底部に低い台部がついて台付鉢と呼ぶべき形態にはなっても高坏と呼べるものはなく、台付となる場合であっても台との接合部は太いのが常であった（第26図9、第29図29）。それまでの時期で高坏といえるのは、第26図14や第29図28のように浅鉢に大きな台が付される場合のみだったのである。

　北上川流域や仙台平野の高坏は、浅鉢に大きく開く器形か（第41図11・12・13など）、ほぼ垂直におりる台部が着くものがみられるが（第36図17など）、田舎館Ⅱ群（第30図9・10）のように鉢に細く高い脚部が付される高坏は福島県域まで南下しないと見られない（第48図19）。したがって、本州島東北部の北部と南部のあいだでは、その中間部であまり痕跡を残さないかたちで交渉が行われていた可能性があり、垂柳遺跡で出土している南御山2式（第45図22）も田舎館式と南御山2式の並行関係を裏付けるだけではなく、北部と南部の交渉形態を示す資料として興味深い。

　なお、津軽平野においては、田舎館式直後の状況を探る手がかりはまったく得られていない。

(3) **馬淵・新井田川水系**　砂沢式直後の馬淵川・新井田川流域では、二枚橋式と山王Ⅲ層式が混在してみられる。八戸市牛ヶ沢（4）では「入組型」の系

譜を引くと考えられる変形工字文をもつ土器が多く（村木編 1996）、精製土器については山王Ⅲ層式の影響を強く受けている。しかし、八戸市風張（1）・二戸市似鳥遺跡（門島 2000）にみるように二枚橋式もかなりの比率で存在していると考えられる。

　本地域ではこれに後続する良好な土器群は確認されていないが、井沢式・田舎館Ⅱ群に類似する土器群が分布している。二戸市足沢遺跡（須藤 1999a）などのように津軽平野とは内容を異にするが、文様要素としては対比可能な資料がそれに該当すると考えられる。しかし、そのつぎの段階については津軽平野同様やはり明確にはなっていない。

(4) **雄物・米代川水系**　本地域の中期初頭に位置づけられるのは、地蔵田における墓坑出土資料（第53図3）および湯ノ沢Ａ（菅原編 1984）・横長根Ａ（第32図）・新間（小武海 1977）の出土資料である。器種は在地系の小型壺と、類遠賀川系の大型壺・甕・鉢・高坏・蓋にくわえ、縄文晩期から日本海側に特徴的に見られる頸部のふくらんだ円筒形深鉢ものこる。甕は口頸境界のくびれが急速に強まり、口縁部にみられる縦位のハケメでの調整法もこの段階で確立される。また、甕には横走沈線や鋸歯文・小波状文が用いられる傾向が徐々に強まっている。精製の鉢には明らかに砂沢式の伝統をのこす複段の変形工字文と口縁部がやや内屈する器形をもつものもあるが、青木畑・山王Ⅲ層式のように複段化しない変形工字文をもち、胴部下半に地紋帯をのこすものが多い。

　志藤沢遺跡では田舎館Ⅱ群に類似する土器群が検出されており、伊東(1960)によって志藤沢式が設定されている（第32図）。甕は、横長根Ａと同様に縦位のハケメで調整がおこなわれており、平行沈線が施される。また、波状文のなかに列点を充填するものもみられ、青森県域との関連性がうかがえる。鉢には3～4本1組の沈線で描かれた変形工字文が描かれるが、三角形のモチーフをまだとどめており層波文までにはいたっていない。壺は田舎館Ⅱ群にもみられる菱形モチーフの磨消縄文が多用されている。

　志藤沢と共通性が高い土器群は手取清水遺跡でも出土している（第33図）。変形工字文を形作る沈線は依然として直線的で、曲線状または波状になるもの

78　第Ⅱ部　時間軸の設定

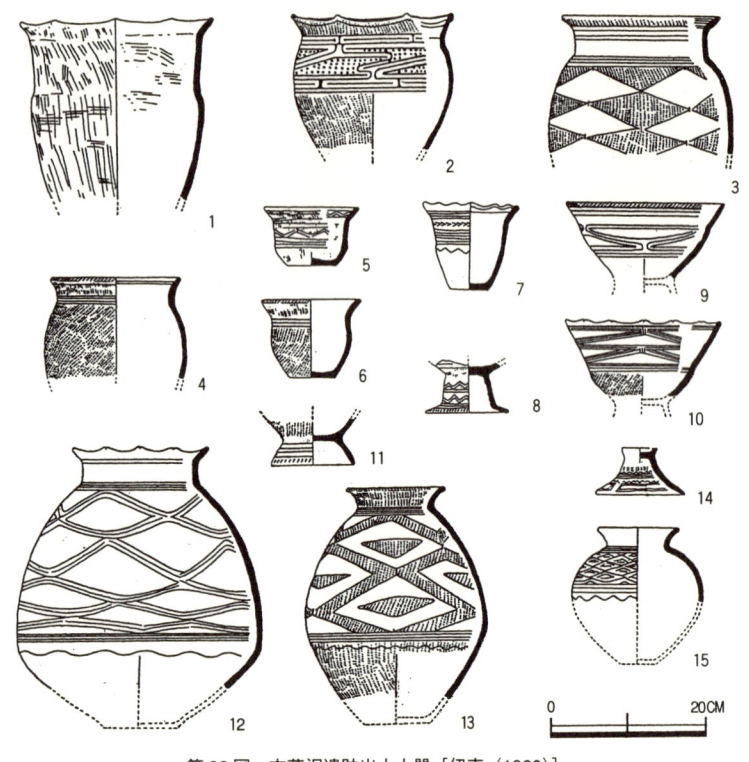

第32図　志藤沢遺跡出土土器〔伊東（1960）〕

は少ない。磨消縄文についても直線的なモチーフが主となると推定され、甕にも菱形文が描かれている。しかし、波状文がみられず、菱形のモチーフによる磨消縄文が描かれた壺もないという違いがある。

　志藤沢遺跡と手取清水遺跡にみられるこのような差異を、筆者は地域差と考える。さきにみた横長根Aと志藤沢は男鹿半島に位置する遺跡であり、岩木川水系の影響をよりつよく受けていることは当然である。これに対して、手取清水や次に述べる宇津ノ台遺跡は雄物川流域の遺跡である。いまのところ中期の古い部分に関しては男鹿半島周辺、新しい部分に関しては雄物川中・上流域の資料をもとに編年を組み立てざるを得ないが、男鹿半島部を含む米代川流域と雄物川流域とでは、すでに中期前半に弱いながらも地域色があらわれていた

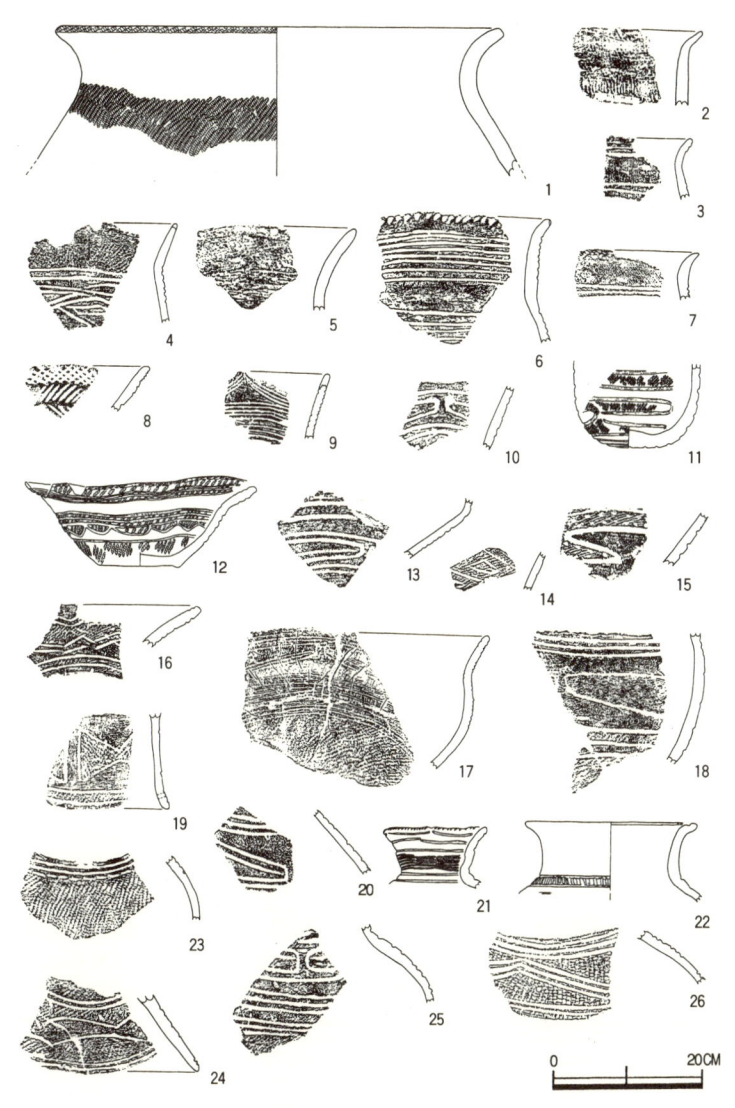

第4章 弥生時代中期の土器編年　79

第33図　手取清水遺跡出土土器［柴田ほか（1990）］

80　第Ⅱ部　時間軸の設定

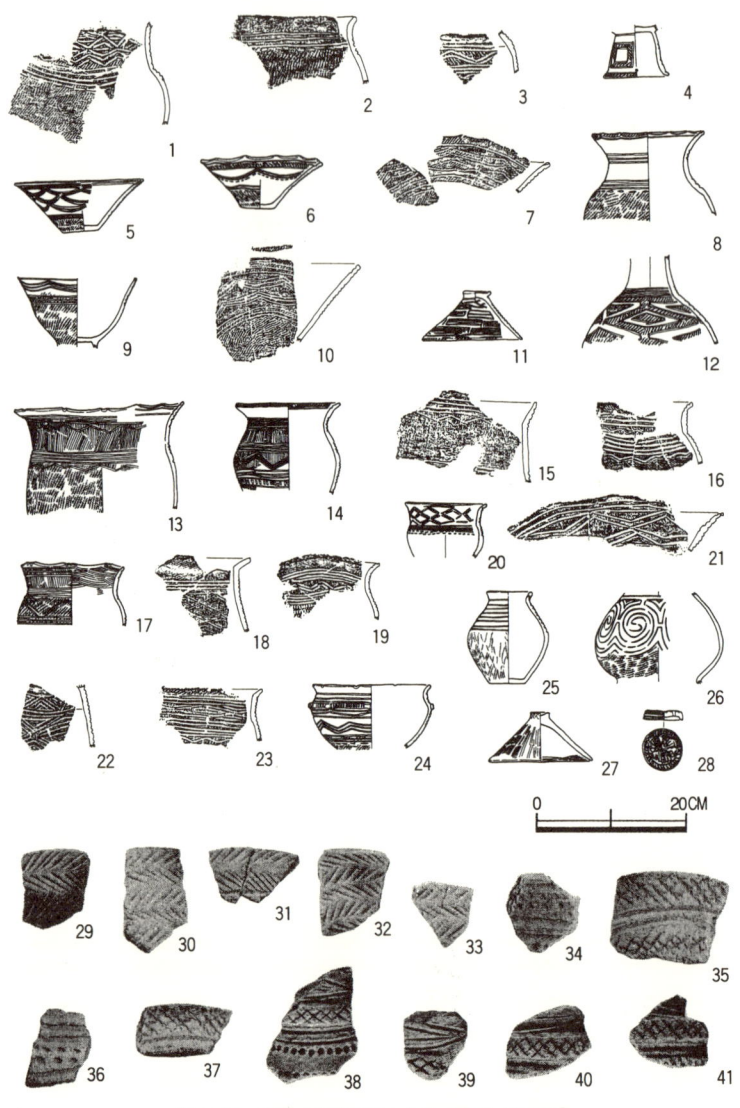

第34図　宇津ノ台遺跡出土土器［須藤（1998）］

可能性は考慮しておきたい。

　長頸壺をふくみ、菱形モチーフの磨消縄文が多くみられる宇津ノ台式は、手取清水遺跡の直後に位置づけられる（第34図）。須藤（1970a、1998）は、宇津ノ台遺跡出土土器群を1群と2群に分類しているが、本州島東北部南部における磨消縄文の動向を参考にすると、磨消縄文がもちいられる1群は後述する阿賀野川流域の南御山2式に並行し、磨消縄文が衰退して沈線のみで渦文が描かれる2群はその直後に位置づけられる。なおかつ、2群に伴うと考えられる渦文は2本1組の沈線ではなくヘラ描きであるため、多くは本州島東北部南半でいうところの竹管状工具の盛行以前の段階におさまると考えられる。しかし、この地域では竹管状工具によって施文された良好な土器群の出土がまだなく、ヘラから竹管状工具への移行が保証されているわけではない。したがって、宇津ノ台2群の終末時期は、本州島東北部南半において竹管状工具が出現する段階にまで食い込む可能性があることは想定してもよいであろう。

(5)　**北上川水系・三陸沿岸部**　この地域の中期初頭に位置づけられる山王Ⅲ層式は、宮城県山王囲遺跡の発掘調査にもとづいて設定され、その内容は須藤（1983、1998）によって詳述されている（第35図1〜11）。器種は、甕・深鉢・壺・鉢・高坏によって構成されるが、青木畑式よりも大幅に高坏の比率がさがり、5〜10％程度となる。もっとも多いのが全体の約6割をしめる甕・深鉢であり、これに鉢・蓋がつづく。壺は1〜5％と非常に少ないのが特徴である。

　山王Ⅲ層式では、2〜3本1組の沈線による層波文や多様な磨消縄文の発生がみられ、文様の変遷のうえでも大きな画期となっている。湯舟沢遺跡出土土器（第36図）のうち古い部分も山王Ⅲ層式の範疇で理解が可能であるが、このなかには第36図8・10のようにすでに縦位の区画をもつ磨消縄文が含まれている（小田野1986）。すでにみたように、これにやや遅れると考えられる谷起島出土壺の壮麗な鋸文（第36図20）が同じ系譜上にあると考えられ、両者を大きく捉えて谷起島式の範疇で捉えておきたい（第37図）。谷起島式の直後については良好な資料が得られていないが、谷起島式とは若干の時間差をおいていわゆる橋本式（伊東1974、佐藤・伊藤1992、佐藤・伊藤ほか1995）の大

部分がこの段階に位置づけられると考えられる。

なお、三陸沿岸部の中期弥生土器出土例は非常に少なく、現段階の資料で編年を組み立てるのは困難であるが、後述のように類遠賀川系土器のあり方や住居・集落の内容も非常に類似していることから、土器についても北上川流域とほぼ同様の変遷をたどるものと予察しておく。

(6) **仙台平野・仙台湾沿岸** 須藤（1999b）は、名取市原遺跡出土資料をもとに「原式」の設定をおこない、中期初頭に位置づけている（第35図12～20）。曲線的なモチーフによる磨消縄文がみられる点で本州島東北部南部の龍門寺式に類似するいっぽう、浅鉢・高坏に施される変形工字文・波状文は山王Ⅲ層式的で、このような組み合わせはたしかに他に類をみない。さらに、寺下式（第35図21～29）・桝形式（第38～41図）につながる「類遠賀川系」の壺・甕を多量に組成する点で個性的な土器群であることは疑いないが、いまのところ名取川下流域以外にその分布域は知られていない。

須藤（1983）は、馬淵・新井田・米代・雄物・最上川流域から仙台平野・阿武隈川下流域という非常に広い地域を山王Ⅲ層式の分布圏と考えている。しかし筆者は、日本海側北部の米代・雄物川流域については、横長根Aや湯ノ沢A遺跡などにみるように鉢の一部に山王Ⅲ層式の影響が看取できるが、平行沈線と鋸歯文・縦位のハケメを多用する甕や、高坏の台部に積極的に複段の変形工字文がえがかれている点で山王Ⅲ層式との相違は大きいと考える。また、磨消縄文についても、類遠賀川系壺を中心として弧状・X状モチーフのなかに縄文がはいる雄物・米代川水系の磨消縄文と、変形工字文が描かれる文様帯のなかに縄文が侵入するかたちで生じる山王Ⅲ層式の磨消縄文のちがいも軽視されるべきではない。よって、山王Ⅲ層式の分布圏は原式の分布圏をのぞく仙台平野・鳴瀬川流域から北上川流域とすべきであり、馬淵・新井田川流域では二枚橋式類似資料に山王Ⅲ層式が1～3割程度の割合で共伴することがあると考えなければならないだろう。

寺下式（第35図21～29、塩釜市1928）は、複数本の沈線による変形工字文と磨消縄文による施文が特徴であり、磨消縄文が多用され短沈線をともなう甕が明確に組成されてくるなどといった点で山王Ⅲ層式よりも新しいと考えられ

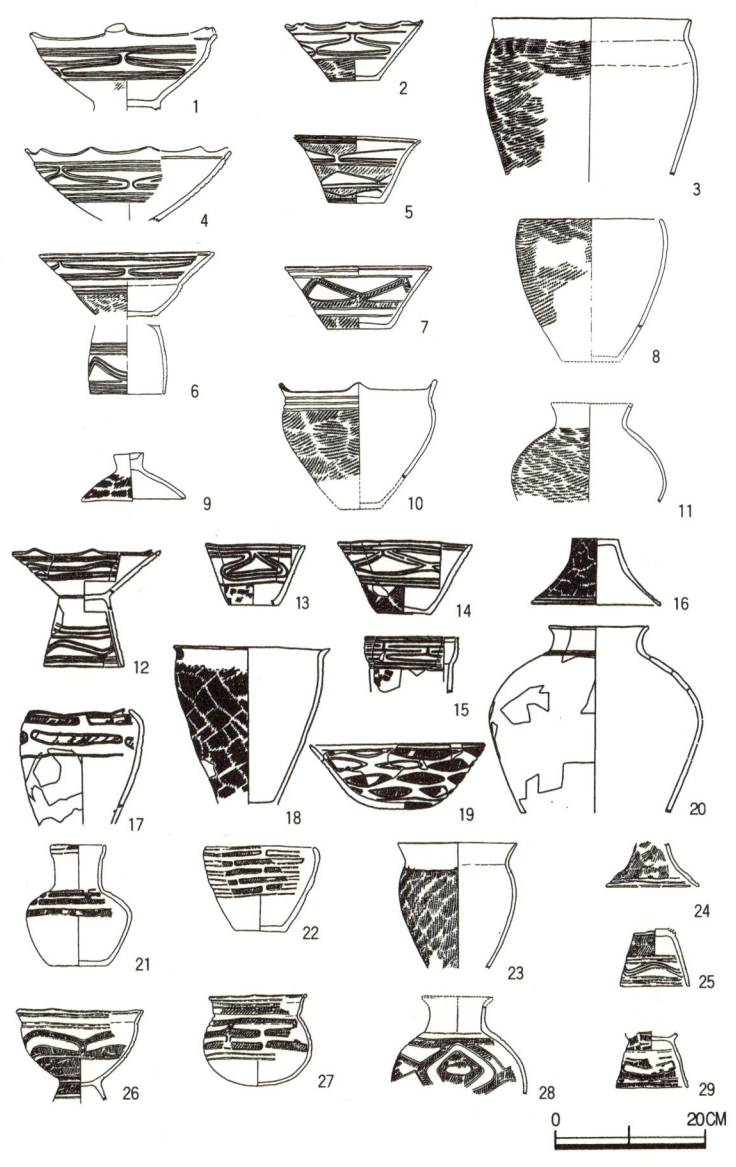

第4章　弥生時代中期の土器編年　83

第35図　宮城県域の土器変遷　[1〜11山王囲（須藤1983）、12〜20原（大友・福山1997）、21－29寺下囲貝塚（須藤1998）]

84　第Ⅱ部　時間軸の設定

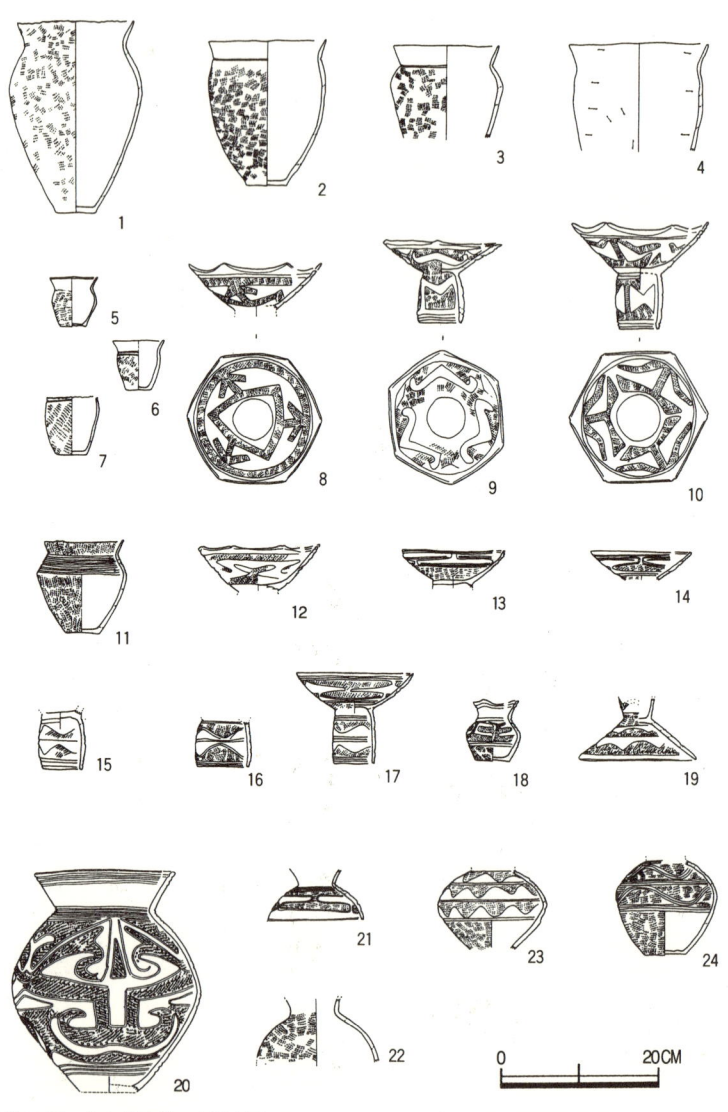

第36図　北上川流域の土器変遷　[1～19・21～24 湯舟沢（滝沢村教育委員会 1986）、20 谷起島（須藤 1983）]

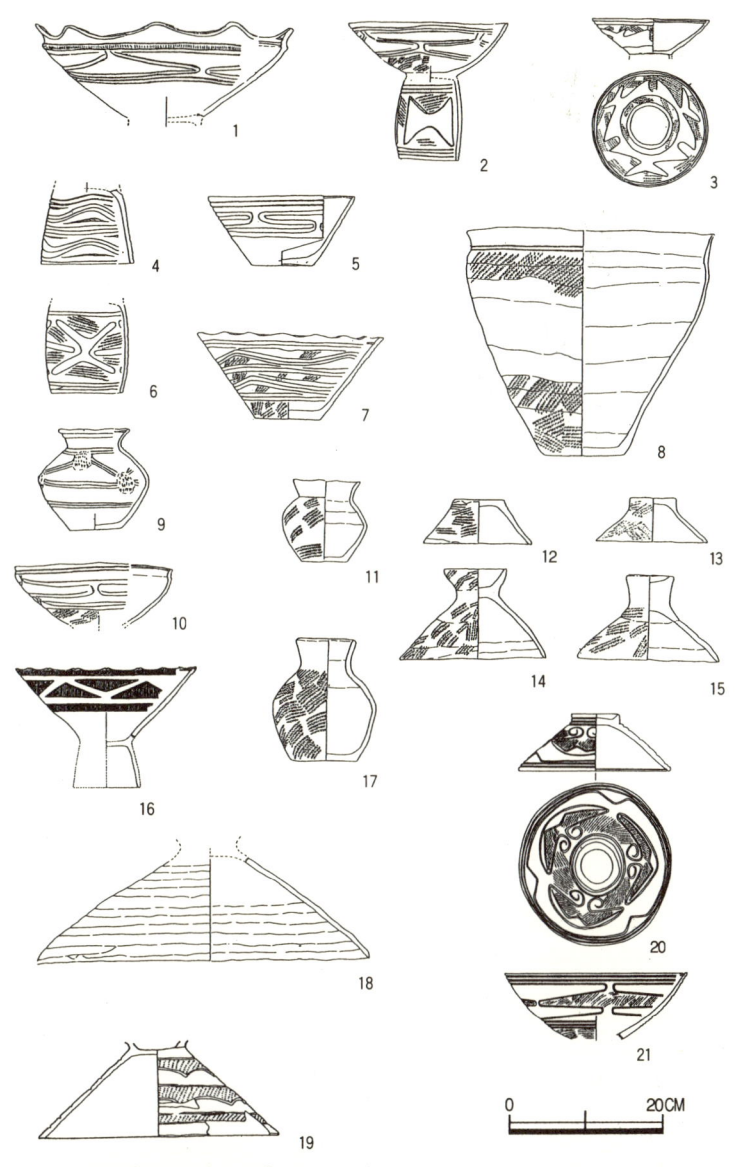

第4章 弥生時代中期の土器編年　85

第37図　谷起島遺跡出土土器［工藤 (1982)、1〜15・17・18（A地点出土）、16・20・21（B地点出土）、19（E地点出土）］

86　第Ⅱ部　時間軸の設定

第38図　南小泉遺跡出土土器［須藤（1990）］

　る。現在公表されている寺下囲出土資料はごく一部であり、次の桝形式段階のものも少なからず含まれているが、未公表資料の実見によって桝形式よりは磨消縄文のモチーフには曲線よりも直線的なものが採用されることが多く、いわゆる王字文の残りが良好であることを確認することができる。よって、寺下囲出土資料の大部分が属する独自の段階を認識できることをみとめ、ここでも寺下式を用いることにする。ただし、松島湾沿岸の標準資料のほかにはまとまった資料は検出されておらず、仙台平野において資料の増加がすすんでいる桝形式との連続性が把握しにくいのが現状である。
　たとえば、標準資料では甕の口縁部は入念にミガキがほどこされているが、仙台平野では青木畑式以降の甕の口縁部はほぼ一貫してナデ調整がおこなわれる。したがって、標準資料には非常にローカルなレヴェルでの地域色が反映されている可能性がある点は注意しなければならない。
　このあとに位置づけられる桝形式は、以前より桝形囲貝塚や南小泉遺跡で良好な資料が得られてきた（第38図）。さらに須藤（1990）によって、第38図6～8・13のような資料を含む一群が新しい段階として考えられ、新古ふたつに細分されるに至っている。近年では、中在家南（工藤編1996）や高田Ｂ遺

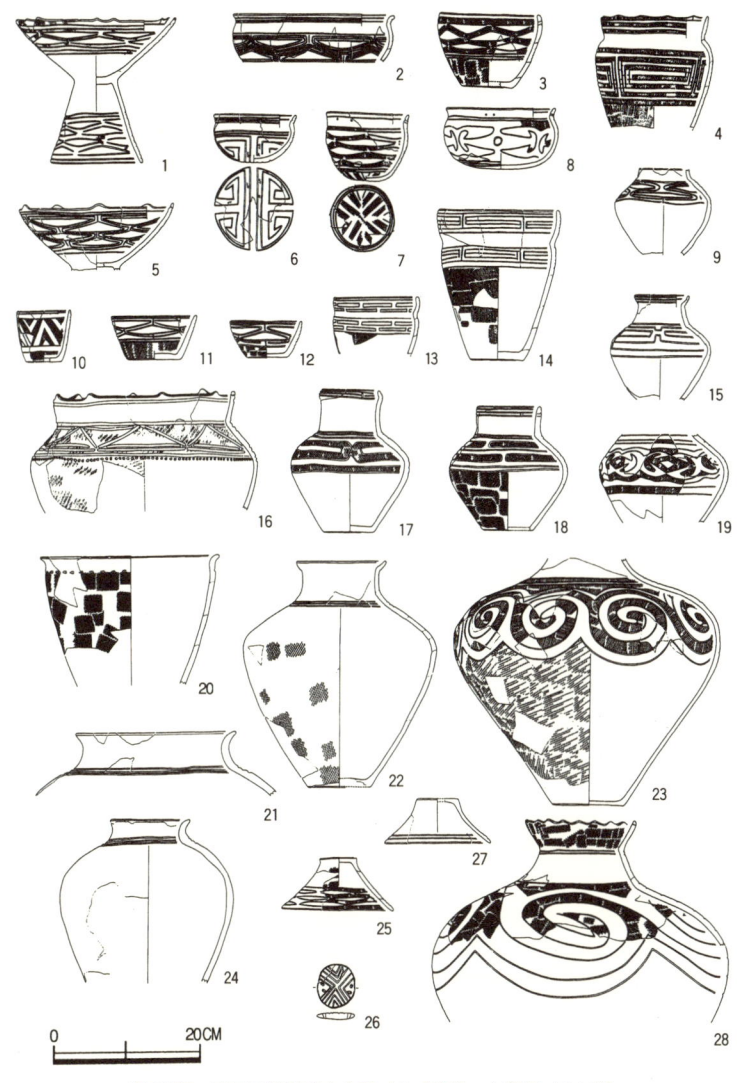

第 4 章 弥生時代中期の土器編年 87

第 39 図 高田 B 遺跡出土土器 (1) [荒井・赤澤編 (2000)]

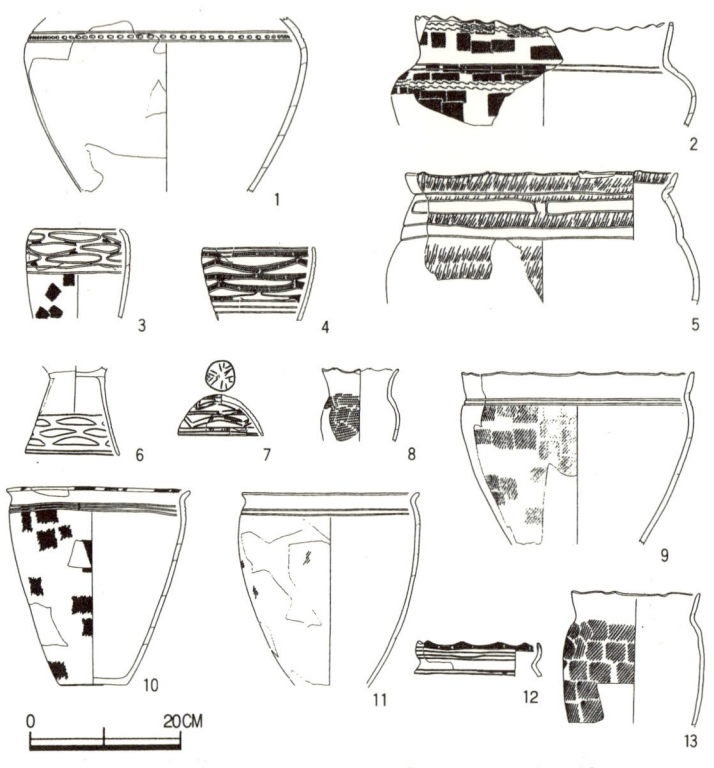

88　第Ⅱ部　時間軸の設定

第40図　高田B遺跡出土土器（2）［荒井・赤澤編（2000）］

跡（荒井・赤澤編2000）などで膨大な資料が蓄積されており、これによって桝形式の型式内容が一層明確になると同時に、従来の考え方を改めなければならない部分も生じてきている。

　桝形式は、列点文の付される甕、磨消縄文の付される深鉢、非常に細い沈線で描かれた層波文の付される小型壺・鉢・高坏・蓋によって構成され、文様と器種のあいだの関係に強い規則性がみとめられる。大型壺には、細頸で磨消縄文がほどこされる大洞A'式の系譜をひくものと、丸い器形で短頸・広口の類遠賀川系に位置づけられる二者がみられ、後者の文様には平行沈線や地紋のみが施される。

　中在家南遺跡と高田B遺跡を比較すると、高田Bのほうで磨消縄文を伴わ

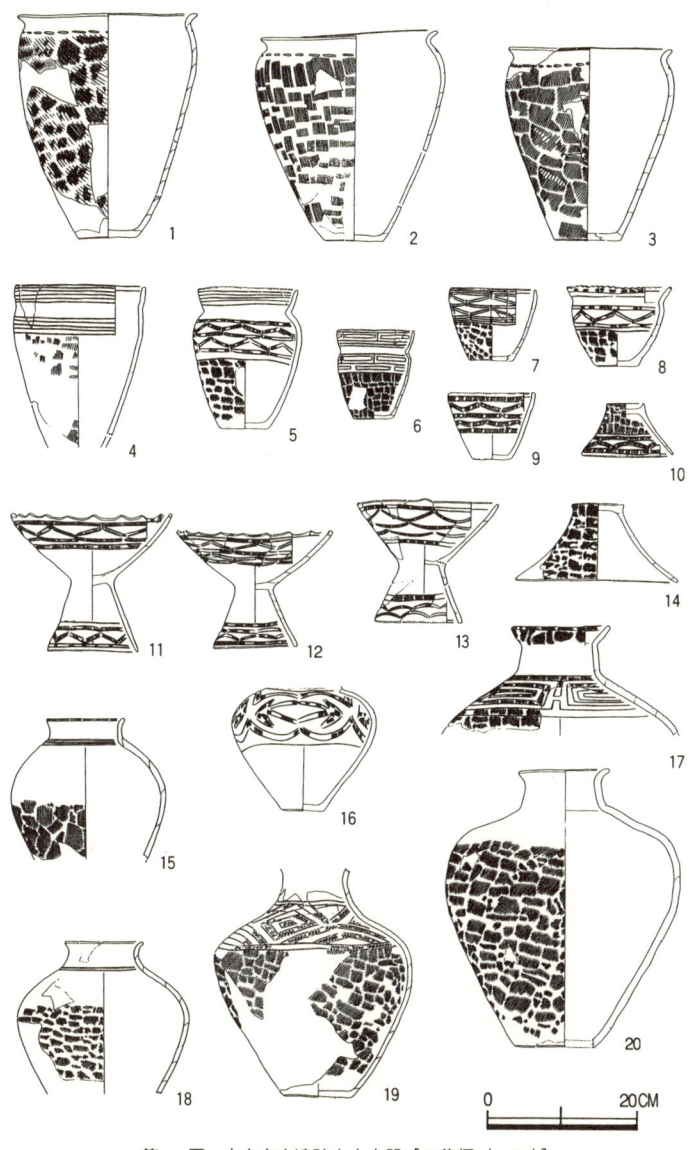

第4章 弥生時代中期の土器編年　89

第41図　中在家南遺跡出土土器［工藤編（1996）］

ない変形工字文がのこっており（第39図2・9・11・12）、また横位に展開する直線的な磨消縄文もみられ（第39図17・18）、より寺下式に近い状況が看取できる。したがって、桝形式のなかでは高田B遺跡が古段階、中在家南遺跡が新段階に位置づけられることになるのだが、須藤（1990、1998）が桝形式新段階の指標としてとりあげた第41図6のような土器は、高田B遺跡にもふくまれており（第39図13・14）、これが必ずしも段階区分のメルクマールとはならないことがわかる。

　高田B遺跡の土器群については、もうひとつ興味深い点がある。それは、中在家南遺跡よりもより多様な組列によって土器群が構成されているという点である。いわゆる小型精製浅鉢のような底面に磨消縄文を持つ一群や重菱形文・重方形文を有する一群は、本州島東北部南部の南御山2式との関連を考えなければならない（第39図6～8）。そのいっぽうで、沈線による変形工字文の描出（第39図11・12）や、さきにふれた王字文にちかい磨消縄文（第39図17・18）などは寺下式と類似し、松島湾沿岸から宮城県北部との関連性を想起させる。同様の点は製作技術からも追認することが可能で、高田B遺跡には寺下囲出土資料と同様に、甕の口縁部内外面を磨いているものが若干含まれているが、中在家南遺跡ではこうした資料は見られないのである。

　高田B遺跡では、このように仙台平野以外の本州島東北部南部・松島湾周辺の組列が混在するが、もちろん在地の組列も存在する。名取市十三塚・原遺跡の事例を参考にするならば、第39図21・24のような類遠賀川系の系列上にある壺などはあきらかに仙台平野の伝統の継続を示しているといえるし、すでにみた第39図13・14のような資料についても、その祖型となるものが原遺跡でも検出されており（第35図15）、仙台平野の伝統のなかから生じてきているものである。このように考えるならば、成立当初の桝形式には他地域の多様な組列も含まれていたが、その新段階にいたって仙台平野独自の内容が確立されたとみることができるだろう。

　仙台平野では、桝形式以降の資料は再び不明確となる。断片的な資料を型式論的につなぎ合わせれば、「円田式」から「十三塚・崎山式」へのながれを把握することが可能である（第42図）。しかし、これらはいずれも壺などの特徴的な器種が土坑などから単独で出土しているものが多くを占めており、型式と

しての内容が十分に吟味されてきているわけではない点に注意を要する。

(7) **最上川水系** 最上川水系はもっとも資料が少ない地域の一つであるが、中期初頭の土器群としては生石2（小野1987）・地蔵池・松留・漆山・筏山遺跡出土土器群（佐藤嘉広1985）の一部があげられる。X字状モチーフやヒトデ文がみられる点は、この地域でも福島県域と共通性がたかい磨消縄文の変遷過程をたどっていることがわかり、さきにみた秋田県域にみられる磨消縄文の一部に影響をあたえていると考えられる。

　この直後の段階の資料はほとんど見いだすことができないが、おそらく上竹野（犬飼1958、佐藤嘉広1985）のような左右非対称な渦文やヒトデ文をもつ土器に寺下・桝形式に類似する列点をもつ甕がセットとなる型式を経て、堂森（横尾1973）のように左右対称の重三角文・渦文をもつ土器群へと変遷するものと考えられる。

(8) **阿武隈川水系** 本地域では、鱸沼遺跡出土土器（第43図）の大部分が中期初頭に位置づけられ、根古屋・鳥内遺跡の一部にもこの時期の土器がみられるほか、孫六橋遺跡出土土器の大部分もほぼ同じ段階に位置づけられる（第44図）。地紋のみが付される甕、磨消縄文が描かれる深鉢、変形工字文と層波文状の文様をもつ鉢・高坏・円筒形土器などがあるが、蓋が非常に多くなるのが特徴である。

　これらよりもさらに新しい特徴を持っている土器群は、滝ノ森遺跡（江藤・目黒・穂積1967）などで出土している。これらは基本的に次にのべる南御山1・2式のなかで理解しうる土器群であり、龍門寺遺跡よりも複雑化した二重・三重の渦文が付され、磨消縄文がもっとも盛んに用いられる時期に位置づけられる。いわゆる「棚倉式」（伊東1956）もほぼ南御山1式にあたる。

　これらの次段階に位置づけられてきたのが「円田式」である。標識資料の内容が貧弱ではあるが、次に述べる阿賀野川水系の状況を参考にするならば、渦文が大型化し、磨消縄文が衰退するという段階は明確に認識することが可能であり、桝形式や南御山2式よりもあたらしく位置づけられなければならない。陣場式も「円田式」と非常に類似した文様を有しているが、「円田式」ほど長

92　第Ⅱ部　時間軸の設定

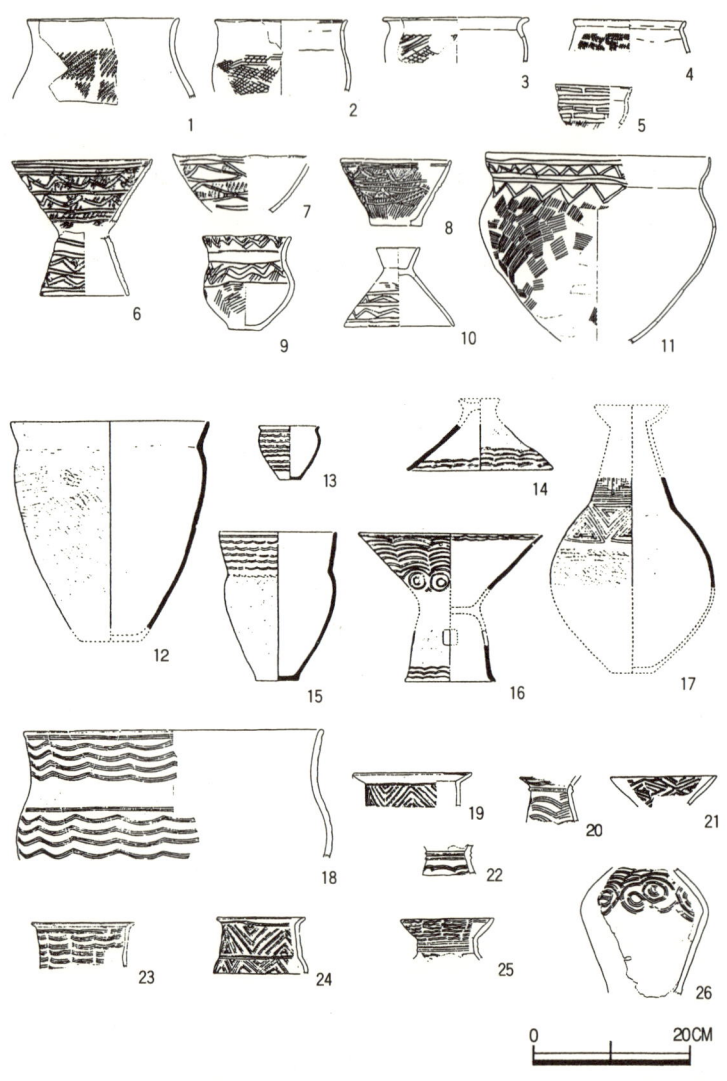

第42図　宮城県域の中期後葉土器群　[1～11 境ノ目Ａ（佐藤ほか1982)、12～17 崎山囲出土（太田1988)、18～26 色麻古墳群出土（太田1988)]

第 4 章　弥生時代中期の土器編年　　93

第 43 図　鑪沼遺跡出土土器［志間（1971）］

頸壺は発達しない（第47図1〜12）。これは、阿武隈川の下流域と中・上流域での地域差と捉えることができる。

このあとには、半裁竹管状工具をもちいて施文される川原町口式（第47図13〜29）がくるが、標識遺跡が会津地方のためつぎの阿賀野川流域の項でくわしくのべる。

(9) **阿賀野川水系**　前章でもふれた今和泉式の土器群が、この地域の中期初頭に位置づけられる。山王Ⅲ層式と類似する磨消縄文が施されるが、より曲線的な文様をもつ深鉢が卓越し、条痕文土器の影響下にある壺・甕・深鉢ものこる。また、変形工字文といえる文様の付された鉢もない点で、山王Ⅲ層式とはことなる内容を有している。

ただし、注意を要するのは今和泉式（小滝1959）には新旧2つの段階が含まれており、中村（1976）は西麻生（中村ほか1980）をその古段階に、今和泉を新段階に位置づけている。また、石川（2000d）も今和泉式の再検討を行うなかで新古2段階をみとめており、より御代田式の系統を強く引く丸底の小型精製浅鉢や条痕文をもつ土器を古く位置づけ、沈線が細くなり流動的であった磨消縄文のモチーフも硬化し、また明確な甕形土器をともなう段階を新しく位置づけている。こうした特徴は、つぎの南御山1式を考えるうえでも重要である。

南御山1式は、杉原（1958）によって設定され、その内容は宮崎遺跡（周東1977）や墓料遺跡（須藤・田中編1984）の発掘調査によってやや明確になっている（第45図1〜6）。また、西台畑（伊藤1958）のように仙台平野では寺下式類似土器との共伴例も知られており、本州島東北部内部での並行関係を考えるためにも無視できない。器種は、長頸壺・深鉢などが知られているが、長頸壺が圧倒的に多い傾向はあきらかに墓坑からの出土が多いことと関係している。文様はやや直線的なモチーフによる磨消縄文が主となっており、渦巻や弧状のモチーフも見られる。突出部を持つ磨消縄文を持つ資料も多数認められるが（第45図3・4）、これも曲線的な鍵状モチーフとなっているものではなく、やや直線的である。

石川（2000d）は、五本松遺跡出土の2資料（第46図4・7）にみられる胴

下半部の磨消縄文から両者の時間的近接性を読みとり、これまで重三角文などの存在のみによって南御山2式に含まれていたものもその前段階にさかのぼる可能性を示唆している。さらに、今和泉式の新しい段階（今和泉2群）になってあらわれる筒形土器の文様の平行線化現象や甕形土器の出現を仙台平野からの影響と考え、経塚古墳A群（吉田・古川ほか1992）の段階を介して南御山2式へとつながるという理解を提示した。この点についても、さきにみた桝形式の成立に関する理解とあわせて、きわめて興味深い仮説ということができるだろう。

　その南御山2式（第45図7～22、大木・中村1970）は、杉原（1956、1958）による「南御山II式」のうち、より新しい特徴である磨消縄文が抜け落ちた段階の資料を除いたものである。広義の桝形式のなかで理解される場合もあるが、桝形式では深鉢の一部に用いられるものを除いて基本的に重菱形文や重三角文はなく、長頸壺もない。鉢における層波文や甕の共通性がたかいが、桝形式では高坏にも層波文が盛んに用いられるのに対して、南御山2式ではそれがないことから、両者は別の型式として認識すべきであろう（馬目1987）。

　一ノ堰B遺跡（第46図10～17、芳賀1988）では、南御山2式と同様の器種構成を引き継ぐ土器群が検出されている。層波文・渦文・重方形文・重三角文・重菱形文などが盛用され、文様のうえでも南御山2式との共通性が高い。しかし、渦文の大型化がみられ、文様帯に磨消縄文が用いられない一群が認められることから、南御山2式よりも1段階新しい土器群の良好な例と見なすことができる。この土器群は陣場式（第47図1～12）に類似するものの、中村（1976）による二ツ釜・いたみ堂系統といった会津盆地における別種の土器として位置づける必要がある。

　ここまでの土器型式では、沈線の施文は1本の篦・棒状工具を用いて描かれているのに対し、つぎの川原町口式（第47図13～29）では半裁竹管状の工具が用いられるようになる。連弧文との関連性がつよい甕・高坏、平行沈線との関連性がつよい深鉢、渦文や重菱形文との関連性が強い長頸壺・短頸壺、鉢・蓋から構成される。長頸壺には、頸部に付される突帯が顕著である。阿賀野川下流域では、新潟県内を中心に山草荷式が認識されてきたが、その内容は川原町口式との共通性が非常に高い。しかし、石川（2000d）が着目しているよう

96　第Ⅱ部　時間軸の設定

第44図　孫六橋遺跡出土土器［木元・藤間（1980）］

第4章 弥生時代中期の土器編年 97

第45図 南御山1・2式土器 [1〜6（南御山1式）、7〜22（南御山2式）、1〜6宮崎（周東1977）、7〜10・12〜21南御山（杉原1958）、11五本松（吉田ほか1983）、22垂柳（大田原ほか1997）]

98 第Ⅱ部 時間軸の設定

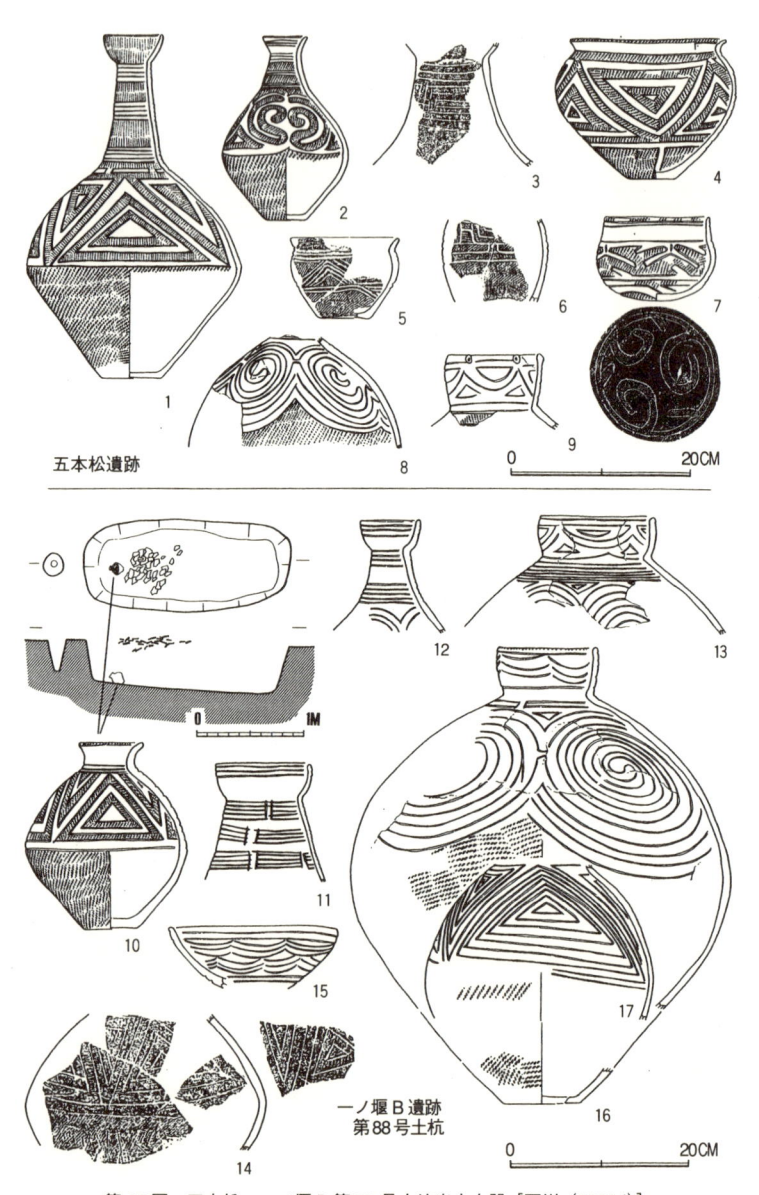

五本松遺跡

第46図 五本松・一ノ堰B第88号土坑出土土器［石川（2000d）］

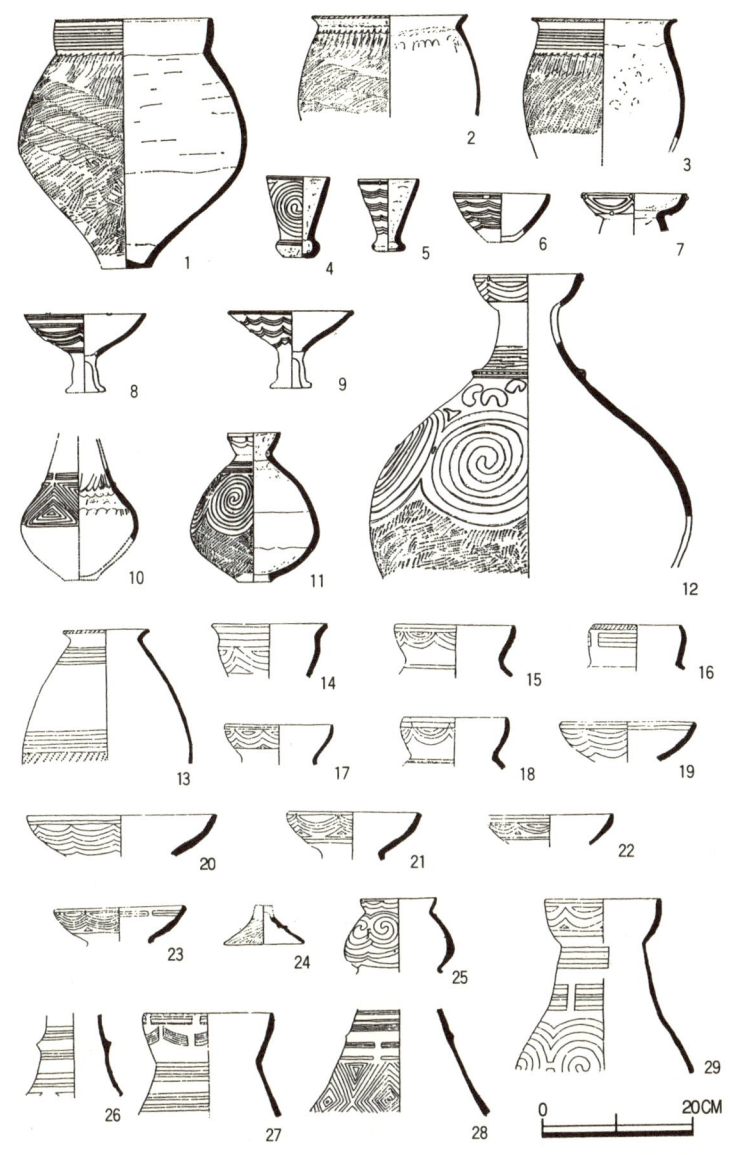

第4章 弥生時代中期の土器編年　99

第47図　陣場・川原町口遺跡出土土器　[1〜12陣場（馬目1971）、13〜29川原町口（中村・穴沢1958）]

に、山草荷式には北陸地方の小松式や宇津ノ台式との共存、およびそれらとの
文様要素の交換現象がさかんにみられる点で川原町口式とは違いがある。これ
は阿賀野川流域の下流域は日本海を介して列島中央部や東北部との交渉ルート
に組み込まれていたことを示しており、小松式・山草荷式・川原町口式・宇津
ノ台式のもっとも新しい部分の並行関係が導出できる点で重要な意味を有して
いる。

　阿賀野川水系では、川原町口式に後続する土器群は明確とはなっていない。
磐城・相馬海岸における天神原式（第49図）の分布域が問題となるがこれも
確定的ではない。

(10)　**磐城・相馬海岸**　　岩下A遺跡出土土器群が中期初頭に位置づけられる
（第48図1～18）。甕・深鉢・鉢・壺・蓋によって構成され、鉢や深鉢には鱸
沼式と同様の磨消縄文がみられるが、三角形ののこりが良好な変形工字文も多
く描かれており、より御代田式・山王Ⅲ層式にちかいといえる。

　これよりも新しく位置づけられる龍門寺式（第48図19～35）は、いわき市
龍門寺遺跡の発掘調査によってえられた土器群を指標として設定された型式で
ある。器種には、壺・甕・鉢・高坏・蓋があり、御代田式いらいの伝統である
小型精製浅鉢ものこる。文様は、渦文が定型化し、互いに向き合う突出部をも
つ斜行ヒトデ文や重三角文が現れており、鱸沼や孫六橋よりは確実に新しい。
また、甕を中心に植物茎圧痕文が地紋として利用されるものが約15%を占め
ている点は仙台平野との関連性を考えさせるが、甕の口縁部に列点や沈線が付
されることがきわめて少なく、寺下式や原遺跡出土土器群などとはやはり一線
を画さなければならない。

　龍門寺式の位置づけについては、これまで南御山2式の前段階、すなわち南
御山1式並行とする考えが多く提出されてきた（中村1998、石川2000d）。た
しかに、やや太い沈線で描かれた大振りな雷文・渦文・ヒトデ文は南御山1式
と類似し、第48図26のようなやや稚拙な重三角文が加わってくる点も南御山
2式へとつながりながらもそれよりは古い要素といえるだろう。しかし、龍門
寺式で主流を占める王字文や層波文は角が丸く、まだ中期初頭の曲線的な姿を
のこしている。また、壺も長頸化がすすんでいるとは言い難く、筒形土器の発

達も弱い。さらに石川（2000d）のように、第46図4など南御山2式とほぼおなじ重三角文をもつものでさえも南御山2式以前にあげるのであれば、龍門寺式はすくなくとも南御山1式よりも一段階古いか、南御山1式並行までにとどまると考えるべきである。ここでは、龍門寺遺跡出土土器がある程度の時間幅をもつことを意識したうえで、その大部分が岩下Aよりも新しく南御山1式並行までの時間幅に収まるものと考える。

なお、龍門寺式の分布は、地域間交渉を考える上でも非常に重要な検討材料となる。龍門寺式は断片的ではあるが静岡県長伏六反田・千葉県常代など東海地方東部から関東平野にかけてひろく散在しているだけでなく、ボール形土器・把手付土器や双対渦文など北海道島南部の恵山1b式と極めて共通した要素も認められる（鈴木2000、石川2001、2003、高瀬2003）。龍門寺式の時間的位置づけが厳密に確定できない現段階では不透明な部分が残ることは否めないが、列島内の広域な交渉を裏付けるための重要な素材になることは間違いないであろう。

龍門寺式につづく土器群はほとんど明らかにはなっていない。桝形式や南御山2式の分布範囲の問題とも関連してくるが、磐城・相馬海岸地域でふたたび資料が増加するのは桜井式（第49図1～12）になってからである。しかし、この土器群にはすでに磨消縄文がみられず、沈線も半裁竹管状工具をもちいてえがかれており、川原町口式と時間的に並行するかそれよりもさらに新しいと考えられる。桜井式の壺には肋骨文・重三角文・渦文がえがかれ、竹島（1968）によって沈線の間隔が広い（1.5～2mm程度）ものが古く（桜井Ⅰ式）、狭い（1mm程度）ものがややあたらしく位置づけられている（桜井Ⅱ式）。

桜井式の壺には突帯が付されるが、これがなくなり文様構成に縦区画が積極的に利用されるようになる段階がつぎの天神原式（第49図13～18）である。この型式は、乳幼児土器棺として利用されていたと考えられている天神原遺跡出土土器群をもとに、馬目（1982）によって設定された。大型壺・小型壺・甕・高坏・鉢によって構成され、頸部には並行沈線とともに縦区画も加えられ、格子目状を呈するものも出てくる。肩部には渦文・重山形文が多用されるがここでも縦区画が意識されており、また甕の口縁部にも縦位の沈線がもちい

102 第Ⅱ部 時間軸の設定

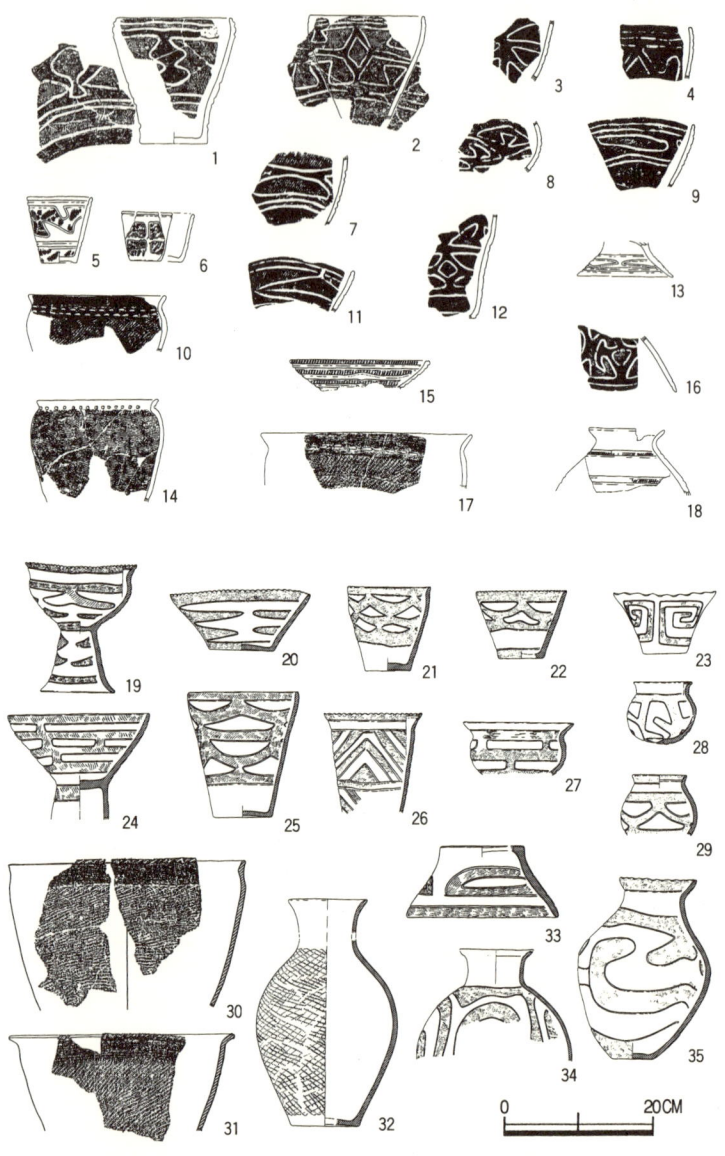

第48図 岩下A・龍門寺遺跡出土土器 [1～18岩下A（松本編1985）、19～35龍門寺（猪狩・高島1985）]

第4章 弥生時代中期の土器編年 103

第49図 桜井遺跡・楢葉天神原遺跡出土土器 [1〜12桜井（辻・藤原1992）、13〜18 楢葉天神原（馬目1982）]

られる。

3. 広域編年への位置づけ

(1) **本州島東北部内部の並行関係**　砂沢・青木畑・御代田式が時間的に並行するとみなす前節での考えにしたがえば、その直後付近に位置づけられる二枚橋・五所・山王Ⅲ層・横長根Ａ・今和泉の古い部分などがほぼ並行関係にあると考えることができる。このうち二枚橋式と山王Ⅲ層式については馬淵川水系の遺跡で混在して出土しており、磨消縄文のモチーフとその構成法の共通性から山王Ⅲ・今和泉の並行関係を導くことができる点はすでにふれたとおりである。これを便宜的に「二枚橋段階」と呼ぶ。

垂柳遺跡では雷文をもつ南御山2式の搬入品が出土しており（第45図22）、田舎館Ⅱ・Ⅲ群との並行関係を導くことができる。また、南御山2式と桝形式のあいだには、沈線の細密化現象や層波文の同一性から並行関係を見いだすことができる。さらに、秋田県域の宇津ノ台式にみられる重三角・重菱形文の同一性から、これも南御山2式に並行するとみてよい。この段階を便宜的に「田舎館段階」とよぶ。最上川流域では、堂森遺跡で南御山2式との共通性が見いだせるが、渦文や重三角文などが大型化する段階にあるため、この土器群は「田舎館段階」のなかでも新しい部分と考えておく。

「二枚橋段階」と「田舎館段階」のあいだに入る土器群として、津軽平野の井沢式、北上川中・上流域の谷起島式、仙台湾地域の寺下式、阿武隈川流域の孫六橋や滝ノ森遺跡出土土器群、阿賀野川流域の南御山1式があげられる。相馬・磐城海岸の龍門寺式はより新しい時期に食い込む可能性は否定できないが、この段階にも関与する可能性が高いことも確かであろう。すでにふれたように、現在のところ西台畑などで南御山1式と寺下式の共伴が確認されるにすぎないが、この段階を「井沢段階」とよんでおく。

「田舎館段階」につづく段階は資料が乏しい。津軽平野や馬淵・新井田川水系、最上川水系ではこの時期の資料はほとんど明らかにはなっていない。本州島東北部中・北部でも宇津ノ台2群や境ノ目Ａ・円田などで断片的な資料を指摘できるにすぎないが、一応「宇津ノ台2段階」と呼んでおくことにしよう。

さらにこれに後続する段階では、青森県域東部の大石平遺跡、米代・雄物川

水系の宇津ノ台2群の最も新しい部分、北上川流域の湯舟沢遺跡、仙台平野の十三塚・崎山式、磐城・相馬海岸の天神原、阿武隈川流域の陣場、阿賀野川流域の川原町口式など資料数が若干増加する。この段階を「大石平段階」と呼んでおこう。

　以上のように、本州島東北部内部には大きく5つの段階を認めることができる。各段階はさらに細分も可能であり、すくなくとも各段階に2つ以上のこまかな段階を認めることができる。しかし、本論においては、集落の時期決定が弥生中期編年の主たる目的であり繁雑な細分は必要ではない。さらに、この5段階を広域編年上に位置づける必要があることからも、これ以上の細分作業はここでは控えておくこととする。

(2)　広域編年への位置づけ

a. 北陸地方との関係　　宇津ノ台遺跡では、北陸地方の中期中葉～後葉に位置づけられる小松式が出土している（須藤1998）。新潟県域でも、下越地方の砂丘地帯では宇津ノ台式と小松式との折衷現象が顕著であると同時に、六野瀬・乙（石川2000d）・山ん家（川上1993）・石動遺跡（廣野1996）で古手の小松式が南御山2式と共伴する可能性が高いことが指摘されている（石川2000d）。その時間的位置づけに関しては、小松式においてハケメ成形・櫛描文手法が確立する段階、すなわち近畿第Ⅱ様式前半並行期が考えられており（石川2000d）、南御山2式と田舎館式の並行関係から考えても「田舎館段階」が弥生中期中葉（弥生Ⅲ期前半）に並行する可能性は非常に高いと判断できる。このあとについては、新潟県域の山草荷式が半裁竹管状工具による沈線施文をもつという点で川原町口式ときわめて類似しており、両者が時間的に並行することもほぼ疑いない。

　ところで、本論であつかっている弥生時代中期の下限の設定については、とくに北陸地方の研究者によってあらたな見解が提示されてきている。それは、後期前半に位置づけられてきた天王山式を中期にさかのぼらせようとする意見であり、その根拠となっているのは北陸地方における小松式との共伴である。こうした見解に対して石川（2000a、2003）は、天王山式の文様・文様帯構成・器形がいくつかの系譜から成り立っていることを主張し、北上山地部の

「和井内東式」がその基盤となりつつも、おなじく岩手県域の兎Ⅱ・常盤、秋田県域のはりま館遺跡出土土器の関与も認められることを指摘している。また、2条同時施文がみられる点で桜井式との関連も示唆したうえで関東平野・北陸の周辺型式との綿密な対比をおこない、天王山式は中期末の段階に食い込む可能性はあるものの、基本的には後期の土器型式として位置づけることができると結論づけている。「天王山式土器中期説」が成立する条件である小松式との共伴がいまだ確定的ではなく、また石川による天王山式の成立条件にかかわる説明と周辺型式との対比がきわめて説得的である以上、筆者もこの見解に同調し天王山式は基本的に後期の土器型式と考えることにする。

b. 関東平野との関係　　近年の神奈川県中里遺跡（杉山1998、河合1999）の発掘調査において、瀬戸内海沿岸東部からの搬入土器が検出され、宮ノ台式の前段階とされる中里式と近畿第Ⅲ様式の並行関係が確定的となった。また、千葉県常代遺跡（甲斐ほか1996）でも、やはり第Ⅲ様式並行の瀬戸内沿岸系土器（第159号方形周溝墓）や東海西部の貝田町系統土器（第84・92号方形周溝墓）がみられ、これらが中里式とほぼ並行する段階に位置づけられることも明らかになっている。

　いっぽうで、南御山2式は埼玉県池上遺跡（中島ほか1984）などで池上式と共伴しており、逆に会津の経塚古墳遺跡では南御山2式にともなう可能性が非常にたかい池上式が出土している（吉田・古川1992）。こうした状況のなか、石川（1996）は池上式をはじめとする関東平野の中期土器群に組成される壺形土器を手がかりとして、この時期の広域編年について重要な提言を行っている。

　石川（1996）は、関東平野北部を中心に中期の壺形土器の変遷を4期に分けた。このうち2期までの壺には条痕文が多用されるが、3期（池上式段階）になると甕には条痕文が残るが、壺には欠落する現象がみられる。これは、それまでに条痕文が広く普及していた本州島東北部南部～東海地方に共通の現象であり、南御山2式をはじめ遠江の嶺田式、伊那谷の阿島式、相模の中里式がこれにあたり、この段階がⅢ期前半に位置づけられる。

　したがって、これよりも古い出流原などを指標とする段階はⅡ期とするのが

第4章 弥生時代中期の土器編年

第2表 弥生時代中期の編年

広域編年上での位置づけ	磐城・相馬海岸	阿賀野川水系	阿武隈川水系	最上川水系	仙台平野	北上川水系・三陸海岸	雄物・米代川水系	馬淵・新井田川水系	津軽平野	津軽・下北半島
II（古）	岩下A	（西麻生・今和泉）	（鱸沼・孫六橋）	（生石2・地蔵池・松留）	（原）	山王III層	（横長根A）	山王III層/二枚橋	五所	（+）二枚橋
II（新）	（+）南御山1（龍門寺）	南御山1	南御山1	（上竹野）	寺下	谷起島	志藤沢	（八幡堂）	井沢	宇鉄II
III（古）	（+）	南御山2	南御山2	（堂森）	桝形	（橋本）	宇津ノ台1	（+）	田舎館（II・III）	（+）
III（新）	（+）	（一ノ堰B）	陣場	（+）	（円田）	（境ノ目A）	宇津ノ台2	（+）	?	（+）
IV	桜井天神原	川原町口/山草荷	川原町口	（+）	（十三塚・崎山囲）	（+）	（宇津ノ台2）	念仏間（大石平）	（+）	念仏間?（大石平?）

妥当である。また、中里式の位置づけにともなって後続する関東平野南部の宮ノ台式の位置づけは古くなるか、その古い部分の時間幅が間延びする結果は避けられない。宮ノ台式については中期後葉、すなわち弥生IV期並行とする考えが一般的であったが、近年ではその古い部分をIII期後半にさかのぼらせる見解が定説化しており（安藤1990、石川1996）、大きな混乱が生じることはない。

　以上のように、弥生時代中期の広域編年の検討に関わる資料が蓄積されている北陸地方・関東平野を介して、本州島東北部と東海以西との関係を導くことが可能である。本論では第1表と第2表のような時間軸を用い、以下の議論を展開することとする。

第Ⅲ部　「弥生化経験」の社会誌

第5章 遠賀川系要素の伝播と拡散

 ここでの目的は、外来要素の流入・拡散過程から、本州島東北部内部の地域構成を明らかにすることにある。
 本州島東北部における弥生前・中期の外来要素としては、石庖丁・大型蛤刃石斧をはじめとする大陸系磨製石器や水田遺構・木製農具などがある。しかし、これらは資料数と分布が限られており、いまのところ時期的にも中期中葉以降にかたよる傾向がある。そこで、本州島東北部の広い範囲に分布し、資料数も豊富である類遠賀川系土器を素材とした検討を行うこととする。
 現在のところ、本州島東北部への外来要素の流入ルートとしてもっとも有力視されているのは日本海ルートである。これは1980年代後半における「類遠賀川系土器」の認識のなかで強調されはじめ、いまなお広く定着している考えといってよい。しかし、北陸地方ではその後も本州島西南部日本海側との関連をしめす資料の増加がみられていないのが現状で、必ずしも日本海ルートの内容が具体化されてきたとは言いがたい。類遠賀川系土器の流入・拡散プロセスをいまいちど検討することによって、本州島東北部における外来要素の窓口を特定し、そこからどのように拡散したのかを具体的に論じる必要がある。これによって、外来要素に対して一様の反応をとった小地域が浮かびあがり、小地域と小地域のあいだの関係にも言及することができると考えるからである。

1. 従来の研究と問題点

(1) 年代　佐原（1987a、p.285）は、福島県荒屋敷（第52図1）・山形県生石2（第53図7）の壺に削出突帯や少条沈線がみられる点を指摘し、本州島東北部でもっとも古い遠賀川系・類遠賀川系土器は近畿第Ⅰ様式の「中段階」（近畿Ⅰ-2期とⅠ-3期の一部に相当、田辺・佐原1966、佐原1967、1968）に並行すると考えた。
 一方、工藤（1987）・鈴木克彦（1988）・佐藤（1994）・松本（1998）らは、在地系土器との共伴関係から縄文晩期最終末の大洞A'式期に最古の類遠賀川系土器が出現する可能性を説いている。すでにみたように、大洞A'式と

砂沢式に対する見解が研究者間で必ずしも一致をみているわけではないが、第3章においてしめした筆者の広域編年案にもとづけば（第1表）、列島西南部との対比から導かれた年代観と、在地系土器との共伴関係から導かれたそれはほぼ整合的であると見なすことができよう。

(2) **製作者** 本州島東北部で遠賀川系・類遠賀川系土器の存在が認識された当初[注8]、伊東（1984）は青森県松石橋例（第52図14）を列島西南部からの搬入品と考えた。しかし、胎土分析によって在地製作の存在が知られ（清水1987）、器形や文様があきらかに列島西南部とは異なる資料が増加するにしたがって、議論の焦点は搬入品の確認から製作者の特定へと移行した。中村（1988、p.182）は製作者に関する議論を「移住説」と「模倣説」に整理しているが、実際には集団移住の規模や時期、また他地域からの影響関係の強弱について研究者間で微妙な見解のズレがある。しかし、集団移住を認めるか否かにかぎっていえば、佐原（1987a）・工楽（1987）・谷口（1989）・斎野（1989）・設楽（1991b）・山田（1993）らは、列島西南部（佐原はとくに本州島西南部の日本海側との関係を強調）からの集団移住を想定するか、その可能性を考えてもよいという立場をとっている。

これにたいして、鈴木正博（1987b、1987c）、鈴木克彦（1988）・中村（1988）・須藤（1990）・春成（1990）・佐藤（1992）・石川（1992）・岡本（1994）らは、日本列島西南部との相違点を重視して集団移住の可能性を否定している。本州島西南部の日本海側で一般的にみられるヘラ・貝殻施文の木葉文・羽状文が本州島東北部でほとんどみられない点は（春成1990、p.57）、「移住説」にとって極めて不利な材料といわざるをえない。また、列島西南部では中・小型の壺が多いにもかかわらず本州島東北部では大型壺が卓越する、といった両地域の違いを冷静に見極めた指摘もある（中村1988、p.182）[注9]。

(3) **伝播経路** 伝播経路については、「移住説」・「模倣説」を問わず日本海ルートが重視される傾向にある（佐原1987a）。とくに木目沈線やハケメのような特徴的な要素が、石川県吉崎・次場（福島編1987）、富山県正印新・中小泉（酒井1982、狩野1982）など北陸地方の遺跡にも散見されることが（佐

原 1987a、p.286)、日本海ルートの重要な根拠となってきた。

しかし、太田昭夫・長島雄一(岡田編 1988、p.53)や須藤(1990、p.3)らが本州島東北部と伊勢湾周辺との関係にはやくから注意を促していたように[註10]、日本海ルート以外の伝播経路にも目が向けられてきた点は注意しなければならない。本州島東部にみられる遠賀川系要素をひろく考察した設楽(1991b)が、東海西部から樫王式・浮線文系土器群分布圏に遠賀川系土器(基本的に壺のみ)が搬出されていることを実証的に示した点は、内陸・太平洋ルートの存在を裏付ける研究としても重要な意味をもつ(第50図)。中部高地・関東平野出土の遠賀川系壺の多くは、春成(1990、p.58)のいう東山道ルートのような内陸ルートによってもたらされたものと考えられ、新島田原遺跡(杉原・大塚・小林 1967)については東海道ルート(春成 1990、p.58)の存在も考えなければならない。東山道ルートの終着点にあたる福島県会津地方の荒屋敷遺跡から出土した壺には「赤褐色の焼成」(紅村 1956)がみられ、やはり東海西部から東山道ルートを経由して搬入された「亜流の遠賀川式」(中村 1982)と考えられる(設楽 1991b、p.33)。おなじく会津盆地の墓料遺跡(須藤・田中編 1984)からは木葉文をもつ壺の破片資料が出土しているが、東海西部では蓋を除いてこの文様をもつ土器はほとんどないので近畿以西の遠賀川式の可能性がたかい。しかし、遠賀川系土器分布圏のなかでは、東海地方西部が最も緊密に本州島東部との交渉を確立していた地域であることは間違いない。

設楽(1991b)によれば、本州島東北部中・北部の遠賀川系要素は列島西南部から日本海ルートによって直接伝播し、太平洋側へは本州島東北部北部から内陸ルートで南下したとされている(第50図)。こうした理解の背景には、1)北陸西部は本州島西南部日本海側ではなく「北山城・近江」との関係が考えられている(増子 1988)、2)本州島中部日本海側(北陸西部〜新潟県域)は内陸ルートを介した東海西部との関係が考えられる(第50図)、3)本州島東北部太平洋側では南にゆくにしたがって木目列点が単なる列点に変化する[註11]、といった点への配慮があるものと思われる。

この仮説の評価は後述するが、ここで確認しておきたいのは本州島東北部の類遠賀川系土器には複数の器種が存在しており、列島西南部的な調整技術も普及している一方、条痕文・浮線文系土器群分布圏では基本的に遠賀川系の壺が

搬入されるにとどまっている点である。列島西南部と本州島東北部の間にはいわば「中抜け」の状況が存在しているのであり、これが前者から後者への直接的な伝播が考えられてきた最大の要因なのである。

距離が離れるに従い伝播する要素が減少し変容も進むという前提のもとで「中抜け」の状況を説明しようとすれば、両者の直接的な交渉を想定せざるを得なくなるのは当然である。しかし、中間地帯の状況を見直すことでより具体性に富む説明が可能となる場合もあり、ここでは遠賀川系壺が流通する浮線文系土器群分布圏とそれに隣接する大洞系土器分布圏のあいだの相互交渉を重視しつつ、必ずしも日本海ルートにとらわれずに最も合理的な仮説を提示することに主眼をおく。以下では、本州島東北部の遠賀川系・類遠賀川系土器の出現背景を器種ごとに捉えなおし、資料の実態に即したかたちで伝播経路の推定を行いたい。

2．壺の系譜

(1) **壺の実態**　本州島東北部の遠賀川系・類遠賀川系土器には壺・甕・蓋がある。佐原（1987a、1987b）は10項目の遠賀川系要素を規定しているが[注12]、このうちヘラ描き沈線・ヘラミガキ・黒斑・黒塗りについては、遠賀川系要素としての認定に問題がのこっていたり、資料数が極端に少ないという難点がある。よって、ここではこれらを検討対象からは除外し[注13]、それ以外の要素（砂粒の混和、ヨコナデ、ハケメ、木目沈線、横長列点、木目列点）と器形・文様構成などの諸特徴を検討する[注14]。

類遠賀川系土器には、さまざまな側面において遠賀川式との違いが認められる。ここでは最も基本的な特徴である器形を例にとり、その違いを指摘しておこう。第51図は、類遠賀川系壺との遠賀川式壺（大阪府山賀、上西ほか1984）の器形を比較した結果である。縦軸は「頸部中間部における頸のすぼまり具合」、横軸は「器高に対する最大径の位置」を表しているが、両者には歴然とした違いがあることがわかる。列島西南部のなかで最も類遠賀川系土器にちかいのは、しばしば墓から出土する「広口短頸壺」（伊東編1981、第53図10・12）と呼ばれる一群である。しかし、これらは列島西南部のなかでも九州島東北部〜本州島西南部日本海側・西端部のみに分布しており、列点文や縦位

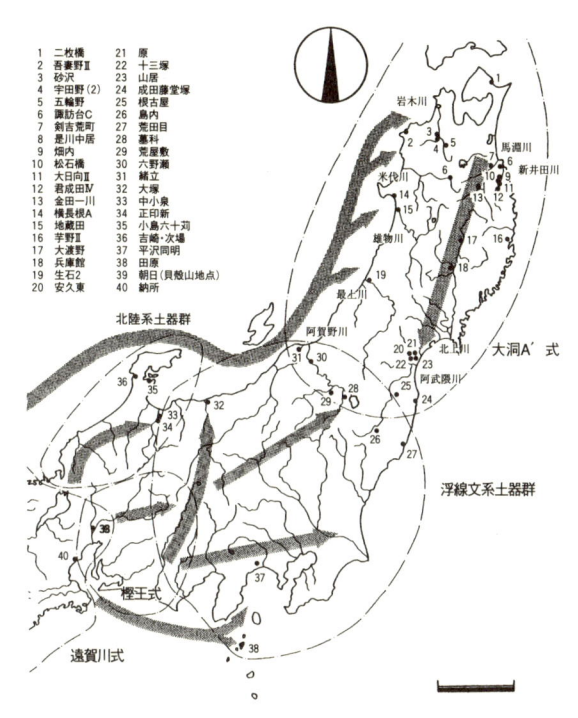

第 5 章　遠賀川系要素の伝播と拡散　115

第 50 図　設楽（1991b）によって推定された遠賀川式／系・類遠賀川系土器の伝播経路

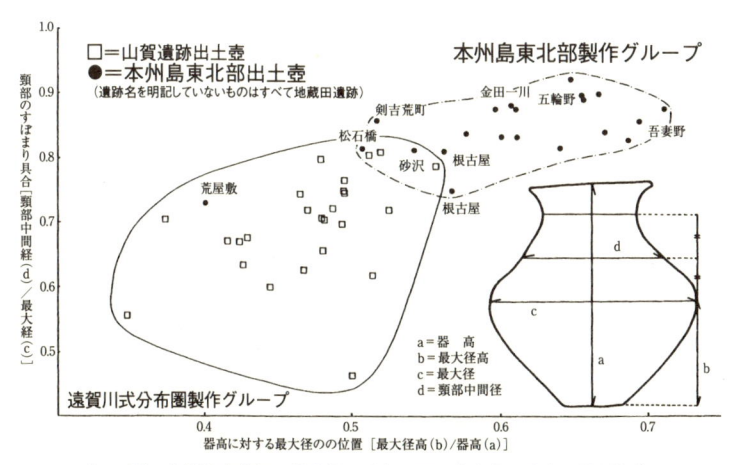

第 51 図　本州島東北部の類遠賀川系壺と西日本遠賀川式壺の器形比較

沈線などの文様が付されることはない。現在のところ列島東北部への搬出例もないことから、山田（1993）のようにこれをとくに注視する必要性はないと考える。

逆に筆者は、胴部最大径が比較的下方にあって短胴の器形となっている剣吉荒町・砂沢・松石橋・根古屋といった福島・青森県域出土資料の器形が、列島西南部に比較的近い点を重視したい。次に述べるように、このなかには最古の類遠賀川系壺が含まれていると考えられるからである。

(2) **縄文晩期（大洞A'式期）の壺**　本州島東北部に搬入された遠賀川系壺は、大洞A'式期から出現する。東海西部の製作品と考えられる福島県荒屋敷例（第52図1）の口縁部はあまり開かないうえに短く、少条沈線と削出突帯を有することから伊勢湾地方のⅠ－2期（石黒1992）に比定することが可能であり、大洞A'式期に搬入された遠賀川系土器の1例とみなすことができる。

これとともに、類遠賀川系壺も大洞A'式期から存在している。青森県剣吉荒町遺跡の土坑内一括資料（第52図2～4）のうち、在地系（大洞系）の鉢と高坏には拡大しきっていない文様帯のなかに変形工字文が描かれており、口縁部の突起もない。よって、筆者はこれらを大洞A'式と判断し、それに伴う壺もこの時期の所産と考える。福島県鳥内遺跡ⅣE区18号土坑からは、鋸歯文や列点をともなう沈線を有する壺が出土している（第52図5・10）。共伴しているのは細頸・いかり肩の大洞系壺であるが、これらは広口化・球胴化のすすむ御代田式期の壺よりも明らかに古く、やはり大洞A'式期に位置づけることができる。このほか時期決定の材料が充分ではないが[注15]、これらの類例を福島県域に見いだすことができる（第52図6・8・9）。

ここで取り上げた壺にはハケメがみられず、サイズも比較的小さいという共通点があるほか、形態のうえでは1）比較的短胴な器形、2）胴部にみられる強い屈曲、3）あまり丸みを帯びない器壁が見られ、文様では1）頸部に文様が描かれない、2）木目を伴わない横長列点が多用される、といった特徴を有している。こうした特徴のうち、短胴の器形が日本列島西南部に近いことは、第51図から読みとることが可能である。また、秋田県地蔵田例（第53図2・3）にみるように頸部に文様が描かれるのが類遠賀川系土器の一般的な傾向で

あるから、鳥内例（第 52 図 5）のように胴部に文様帯が設けられている点はまだ変容がそれほど進んでいないということができるだろう。さらに、相対的にサイズが小さいという点も、列島西南部との共通点とみなしうる。したがって、青森・福島県域にみられるこれらの資料は、類遠賀川系壺のなかでは変容が小さい一群と考えることができる。

これとは対照的に、変容がすすんだ例もすでに大洞 A' 式期から存在している。岩手県金田一川遺跡では、浅鉢と合口状態で壺棺が出土している（第 52 図 15・16）。浅鉢の器高は底径に比して高く、器壁は口縁部でややゆるやかに内屈し変形工字文が描かれる文様帯幅も狭いことから大洞 A' 式に比定できる。また、地蔵田遺跡（第 52 図 12・13）でも壺棺が検出されているが、蓋として用いられている鉢は砂沢式にはみられないものであり、1 段階古い大洞 A' 式期に位置づけられる[注16]。これらの壺の文様構成はさきほどの一群と大差なく、ハケメがみられない点も共通している。

しかし、非常に大型で、長胴かつ丸みを帯びたいかり肩の器形が異なっている。このような資料は馬淵川中・上流域と雄物川流域に分布しており、青森・福島県域に存在した変容が少ない一群の中間に拡がっていることがわかる。さきに紹介した設楽（1991b）による仮説では、変容が小さいものが本州島東北部の北部と南部の太平洋側にしかなく、その中間に変容のすすんだ資料が入り込んでくる状況の説明が難しい。ここに、大洞 A' 式期の壺の伝播プロセスをとらえなおす必要が生じてくるのである（第 55 図）。

北陸地方の遠賀川系土器には内陸ルートによってもたらされたものと、富山県正印新（酒井 1982、図版 8）の貝殻施文壺のように明らかに日本海ルートに関係するものがある。しかし、本州島東北部では変容が少ない壺の分布は太平洋側に限られており、貝殻施文やハケメ・木目沈線・木目列点といった日本海経由で伝播する可能性のある要素も全くみられない。また、新潟県域では、時期は 1 段階新しくなるが大塚遺跡（第 54 図 3）で東海・中部高地方面との関係を示す資料の出土がみられ、富山・石川県域に近い上越地方でさえも内陸ルートを介して遠賀川系壺・条痕文土器が流入していたことがわかる。いまのところ中・下越地方での遠賀川系土器の出土はないが、この地域が浮線文系土器群分布圏に含まれることを考えると、やはり遠賀川系壺に関しては内陸ルー

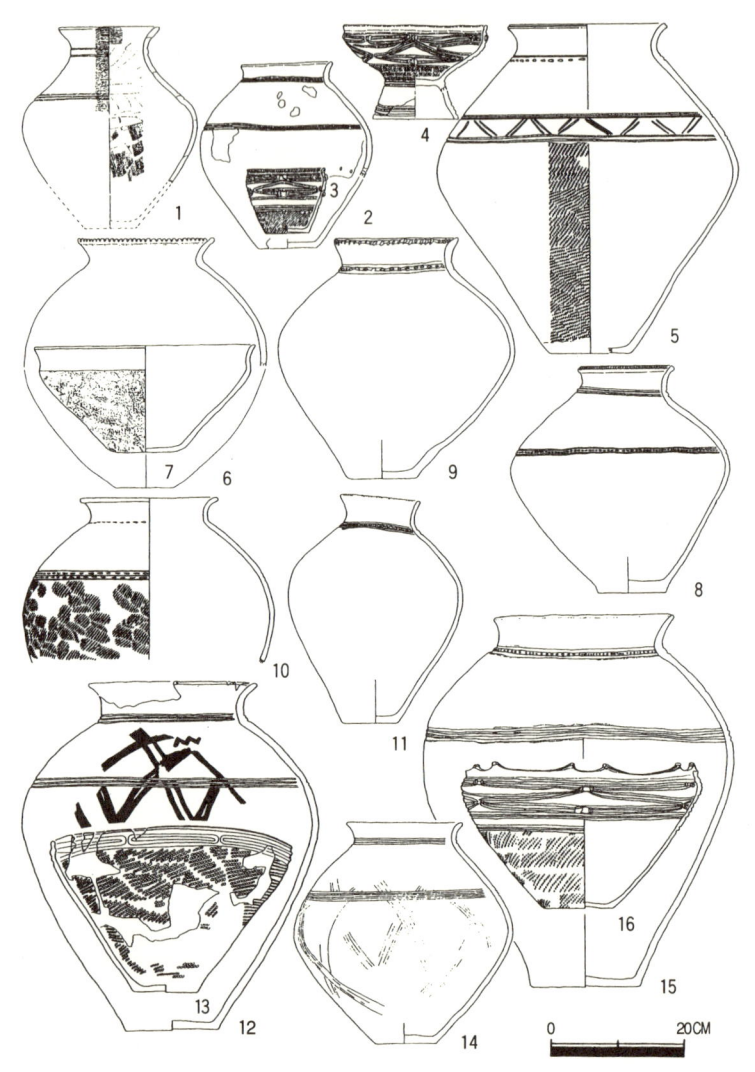

118 第Ⅲ部 「弥生化経験」の社会誌

第52図 本州島東北部の類遠賀川系壺と関連資料（1）[1 荒屋敷（小柴ほか1990）、2～4 剣吉荒町（工藤編1997）、5・9～11 鳥内（目黒ほか1998）、6～8 根古屋（梅宮・大竹ほか1986）、12・13 地蔵田（菅原編1986）、14 松石橋（市川・木村1984）、15・16 金田一川（佐藤1994）]

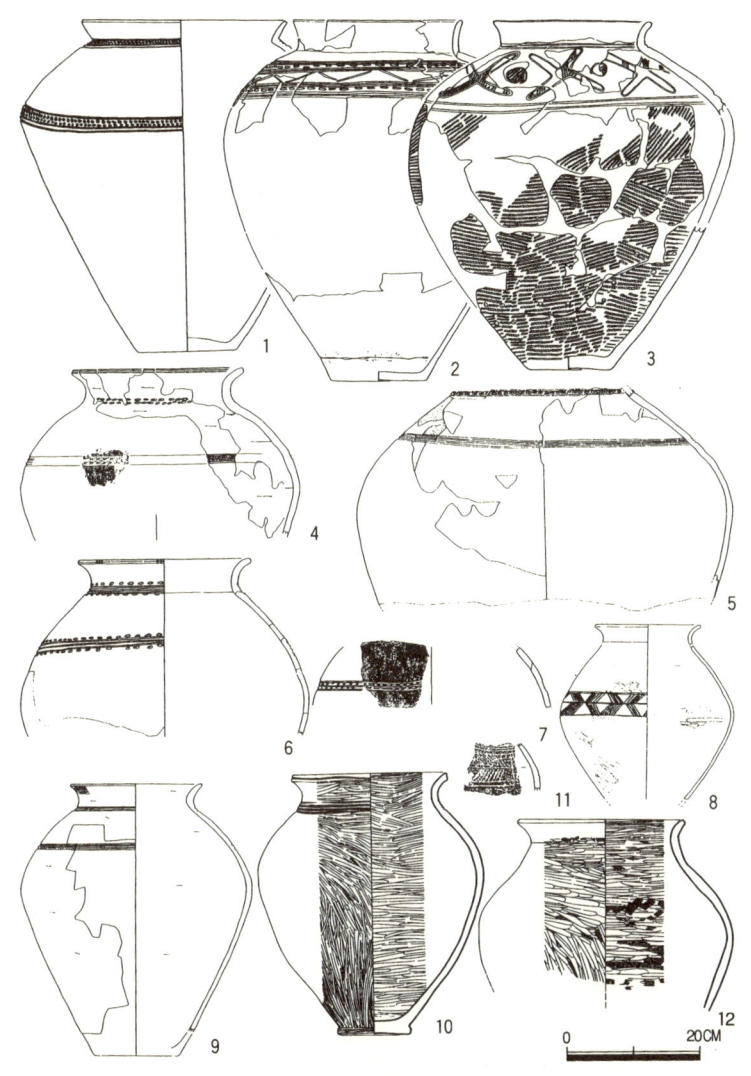

第5章 遠賀川系要素の伝播と拡散 119

第53図 本州島東北部の類遠賀川系壺と関連資料（2）[1吾妻野（三宅1975）、2・3地蔵田（菅原編1986）、4是川中居（工藤・高島1986）、5大日向Ⅱ（斉藤・田鎖1995）、6・9十三塚（名取市教育委員会1995）、7生石2（安部・伊藤1987）、8畑内（木村・水谷・三林1997）、10・12綾羅木郷（伊東編1981）、11朝日貝殻山地点（設楽1991b）]

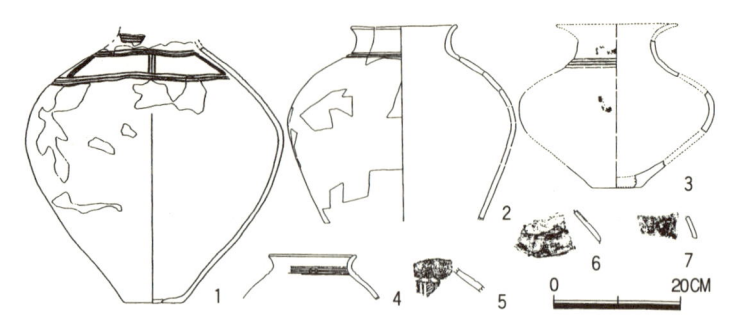

第54図　本州島東北部の類遠賀川系壺と関連資料（3）[1 兵庫館（川村1993）、2 原（大友・福山1997）、3 大塚（寺崎ほか1986）、4 宇田野（2）（白鳥ほか1997）、5 諏訪台C（利部・和泉1990）、6・7 芋野Ⅱ（高橋編1992）]

トによる地域間交渉を考えざるを得ず、新潟県域が日本海ルートの中継地となっていたとは考えられない。

　一方、会津盆地には東山道ルートを介して搬入された遠賀川系壺があり、そこに隣接する阿武隈川流域では変容が小さい壺が多数認められることから、会津の搬入品をモデルとして阿武隈川流域で類遠賀川系壺の製作がはじまった可能性は充分に考えられる。変容の大きい壺の分布域から考えて、変容の小さい壺が北上川流域を北進して八戸周辺に達したとは考えにくく、阿武隈川流域から八戸周辺への伝播は太平洋ルートの存在を考える以外に説明する手だてはない。三陸沿岸の岩手県芋野Ⅱ遺跡（第54図6・7）では、大洞A'式とともに直線的な器形とシンプルな文様をもつ類遠賀川系壺の可能性が高い資料が出土しており、これが阿武隈川流域と八戸周辺を結ぶ太平洋ルートを補強する材料となりうる。また、第4章で述べたような田舎館式成立期前後の福島県浜通り地方と北海道島南部・本州島東北部北部のあいだの交渉についても、北上川流域で田舎館式や南御山2式の出土がないことを考えれば、これも太平洋まわりの交渉ルートが機能していたがゆえの現象といえよう。

　変容が大きい壺は日本海側にも見られるが、先述のような新潟県域の情勢、およびハケメ・木目列点などがみられないことから、やはり日本海ルートでの伝播は想定しがたい。これらの器形は在地系壺に近づいており、本州島東北部内部での二次的な変容を被っていると考えられる。ただし、宮城県域や岩手県域南部での検出はないことから、たとえば阿武隈川流域の変容の小さい壺をモ

デルとして仙台平野などでさらに変容のすすんだ壺が製作されはじめ、それが内陸部を北進して馬淵川中・上流域や雄物川流域に達したとは考えられない。むしろ、八戸周辺に伝播した変容が小さい壺の模倣製作が馬淵川中・上流域ではじまり、それが雄物川流域を通じて日本海側に達したという解釈がもっとも合理的である。

(3) 弥生前期（砂沢式期）の壺　　在地系土器との共伴関係から判断して、本州島東北部の類遠賀川系壺の多くはつぎの砂沢式期に属しており、この時期にひろい範囲に拡散し定着したことがわかる。そこで顕在化する地域性は本州島東北部内部における拡散過程と深く関わっていると予測できるため、まずは砂沢式期にみられる類遠賀川系壺の地域性を整理することにする（第3表）。

a. 会津（阿賀野川水系上流域）　　木葉文が描かれた墓料例（須藤・田中編 1984）が畿内Ⅰ-3～4期だとすればこの時期の搬入品の可能性があるが、類遠賀川系土器は大洞A'式期と同じように存在していない。

b. 南部太平洋側（阿武隈川水系、仙台平野、磐城・相馬海岸）　　十三塚（第53図6・9）や飯野坂山居（太田 1988）などのように、仙台平野では頸部が丸みを帯び、列点は沈線外に付されるか沈線を伴わないものが卓越する。こうした特徴は、福島県荒田目遺跡（須藤 1998、p.228）でも確認することが可能で、宮城県域の南部から磐城・相馬海岸までをこの地域に含めることができる。安久東（土岐山 1980）・原遺跡（第54図2）の例から、中期初頭（Ⅱ期）には列点を伴わず胴部の膨らみが弱い長胴の器形が生じると考えられる。

c. 日本海側（米代・雄物川水系、最上川水系）　　サイズは大小あるが、壺棺に用いられるものは特に大型化する。長胴・いかり肩の器形で、列点は沈線間が多い。頸部には頻繁に文様が描かれ、縦位の沈線や鋸歯文などがさかんに用いられる。ハケメ・ヨコナデ・胎土への砂礫の混和が顕著で、木目列点・木目沈線も頻繁にみとめられる。秋田県地蔵田（第53図3）や横長根A遺跡では磨消縄文を有する中期初頭の壺があるが、これらはいずれも砂沢式期にみられる特徴をよく残しており、遠賀川系要素の変化の速度が在地系のそれよりも遅いことが読みとれる[注17]。

d. 北上川水系、馬淵川水系中・上流域　　岩手県大渡野（相原 1998）・兵庫

第Ⅲ部 「弥生化経験」の社会誌

第3表 類遠賀川系壺の地域性

地域区分	時期	サイズ	器形	ハケメ	列点形状	列点位置	木目	文様帯	口唇キザミ	備考
(1) 会津(阿賀野川水系上流域)	大洞A'式期	小	長頸・短胴	あり	なし	なし	なし	胴部	なし	搬入品
	砂沢式期	？	？	？	？	？	？	？	？	搬入品が存在する可能性あり
(2) 南部太平洋側(阿武隈川水系、仙台平野、磐城・相馬海岸)	大洞A'式期	小	短胴・強い屈曲・直線的な器壁	なし	横長・円	沈線間or沈線外	なし	胴部	あり	
	砂沢式期	小	長胴・いかり肩・丸みを帯びた器壁	なし	横長・円	沈線外	なし	櫛区画のみ	なし	
(3) 日本海側(米代・雄物川水系、最上川水系)	大洞A'式期	大	長胴・いかり肩・丸みを帯びた器壁	なし	なし	なし	なし	櫛区画のみ	なし	
	砂沢式期	小・大	長胴・いかり肩・丸みを帯びた器壁	あり	横長	沈線間	あり	頸部	なし	
(4) 北上川水系、馬淵川水系中・上流域	大洞A'式期	大	長胴・いかり肩・丸みを帯びた器壁	なし	円形	沈線間	なし	櫛区画のみ	なし	北上川水系は除く
	砂沢式期	大	長胴・いかり肩・丸みを帯びた器壁	なし	横長・円	列点のみor沈線外	なし	頸部	なし	北上川水系も含む
(5) 津軽平野(岩木川水系)	砂沢式期	小・大	短胴・直線的な器壁の器形と長胴・いかり肩の器形が共存	あり	横長・円	沈線間	あり	頸部	なし	粘土瘤貼付
(6) 八戸周辺(馬淵川水系下流域)	大洞A'式期	小	短胴・強い屈曲・直線的な器壁	なし	横長・円	沈線間	なし	櫛区画のみ	なし	
	砂沢式期	小	短胴・強い屈曲・直線的な器壁	なし	横長	沈線間	なし	頸部・胴部	なし	

館(第54図1)・大日向Ⅱ(第53図5)などの例から、北上川流域と馬淵川中・上流域はともに大洞A'式期の変容が大きい壺の特色を残しており、同時期の日本海側との共通性が高いといえる。北上川流域ではとくに細頸化が進行する傾向があり、兵庫館例などは砂沢式期よりも新しくなる可能性もある。

e. 津軽平野(岩木川水系)　サイズが小さく、頸部の器壁が直線的である点はつぎに述べる八戸周辺からの影響と思われる。これとともに、大型で長胴・いかり肩の壺もあり、これらには頸部への施文やハケメ・木目列点の存在などが顕著であることから日本海側からの影響が読みとれる。さらに、平行沈線間に粘土瘤を配するなど、津軽平野独自の在地化もみとめられる(第54図4)。

f. 八戸周辺(馬淵川水系下流域)　現在の八戸市と周辺の名川町・南郷村・軽米町までをふくむ範囲をさす。サイズは小型で、短胴かつ胴部の屈曲が強いソロバン玉にちかい器形を呈する。文様はきわめてシンプルで、口頸部境界や肩部に横位沈線・沈線間列点のみが施文される場合が多い。その他の文様が描

かれる場合でも、青森県畑内例（第53図8）のように頸部ではなく胴部に文様帯がある点から、大洞A'式期にみられた変容が少ない壺の特徴をよく受け継いでいることがわかる。

砂沢式期におけるこうした地域性から、どのような拡散ルートが想定されるだろうか（第55図）。津軽平野は日本海側と八戸周辺の影響をうけているが、日本海側については青森県吾妻野例（第53図

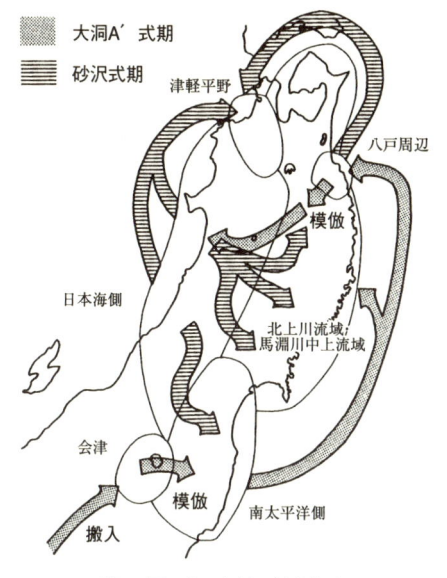

第55図　壺の伝播・拡散経路

1）が日本海ルートの存在を示唆している。八戸周辺と津軽平野の間については、中期初頭に降る可能性もあるが下北半島の梨ノ木平遺跡（橘1994）や二枚橋遺跡で類遠賀川系壺（須藤1970b、1998）が出土しており、下北半島回りの交渉があったと考えておきたい[注18]。

相原（1998、p.65）の指摘のとおり、北上川流域、馬淵川中・上流域は日本海側との共通性が高く、磐井川・胆沢川・和賀川・安比川流域といった支流がそれに関係しているものと思われる。これを裏付けるように、日本海側では諏訪台Ｃ遺跡のように内陸盆地の遺跡でも縦位沈線をもち日本海沿岸部に類似する類遠賀川系土器が出土しているので（第54図5）、少なくとも米代川流域と北上川、馬淵川中・上流域の交渉を想定することは可能である。さらに、山形県生石2・秋田県地蔵田と宮城県十三塚・山居のあいだにもある程度の共通性がみられることから、雄物川・最上川ルートの可能性も考慮しなければならない。秋田・岩手県域以南にみられる太平洋側と日本海側の要素の類似性は、内陸を横断する交渉ルートによって維持されていたと考えられるわけである。

3. 甕の系譜

(1) 縄文晩期（大洞A'式期）の甕　本州島東北部では、搬入品と考えられる遠賀川系甕はみられない。類遠賀川系甕は大洞A'式期から現れるが、いまのところ確実な例としてあげることができるのは青森県剣吉荒町出土資料のみである（第56図1～4）。この遺跡のⅡ・Ⅲ層では大洞A_2式と大洞A'式が多量に出土しており、Ⅱ・Ⅲ層出土の甕が大洞A'式期以前に遡ることは疑いない。Ⅲ層出土資料が大洞A_2式期にさかのぼる可能性はないとはいえないが、それを確実なものとするデータはまだなく、同一個体の破片がⅡ層とⅢ層にまたがって出土している例もあるため、一応Ⅱ・Ⅲ層出土資料を一括して大洞A'式期のものとして扱う。これらの口縁部はゆるやかにくびれ、2～3条の沈線や口唇部キザミが施される。器面調整にはハケメ・斜位（左上り）の条痕・ヨコナデがみられ、地紋が施されるものもある[注19]。こうした特徴から、青森県是川中居出土資料（第56図5～8）にも大洞A'式期の甕が含まれていると思われる[注20]。

　八戸周辺にしかみられない大洞A'式期の類遠賀川系甕は、口唇部のキザミや少条沈線を有しており、なおかつ縄文が施されないものがある点で砂沢式期以降の甕よりも変容が小さいといえる。では、これらはどのようにして伝播したと考えるべきなのだろうか（第58図）。浮線文系土器群分布圏には基本的に遠賀川系・類遠賀川系甕はなく、福島県域では御代田式期にいたっても類遠賀川系甕はきわめて少数しかともなってこないので、東山道・東海道・太平洋ルートが関与する余地はない。しかし、北陸地方の甕には、くびれの弱い器形・口唇部キザミ・少条沈線・条痕調整・ハケメがみられ、本州島東北部北部との共通性がみとめられる（第57図）。いまのところ中間地帯を埋める資料はないが、甕に関わる要素は日本海ルートによって八戸周辺に伝播したと理解するほかないであろう。

　大洞A'式期の類遠賀川系甕にはハケメ・ヨコナデが伴うが、沈線間の列点はみられない。この現象は、石川・富山県域の甕には沈線間列点が施されるものがない点と符合している。一方、大洞A'式期の類遠賀川系壺には沈線間の列点はあったが、ハケメ・ヨコナデがみられなかった。これは、愛知・三重県域の遠賀川系壺には貼付突帯の盛行前から沈線間に列点が付されるものがある

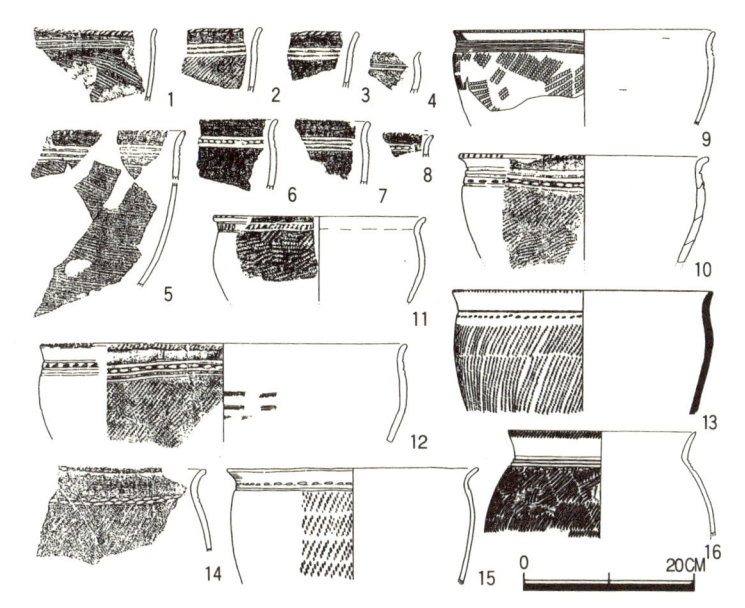

第5章 遠賀川系要素の伝播と拡散 125

第56図 本州島東北部の類遠賀川系甕 [1～4剣吉荒町（鈴木編1988)、5～8是川中居（工藤・高島1986)、9十三塚（名取市教育委員会1995)、10～12生石2（安部・伊藤1987)、13成田藤堂塚（杉原1968b)、14山居（太田1988)、15鳥内（目黒ほか1998)、16横長根A（児玉1984)]

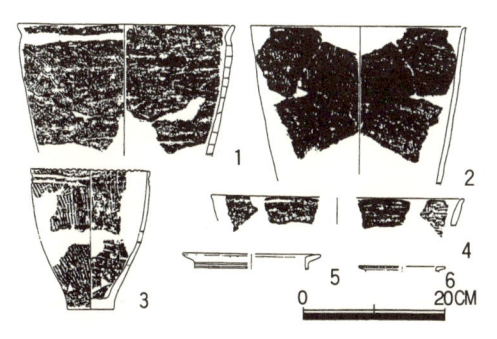

第57図 北陸地方の深鉢・甕 [1～4小島六十苅（土肥編1986)、5・6吉崎・次場（福島編1987)]

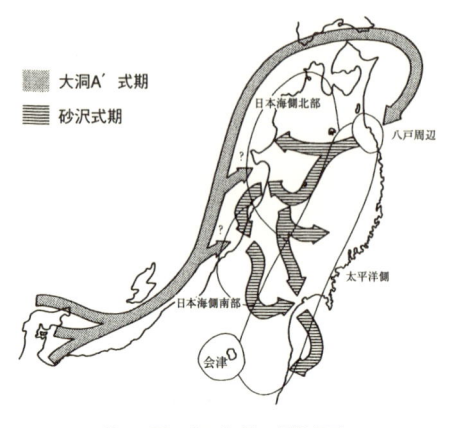

126 第Ⅲ部 「弥生化経験」の社会誌

第58図 甕の伝播・拡散経路

点と合致しており、大洞A'式期の類遠賀川系壺には調整技術ではなく文様要素が取り入れられて製作されていたことがわかる。このように、大洞A'式期の類遠賀川系壺・甕には、影響を受けたそれぞれの地域の特色が反映されており、これが壺と甕が異なったルートで伝播したとする推定の傍証となる[注21]。

このように、器種ごとに異なる伝播経路を想定することに対してはいくつかの反対意見がある。齋藤（2001）は、壺と甕の双方に馬淵・新田川流域に特有のものが認められることを根拠に、両者の伝播過程は斉一的であるはずだと主張する。しかし、これはいまだ中間地帯の理解をともなう対案とはなっておらず、拡散過程にかかわる包括的な説明が必要となるであろう。

また、佐藤（2003）は、類遠賀川系土器の出土比率が本州島東北部の中でも南部ほどより高くなることから、本州島東北部内部での飛び地的な拡散には否定的である。たしかに、砂沢式期以降の類遠賀川系土器の分布は南部ほど多い傾向がないわけではないが、大洞A'式期の資料の分布は離散的で、変容度も空間的な漸移性をしめさない。これをもっとも合理的に解釈するならば、筆者のような解釈にならざるをえないであろう。佐藤（2003）自身が想定するような、本州島東北部から列島西南部への人の移動をともなう直接的な交渉も、のちに触れるように大洞A_2・A'式期において本州島東北部系土器のうごきが沈静化することを考えると（石川 2000a、小林青樹 2000、設楽 2000c）、むしろ逆の状況を想定しなければならないのではなかろうか。

(2) 弥生前期（砂沢式期）の甕　在地系土器との共伴関係から、砂沢式期には多くの地域に類遠賀川系甕が拡散したと考えられ、つぎのような地域性が現

第4表　類遠賀川系甕の地域性

地域区分	時期	ハケメ	ヨコナデ	口唇部キザミ	列点形状	列点位置	木目
(1) 会津(阿賀野川水系上流域)	大洞A'式期〜砂沢式期	甕が存在しない					
(2) 太平洋側(馬淵川水系中・上流域、北上川水系、仙台平野、阿武隈川水系)	砂沢式期	非常に少	あり(名取川流域では顕著)	なし	横長	沈線外	非常に少
(3) 日本海側南部(最上川水系)	砂沢式期	あり	顕著	あり	横・縦長・円	沈線間	あり
(4) 日本海側北部(岩木川水系、米代・雄物川水系)	砂沢式期	あり	あり	非常に少	横長	沈線間	あり
(5) 八戸周辺(馬淵川水系下流域)	大洞A'式期	あり	あり	あり	なし	—	あり
	砂沢式期	あり	あり	あり	横長・円	沈線間	あり

れてくる（第4表）。

a. 会津（阿賀野川水系上流域）　　大洞A'式期とおなじく類遠賀川系甕は存在しない。

b. 太平洋側（馬淵川水系中・上流域、北上川水系、仙台平野、阿武隈川水系）　　口唇部キザミはあるが、木目をともなうものは稀である。ハケメは定着しているとは言い難いが、ヨコナデは明瞭である。沈線がほどこされる例がすくなく、列点だけが横に並ぶものが多い。また、沈線と列点が併用される場合でも、沈線群の外側に列点が施される傾向がある。

c. 日本海側南部（最上川水系）　　木目を含む口唇部のキザミ、ハケメによる調整がみられる。口縁部のヨコナデが顕著で、列点は沈線間にほどこされるか、沈線を伴わないものが多い。

d. 日本海側北部（岩木・米代・雄物川水系）　　しばしば沈線間に列点が入り、木目も伴う。ハケメ・口縁部のヨコナデも顕著にみられるが、口唇部のキザミが非常に少ない点が日本海側南部とは異なる。秋田県横長根A例（第56図16）のように、中期初頭（II期）には太平洋側のように沈線外あるいは沈線を伴わない列点が目立つようになる。

e. 八戸周辺（馬淵川水系下流域）　　全体的な特徴は日本海側北部に類似し、大洞A'式期にはみられなかった横長の列点（木目含む）が沈線間に施されるようになる。

ハケメ・ヨコナデ・木目列点は、大洞A'式期に甕にともなう要素として日本海回りで伝播した。これに対して、沈線間列点は壺にともなう要素として太平洋回りで伝播した。すでにみたように、大洞A'式期にはこれらが個体内で共存することはなかったが、砂沢式期に入って日本海側北部・南部および八戸周辺において「木目列点を伴う沈線間列点」などが壺・甕に現れるのは両者の区分がなくなったためである[注22]。大洞A'式期にハケメ・ヨコナデ・木目列点・沈線間列点がすべて揃っていたのは八戸周辺だけであったから、こうした要素は砂沢式期になって八戸周辺から日本海側へ拡散したことがわかる。下北半島では類遠賀川系甕はないので、やはり馬淵川流域から雄物・米代川ルートで日本海側に達したのであろう。

北上川流域では類遠賀川系甕の分布は希薄であり、八戸周辺から仙台平野などへの影響関係は考えにくい。むしろ、仙台平野でみられるヨコナデが日本海側北部・南部と酷似していることから、雄物川・最上川ルートを介した日本海側北部・南部からの影響が想定される。太平洋側に特徴的にみられる沈線を伴わない列点が、中期初頭からは逆に日本海側でも採用されるようになるのは、やはり雄物川・最上川ルートが機能していたためであろう。

4．蓋の系譜

(1) **蓋の出現**　弥生土器の蓋は、大きく分けて笠形（第59図6・7）・円盤形（第59図8・9）・逆皿形（第59図1～5）の3種がある。笠形と円盤形は九州島から本州島東北部中部にかけて分布し、シャーレを逆さにしたような形態の逆皿形だけが本州島東北部の北部を中心に北海道島中央部まで拡がっている。日本列島東北部の縄文中期以降には笠形や半球状の蓋が組成される場合があり、中村（1988, p.93）は本州島日本海側（北陸）の縄文晩期の蓋が弥生土器の蓋の祖型になった可能性を示唆している。たしかに御経塚・勝木原～下野段階には笠形蓋が多数存在するが、文様のうえで弥生土器の蓋とは断絶があり、ツマミの系統的な連続性もトレースできない。また、北陸地方でも縄文晩期後葉には蓋の伝統は急速に衰退すると考えられ、弥生土器の蓋との系譜関係を認めることは現時点では難しいのではなかろうか。

松菊里遺跡（姜・李ほか1979）などに代表される朝鮮半島の無文土器に

第5章 遠賀川系要素の伝播と拡散　129

第59図　本州島東北部初期弥生土器の蓋と関連資料　[1・3・17・18砂沢（藤田・矢島ほか1991）、2・6・7生石2（安部・伊藤1987）、4・5・11横長根A（児玉1984）、8・9・14地蔵田（菅原編1986）、10剣吉荒町（鈴木編1988）、15御代田（目黒1962）、16げんだい（安部・月山1988）、13六野瀬（石川・増子・渡辺1992）、19鳥内（目黒ほか1998）、12・20緒立（金子編1983）]

は、蓋は基本的に伴わない。家根（1997）によって山の寺式と夜臼式のあいだに比定されている検丹里遺跡（釜山大学校博物館1995）では笠形蓋が出土しているが、これよりも佐賀県菜畑10層（山の寺式期）出土の笠形蓋がやや古い（中島ほか1982）。また、その後の日本列島における蓋の定着度を考えると、蓋は弥生時代早期の九州島北部において出現したと考えるのが妥当である。遠賀川式の拡散にともなって蓋は広い範囲に分布するようになるが、量的にも文様・形態のバリエーションにおいても近畿Ⅰ-2～3期でもっとも発達する（佐原1968、p.57）。北陸地方の弥生土器および条痕文・浮線文系土器群

分布圏では、蓋の定着はみられない。本州島東北部でも確実に大洞A'式期にさかのぼる蓋はみとめられず[注23]、砂沢式期になってから急速に定着するものと思われる[注24]。

(2) **弥生前期（砂沢式期）の蓋**　蓋はそれと組み合わせて使用される壺・甕に付随して伝播した可能性があるため、あらかじめ使用時の組み合わせについて考えておこう。第60図の口径比較から、「笠形蓋＝甕・深鉢用」、「逆皿形・円盤形蓋＝壺用」という対応関係を読みとることができる[注25]。蓋の種類と土器系統の関係をみると、笠形蓋は類遠賀川系甕と在地系深鉢のどちらにも組み合わせて用いることができるが、逆皿形蓋は類遠賀川系壺と組み合わせるには口径が小さすぎることがわかる。「かぶせ蓋」（小林1959b）としての用途が考えられる逆皿形蓋と組み合う身の口径は蓋よりもやや小さくなければならないが、地蔵田遺跡ではそうした類遠賀川系壺は全く見あたらず、砂沢遺跡では逆皿形蓋の出土が多いにもかかわらず類遠賀川系壺そのものが少ないのである。むしろ、逆皿形蓋と在地系壺の口径が理想的な関係にあり、これは在地系壺の口縁

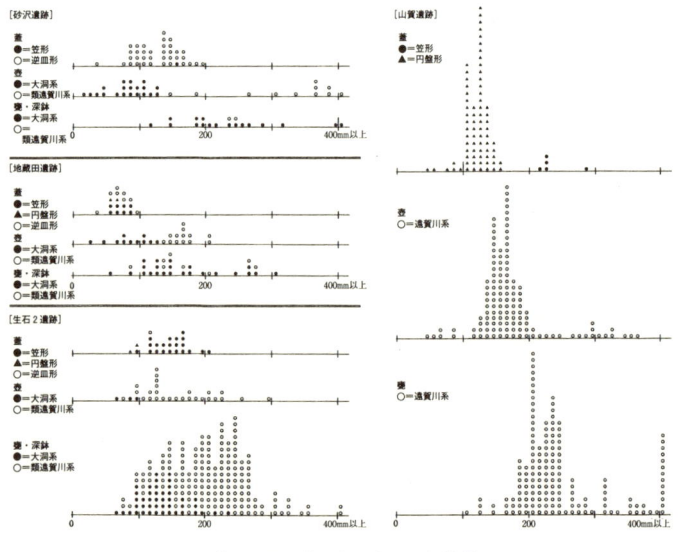

第60図　蓋・壺・甕の口径比較

第 5 章 遠賀川系要素の伝播と拡散　131

部にしばしば紐孔がみられることとも矛盾しない。つまり、逆皿形蓋は在地系壺用なのであり、だとすれば逆皿形蓋と類遠賀川系壺の伝播は必ずしも連動している必要はないことになる。円盤形については資料数が少なく何ともいえないが、地蔵田・生石2の例から判断するかぎり、類遠賀川系・在地系の双方の

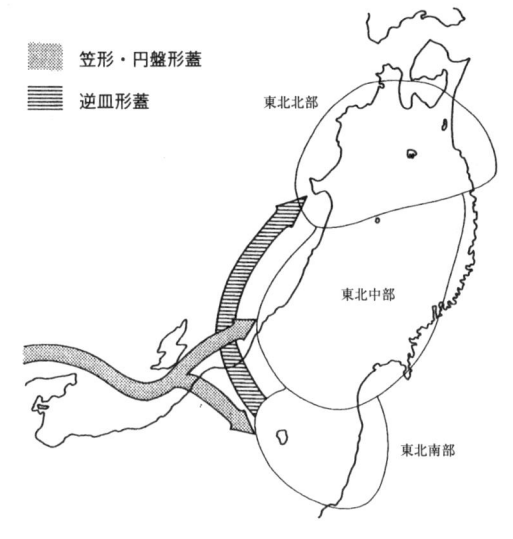

■ 笠形・円盤形蓋
≡ 逆皿形蓋

東北北部
東北中部
東北南部

第 61 図　蓋の伝播・拡散経路

壺と組み合わせることが可能といえる。このような砂沢式期の蓋の分布には、つぎのような地域性がみとめられる。

a. 南　部　　笠形とやや盛りあがる円盤形（扁平円錐形）がある。
b. 中　部　　笠形・円盤形が圧倒的に多く、逆皿形がごく少数伴う。日本海側のほうが蓋が多い傾向がある。
c. 北　部　　逆皿形が圧倒的に多く、これに少数の笠形・円盤形がともなう。ただし、馬淵・新井田川水系では蓋そのものが非常にすくない。

　本州島東北部南部や八戸周辺は大洞A'式期に変容の少ない壺形土器が分布していた地域であるが、そこで逆皿形蓋がなかったり、蓋そのものが非常に少ないという事実から、逆皿形蓋と類遠賀川系壺の伝播はやはり連動していなかったといえる。また、すべての蓋が砂沢式期に出現する点からも、それらが必ずしも類遠賀川系壺・甕の伝播と同じ背景を有していたわけではないことがわかる。

　これらの点をふまえ、蓋の伝播経路について考えてみよう（第 61 図）。弥生前期に蓋の定着がみられない東海東部・中部高地・関東平野の状況から考え

て、笠形・円盤形が東山道ルートなどの内陸ルートを経て本州島東北部に流入した可能性はなく、太平洋ルートを裏付ける証拠も見いだしがたい。ここでは、本州島東北部の日本海側に笠形・円盤形蓋が多くみられ、それらが日本列島西南部と同様の器種と組み合わせることができる点を重視し、伝播経路としては日本海ルートを想定すべきと考える。

　逆皿形蓋は列島西南部にも祖型がなく、出現過程の復元には大きな困難がともなう。しかし、その形態が砂沢式の浅鉢（とくに底部）に類似しているという中村（1988、p.93）の指摘は重要である。砂沢式期よりも1段階新しくなるが、秋田県横長根Aの逆皿形蓋（第59図5）の側面に描かれた変形工字文は浅鉢とのつながりを物語っているといえるし、砂沢式にしばしば認められる器高の低い浅鉢（第59図17・18）もこの考えを補強する材料となりえるだろう。しかし、蓋の上面に描かれる同心円・放射状のモチーフに関しては、浅鉢との系統関係を見いだすことはできない。

　この脈絡において、福島・新潟県域に分布する小型精製浅鉢が注目される。この地域の浅鉢には、胴下半部や底面まで同心円・放射状のモチーフが描かれるものが多数存在している（第59図12・13・15・19・20）。いまのところ、この種の浅鉢は砂沢式と並行する御代田・緒立式期のものがもっとも古いが、底部の文様は再葬墓など浅鉢を蓋としてもちいる行為との兼ね合いから生じてきたと考えられ、その起源は縄文晩期後葉にさかのぼる可能性がたかい。宮城県鱸沼（志間1971）・長野県栗林（小林・杉原編1968、P.165）にみられる同様のモチーフをもつ弥生中期の蓋は、こうした浅鉢の直接的な影響のもとに生じたものであろう。

　本州島東北部北部では在地の浅鉢や逆皿形蓋に放射状モチーフなどが取り込まれており、本州島東北部南部からの影響はより間接的であった。たとえば、秋田県地蔵田には胴下半部に放射状文が描かれた浅鉢（第59図14）があり、磨消縄文と関係をもつと考えられる2本1組の沈線による十字状区画をもつ逆皿形蓋も出土している（菅原編1986、p.164）。つまり、本州島東北部北部においては、在地系浅鉢と逆皿形蓋との形態的な系譜関係が認められるとともに、本州島東北部南部の文様要素が在地の浅鉢と逆皿形蓋の両方に取り入れられているのである。このような関係から、逆皿形蓋は福島・新潟県域を中心にみら

れる文様モチーフが砂沢式の浅鉢に写し込まれることによって、本州島東北部北部で独自に成立した、と考えることができる。逆皿形蓋の成立には遠賀川系土器は関与していないのであり、これを類遠賀川系土器に含めることはできない。

　地蔵田遺跡の逆皿形蓋の文様は沈線本数が少なく文様構成も単純であり、型式論的に砂沢遺跡出土資料よりも古い特徴をとどめているものが多いと思われる。津軽平野よりも古い段階のものが日本海沿岸に存在していると考えられることから、文様の伝播は阿賀野川下流域を出発点とした日本海ルートによるものと考えられる。このルートはより根源的には阿賀野川をさかのぼり複棺型壺棺再葬墓の成立地帯（設楽1994）である福島県域に達するはずであるが、そこから逆に太平洋側にぬけて本州島東北部中・北部に拡散するルートは認めることはできない。なぜなら太平洋側における逆皿形蓋の分布はきわめて希薄であるうえ、先述のように類遠賀川系壺と逆皿形蓋の伝播が連動しているとは考えられないからである。

5．伝播・拡散プロセスが提起する問題

　ここまで、本州島東北部にみられる遠賀川系要素の伝播・拡散にはいくつかの伝播経路が関与しており、器種によって異なったプロセスをもっていたことを論じてきた。ここでいう太平洋ルートは東山道・東海道ルートの延長として位置づけることができ、本州島東北部内部にもいくつかの注目すべきルートが存在していた。佐原（1987a）によって着目された日本海ルートは、甕と蓋の伝播・拡散に深く関わるルートであったのである。

　ここで指摘した伝播経路と伝播・拡散プロセスのあり方からみて、外来要素の情報は決して均質に拡がっていたわけではなかったと考えられる。もっとも複雑な伝播・拡散プロセスがみられた壺を参考にするならば、外来要素の分布や拡がりに影響を与えているのは水系や平野を単位とした地域とそのあいだの交渉であったと考えられる。しかも、こうした地域のあいだの関係は、阿武隈川流域と北上川流域のように必ずしも地理的に近い地域が緊密であったわけではない。むしろ、阿武隈川流域と八戸周辺（馬淵川水系下流域）のように、遠隔地であってもある側面においては緊密な関係にあったことがわかる。

このような本州島東北部内部の小地域のあり方は、弥生時代中期の型式分布とも類似しており、こうした地域間の差異が水稲耕作の技術や外来系農耕関連具の受容と拡散にも深く関わっていることが予測される[註26]。ここで浮かび上がってきた小地域の性質とその間の関係についてもう少し詳しく把握するために、つぎに在地系土器の分布の問題を掘り下げてみることにする。

第6章　本州島東北部の対内交渉と地域構成

1．縄文時代晩期の交渉形態と小地域

(1) **広域な交渉の事例**　林（1986）は、日本列島西南部では人の移住が関与しながら「弥生文化」が拡散しているのに対して、列島東北部では縄文時代のネットワークを介して水稲耕作が拡がっていると述べている。前章でしめした遠賀川系要素の伝播経路についても、より以前から確立していた交渉ルートの一部であった可能性は高いといってよいであろう。

では、縄文晩期の地域間交渉については、具体的にどのような形態が考えられてきたのであろうか。小杉（1996、1998）は、縄文晩期の儀礼・呪術過程でもちいられた象徴的器物である動物形土製品や岩版の検討を通じて、列島東北部では特定の器物が多量に出土したり、その扱いが極度に発達する遺跡や小地域があることを指摘している。また、「亀形土製品」などは近い集落で類似したものが保有されているわけでは必ずしもなく、むしろ遠く離れた集落間で類似したものが保有されている場合もある。このような空間分布の不連続性は、「高度・複雑化した儀礼の過程を執行する遺跡の人たちとの関係・接触の度合いの強弱によって、そこに登場する象徴的器物の意味や儀礼そのものの意義を理解する程度や機会に、大きな差が生まれ」るような集団関係によって現れたと考えられている（小杉1998、p.101）。

この指摘は、少なくとも儀礼・祭祀の文脈においては、地理的に近い集落の構成員がより大きな集団へと包摂されてゆくのではなく、特定の集落と集落がその距離に関係なくさまざまな度合によって結びついていたことを示している点で重要である。しかも、特定の集落と集落をむすぶ結節的な交渉が、きわめて広い範囲のなかで行われていた可能性があり、バケツリレー式の情報伝達にとらわれがちな地域交渉研究や型式論にも一石を投じる結果となっている。

さらに、「亀ヶ岡文化」と列島西南部の関係についても、近年の研究によって大きな進展がみられる。小林青樹（1998、1999、2000）・設楽（2000c）・石川（2000e）らは、日本列島西南部に分布する列島東北部系土器を考察し、いずれも大洞 C_2〜A_1 式期に大きな画期を見いだそうとしている。大洞 C_1 式期

まで近畿地方を中心に検出されていた列島東北部系土器は、大洞 C_2 式期に一旦ほとんどみられなくなる。その後、大洞 C_2 式最終末〜大洞 A_1 式期にふたたび増加しはじめるが、その分布は近畿にとどまることなく四国・九州島にまで拡がるようになる。福岡県雀居（松村ほか1995）、大分県種田市（吉田1993）、徳島県三谷（勝浦1997）、高知県居徳（高知県埋蔵文化財センター1998）、岡山県津島岡大（山本ほか1992）などで出土している大洞 C_2〜A_1 式は、本州島東北部の遺跡でさえも数が限られる文様をもつ壺・鉢であり、しかも赤彩されている比率がきわめて高いという特徴がある。これは設楽（2000c）のいうように、列島東北部のなかでもとくに象徴性の高い土器が列島西南部に移入されていたことを示しており、小林（2000）も「亀ヶ岡系土器」が交換財としての意味を持っていたとする春成（1974）の説を援用しつつ、「儀礼体系をもふくめた関係性」の産物と考えている。

このような成果によって、本州島東北部と列島西南部の直接的な交渉もかなり現実味をおびてきており、また徳島県三谷のように突帯文・遠賀川式にともなって列島東北部系土器が多量に出土する遺跡は、儀礼の内容まではともかく小杉が列島東北部において想定した集団関係と類似する状況が列島西南部にまで拡がる可能性をも示唆している。このような集団の組織のされ方は、第11章で議論するような「亀ヶ岡文化」の性質にも深く関与してくる。

ただし、これらは儀礼・祭祀のなかでも高度な社会的投資をともなうレヴェルにおいて現れた広域な交渉の一形態であり、すべての交渉がこうした形態をとっていたわけではない。したがって、より日常的なレヴェルでの交渉形態にも目を向ける必要があり、この範囲はおそらくより狭域なものにとどまっていたと予測されるのである。

(2) **狭域な交渉の事例** 佐藤広史（1985）は、大洞 C_2 式期の土器分布に着目し、器種や特定の「タイプ」によって分布域が異なることを明らかにしている。たとえば、皿形土器は北海道島南部から本州島東北部全域にかけてⅣa1タイプのみが広く分布しているのに対し、壺形土器ではⅤe1タイプが新井田・北上・鳴瀬・名取川水系・阿武隈川下流域・三陸に、Ⅴ2タイプが阿武隈・阿賀野・那珂川流域と福島県沿岸部に、Ⅴ3タイプが岩木川流域と陸奥湾

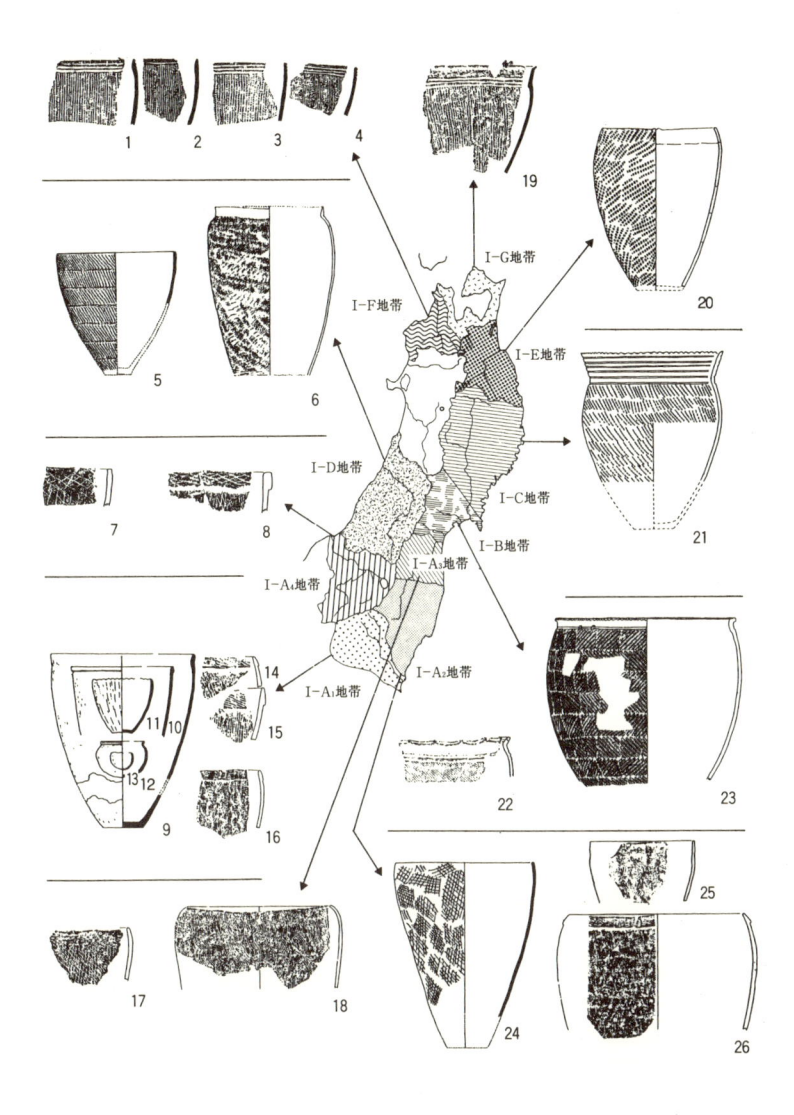

第6章　本州島東北部の対内交渉と地域構成　137

第62図　粗製土器の地域区分［佐藤広史（1985）をもとに作成］

沿岸部に分布しており、大きく3つの地域に区分できるという。また、鉢形土器や注口を有する器種は本州島東北部中部に集中しており、北部と南部には分布していないことから、ここでも大きく3つの地域が区分されるとのべている。

これら精製土器に対して、粗製深鉢形土器の空間分布からはより細かな地域区分が可能となり、主となるタイプとそれと組合うタイプのセット関係をもとにつぎのような10地域が認められている（第62図）。

1) Ⅰ-A1地帯（那珂川水系域、利根川支流の鬼怒川水系上流域および渡良瀬川水系上流域）
2) Ⅰ-A2地帯（阿武隈川水系上中流域、久慈川水系域、福島県沿岸部の南半部）
3) Ⅰ-A3地帯（阿武隈川水系下流域、福島県域沿岸部の北半部）
4) Ⅰ-A4地帯（阿賀野川水系域）
5) Ⅰ-B地帯（阿武隈川水系最下流域、名取川水系、鳴瀬川水系、北上川水系最下流域）
6) Ⅰ-C地帯（北上川水系上中流域、三陸沿岸部）
7) Ⅰ-D地帯（三面川水系域、最上川水系域）
8) Ⅰ-E地帯（新井田川水系域、馬淵川水系域、小川原湖周辺）
9) Ⅰ-F地帯（岩木川水系域）
10) Ⅰ-G地帯（陸奥湾周辺部）

皿は同じ「タイプ」が本州島東北部全域に分布し、鉢・注口土器の分布は大きく北・中・南部にわかれていた。いっぽう、粗製土器の分布の特徴は、北・中・南部が奥羽山脈によって大きく東西に2分され、さらにその内部が水系や平野によって細分される点にあった。「亀ヶ岡式」の重層的な構成のもっとも下位に位置する粗製土器の分布は、前章での筆者の地域区分、とくに類遠賀川系壺・甕の場合に類似している部分があり（たとえば壺にみられた南部太平洋側〔阿武隈川水系〕や津軽平野〔岩木川水系〕、甕にみられた日本海側南部〔最上川水系〕など）、またこれをいくつか包摂した区分の場合もある（壺にみられた日本海側〔米代・雄物川水系、最上川水系〕、甕にみられた日本海側北部〔岩木川水系、米代・雄物川水系〕など）。北・中・南部という比較的大き

な区分がみられた蓋に関しても、佐藤が示す鉢・注口の3地域区分とほぼ合致してくる。

佐藤が指摘した精製土器にみられる広い空間分布は、さきにみた儀礼というレヴェルでの広域な交渉と何らかの関わりがあるものと思われる。これに対して、粗製深鉢形土器の空間分布には器形・文様という側面からみた場合の最小の地域区分が現れてきている。そして、これが外来要素に対する対応のしかたなどともある程度の一致を見せている点で、この小地域は土器の製作・流通やそれをめぐる社会関係が反映された地域区分としてとり扱うことができるだろう。

林（1986）は、仙台平野の村落組織の分析から、1つの集落の日常的な交渉およびそれに準ずる集落間の交渉範囲を半径50km程度と推定している。本州島東北部の内部には、このような交渉範囲の連鎖が全域にわたって張り巡らされていたにちがいないが、日常的なレヴェルでの人・モノ・情報の流通の密度もどこでも一様であったわけではなく、当然いくつかのレヴェルにおいて階層化していたものと思われる。縄文晩期における比較的小さなクラスターの範囲として考古学的にもっともとらえやすいのが、粗製土器の分布にあらわれていたような平野や水系ごとのまとまりであったと考えられるのである。

2．大洞A_2・A'式の粗製土器

佐藤によって示された晩期中葉の粗製土器の分布は、晩期後葉にはどのようなあり方をみせるのか。資料がすくないため、大洞A_2式期と大洞A'式期をあわせて考えてみることにしよう。

この時期の粗製深鉢形土器は、器形と文様から第63図のように分類することができる。器形のうち、Ⅰは内屈する頸部に開き気味の口縁部をもつもの、Ⅱは口縁部が直線的にたちあがるもの、Ⅲは口縁部が内屈するものである。文様はまず地紋に着目し、Aは縄文、Bは条痕、Cは撚糸文である。A（縄文）のうち、口縁部に無文帯をのこしそれ以外は縄文をほどこすものが1類、口縁端部に刻みが付されるものが2類、平行沈線が付されるものが3類、平行沈線と口縁端部の刻みをもつものが4類である。B（条痕）のうち、口縁部が横位でそれ以外は斜位・縦位の条痕を持つものが1類、口縁部に平行沈線を持つも

140　第Ⅲ部　「弥生化経験」の社会誌

地紋	細分		器形 Ⅰ (内屈する頸部に開く口縁部)	Ⅱ (直線的に立ち上がる口縁部)	Ⅲ (内屈する口縁部)
A(縄文)	1類	縄文のみ(口縁部には無文帯が残る)	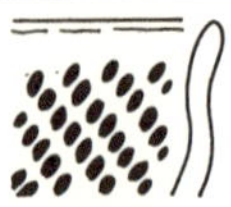 ⅠA1類	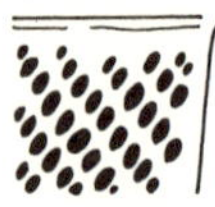 ⅡA1類	該当資料なし
	2類	口縁部にキザミをもつもの	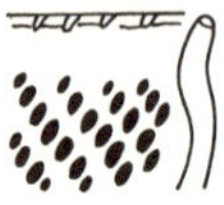 ⅠA2類	該当資料なし	該当資料なし
	3類	口縁部に沈線を持つもの	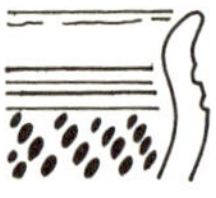 ⅠA3類	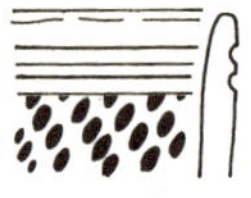 ⅡA3類	該当資料なし
	4類	口縁部にキザミと沈線を持つもの	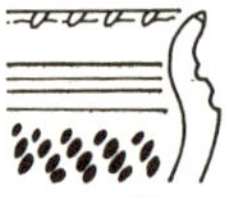 ⅠA4類	該当資料なし	該当資料なし
B(条痕)	1類	条痕のみ(口縁部が横位、それ以外は斜・縦位条痕位)	 ⅠB1類	 ⅡB1類	 ⅢB1類
	2類	口縁部に平行沈線をもつもの	該当資料なし	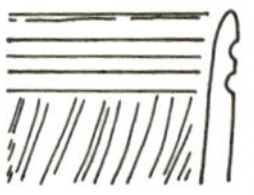 ⅡB2類	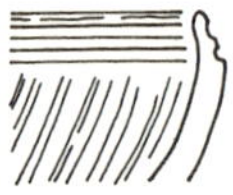 ⅢB2類
C(撚糸紋)	1類	網目状になるもの	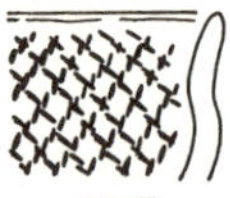 ⅠC1類	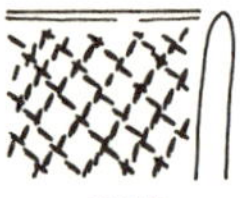 ⅡC1類	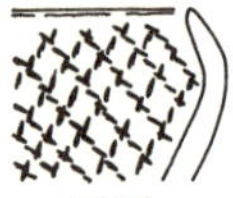 ⅢC1類
	2類	斜位・縦位になるもの	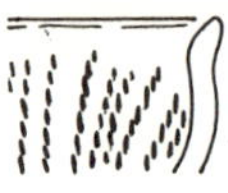 ⅠC2類	該当資料なし	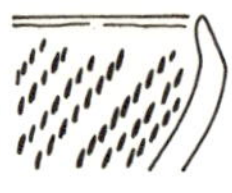 ⅢC2類

第63図　縄文時代晩期後葉の粗製土器分類図

のが2類である。C（撚糸文）のうち、網目状になるものが1類、斜位・縦位の条をもつものが2類である。

　このように分類される粗製土器の分布は、第5表のような地域差をしめす。遺跡内で主となる粗製土器の類型（◎）は、水系・平野にほぼ規定されていると考えることが可能であり、隣接する水系・平野間で同じ類型が主となることがないこともわかる。また、副（○）となる類型には遺跡による差が大きいものの、とくに馬淵・新井田川水系のように複数の遺跡がある地域のなかでは、その傾向はかなり類似している点も指摘できる。

　縄文晩期中葉にくらべると遺跡数が少ないなかでの検討とならざるをえないが、この地域区分は佐藤広史（1985）が示した粗製土器の空間分布や、前章における遠賀川系要素が伝播する際にあらわれる対応のしかたが異なる地域とかなりの一致をみせているということができる。

　平野・水系を単位とする地域が婚姻による製作者の移動とどのような関係にあるのかは、検討の余地を残している。しかし、この地域内でどのような人の移動があったとしても、そこで用いられる深鉢は共通のセットが保たれており、それが類遠賀川系土器にみるような外来要素の拡散・定着の単位とも対応していることは偶然の結果とは考えにくい。この意味で、たんに情報を共有していたというだけではなく、その情報にたいして共通した規範をはたらかせ、特定の問題に対して共通した対処姿勢をとる社会的な地域区分としての小地域と考えることができる。

　小林正史（2000、p.197）は、装飾性の低い土器タイプが分布する小地域では「社会的・経済的結び付きが強いため、土器スタイルについても共通の人物の影響を受けやすく、また、あこがれるモデルを共有しやすい」と述べている。この仮説の妥当性の検証はここでの目的ではないが、日常什器の製作にあたって影響をうけるべき人物や共有すべき「モデル」の選択については客観的な根拠などないはずなのであるが、それすらもなしくずし的な反応ではなく小地域が単位となって同様の反応がとられている点が重要である。本論で扱っている本州島東北部は便宜のうえからあらかじめ設定した地域区分にすぎないが、その内部は社会的な意味のある平野・水系によって規定されるいくつかの小地域によって構成されているのである。

第5表　縄文時代晩期後葉の粗製土器の分布

分類	津軽平野 砂沢	馬淵・新井田川水系 剣吉荒町	馬淵・新井田川水系 大日向Ⅱ	馬淵・新井田川水系 足沢	雄物川水系 地蔵田B	雄物川水系 湯ノ沢F	北上川水系 杉の堂	三陸沿岸 芋野Ⅱ	三陸沿岸 安家	仙台平野 赤生津	阿武隈川水系 梁瀬浦	磐城・相馬海岸 羽白C
ⅠA1類		○	○	○	◎	◎		◎	◎	○		
ⅠA2類		○					◎					
ⅠA3類		○	○				○			◎		
ⅠA4類							○			○		
ⅠB1類											○	○
ⅠC1類												
ⅠC2類								○				
ⅡA1類		◎	◎	○	○		○		○			
ⅡA3類		○		○					○			
ⅡB1類											○	
ⅡB2類	○											
ⅡC1類		○										
ⅢB1類											◎	○
ⅢB2類	○											
ⅢC1類												◎
ⅢC2類												○

　先述のとおり、このような小地域は弥生時代中期にはいってからの型式分布圏ともよく合致してくる。弥生中期に顕在化する型式圏の狭小化という現象にさきだって、縄文時代晩期中〜後葉にはすでに粗製土器において水系・平野ごとのまとまりが現れていた。それが、弥生時代前期にいたり精製土器をふくむ型式全体がことなった変化の方向性をみせはじめ、おおきく本州島東北部北・中・南部の3つに分化する。さらに弥生中期にはいると、従来からあった粗製土器の地域性に合致するかたちで精製土器の分布域も規定され、結果として水系・平野といった単位にまで型式圏が分化することになる。

　土器型式の分布圏のもつ意味についてはこれまで様々な見解が述べられてきたが、「亀ヶ岡式土器」の生産体制と、それが弥生時代にはいってどのように変化するのかが明らかになっていない以上、現段階でこの問題に解答を出すことは難しい。「亀ヶ岡式」の精製土器の製作には木工の技術が不可欠でありその作り手は男性であったとしても、粗製土器の作り手までがおなじであったかどうかはわからない。また、土器がすべての集落で製作されていたのか特定

の集落で作られていたのかという生産体制の問題も残されており、かりに特定の集落で製作されているものであるならば、そこで製作される精製土器と粗製土器の比率に集落間で差はあるのか、どのような流通体制がとられていたのかといった問題も手つかずで残されていることになる。

　しかし、縄文時代晩期には、粗製土器にみられるより細かな地域性を、精製土器がいくつかの階層において、空間的な近接性に必ずしも規定されずにまとめ上げるという重層的な構成になっていたことは確かである。弥生時代に入って生じる型式圏の狭小化は、精製土器が粗製土器の分布圏をまとめあげることができなくなった、あるいはその必要がなくなった結果生じたものにちがいない。これは、縄文晩期におけるもっとも高いレヴェルの交渉関係ともいってよい特定の集落間の広域な儀礼関係が、縄文時代晩期末〜弥生中期にかけて崩壊していったことを示している。

　「弥生化経験」が多分に関与していると予測できるこの現象の理解には、水系・平野を単位とする小地域が果たした役割の把握をさけて通れない。つぎに、これまでに蓄積されてきた住居・集落・墓などのデータを小地域ごとに分析・総合することで、当時の社会変化の具体的な様相にふみこんでみよう。

第7章　居住単位の変化

　津軽平野や仙台平野は、水田や稲作関連具の検出が多い地域である。水田が存在している以上、その周辺に集落があったことは間違いないのだが、残念ながら、この地域では弥生時代前・中期の集落はまだ確認されてはいない[注27]。下北半島・山形・福島県域では、瀬野・岡ノ台・龍門寺遺跡などにみるように住居の検出例はあるものの、その数は少ない。この「少なさ」こそが、この地域の集落のあり方を物語っているのかもしれないが、集落が全面発掘されているわけではないので、この点を検証するうえでもまだデータが不足している（第64図）。

　いまのところ集落の調査例がもっとも多いのは、岩手・秋田県域と青森県南部である。よってここでは、岩手・秋田県以北の事例がおもな検討材料となる（第65図）。以下ではまず住居の基本的な属性の時間的・空間的変遷を概観し、この時期の住まいの特質を理解する。

1．弥生時代住居の特質
(1) 住居構造に関わる属性
a．プラン　　本州島東北部における弥生時代前・中期の住居プラン（平面形）は、南部の中期後葉の例をのぞいて基本的に円形または楕円形のどちらかに分類できる。「隅丸方形」（小田野1987b）とされるものやここでとくに略方形と呼ぶものもあるが、これらも非常に丸みを帯びているので基本的には円形の範疇で理解することが可能である（第65図）。

　円形・楕円形プランの卓越は縄文時代後・晩期からつづく傾向である。ただし、晩期では北部へゆくにしたがって楕円形が多くなり、たとえば宮城県摺萩・山王囲ではすべて円形であるのに対して、岩手県の曲田Ⅰでは75％の住居が楕円形のプランを有している（第6表）。ここで注意を要するのは、北部でも平野部と内陸部ではちがいがある点で、楕円形はとくに内陸部で多くみられる。

　弥生Ⅰ・Ⅱ期にはいると円形と楕円形の混在化が目立つが、太平洋側では馬

第7章 居住単位の変化 145

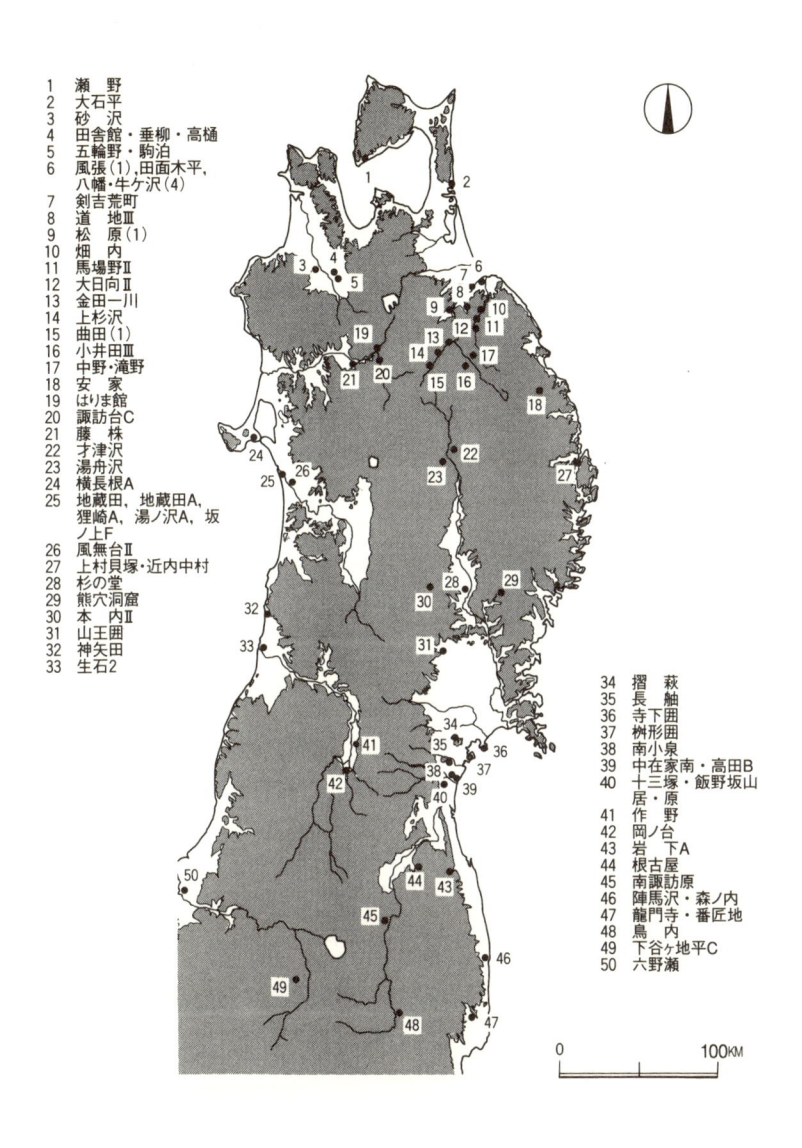

1	瀬野
2	大石平
3	砂沢
4	田舎館・垂柳・高樋
5	五輪野・駒泊
6	風張(1), 田面木平, 八幡・牛ケ沢(4)
7	剣吉荒町
8	道地III
9	松原(1)
10	畑内
11	馬場野II
12	大日向II
13	金田一川
14	上杉沢
15	曲田(1)
16	小井田III
17	中野・滝野
18	安家
19	はりま館
20	諏訪台C
21	藤株
22	才津沢
23	湯舟沢
24	横長根A
25	地蔵田, 地蔵田A, 狸崎A, 湯ノ沢A, 坂ノ上F
26	風無台II
27	上村貝塚・近内中村
28	杉の堂
29	熊穴洞窟
30	本内II
31	山王囲
32	神矢田
33	生石2
34	摺萩
35	長舥
36	寺下囲
37	桝形囲
38	南小泉
39	中在家南・高田B
40	十三塚・飯野坂山居・原
41	作野
42	岡ノ台
43	岩下A
44	根古屋
45	南諏訪原
46	陣馬沢・森ノ内
47	龍門寺・番匠地
48	鳥内
49	下谷ヶ地平C
50	六野瀬

第64図　縄文時代晩期と弥生時代前・中期の主な遺跡（集落遺跡を中心とする）

場野Ⅱ・小井田Ⅲなどにみるように内陸部で楕円形が優勢であるのに対し、北上川流域では中・上流域であっても円形が多い。日本海側では諏訪台Ｃ・岡ノ台にみるように、やはり内陸部で楕円形が多い傾向を指摘できる。

b. 柱　穴　　柱穴には、4本主柱、5〜8本主柱[注28]、支柱のみが住居プランの内外にめぐる場合の3つのパターンがみとめられる（第6〜8表）。これらは縄文晩期の住居にすでに存在しており、弥生時代の住居もそれを引き継いだかたちで建築されている。ただし、弥生時代で卓越するのは「4本主柱」と「支柱のみ」であり、5本以上の主柱をもちいるものは馬淵・新井田川水系をのぞいてほとんど見あたらない。

　「4本主柱」のなかには、柱を方形・長方形に配置するものと、台形・菱形に配置するものが認められる。弥生Ⅰ・Ⅱ期の太平洋側では台形・菱形配置が多いが、日本海側では諏訪台Ｃのように内陸部で台形・菱形配置が多く、平野部では逆に湯ノ沢Ａ・地蔵田Ａ・地蔵田のように方形配置が多くみられるようになるのが特徴である（第7・8表）。Ⅲ期以降の事例数は少ないが、主柱が確認される例そのものが急速に減少するようである。

(2)　付帯施設

a. 炉　　炉には地床炉と石囲炉がもちいられている。近年、岩手県水吉Ⅵ（濱田・高橋・田中1995）・上杉沢（山口1998）・近内中村（宮古市教育委員会1998）で検出されているように、縄文晩期には特殊な形態の二重石囲炉があることもわかってきたが、これらは弥生時代までには姿を消す。縄文晩期の内陸部ではいずれの地域でも石囲炉が主流となっているが（第6表）、本州島東北部北半の内陸部では地床炉が用いられる比率がとくに高く、この傾向は弥生Ⅰ・Ⅱ期までつづく（第7・8表）。石は円形に組まれる場合と方形に組まれる場合があるが、遺跡内における組合せや本州島東北部内部における分布のかたよりに関しては明確な傾向をみいだすことはできない。

b. 壁溝　　縄文時代の住居によくみかけられる壁溝は、弥生時代の住居にもしばしば認められる（第65図）。弥生時代の壁溝は、残存している部分だけ

第7章 居住単位の変化 147

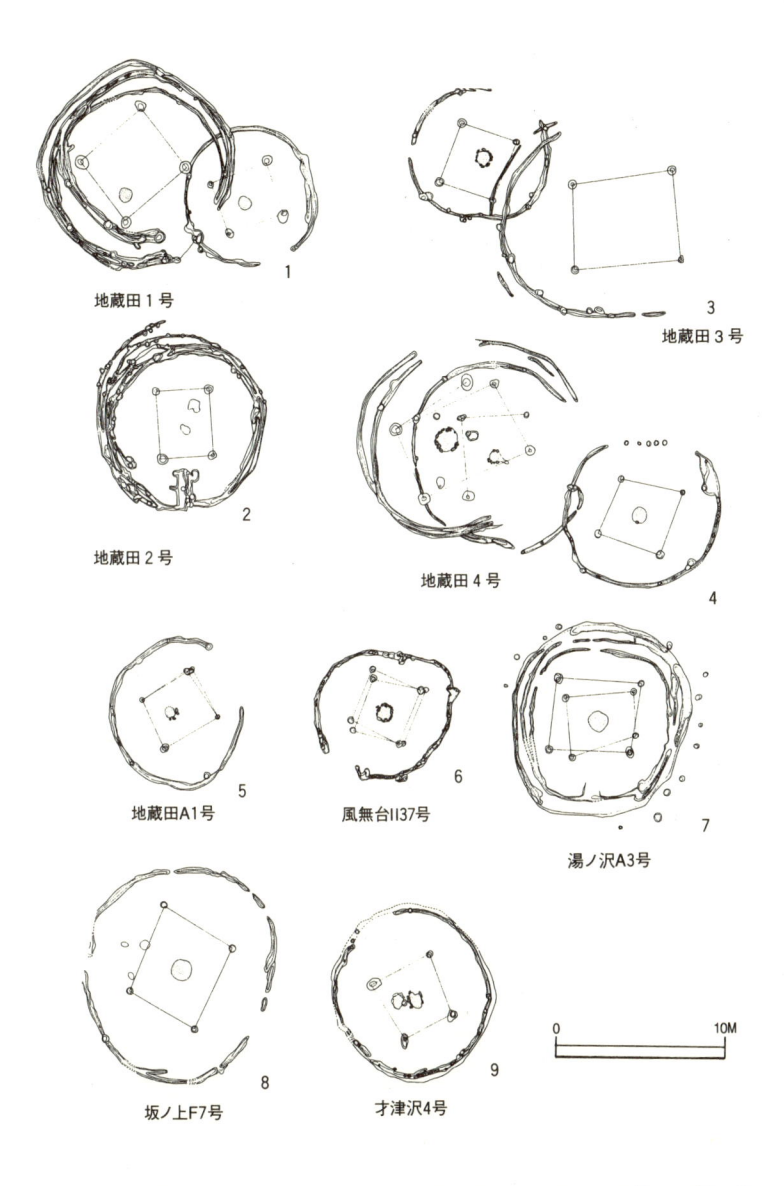

第65図 本州島東北部の弥生時代住居 [1～4（菅原編1987をもとに作成）、5（菅原編1994をもとに作成）、6（秋田県教育委員会1985をもとに作成）、7（菅原編1984をもとに作成）、8（菅原編1985をもとに作成）、9（金子ほか1998をもとに作成）]

でも深さ数10cmに達するものがあり、また多数の小ピットをともなうこともある。したがって、排水などの機能と関連するものではなく、壁の構築にかかわる痕跡と理解しておきたい。

縄文晩期における壁溝の分布は、岩手県域南半から宮城県域にかけて密である。本州島東北部北部では岩手県曲田Ⅰで40例中わずか1例があるのみで、日本海側でも確実な例はみあたらない（第6表）。秋田県藤株遺跡では壁溝をもつ疑いのある住居が存在しているが、細かなピット列の可能性もあり断定することはできない。

しかし、弥生時代（Ⅰ・Ⅱ期）にはいると広い範囲に壁溝をもつ住居が確実なかたちで拡がり、馬淵・新井田川水系でも壁溝をもつ住居ともたない住居の混在が常態となる。しかし、岩手県湯舟沢・上村貝塚では、多数の住居が検出されているにもかかわらず壁溝をともなう住居はまったくない（第7・8表）。北上川上流域および三陸沿岸では壁溝が定着しているとみることは難しいとするならば、それは宮城県域から雄物川ルートによってひとまず日本海側へ伝播し米代川ルートを経由して馬淵・新井田川流域に達したか、あるいは太平洋ルートによって三陸などにほとんど影響を与えずに馬淵・新井田川水系に達したと考えなければならない。これはどちらも、前章での小地域間の関係や、土器の要素の類似性や搬入・搬出関係から想定される北・南部間の関係とも符合する議論といえる。

ただし、北上川水系上流域に位置する岩手県才津沢遺跡では、例外的に壁溝と台形配置の4本主柱をもつ弥生Ⅱ期の住居が検出されており、この地域ではきわめて特異な例といえる（第65図9）。本州島東北部の日本海側や北部からの影響、もしくはそこからの移住者によって利用されていた可能性を考えてもよいのではないだろうか。弥生Ⅲ期以降では、壁溝をもつ住居はまったくみられなくなる。

なお、秋田県地蔵田の例では、壁溝のとぎれる部分が出入口と考えられており（文化庁1997）、2号住居で壁溝のない部分から住居内部に施設跡がみられる点や、各住居の壁溝の途切れが集落中心部に向かっている点はこの推定を支持している。地蔵田の楕円形住居のばあい出入口は長軸側にあると考えられ、しかも長軸にたいして約45度の角度で斜位に交わっている（第84図）。のち

第7章 居住単位の変化　149

第6表　縄文時代晩期住居の諸属性（拡張・縮小例も1棟とカウント、第7・8表もこれにしたがう）

地域・水系	遺跡	時期	プラン 円	プラン 楕円	炉 石囲炉	炉 地床炉	柱穴 4本主柱	柱穴 5〜8本主柱	柱穴 支柱のみ	柱穴配置 方形	柱穴配置 台・菱形	柱穴配置 多角形	壁溝 あり	壁溝 なし	文献
馬淵・新井田	大日向II	前葉	3	2	2	1								5	斉藤・田鎖 (1995)
		後葉			1	1								1	
		不明						1							
	松原(1)	不明	1											1	工藤編 (1997)
	八幡	前葉	2			2			2				1	1	八戸市教委編 (1988a)
	道地III	前葉	3	1	4				2					4	種市 (1983)
	水吉VI	前〜中葉	2	1	3									3	濱田ほか (1995)
	曲I	前葉	10	30	22	16	10	5	2	6	5	4	1	39	鈴木・嶋 (1985)
米代・雄物	上新城中	後葉	2		1	2			2					2	石郷岡ほか (1992)
	藤株	不明	1	1			1			1				2	富樫ほか (1981)
北　上	湯舟沢	中葉	2		1									2	滝沢村教委 (1986)
		後葉	4	2	6		1	1		1				6	
	杉の堂	前葉			1	1		1					1		林 (1982)、佐久間編 (1983)
		後葉			1	1								1	
	本内II	前葉			4	4		1						4	星ほか (1998)
		中葉			1	1								1	
		後葉	2	4	4	1	2	1	2	1	1	1		6	
鳴瀬など	摺萩	後葉	3		2			2				3			進藤ほか (1990)
	山王囲	後葉	3				1	3				3			須藤編 (1996)
仙台平野	長岫	後葉	1		1									1	熊谷 (1985)
三　陸	上鷹生	前〜中葉	1		1									1	酒井 (1997)
最　上	神矢田	後葉	1		1			1						1	佐藤・佐藤 (1972)
	作野	中葉	1	1	1			2						2	長橋・阿部 (1984)
阿武隈川	南諏訪原	後葉	9	1		3	10			3	6			10	武田ほか (1991)

第7表　弥生I期住居の諸属性（地蔵田遺跡は一部大洞A'式期をふくむ）

地域・水系	遺跡	プラン 円	プラン 楕円	炉 石囲炉	炉 地床炉	柱穴 4本主柱	柱穴 5〜8本主柱	柱穴 支柱のみ	柱穴配置 方形	柱穴配置 台・菱形	柱穴配置 多角形	壁溝 あり	壁溝 なし	文献
馬淵・新井田	大日向II	6	1	2	4	3		2	2	1		5	2	斉藤・田鎖 (1995)
	畑内		3	3		2			1	1		2	1	木村ほか (1997)
	八幡	2			2	1			1				2	八戸市教委編 (1988a)
米代・雄物	地蔵田	6	4	3	2	10			5	5		10		菅原編 (1987)
	坂ノ上F	1				1			1			1		菅原編 (1985)
	地蔵田A	1		1	1	1			1			1		菅原 (1994)
	風無台II		1	1		1			1			1		秋田県教委 (1985)
	諏訪台C		4	3	1	2	1			2		4		利部・和泉 (1990)
三　陸	上村貝塚	1		1									1	小田野ほか (1991)

150　第Ⅲ部　「弥生化経験」の社会誌

第8表　弥生Ⅱ期住居の諸属性

地域・水系	遺跡	プラン 円	プラン 楕円	炉 石囲炉	炉 地床炉	柱穴 4本主柱	柱穴 5～8本主柱	柱穴 支柱のみ	柱穴配置 方形	柱穴配置 台・菱形	柱穴配置 多角形	壁溝 あり	壁溝 なし	文献
馬淵・新井田	牛ヶ沢(4)	4		4		4				3		1	3	村木編 (1996)
	大日向Ⅱ	1			1		1						1	斉藤・田鎖 (1995)
	田面木平		1	1		1				1			1	八戸市教委編 (1988b)
	風張(1)	5	3	1	2	3	2		1	2		6	2	小笠原ほか編 (1991)
	弥次郎窪		3	2	1	2				2		1	2	白鳥ほか (1998)
	馬場野Ⅱ	3	10	8	3	12	1	1	3	8	1	3	11	工藤ほか (1986)
	小井田Ⅲ	1	2	3									3	栃澤 (1985)
津軽	津山	2			2	2			1	1			1	笹森・茅野 (1997)
米代・雄物	湯ノ沢A	3	1		3	4			3	1		3	1	菅原編 (1984)
	諏訪台C		1		1			1				1		利部・和泉 (1990)
北上	湯舟沢	8		4	4		5						8	滝沢村教委 (1986)
	才津沢		1	1		1				1		1		金子ほか (1998)
鳴瀬など	山王囲	1	1		2	1	1			1		1	1	須藤編 (1996)
三陸	上村貝塚			4	4							4		小田野ほか (1991)
最上	岡ノ台	1										1		名和・渡辺 (1994)
磐城・相馬海岸	龍門寺	1		1									1	猪狩・高島 (1985)

に出入口の痕跡を明確に残さない住居の考察を行う際にこの例を参考にする。

(3)　居住者数とメンテナンスに関わる属性

a.　面　積　　縄文晩期の住居床面積は、小型（10 ㎡以下）、中型（20 ㎡以下）、大型（38 ㎡以下）、特大型（38 ㎡より大）の4つに区分することが可能である（第66図上）[注29]。この段階で最大規模のものとしては曲田Ⅰ遺跡の106.30 ㎡の住居があり、こうした大・特大型住居は秋田・宮城県域の特定の遺跡にかたよる傾向がある。ただし、縄文晩期住居の平均床面積が 19.55 ㎡であることを考えると、もっとも一般的な住居はやはり小・中型であったといわねばならない。

弥生時代にはいると、Ⅰ期で平均床面積が 55.22 ㎡と劇的に増大する。地蔵田の住居はとくに大きいので、これを除いてⅠ期の平均を求めたとしても 43.81 ㎡となり、各地域で縄文晩期の2倍以上の大型化が一気にすすんだことがわかる。Ⅱ期では平均 33.54 ㎡とやや小さくなるが、縄文晩期に比べると相当に大きな床面積が保たれていることに変わりはない。

第 7 章 居住単位の変化　151

〈縄文時代晩期〉

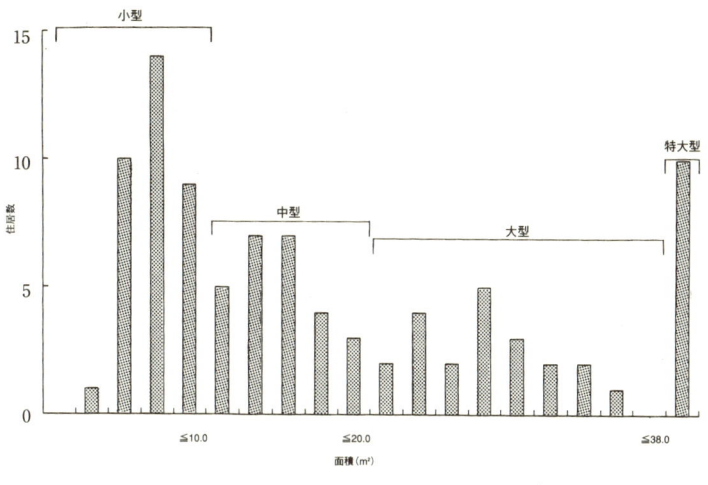

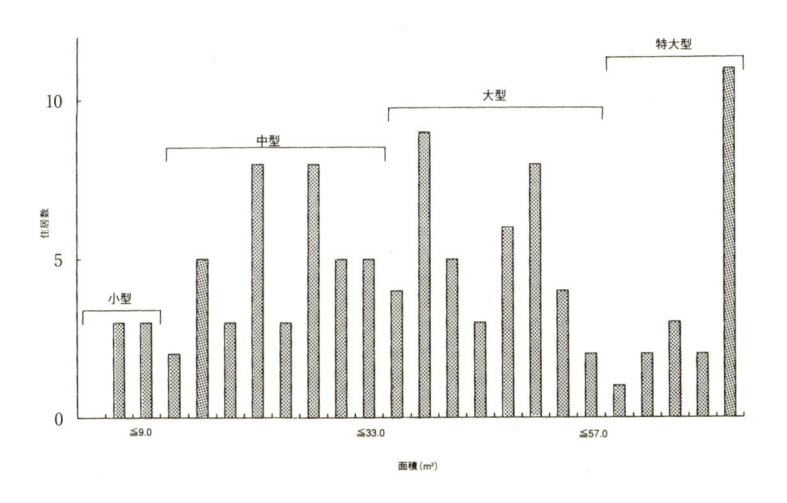

〈弥生時代前・中期〉

第 66 図　縄文時代晩期（上）と弥生時代前・中期住居（下）の面積ヒストグラム

Ⅲ期以降の様子を青森県大石平、岩手県湯舟沢、秋田県狸崎A・諏訪台C・はりま館（小林・榮1990）の例をもとにみてみると、Ⅲ・Ⅳ期ではⅡ期とほぼ同じ大きさが維持されているが（平均33.60 ㎡）、Ⅴ期では平均16.74 ㎡と縄文晩期の水準以下にまで小型化する。なお、本州島東北部南部の住居には顕著な住居の大型化を示す事例がないため、他地域とは区別して考える必要がある。この点については、のちに居住者の性質を考える際にくわしくふれることにする。

弥生住居の面積ヒストグラムから、この時期の住居規模は33 ㎡付近で大きく2分することができる（第66図下）。ここではそれぞれをさらに2つに分け、小型（9 ㎡以下）、中型（33 ㎡以下）、大型（57 ㎡以下）、特大型（57 ㎡より大）の4種類を認識することとする。

ところで、すでにみたように弥生時代Ⅰ・Ⅱ期の主要な柱穴数は4本であった。この時期に住居が急激に大型化することを考えるならば、縄文晩期いらいの伝統である4本主柱が継続している点は非常に奇妙な現象といえる。なぜなら、弥生時代の住居の大型化は通常、主柱数の増加をともなっている場合が多いからである。都出（1989、p.122）は弥生時代の住居が大型化するにあたって、日本列島の西南部では球心構造、東北部では有軸対象構造によって主柱数が増やされている点を指摘しているが、主柱数の増加をともなわずに住居が大型化している点は本州島東北部の大きな特徴と判断することができるだろう。

b. 拡張・縮小 宮本（1986、p.15）は、弥生時代の住居は建替え・拡張がさかんであるが、日本列島東北部ではそれがほとんどみられないと述べている。ただし、本州島東北部の弥生時代住居は、頻繁な建替えや拡張・縮小の痕

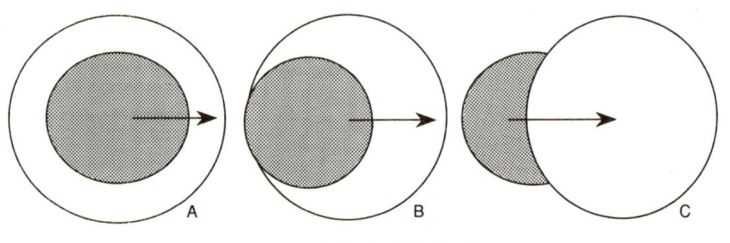

第67図　住居の拡張パターン

第9表　拡張・縮小住居一覧（馬場野II遺跡ではこのほかにも多くの拡張例があるが、プランの推定が困難なものは除外した）

遺　跡	住　居	時　期	拡張前 (m²)	拡張後 (m²)	拡張面積 (m²)	拡張率	パターン
曲田I	GⅢ-016	縄文晩期前葉	42.13	56.95	14.82	1.35	A
	GⅢ-017	縄文晩期前葉	56.95	72.10	15.15	1.27	A
	GⅢ-018	縄文晩期前葉	72.10	79.63	7.53	1.10	A
	GⅢ-019	縄文晩期前葉	79.63	106.30	27.67	1.33	A
地蔵田B	1号	弥生I期	48.06	63.30	15.24	1.32	C
	1号	弥生I期	63.30	100.86	37.56	1.59	A
	2号	弥生I期	87.57	68.20	-19.37	0.78	C
	3号	弥生I期	46.80	124.41	77.61	2.66	C
	4号	弥生I期	61.06	105.23	45.17	1.72	C
	4号	弥生I期	105.23	86.33	-18.90	0.82	C
諏訪台C	SI61	弥生I期	38.11	48.19	10.08	1.26	B
畑内	54号	弥生I期	22.19	38.43	16.24	1.73	A
八幡	12号	弥生I期	21.26	42.49	21.23	1.89	A
湯ノ沢A	3号	弥生II期	59.90	69.88	9.98	1.17	A
	3号	弥生II期	69.88	91.88	22.00	1.31	A
馬場野II	KⅥ01	弥生II期	8.39	18.77	10.38	2.24	A
		弥生II期	18.77	29.93	11.16	1.59	A
	KⅥ03	弥生II期	35.48	48.48	13.00	1.37	A
瀬野	竪穴住居	弥生II期	55.79	68.40	12.61	1.23	A

跡をとどめており、さきの柱穴数と同様に列島東北部として一括りにしえない独自性が認められる。

　縄文晩期～弥生時代のおもな拡張・縮小例は、第9表のとおりである。拡張前の面積と最終的な拡張が完了した時点での面積を比較すると約2～3倍になっているものもあり、これを1回の拡張で行う場合と数回にわけて行っている場合がある。通常、1回の拡張で増加する面積は10～20m²程度であり、これは縄文晩期における中型住居の規模とひとしい。地蔵田遺跡ではもともとの住居が大きいため、これを大きく上回る面積が拡張されている。ただし10～20m²がひとつの拡張の単位となっていたことはおなじであり、拡張面積がこれよりも大きくなるのは1単位分の拡張ではなく数単位分の拡張が一度に必要となっていたことを物語っているのであろう。

　住居の拡張方法にはいくつかのパターンがある（第67図）。パターンAは

プラン全体を広げる場合、パターンBはプランの一方のみを広げる場合、パターンCは全体をややずらす場合で、古い柱や炉を継続利用することはあるものの実質的には建替えにちかい。事例数が少ないので確実とはいえないが、日本海側内陸部から太平洋側ではパターンA・Bが、日本海側沿岸部ではパターンCが多い点を指摘できる。

(4) **弥生時代住居の特質** ここまでの検討から明らかなように、本州島東北部の弥生時代住居は、構造に密接に関わるプランや主柱数・主柱配置といった属性は縄文晩期との連続性がつよい。しかし、規模や拡張頻度といった居住者の性質をつよく反映する属性は、弥生Ⅰ期で大きな変化が生じている。

急激な住居の大型化は、ひとつの住居内に住む居住者の増加をともなっていたことは確実であろう。たとえ住居内に倉庫的な空間をつくったとしても、縄文晩期に比べて2倍以上の大幅かつ急激な面積の増加をそれのみによって説明するのは困難である。また、倉庫としての機能を有する建物としては、当時、高床の倉あるいは掘立柱建物が存在した可能性も指摘されており（中村1990b）、住居の大型化は居住単位そのものの変化として説明されなければならないのである。

居住人員の増加が、比較的短時間のうちに回数を重ねて進行していったことは、多くの拡張例からうかがい知ることができる。つぎの問題は、それがどのような単位で、いかなる原理に基づいて行われたのかを明らかにすることにある。つぎに、このあたりの事情を明確にするために好適な事例に目を向けることとしよう。

2. 住居の空間利用

(1) **住居内の遺物分布** 住居居住者の性質と規模を考えるために、まずは住居内部の空間利用形態を整理する。そのための材料として、米代川水系内陸部の大館盆地に位置する秋田県諏訪台C遺跡、新井田川水系内陸部の岩手県馬場野Ⅱ遺跡の住居に着目する。

諏訪台C遺跡のSI61住居（弥生Ⅰ期）は床面積48.19㎡の焼失住居であり、この時期としてはめずらしく床面から豊富な遺物が出土している（第68

第 7 章　居住単位の変化　155

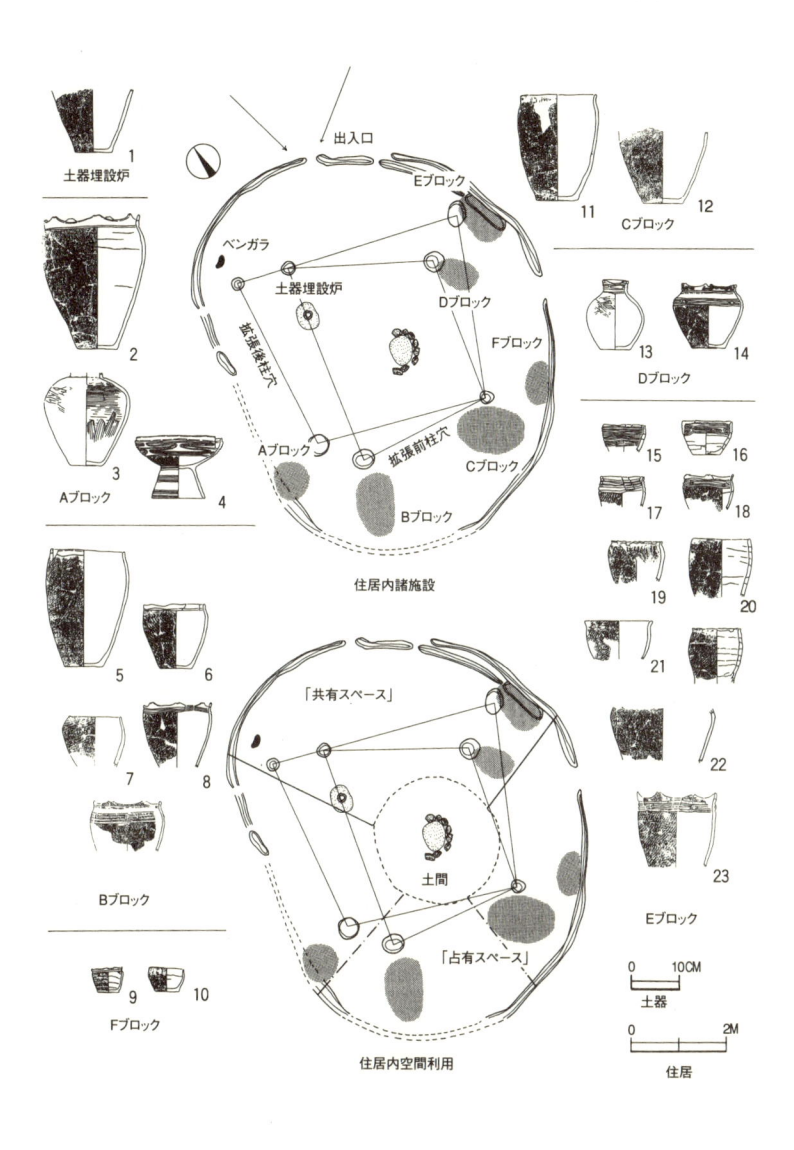

第 68 図　諏訪台 C 遺跡 SI61 住居 ［利部・和泉（1990）をもとに作成］

図)。このうち、ここで注目したいのは完形に復元される資料を多数含む複数の土器ブロックである。各ブロックは住居の南半に分布しているが、北半には土器埋設炉やベンガラの散乱などがあり、調理その他の作業空間となっていたことが推定できる。出入口については壁溝が明確な指標とはなりえないが、先述した秋田県地蔵田の例を参考にして、集落の内部に対して開口しなおかつ長軸に斜位に交わるかたちで北側にあったものと考えておく。

このような例はけっして特殊なものではなく、類似した状況は馬場野Ⅱ遺跡でも観察される（第69図）。KⅥ-03住居、KⅦ-01住居（ともに弥生Ⅱ期）も焼失住居であり、それぞれに3カ所の土器ブロックがある。いずれの住居でも土器の集中部は住居の一方にかたよっており、とくにKⅥ-03住居では土器ブロックとは反対側に4個の台石が散乱するなど、やはりそこが作業空間となっていた可能性を示唆している。また、KⅦ-01住居では、土器ブロックとは反対側の南東部にあるピットが出入口施設に関連するものととらえられており（工藤ほか1986、p.221）、住居内における土器ブロックと出入口の位置関係についても諏訪台C遺跡との共通点が指摘できるのである。

馬場野Ⅱ遺跡では、埋土に投げ込まれたと考えられる土器は、床面出土土器とは区別して出土位置が記録されている。それによれば、埋土出土土器は住居内での分布の偏りをしめさず、住居の片側にまとまって出土する床面土器とは

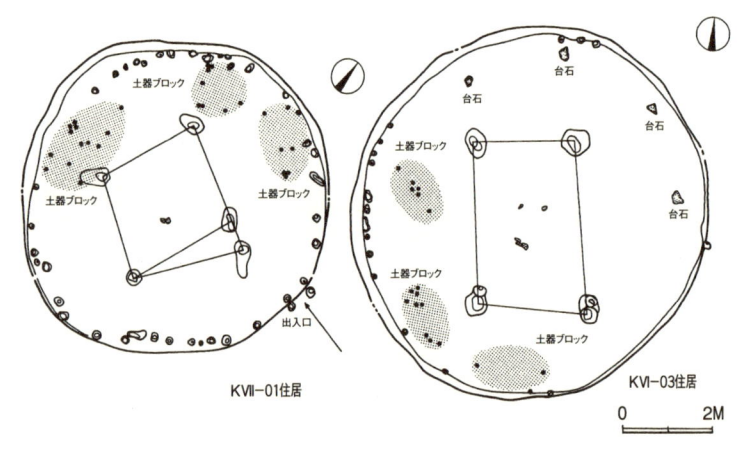

第69図　馬場野Ⅱ遺跡KⅥ-03、KⅦ-01住居［(工藤ほか1986)をもとに作成］

大きなちがいがある。ここでは、

1) 床面の土器が住居内で一方に偏るという特定のパターンをもって出土している点[注30]
2) その反対側には作業や出入口の痕跡が残されている点
3) 土器ブロック内に粗製土器が非常に多く含まれている点

を重視し、これら焼失住居の遺物分布が生活時の状況をつよく反映していると考える。住居が火災にあったのか意図的に焼かれたのかは判断できないとしても、床面出土遺物が住居燃焼前後の儀礼的行為に関与している可能性は低いと思われる。

第10表　諏訪台C遺跡 SI61 住居出土土器の器種と容量

ブロック	器種	容量(ℓ)	総容量(ℓ)	備考
A	深鉢	5.84		炭化物付着
	高坏	0.93	9.91	
	壺	3.14		
B	深鉢	1.14		
	深鉢	4.54		
	鉢	0.83	9.53	
	鉢	1.62		
	鉢	1.40		
C	深鉢	3.89	7.49	炭化物付着
	深鉢	3.60		
D	鉢	1.26		
	壺	0.80	2.06	
E	深鉢	5.21		
	鉢	2.28		
	鉢	1.57		
	鉢	1.19		
	鉢	0.67	13.19	
	鉢	0.76		
	鉢	0.39		
	鉢	0.46		
	鉢	0.41		
	鉢	0.25		
F	鉢	0.15		白色粘土
	鉢	0.10	0.25	白色粘土
埋設炉	深鉢	3.62	3.62	

　残念ながら馬場野Ⅱ遺跡では、各土器ブロックにふくまれる土器がすべて報告されているわけではない。そこで、各ブロックの詳細が明らかになっている諏訪台C遺跡の土器ブロックをくわしく検討し、それが意味するところを探ることにしよう。

(2) **土器ブロックの内容**　諏訪台C遺跡 SI61 住居で検出された6ヵ所の土器集中を、A〜Fブロックとする（第68図上段）。Fブロックは2個の小型鉢

に白色粘土が入れられていたもので、日常的な使用という意味では積極的に評価することができないため、ここでの検討からは除外する。Eブロックには完形に復元できない土器が多数含まれており、報告者はこれを住居燃焼後に安置された可能性があるとみている（利部・和泉1990, p.46）。しかし、筆者は先述のような観点から、精製土器が含まれていないEブロックは、使用中に破損した土器を一時的に集積しておいた場所と考える。

のこるA～Dブロックのうち、A・B・Cブロックには大型の深鉢が1個づつ含まれており、土器の合計推定容量も7.49～9.91ℓのなかにおさまっている（第10表）。また、各ブロックが住居の壁際にそって一定の距離をおいて分布するなど、かなり共通した様子がみてとれる[注31]。しかし、Dブロックは総容量が極端にすくなく、その位置も柱穴と重なりをみせている可能性がある。したがって、DブロックはA～Cブロックとは性質を異にしていると考えられ、ここではA～Cブロックを日常的な使用・保有に関係するものとして認識しておきたい。

では、これら3つの土器ブロックはなにを表しているのだろうか。各ブロックの器種構成をみるかぎり、すくなくとも土器の機能や内容物ごとにわけて置かれていた結果とは考えにくい。各ブロックに大型の粗製深鉢が1個ずつ含まれていることに着目するならば、調理・分配・貯蔵の単位がその背後にあるものと考えなければならないだろう（第10表）。

本住居の調理施設としては、石囲炉と土器埋設炉（推定容量3.62ℓ）がある。この時期には土器の銘々器（佐原1979）は出現していないが、居住者全員がこのような調理施設の周囲に群がって手をのばしながら食すことは考えにくい。何らかの方法によっていくつかに分配し、さらにそこから直接食すなり木器や葉などの容器に盛る必要があっただろう。1次的な分配に深鉢や鉢が利用されていたとするならば、各ブロックは居住者の細分単位を反映していると考えることができる。A～Cブロックの存在はこの住居の居住者が少なくとも3つに分割されることを示しているのであり、深鉢が「水甕」等の貯蔵具として使用されていた場合でもこの推定は成り立つであろう。

おのおのの細分単位が優先的に使用することができた住居南半のスペースを、ここでは「占有スペース」と呼ぶことにしたい[注32]。住居南半の壁際に沿っ

てならぶA～Cブロックの分布状況から、「占有スペース」は住居中心部から放射状に区分されていたと推定できる。いっぽう住居の北半には、作業空間・調理施設・出入口など、居住者によって共有される空間や施設があつまっている。さらにここでは炉の周囲1.0mを土間として想定し、これらをあわせて居住者の「共有スペース」と理解する[注33]。

「共有スペース」の面積は19.67㎡で全体の約4割をしめており、残りの6割が「占有スペース」である。これまでの検討から、住居内部の空間利用は第69図下段のように整理することが可能となる。

3．住居の居住者たち

(1) **居住者の単位**　SI61住居の居住者を構成する3つの細分単位はいかなる性質の集団であり、どの程度の規模を有していたのだろうか。この住居が拡張された際の状況を詳しく考えることによって、この問題を明らかにしてみよう。

報文の記述によれば、この住居はパターンBによって住居北側の壁溝を共有しつつ、住居北東部から南西部にかけてが1回拡張されている。つまり、「占有スペース」の側が重点的に拡張されているのであり、これはさきの空間利用形態の推定を支持しているといえよう。この住居において3単位の居住がみられるようになるのは、住居が拡張されたあとである。したがって、もともとの細分単位は1つあるいは2つであったが、それが3つに増加する必要が生じために拡張が行われたと考えられるべきである。

ここで、拡張の最小単位が10～20㎡となっていた点を思い起こそう。この数値は、細分単位が1つ増加するときに必要とされる拡張面積であったにちがいない。SI61住居の推定拡張面積は10.08㎡であるので、細分単位は1つから3つに増加したのではなく、2つから3つへ増加したための拡張であったと考えなければならないのである。

この考えをべつの側面から検証する。「占有スペース」の面積は総面積の6割なので、そのスペースを2つから3つに分割しなおすとき、各細分単位が拡張前と同じ面積を確保するためにはどれだけの拡張率が必要なのかをもとめてみよう。ここでえられる拡張率が、本住居の拡張率である1.26に近ければこ

の仮説の妥当性が高まるからである。

　拡張前のSI61住居はかなり円形に近い楕円形と推察され、計算の便宜もよいことから、ここでは円形住居の場合を考えてみる。また、各細分単位の「占有スペース」は均等に区切られていると仮定する。いま2つの細分単位が居住する拡張前の円形住居の半径をrとすると、1細分単位分のスペースは、

　　$3/5\pi r^2 \times 1/2 = 3/10\pi r^2$　…①

3つの細分単位が居住する拡張後の住居半径をr'として、1細分単位分のスペースをもとめるならば、

　　$3/5\pi r'^2 \times 1/3 = 1/5\pi r'^2$　…②

①と②の値は等しくならなければならないから、

　　$1/5\pi r'^2 = 3/10\pi r^2$　…③

となる。ただし、諏訪台C遺跡SI61住居の拡張にはパターンBが採用されているので、パターンAを前提としたこの計算を補正する必要がある。パターンAでは拡張された面積のうち4割は「共有スペース」の増加に充てられるが、パターンBでは拡張した面積のほぼすべてが「占有スペース」の増加につながる。そこで拡張面積の4割も3つの細分単位のスペースとして配分し直す必要がある。よって③を改変した

　　$1/5\pi r'^2 + \{(\pi r'^2 - \pi r^2) \times 2/5 \times 1/3\} = 3/10\pi r^2$

との等式が成り立ち、

　　$r' ≒ 1.14r$

となる。

　したがって半径では1.14倍、面積では1.30倍弱の拡張でよいことになり、SI61住居の拡張率（1.26）に近いと判断できる。同様の計算によって、細分単位が1つから3つへ増加したと仮定したばあい、半径では1.26倍、面積では1.59倍の拡張が必要となり、SI61住居の拡張率からは大きくかけ離れてしまう。

　ちなみに馬場野Ⅱ遺跡ＫⅥ－03住居（拡張後面積48.48 m^2）でも1回の拡張がおこなわれており、拡張面積は13.00 m^2、拡張率は1.37である。この住居でも3つの土器ブロックがあったことから、1.37という拡張率は2つから3つに細分単位が増加したための拡張であったと考えるのが妥当であろう。

(2) 細分単位の性質

a.「世帯」の構成員　　住居内に同居するいくつかの細分単位は、いかなる性質の集団なのだろうか。拡張後の諏訪台C遺跡SI61住居や馬場野Ⅱ遺跡KⅥ－03住居の「占有スペース」を3等分すると約10 ㎡となるので、これが1つの細分単位によって必要とされていた面積といえる。これは縄文晩期でいう小型～中型にかけての住居規模に相当するため、弥生住居の居住者およびその細分単位の内容を知るためにも、まずは縄文晩期住居の居住者についてある程度の見通しをつけておくことが必要となる。

　縄文晩期には床面積3㎡以下の住居は非常に少なく、それは独身者の住居など通常の状況で一定数必要になりうるものではなく、あくまでも特殊な機能をもった建造物と考えることができる（武藤1993）。よって、想定しうる居住の最小人数である1～3人程度の人数によって利用されていた住居があるとするならば、それは4～10 ㎡の小型住居以外にないであろう。

　一般的な竪穴住居の居住者を婚姻・血縁関係によってむすばれた集団と考えてきた現在までの縄文集落論の枠組みのなかであえて「解釈論」を展開するなら、このような小型住居は夫婦かそれに1～2人程度の子供をくわえた集団が利用主体であったとするほかない（林1981a, p.26）。10～20 ㎡前後の中型住居も規模のうえでは、夫婦とある程度成長した複数の配偶者獲得前の子供が居住していたとすることに無理はない。縄文晩期にもっとも多く見られる小・中型住居の居住者の内容、すなわち「世帯」（＝独立した住居の居住集団の意味で用いる）を構成する単位としては、このような集団を想定しておくことが出来るであろう。

　ただし、この単位はいわゆる「核家族」と同一視するわけにはゆかない。春成（1981）が論じているように、縄文時代の住居内遺棄遺体例には複数の成人男女が含まれている例が少なからず存在し、これは複婚制の存在を考慮しなければ説明がつかないからである[注34]。住居内遺棄遺体例が縄文中・後期に限られているにせよ、晩期の「世帯」の内容を規定する際にも複婚制の可能性を排除することはできないだろう。ここでいう「細分単位」の構成員をあえて解釈するならば「単婚・複婚夫婦とその子供たち」となる。このような集団が単位となって、縄文晩期にはそれぞれ独立した「世帯」が営まれていたと理解してお

第11表 縄文時代の住居内遺棄遺体例 ［春成（1981）をもとに作成］

遺 跡	男 性	女 性	幼児－少年	計	住居規模	人骨鑑定者
子和清水	1(熟～老年)	1(熟～老年)		2人	19.0 m²	小片 保
大口坂	1	1	1	3人	約20 m²	小片 保
中峠	1	1	2	4人	約13 m²	小片 保
千鳥久保	1(30～34才)	1(16～18才) 1(25才)	1(4～5才)	4人	—	小泉清隆
加曽利Ⅱ-29	1(壮年)	2(熟年)	1(13～16才)	4人	8.2 m²	鈴木 尚
加曽利Ⅰ-2	1(熟年) 1(壮年)	1(熟年)	1	4人	約13 m²?	小片 保
三沢	1(20～30才) 1(30～40才)	1(30才?) 1(35～39才)		4人	—	小泉清隆
姥山	1(20～24才) 1(30～39才)	1(20～29才) 1(30～40才)	1(5～7才)	5人	12.2 m²	小泉清隆

こう。

b.「世帯の統合」 では、単婚と複婚の場合で、この単位の構成員の規模にどれだけの違いが生じるのだろうか。住居内遺棄遺体例（第11表）のうち、単婚の事例と考えられる子和清水・大口坂・中峠の人数は2～4人であり、彼らは本州島東北部の縄文晩期でいうところの小型・中型規模の住居に居住していたことがわかる。複婚例の可能性がたかい千鳥久保・加曽利の2例・三ツ沢・姥山でも遺体数は4～5人にとどまっており、住居の規模も単婚例と全くおなじ水準である。

つまり、単婚例でも複婚例でも単位構成員数や住居規模が大きく異なるとまではいえないのである。これを参考にして、ここでは縄文晩期小・中型住居の居住者を基本的には単婚・複婚の夫婦およびその子供によって構成される集団と考え、その規模を3～5人と見積もっておくことにする[註35]。

弥生住居の細分単位の占有面積も縄文晩期小・中型住居とほぼ同一であり、少なくともある場面ではそれが消費単位になっている。こう考えると、これらも縄文晩期における「世帯」を踏襲していたと考えるのがもっとも合理的と考えられる。ここで指摘した住居の大型化は、縄文晩期において小・中型住居に居住し独立した「世帯」を営んでいたいくつかの人びとが、弥生時代にはいって同じ住居内に居住しはじめるという、いわば「世帯の統合」の結果と理解し

なければならなくなるわけである。

　では、こうした居住単位の変化がどのような関係にもとづいて行われたのか、それを解く手がかりは縄文晩期の大・特大型住居にある。丹羽（1994）は岩手県西田遺跡（第136図、縄文中期）の分析から、「1住居に親子関係をもつ2世代の夫婦が同居した」という結論を導いている。これは世代を異にする複数の細分単位が集まってひとつの「世帯」を形成していたことを意味しているが、縄文晩期には小・中型住居がもっとも多いことから、この想定を晩期の社会に無条件に適用することは難しい。

　しかし、晩期の大・特大型住居の居住者については丹羽の見解を適用するのが最も妥当と思われ、そこで同居している細分単位間には血縁関係による結びつきがあったことになる。弥生時代に入ってからみられる「世帯の統合」が無秩序に行われていたとは考えられない以上、その原理として最も有力な候補はやはり血縁関係にもとづく紐帯といえるのではなかろうか。同一住居に複数の細分単位が住む場合、縄文晩期でも弥生時代でもおのおのの細分単位あるいは細分単位のメンバーのなかに、親子・兄弟・姉妹などの関係にある人物がふくまれていた可能性が高いわけである。

　細分単位にふくまれる子供が配偶者を獲得した場合、それまでの住居に住み続ける場合とあらたな住居を構える場合の両方が想定される。しかし、弥生時代の小型住居が非常に少ないことを考えると、配偶者の獲得時には新居の建築ではなく、住居の拡張が行われるのが通常の状況であった可能性がたかい。たとえ新たな居を構えることがあったとしても、それは他の兄弟・姉妹夫婦などとの同居を前提としていたがゆえに小型住居が非常に少ない現象が生じているのであろう。

(3)　**面積と居住人数の関係**　　住居面積と居住者の規模の対応関係についてもふれておこう。ここでは、1細分単位が増加するために拡張されたことが明らかとなっている諏訪台C遺跡SI61住居と馬場野Ⅱ遺跡KⅥ-03住居をもとに考えてみる。

　これらの住居では拡張後に3細分単位の同居が認められたので、居住者数は最小9人、最大15人と推定される。SI61住居の「占有スペース」は床面積

48.19 ㎡の6割で約28.91 ㎡であるから、これを住居の最小人数9人で割ったとき1人当りの面積は3.21 ㎡、最大15人のときは1人当り1.93 ㎡、平均では1人当り2.57 ㎡となる。KⅥ-03住居の「占有スペース」は総面積48.48 ㎡の6割で、29.09 ㎡である。最小9人では1人当り3.23 ㎡、最大15人では1人当り1.94 ㎡、平均では1人当り2.59 ㎡となる。

　なお、これらの住居で拡張前の状況、すなわち比較的小さめの大型住居に2細分単位が居住していた場合について同様の計算をおこなうと、1人当りの平均面積は約2.9 ㎡と算出される。拡張前と拡張後どちらの数値を用いるかが問題ではあるが、拡張後の住居がより一般的な大きさの大型住居であることから、ここでは拡張後の事例を優先させる。よって、この地域における弥生時代住居の居住人員の算出にあたっては、「床面積の6割が1人当り約2.6 ㎡で利用されていた」という仮定がひとつの基準となる。住居面積と居住人員との関係については、いわゆる関野公式（関野1938）が著名であるが、それと比べると1人あたりの面積は近いが、住居の空間利用の検討結果を援用して炉以外にも居住のために用いられていない床面積を考慮している点が大きな違いである。

　では、住居の大きさと細分単位数のあいだの関係は、どのように考えることができるのだろうか。諏訪台C・馬場野Ⅱ遺跡にみられる拡張は、大型住居のなかでも最も小さい部類にはいる住居を、通常規模の大型住居にするためのものであった。そこでは2細分単位から3細分単位への増加がみられたので、大型住居＝2〜3細分単位という図式がなりたつとみてよいであろう。これから類推すると、小型住居＝1細分単位、中型住居＝1〜2細分単位、特大型住居＝4細分単位以上という対応関係が成り立つと考えることができる。

　ここまで米代川・新井田川水系のデータを手がかりに、居住者の性質と規模についてみてきた。本節の冒頭で整理した住居属性の地域性は、かならずしも住居の空間利用の違いに直結するものではない。したがって、ここでの推定は本州島東北部北部におけるその他の小地域、すなわち馬淵・雄物・岩木川水系のみならず、住居の大型化がみられるほとんどの地域で適用が可能なものと考えられる。ただし現段階ではそれがほとんど見られないことがわかっている本州島東北部南部については、べつの検討が必要である。

第 7 章　居住単位の変化　　165

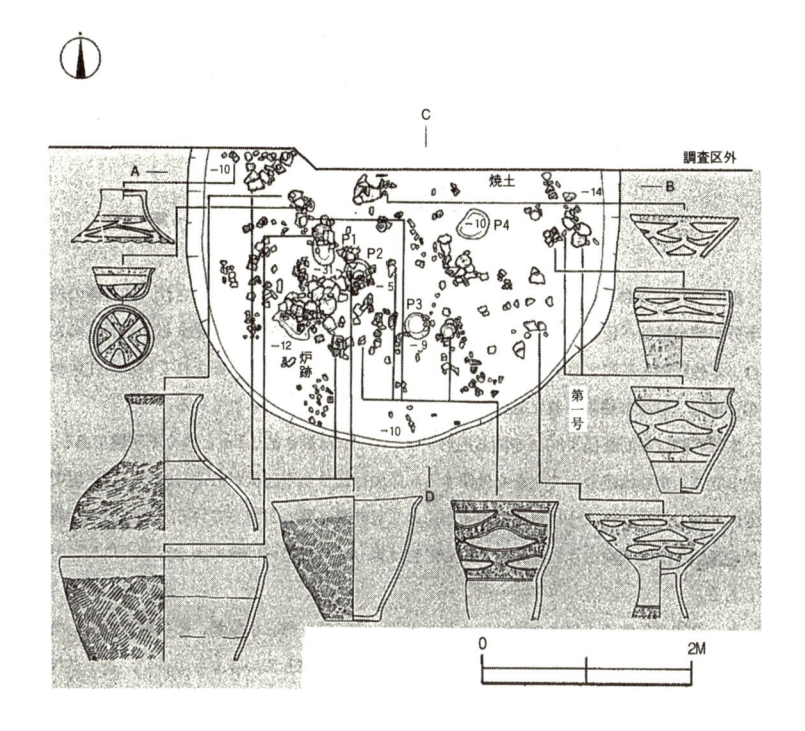

第 70 図　龍門寺遺跡 1 号竪穴住居跡［猪狩・高島（1985）をもとに作成］

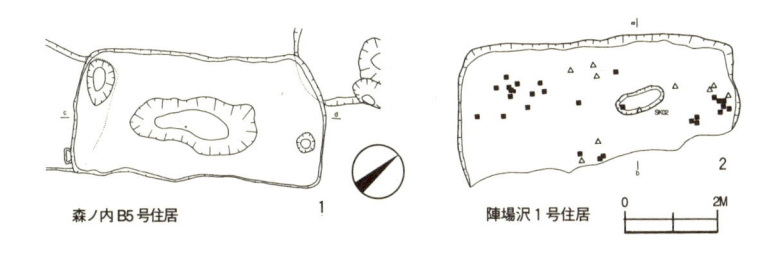

森ノ内 B5 号住居　　　　陣場沢 1 号住居

第 71 図　森ノ内・陣場沢遺跡の住居［大竹（1993、1997）をもとに作成］

福島県龍門寺遺跡では、推定床面積 13.84 m²の弥生 II〜III 期の住居が検出されている（第 70 図）[注36]。この住居の空間利用形態等を検討することはできないが、その規模はたとえば縄文晩期後葉の下谷ヶ地平 C 遺跡の住居（9.18 m²）と大きなちがいはない。陣場沢・森ノ内 B の長方形住居（12.00〜25.00 m²）にみるように（第 71 図）、弥生中期後葉の例をみても顕著な住居の大型化がみられないとすれば、本州島東北部南部では縄文時代晩期の基準に大きな改変を加えることはできず、「縄文晩期の小・中型住居＝1 細分単位」という理解をもとに試算が行われるべきである。本州島東北部南部にみられる集団の編成方法が他地域とことなっている点は、のちに集落全体の検討をおこなう際にも無視できない留意点となってくるだろう。

4.「世帯の統合」の意義

佐藤広史（1987）は、縄文時代後・晩期の住居床面出土遺物に着目し、内部の空間利用形態を考察している。それによると、出入口に近い部分から煮炊用土器・石皿・磨石などがみつかる場合が多く、そこが女性に関係した空間と考えられている。これに対して出入口から遠い部分では剥片貯蔵ピットなどがみられ、男性の影響範囲にあるという。

弥生時代の住居でも、入口に近い部分が女性に関係する可能性が高い作業空間であることは共通している。しかし、男女の区分による明確な空間分割がみられなくなるのは、「世帯の統合」が進むからにほかならない。ただし、居住のスペースが細分単位によって区切られていることは、消費の場での細分単位の自立性がひとつの住居居住者のなかに完全に埋没しきったわけではないとも考えることができよう。

ところで、「世帯の統合」が集落の内部だけですすんだ場合、集落の規模に変化はない。しかし、これが複数の集落をまきこんだ現象であった場合、集落数は減少するが個々の集落規模は大きくなる。この時期にどちらが生じていたのかは集落の分析結果をまたねばならないが、狩猟採集機構の維持という観点からは、どちらも無意味あるいは逆効果なのではあるまいか。比較的小規模な集落を分散させてきた本州島東北部の縄文後・晩期のありかたこそが、最も効果的な資源利用形態のひとつと考えられ、もし多くの労働力が必要なのであれ

ば資源が集中する時期に限定して行えばよいはずである。
　「世帯の統合」が狩猟採集活動や当時の社会的状況と必ずしも適合的に説明できないとすれば、これには水稲耕作というあらたな生産形態の導入が関与している可能性も視野に入れる必要がでてくる。つぎに集落全体および集落間の関係を検討することによって、この問題に立ち入ってみることにしたい。

第8章　集落・村落組織の再編

1. 縄文晩期の集落

　本州島東北部の縄文時代集落の規模は、時期や遺跡による違いが大きい。しかし、集落規模の変遷を巨視的に眺めるならば、そのピークは中期中葉の拠点集落にあることは確実であろう。縄文中期末～晩期にかけては集落の縮小・分散化がすすむため、それ以前にみられたような著しく大きな集落は存在せず（小林1995）、集落間にみられる人口や面積の差もより小さくなってゆくものと考えられる。

　第12表は、縄文晩期の集落遺跡における住居規模の組合せを示している。すでにみたように藤株や摺萩など、秋田・宮城県域の特定の遺跡で大・特大型住居のみによる集落がみられるが、そのほかの遺跡では小・中型住居が多く検出されている。全体の集計をみても、小・中型住居が全体の6割以上を占めており、中型以下（20.00 ㎡以下）の規模が一般的な住居と判断できる。

　岩手県道地Ⅲで検出されている晩期前葉の住居は互いに近接しており、同時に存在した住居が複数あったとしても多くて2棟と考えられる（第72図）。もっとも多くの住居が確認されている岩手県曲田Ⅰの場合でも、近接して住居群が検出されているために5棟以上の併存を積極的に考えることはおそらく難しく（第73図）、一般的な集落で併存する住居数は通常は2～3棟にとどまっていたとするのが妥当であろう。また、大・特大型住居のみによって構成される集落では住居の数そのものが少ないので、集落によって居住者数に大きな格差が生じることはなかったと考えられる。前章でみたように、「縄文晩期の小・中型住居＝1細分単位」という対応関係を援用すれば、同時併存の住居が2～5棟で集落の成員は6～25人と予測でき、基本的にはこの規模の集落が散在していたのが縄文時代晩期であったと判断することができる。

2. 弥生集落の類型化

　すでにみたように、本州島東北部では弥生時代前・中期にはいって住居は急激に大型化するが、そのなかでも中・大型住居が全体の約75%を占めてお

第12表 縄文晩期集落における住居サイズの構成 [拡張・縮小例も1棟と数える]

遺跡	小型 ≦10 ㎡	中型 ≦20 ㎡	大型 ≦38 ㎡	特大型 >38 ㎡	文献
松原(1)	1				工藤編(1997)
水吉Ⅵ	2		1		濱田ほか(1995)
八幡		1	1		八戸市教委(1988a)
大日向Ⅱ	3	2	2		斉藤・田鎖(1995)
曲田Ⅰ	20	8	7	5	鈴木・嶋(1985)
本内Ⅱ	4	7			星ほか(1998)
道地Ⅲ		1	3		種市編(1983)
湯舟沢	2	3	3		滝沢村教委(1986)
杉の堂	1		1		林(1982)、佐久間編(1983)
上新城中			1	1	石郷岡ほか(1992)
藤株			1	1	富樫ほか(1981)
摺萩			1	2	進藤ほか(1990)
神矢田		1			佐藤・佐藤(1972)
作野		2			長橋・阿部(1984)
長岬		1			熊谷(1985)
山王囲			1	1	須藤編(1996)
上鷹生		1			酒井(1997)
下谷ヶ地平C	1				芳賀(1986)
南諏訪原		3	6	1	武田ほか(1991)
計	32	29	27	11	99
%	32.3	29.3	27.3	11.1	100.0

り、33.00 ㎡以上の住居が一般的となったことがわかる（第13表）。しかし、集落内における住居の組合せとそこから推定される集落人口にはいくつかのパターンを認めることが可能であり、ここでは弥生時代前・中期の集落を4つのタイプに整理する（第14表）。以下に代表的な遺跡をとりあげて、各集落タイプの内容を明確にしておく。

(1) **龍門寺タイプ** 小・中型の住居1～3棟程度によって構成され、集落人口は3～24人（1～8細分単位）と推定される。住居構成は縄文時代との連続性が最もつよく、規模のうえでもつぎの風無台タイプとならんで最も小さな集落タイプである。

　福島県龍門寺では、弥生Ⅱ期の中型住居（推定面積13.84 ㎡）が検出されている（第74図）。前章でもふれたとおり、本州島東北部の南部では住居の大型

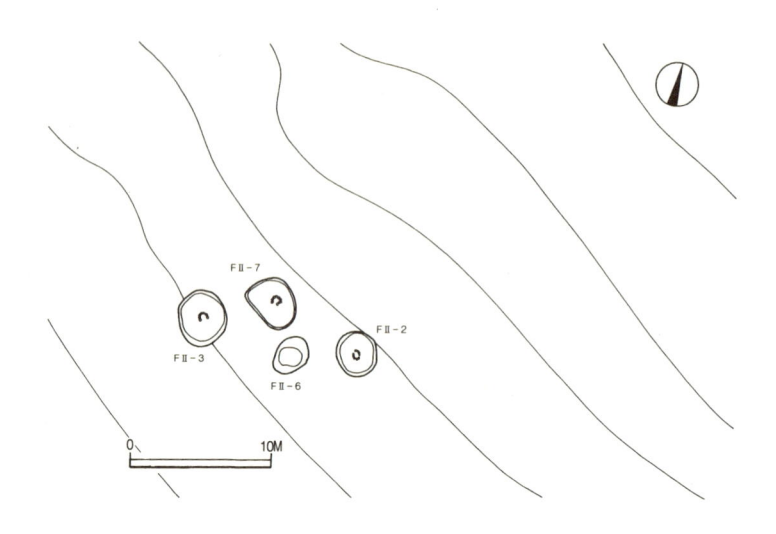

170　第Ⅲ部　「弥生化経験」の社会誌

第72図　道地Ⅲ遺跡遺構配置図［種市編（1983）をもとに作成］

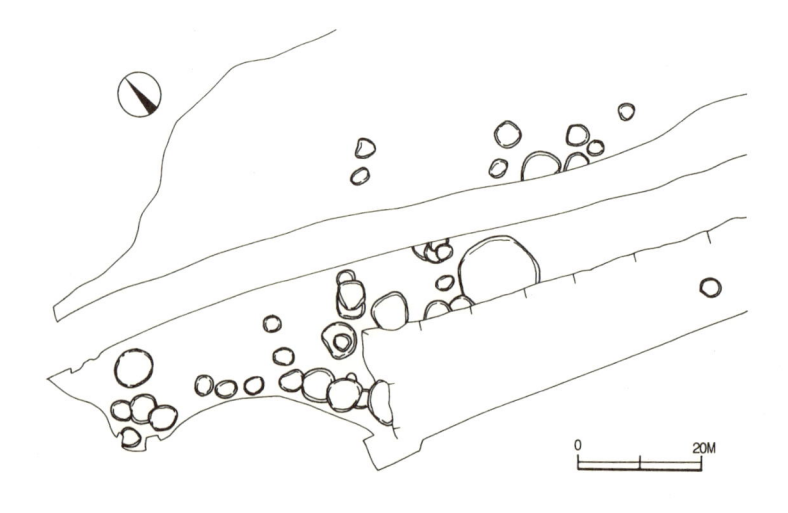

第73図　曲田Ⅰ遺跡遺構配置図［鈴木・嶋（1985）をもとに作成］

第8章 集落・村落組織の再編　171

第13表　弥生時代集落における住居サイズの構成［拡張・縮小例も1棟と数える］

時期	遺跡	小型 ≦10 m²	中型 ≦33 m²	大型 ≦57 m²	特大型 >57 m²	集落類型	文献
Ⅰ期	畑内		2	1		風張？	木村ほか(1997)
	八幡		1	1		風張？	八戸市教委編(1988a)
	前坂下(3)		1			？	三浦・内村(1982)
	大日向Ⅱ	1	2	2	2	龍門寺/風張	斉藤・田鎖(1995)
	上村			1		？	小田野ほか(1991)
	地蔵田A			1		風無台	菅原編(1994)
	地蔵田			2	8	地蔵田	菅原編(1987)
	坂ノ上F				1	風無台	菅原編(1985)
	風無台Ⅱ			1		風無台	秋田県教委(1985)
	諏訪台C			4		風張	利部・和泉(1990)
	小計	1	6	13	11	31	
Ⅱ期	瀬野			1	2	？	伊東・須藤(1982)
	牛ヶ沢		3	1		龍門寺/風張	村木編(1996)
	田面木平			1		風無台	八戸市教委編(1988b)
	風張(1)	2	2	2	2	風張	小笠原ほか編(1991)
	津山			2		風無台	笹森・茅野(1997)
	小井田Ⅲ	1	2			龍門寺	栃澤(1985)
	似鳥						門島(2000)
	馬場野Ⅱ	1	6	11		風張	工藤ほか(1986)
	大日向Ⅱ	1				龍門寺？	斉藤・田鎖(1995)
	湯舟沢		4	4		風張	滝沢村教委(1986)
	才津沢				1	風無台	金子ほか(1998)
	上村		4			龍門寺	小田野ほか(1991)
	湯ノ沢A		1	1	2	風張	菅原編(1984)
	諏訪台C	1				龍門寺？	利部・和泉(1990)
	横長根A		1			龍門寺？	児玉(1984)
	岡ノ台			1		風無台	名和・渡辺(1994)
	山王囲		1	1		風張	須藤編(1996)
	龍門寺		1			龍門寺	猪狩・髙島(1985)
	小計	6	25	23	7	61	
Ⅲ・Ⅳ期	大石平		6			龍門寺	成田・北林(1984)
	湯舟沢		1	4	1	風張	滝沢村教委(1986)
	狸崎A			1		風無台	菅原編(1985)
	諏訪台C		1			龍門寺？	利部・和泉(1990)
	小計	0	8	5	1	14	
	計	7	39	41	19	106	
	%	6.6	36.8	38.7	17.9	100.0	

第14表　弥生時代の集落類型

	集落類型	住居の構成	推定人口	推定居住単位
(1)	龍門寺タイプ	小・中型1～3棟	3～24人	1～8細分単位
(2)	風無台タイプ	大・特大型1棟	12～25人	3～8細分単位
(3)	風張タイプ	小～特大型が数棟組み合う	30～60人？	6～20細分単位
(4)	地蔵田タイプ	大・特大型数棟が組み合う	80～100人	16～33細分単位

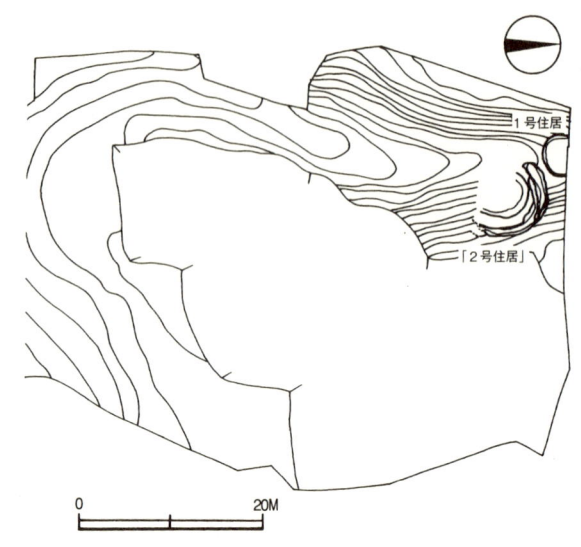

172 第Ⅲ部 「弥生化経験」の社会誌

第 74 図 龍門寺遺跡遺構配置図 [猪狩・高島 (1985) をもとに作成]

化がすすまず「世帯の統合」が生じていないことから、集落人口の推定には「小・中型住居＝1細分単位」という縄文晩期の仮定をそのまま用いなければならない。龍門寺遺跡の住居は、縄文晩期の分類でも中型住居に相当することから、居住者数は3〜5人と推定される。遺跡の範囲は発掘区の北側にひろがる可能性があるが、他の発掘例を考慮しても小・中型の住居が4棟以上併存すると考えられる例は見あたらない。よって、龍門寺集落で併存する住居数が最大で3棟としても、集落人口は15人程度にとどまるものと思われる。

中・北部の例としては、岩手県上村貝塚（Ⅱ期）・青森県大石平（Ⅳ期）があげられる。上村貝塚では、G-3住（Ⅰ期）を除く4棟はすべてⅡ期に属しており、面積はそれぞれ15.52、25.12、30.46、32.57 ㎡の中型住居である（第75図）。本州島東北部中・北部では、「住居面積の6割が1人当り約2.6 ㎡で利用される」という仮定が適用できるので、各住居の居住者は4〜8人と試算される（以下、同様の計算法）。4棟の住居は狭い範囲にかたまっているので複数住居の併存は認めがたいが、遺跡の範囲は発掘区の西側にひろがる可能性があり、集落全体で最大3棟が併存していたとしても、人口は24人（5〜8細

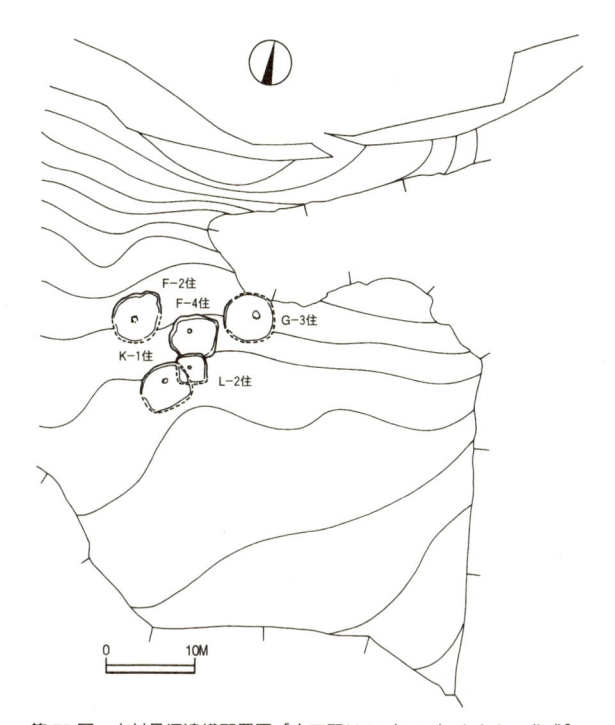

第 75 図　上村貝塚遺構配置図［小田野ほか（1991）をもとに作成］

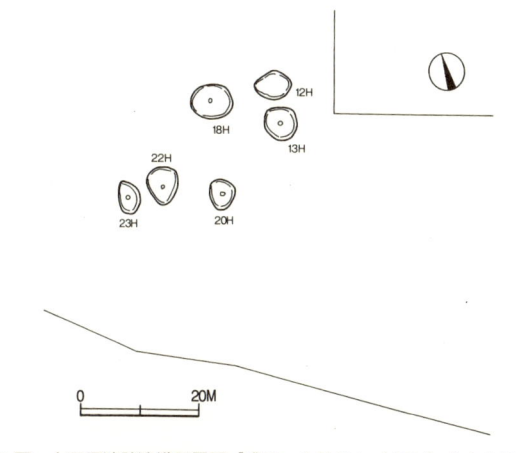

第 76 図　大石平遺跡遺構配置図［成田・北林ほか（1984）をもとに作成］

分単位）をこえることはない。

　青森県大石平では、面積14.12、16.20、19.79、23.67、26.17、31.87㎡の中型住居が6棟みつかっている（第76図）。住居の分布が北東と南西に分かれており、同時併存の住居は2～3棟程度、集落人口は8～18人（2～6細分単位）と推定される。

(2)　**風無台タイプ**　　大・特大型住居1棟のみによって構成される集落で、集落人口は12～25人程度（3～8細分単位）と推察される。

　代表例である秋田県風無台Ⅱでは、床面積50.61㎡の大型住居が1棟だけ検出されており、集落人口は12人（3～4細分単位）と推定される（第77図）。類例としては、秋田県坂ノ上F（第78図）・地蔵田A（第79図）・湯ノ沢A（第80図）、岩手県才津沢（第81図）があげられ、とくに坂ノ上Fでは床面積109.54㎡の特大型住居が1棟検出されており、この住居の推定人口25人（5～8細分単位）がこのタイプの集落居住者数の上限とすることができる。

　また、青森県牛ヶ沢(4)では中型住居3棟と大型住居1棟が近接して検出されており、龍門寺タイプから風無台タイプへ、あるいは風無台タイプから龍門寺タイプへ移行した集落例と考えられる（第82図）。風無台タイプ時の居住者数は、14～19人（3～6細分単位）と推察される。

(3)　**風張タイプ**　　小型～特大型までの住居が複数棟組み合うことによって構成され、集落人口30～60人程度（6～20細分単位）と推定される。

　青森県風張(1)では、すくなくとも3棟以上の大・特大型住居の併存がみとめられる（第83図）。ほぼ等間隔にならぶ7・13・37号住居の推定面積は、それぞれ60.78、64.71、52.33㎡である。これまでとおなじ試算では計31人という居住者数がえられるが、このほかにも小・中型住居が存在しており、また集落の範囲が発掘区外にひろがることも確実であることから、明確な根拠は乏しいが集落居住者数の上限をこの約2倍（60人）程度に設定しておく。

(4)　**地蔵田タイプ**　　複数棟の大・特大型住居によって構成され、集落人口は80～100人程度（16～33細分単位）と推定される。

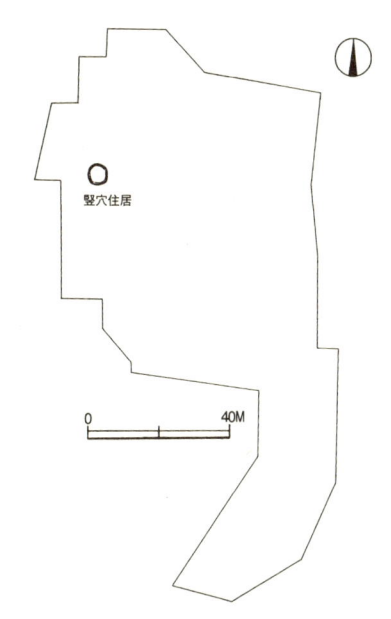

第 8 章　集落・村落組織の再編　　175

第 77 図　風無台Ⅱ遺跡遺構配置図［秋田県教育委員会（1985）をもとに作成］

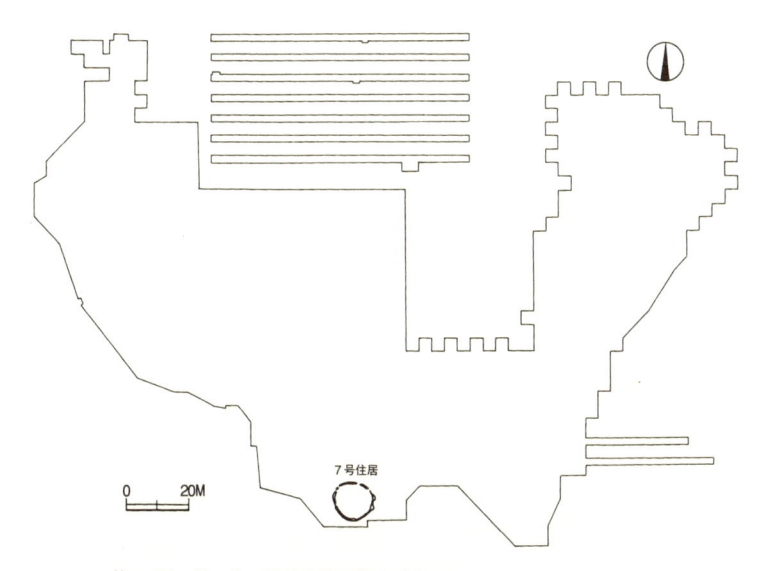

第 78 図　坂ノ上 F 遺跡遺構配置図［菅原編（1985）をもとに作成］

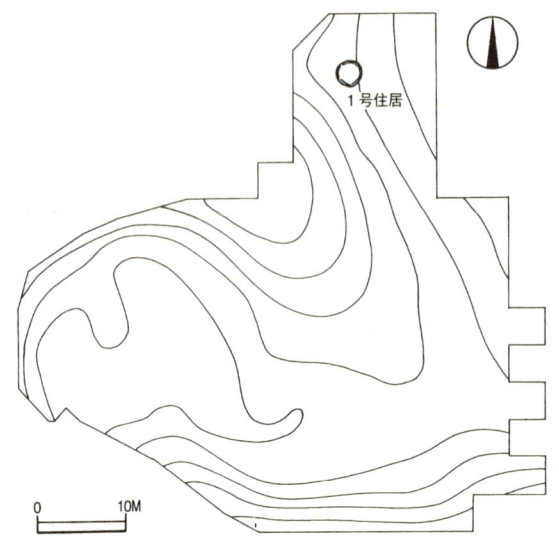

176　第Ⅲ部　「弥生化経験」の社会誌

第79図　地蔵田A遺跡遺構配置図［菅原編（1994）をもとに作成］

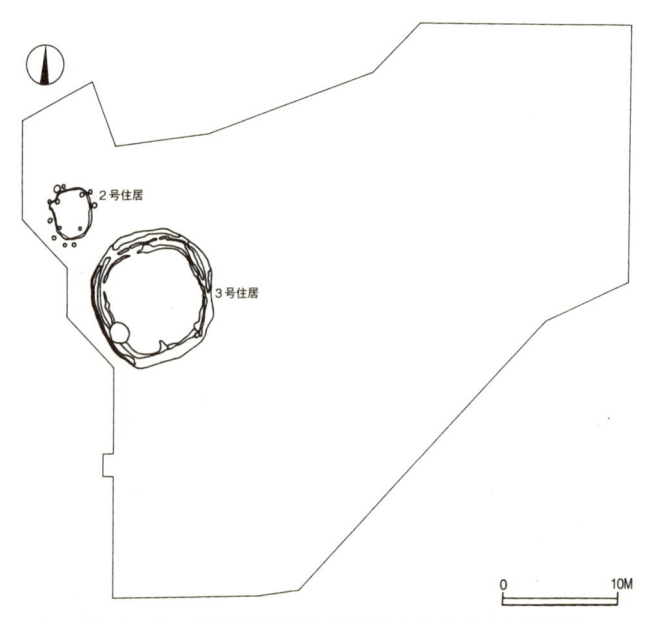

第80図　湯ノ沢A遺跡遺構配置図［菅原編（1984）をもとに作成］

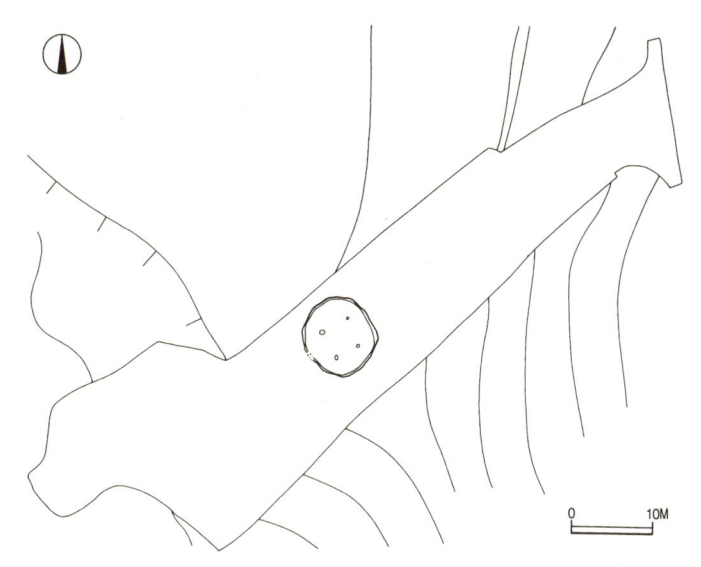

第 81 図　才津沢遺跡遺構配置図［金子ほか（1998）をもとに作成］

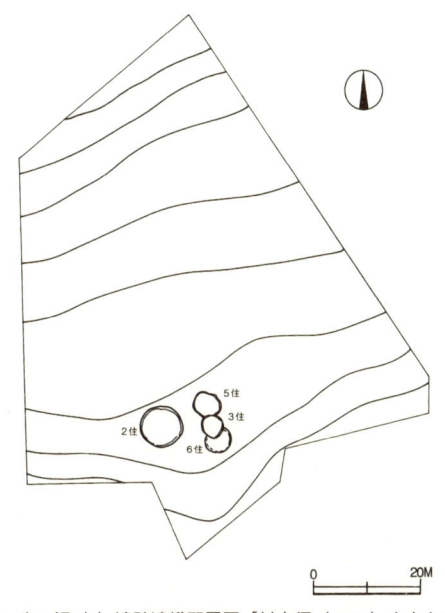

第 82 図　牛ヶ沢（4）遺跡遺構配置図［村木編（1996）をもとに作成］

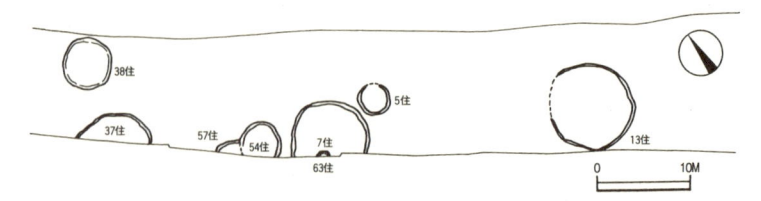

178　第Ⅲ部　「弥生化経験」の社会誌

第83図　風張（1）遺跡遺構配置図［小笠原・村木編（1991）をもとに作成］

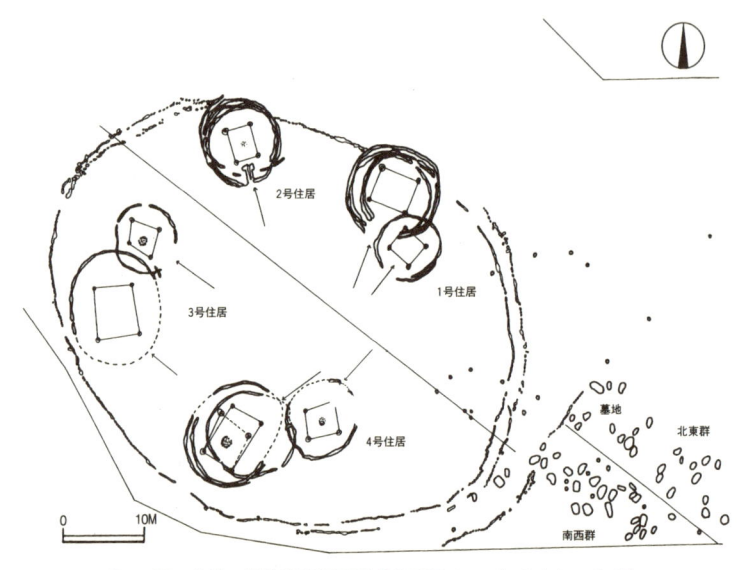

第84図　地蔵田遺跡遺構配置図［菅原編（1987）をもとに作成］

　代表例とするのは秋田県地蔵田である（第84図）。報文（菅原編1987）および須藤（1990、1998）によれば、この集落の変遷は2段階に区分され、その古い段階には1・3・4号住居のうち小さな住居をとりまく長径約60m、短径約46mの木柵列が存在した[注37]。柵列のない新しい段階になってから特大型の住居が4棟併存するようになる。
　地蔵田で柵列が存在した古い段階の1・3・4号住居の面積は、それぞれ48.06、46.80、61.06 m^2 である。集落人口は計36人と推定され、この段階では大・特大型住居のみによって構成される風張タイプの範疇で理解することが可

能である。柵列がなくなった新しい段階の1~4号住居の面積は、最小で63.30、68.20、124.41、86.33 ㎡、最大で100.86、87.57、124.41、105.23 ㎡である。これまでと同様の計算から、最小時で80人、最大時で98人の集落人口があったことになる。ここでは新しい段階の状況をもとに、地蔵田タイプの設定をおこなう。

3．集落類型の分布と「集落の統合」

　各タイプの分布には地域性がみとめられる。もっとも局地的な分布を示すのが地蔵田タイプであり、いまのところ地蔵田遺跡以外には見いだすことはできない。小規模集落のひとつである龍門寺タイプについては、集落の発掘面積の関係から集落タイプの判定を行っていない遺跡のなかにこれに相当すると思われるものが多数あり、その分布は本州島東北部全域におよぶものと推察される。風無台タイプは日本海側に多いが、Ⅱ期以降では太平洋側にもみられるようになる。風張タイプはⅠ期から本州島東北部北半に多く認められるが、太平洋側では小・中型住居の比率が高く、日本海側では大型住居の比率が高いという違いが認められる。

　縄文晩期の集落規模が遺跡や地域によって大きく異なることはないと思われるのに対して、弥生時代の集落規模にバラツキがでてくるのは、集落を形成する原理に変化が生じてきたからにほかならない。とくに、最大で縄文晩期集落の16倍ほどの人口を有する地蔵田タイプのような集落の出現は、ひとつの集落の内的発展ではなく、複数の集落をまきこんだ社会変化によって成立したと考えられるべきである。これに加えて、つぎに述べるように地蔵田遺跡周辺の遺跡群を単位としてみても人口の急増がみられることから、集落の統廃合は想像以上に大きな規模で行われていたと考えなければならないことになる。さしあたり風張・地蔵田タイプといった大規模な集落の出現の背景には複数集落の統合があったことを想定し、これを「集落の統合」と呼ぶこととしよう。

　集落類型の分布が一様ではないことから、「集落の統合」のプロセスにも地域差があったことがわかる。以下では、このような集落再編の内容が小地域ごとにどのように異なるのかを具体的にみてゆく。

第 15 表　地蔵田遺跡における住居のちがい

	1・2 号住居	3・4 号住居
プラン	円形・略方形	楕円形
炉	地床炉	石囲炉
主柱配置	方形	菱形・台形
出入口	桁に直行	桁に斜行

4．集落再編のありかた

(1)　**米代・雄物川流域**　弥生時代の集落のうち、規模のうえで縄文晩期ともっとも大きな格差がみられるのは地蔵田タイプである。したがって、このタイプが分布する雄物川下流域は、集落をとりまく情勢に大きな変化があった地域と言い換えることができる。当時の社会のうごきをもっとも鋭敏に反映していると思われるこの地域の事例分析を、集落再編のありかたを考えるための議論の糸口としよう。

a.　**地蔵田遺跡の問題**　地蔵田遺跡は、秋田市南東部の御所野台地上に立地する。いまのところ、秋田市域において縄文晩期後葉に成立・廃絶する集落は上新城中学校遺跡しか確認されていない（第85図）。ところが、弥生Ⅰ期にはいると地蔵田で推定集落人口が36人から80〜98人にまで急増するほか[注38]、周辺では風無台Ⅱ（第77図）・坂ノ上Ｆ（第78図）・地蔵田Ａ（第79図）などの風無台タイプ集落がつぎつぎと成立することから、雄物川下流域の遺跡群における大幅な人口の増加が推定されるのである。このような雄物川下流域への集住化はいかなるプロセスで、どれだけの地理的範囲を単位として行われたのか、これは集落再編のあり方を考えるうえで極めて重要な問題である。その手がかりとして、地蔵田にみられる住居の特徴に注目してみることにしよう（第15表）。

　地蔵田集落の北東側に位置する1・2号住居は、地床炉が用いられておりプランは円形あるいは略方形である（第84図）。同時に、4本の主柱穴の配置は整然とした方形・長方形を呈している。これに対して、南西側で検出されている3・4号住居には石囲炉がみられ、プランは円形というよりも楕円形にちかい。主柱穴の配置も明確な方形ではなく、ややゆがんだ菱形あるいは台形となっていることがわかる。

　さらに出入口の方向と桁の関係を考えてみると[注39]、1・2号住居では桁に対して直交して出入口が設けられているのに対し、3・4号住居では桁に斜交するかたちで出入口が設けられていることがわかる（第84図）。これはたんに図

面の上での違いではなく、桁材と入り口を作るための材の配置・結合といった建築方法の違いがあったことを示している。

　前章での知見を参照すると、地蔵田遺跡3・4号住居の特徴は縄文晩期から弥生時代にかけて日本海側の内陸部や太平洋側に多くみられるものであった。たとえば、縄文時代晩期の本州島東北部北部では円形プランと楕円形プランの比率は内陸・盆地部で3：1、平野・沿岸部で1：3とまったく逆であり、石囲炉と地床炉の比率も内陸・盆地部で2：1、平野・沿岸部ではすべて地床炉となる。また、柱穴の方形配置と台形・菱形配置の比率は、内陸・盆地部で1：1であるのに対し、平野・沿岸部ではすべて方形配置となる（第6表）。地蔵田B遺跡の3・4号住居には、縄文晩期の内陸部に多くみられた楕円形プラン、石囲炉、台形・菱形の主柱配置の特徴が組み合ってみられることがわかるであろう。

　これに対して、1・2号住居にみられる円形プラン・地床炉・柱穴の方形配置という特徴は、日本海側内陸部や太平洋側ではほとんどみられないものである。プランは明確に確認されているわけではないが、方形配置の4本主柱と地床炉が用いられていることが確認されている上新城中学校例（第85図）を参考にするならば、これこそが縄文晩期後葉の日本海側沿岸部に系譜をもつ住居と判断することができる。

　つまり、地蔵田遺跡には内陸部と平野部に起源をもつ住居が混在していると考えられるのである。のちにふれるように、住居にみられるこうした違いは集落に隣接する墓地の区分、すなわち「北東群と南西群」（菅原編1987、p.255）とも対応しており、内陸部と平野部の違いが何らかのかたちで関係して集落の成員を二分する原理が集落と墓地の双方に現れているものと推定することができる。したがって、地蔵田集落の成立過程を考えるためには雄物川下流域の状況だけではなく、内陸部との関係までをも視野に入れた検討をおこなう必要がでてくるのである。

b．内陸盆地の状況　　本来ならば、ここで雄物川水系内陸部の集落遺跡をとりあげ、地蔵田遺跡3・4号住居との関係を論じるべきであろう。しかし、横手盆地ではこの時期の集落はまだ確認されておらず、やむをえず前章でもとり

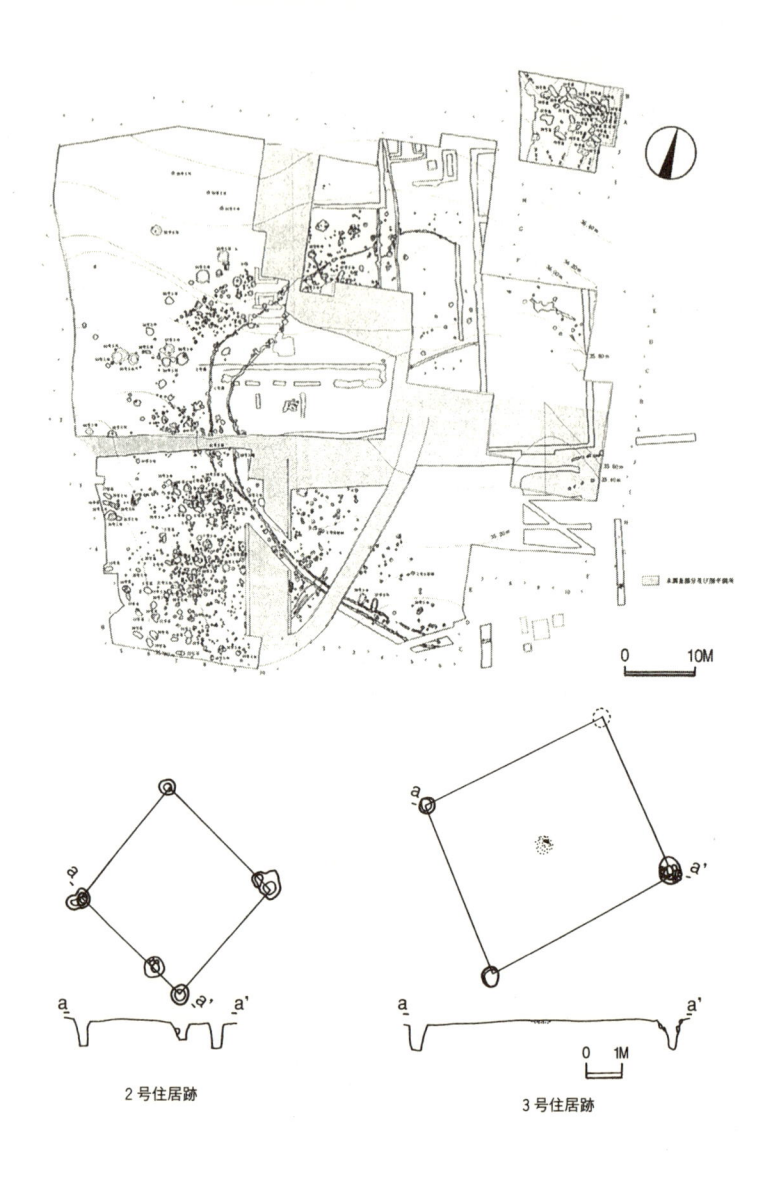

182 第Ⅲ部 「弥生化経験」の社会誌

2号住居跡

3号住居跡

第85図 上新城中学校遺跡の遺構配置図と住居［石郷岡・安田・納谷（1992）をもとに作成］

あげた米代川水系内陸部の諏訪台C遺跡に再び着目することにする（第86図）。

諏訪台Cでは、弥生I期に属する5棟の住居の検出が報じられている。推定床面積はSI28住居が3.20 m^2、SI33住居が31.59 m^2、SI34住居が45.68 m^2、SI60住居が53.35 m^2、SI61住居が48.19 m^{2}である。ただし、SI28は住居としては極端に面積が小さく、付帯施設も明確ではないためここでは住居としては扱わない。のこる4棟の住居プランはすべて楕円形と考えられ、炉は土器埋設炉のあるSI60住居以外は3棟すべてで石囲炉が用いられていた。発掘区が細長いため主柱配置がわかる住居は少ないが、SI61住居で台形・菱形の主柱配置が確認できるほか、SI60・SI34住居も同様の主柱配置となる可能性が高いと考えられる。このように、諏訪台C遺跡の住居は、縄文晩期内陸部の系譜をひくものだけで構成されている。

これと同様の特徴をもつ住居が大洞A'式期～弥生I期にはいって突如として日本海側沿岸部に出現する点は、やはり内陸部からの影響関係を考えなければ説明がつかないだろう。しかし、単なる影響関係を考えるだけで果たして十分であろうか。地蔵田遺跡では沿岸・平野部の系統をひくと考えられる住居がおなじ集落内に存在しているにもかかわらず、3・4号住居の拡張や立て替えにあたっては内陸部の建築方法や炉が採用されつづけている。このような現象は縄文時代にはみられなかったことから、縄文晩期のことなる建築方法の伝統が残存した結果とは考えられない。むしろ、縄文晩期最終末期～弥生前期になってから、平野部とはことなる住居の建築方法を採用していた地域の住人が、

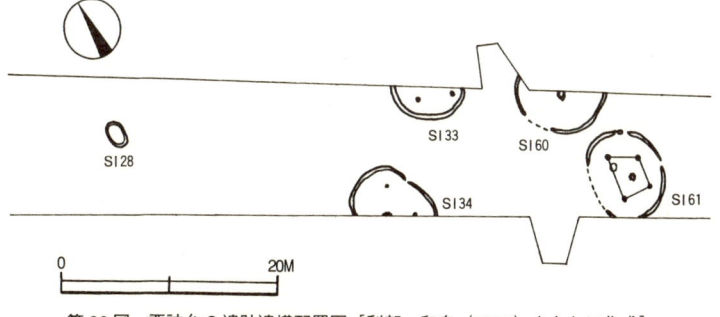

第86図 諏訪台C遺跡遺構配置図 ［利部・和泉（1990）をもとに作成］

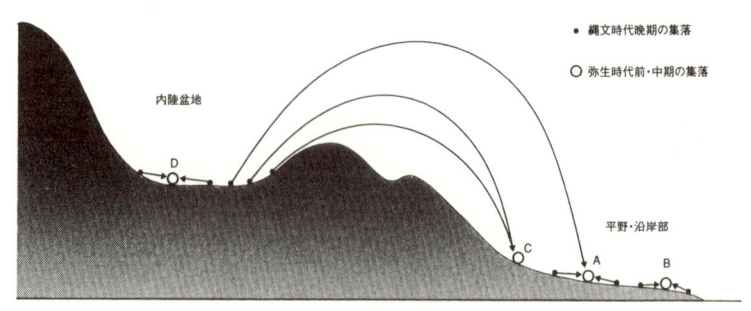

第87図 集落再編模式図

地蔵田集落の構成員として加わったことを示していると考えなければならないだろう。

　また、さきにみたように雄物川水系下流域では、遺跡群全体における大幅な人口増も説明する必要があったことも思い起こさなければならない。こうした点に配慮するならば、地蔵田の3・4号住居は内陸部の住居建築方法の影響が平野部におよんで出現したわけではなく、内陸部から平野部への集団移住によって出現した可能性を積極的に想定すべきであることが理解される。地蔵田遺跡1・2号住居の居住者は在地の集団であっても、3・4号住居の居住者は内陸部からの移住者であったと考えられるべきなのである。

c. 集落再編のあり方　諏訪台C遺跡は複数の大型住居が含まれる風張タイプ集落と考えられ、この点から内陸部においても「世帯・集落の統合」がすすんでいたことがわかる。ただし、住居の大きさはすべて地蔵田よりも小さく、集落の規模も地蔵田を上回るとは考えがたいことから、「世帯・集落の統合」はやはり平野部でより大規模に推し進められていたと考えなければならない。この点を説明するためにも、内陸部から平野部へのある程度の人口の流入を考慮しておかなければならず、地蔵田遺跡のような大規模な集落の出現とその周辺における遺跡の密集化は、すくなくとも水系内の沿岸・平野部と内陸・盆地部の広い範囲をまきこんだ集落再編の結果と考えられるのである。

　弥生時代にはいって平野部であらたに成立する集落は、居住者の「由来地」によっていくつかの種類がみとめられる。第87図Aは、地蔵田遺跡のように

第8章 集落・村落組織の再編　185

内陸部と平野部の集団がそれぞれ「世帯・集落の統合」を行い、おなじ集落内に共存することによって形成される場合である。

　第87図Bは、平野部の集団が「世帯・集落の統合」を行った結果できた集落であり、例としては湯ノ沢Aがあげられる（第65図7、第80図）。この遺跡の住居は、略方形プラン・地床炉・桁に直行する入口といった平野部の特徴をもつ住居がみられ、柱穴配置はややゆがんでいるものの平野部の集団による風無台タイプ集落と考えられる。

　第87図Cは内陸部集団の「世帯・集落の統合」による集落で、例としては風無台タイプ集落の風無台Ⅱ遺跡があげられる（第65図6、第77図）。この遺跡の住居には、地蔵田遺跡3・4号住居とおなじように楕円形プラン・石囲炉がみられ、壁溝のとぎれを参考とすれば出入口は桁に斜行すると考えられる。

　平野部における「世帯の統合」が「由来地」を異にする細分単位間でもおこなわれたことを示す例が坂ノ上Fである（第65図8、第78図）。この遺跡の住居は、楕円形のプランと地床炉というめずらしい組み合わせがみられ、柱穴配置は方形とみるか菱形とみるかは意見が分かれるところかもしれないが、いずれにしても内陸部と平野部の双方の特徴が取り入れられた住居となってい

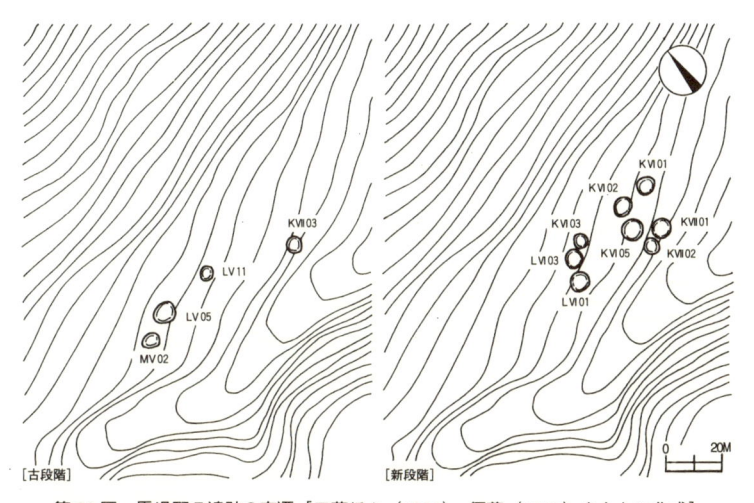

第88図　馬場野Ⅱ遺跡の変遷［工藤ほか（1986）、須藤（1998）をもとに作成］

る。このような事例から、内陸部と平野部の細分単位による「世帯の統合」が行われる場合もあったと考えておきたい。

いっぽう、内陸部においては、「世帯・集落の統合」に平野部の集団が関与した証拠はない（第87図D）。したがって、この時期の集落再編は内陸・平野部それぞれでの「世帯・集落の統合」と、内陸部から平野部への集団移住の2つを大きな柱として進められたと理解できる。

ここでは、雄物川水系平野部と米代川水系内陸部をモデルケースとしたが、本論ではこれをそれぞれの水系における平野部と内陸盆地の関係をあらわすものとして理解する。つぎに、このような集落の再編が、その他の小地域においてもみられるのか否かを確認してゆくことにする。

(2) **馬淵・新井田川水系**　馬淵・新井田川水系は、本州島東北部のなかでも最も集落発掘例が多い地域のひとつである。弥生Ⅰ期においては、龍門寺タイプの集落がひろく分布しており、中・上流域と下流域のあいだにみられる集落規模の格差は小さい。ただし、住居の大型化は水系全域で進行しているため、比較的ゆるやかではあるが「世帯の統合」は生じていたと判断できるだろう。

龍門寺タイプ時の牛ヶ沢(4)遺跡のように、Ⅱ期以降の下流域では小規模な集落も継続してみられるが（第82図）、風張(1)遺跡のような大規模な風張タイプ集落も出現するようになる（第83図）。しかし、内陸部では依然として大きな集落の出現はみられない。たとえば、新井田川水系内陸部の馬場野Ⅱ遺跡（第88図）では、2〜3群にわかれる住居の分布から同時併存の住居は2〜3棟程度と考えられ、大型住居であっても小規模なものが多いため集落居住者数は30人をわずかに上回る程度の最も小規模な風張タイプ集落と推定されるのである。

第89図は馬淵川流域における縄文晩期後葉〜弥生時代中期までの遺跡分布を示している。縄文晩期までは下・中・上流域に遺跡がほぼ均等に分散しているが、弥生時代における中・上流域の遺跡はきわめて限られており、しかもその大半が集落ではない。集落の多くは下流域において確認されており、風張(1)遺跡のように規模も中・上流域をはるかに上回る。

分布調査がすすんでいる中流域の一戸町内の例をみると、大洞A'式期まで

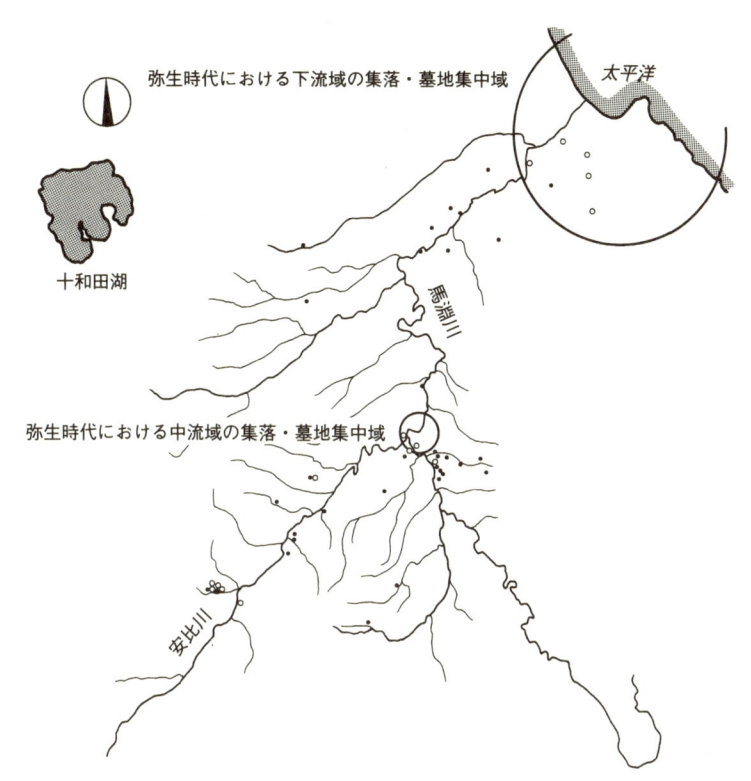

第 89 図　馬淵川流域における集落の分布［●：縄文時代晩期後葉を中心とする遺跡、○：弥生時代前・中期の遺跡、工藤編（1997）・高田ほか（1996）・山口（1996）を参考に作成］

は中野・滝野（第 90 図）などの遺跡があるが、砂沢・山王Ⅲ層式期には遺物がほとんどみられなくなる。逆にその北隣に位置し、馬淵川本流と最大の支流である安比川が合流する二戸市域では砂沢・山王Ⅲ層式期の集落・墓地がいくつか営まれはじめることから、中流域における「集落の統合」の拠点はそこにあったものと思われる。

　その一例である二戸市似鳥遺跡の状況をみてみよう（第 91 図）。この遺跡では、砂沢〜山王Ⅲ層式期にかけての 9 棟の住居が確認されている。推定面積は RA101 が 40.17 ㎡（大 型）、RA102 が 43.88 ㎡（大 型）、RA103 が 49.23 ㎡（大 型）、RA104 が 35.30 ㎡（大 型）、RA105 が 32.49 ㎡（中 型）、RA106 が

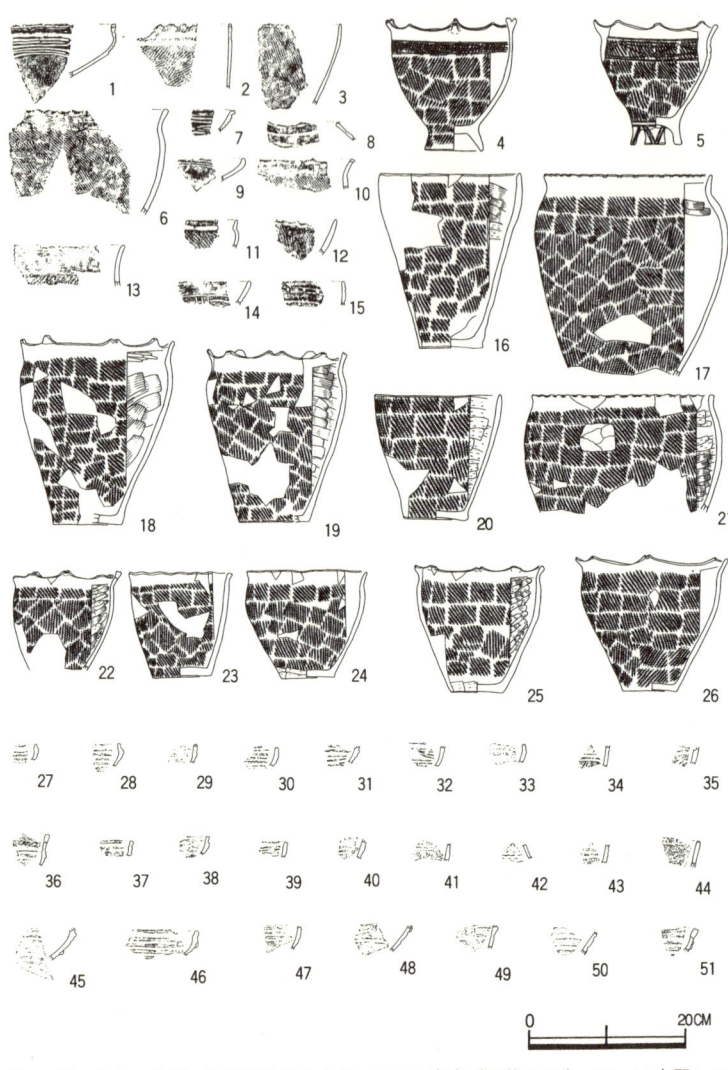

188 第Ⅲ部 「弥生化経験」の社会誌

第90図 安家・中野・滝野遺跡出土土器 [1～26安家（羽柴1994）、27～44中野、45～51滝野（高田ほか1996）]

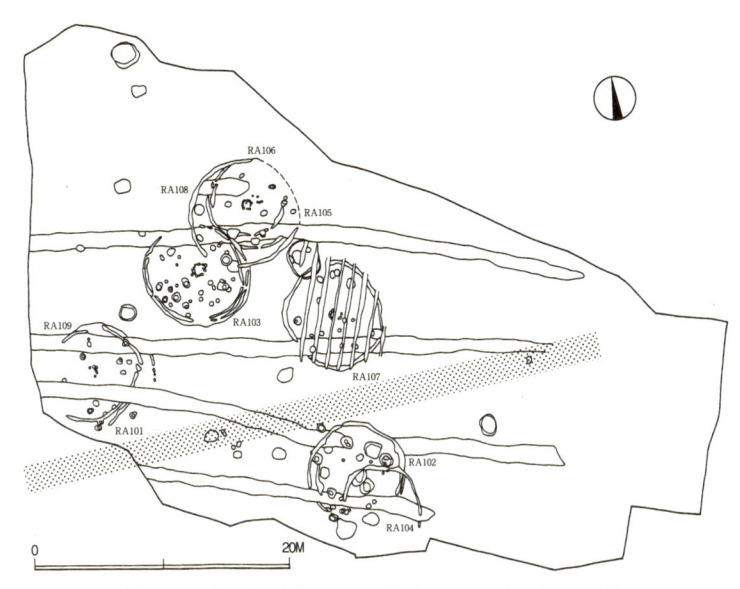

第 8 章　集落・村落組織の再編　189

第 91 図　似鳥遺跡遺構配置図［門島（2000）をもとに作成］

26.61 ㎡（中型）、RA107 が 49.07 ㎡（大型）、RA108 が 54.28 ㎡（大型）、RA109 が 40.60 ㎡（大型）である。それぞれの住居からの出土遺物の詳細はまだ公表されていないが、切り合い関係から RA101→RA109（拡張・縮小パターン C）、RA106→RA105（パターン B）→RA103（パターン C）→RA108（パターン C）、RA102→RA104（パターン C）という時間的な関係が明らかになっており、RA107 だけが他住居との切り合い関係をもたない。遺跡北西部の 7 棟にはすべて石囲炉がみられ、楕円形プランを多く確認できる。いっぽう、遺跡南東部の RA102 と RA104 では地床炉が用いられており、プランも円形または楕円形プランである。柱穴配置については詳しい情報が未公表のため、出入口について検討することはできない。

　本遺跡の住居はほとんどが大型であり、少なくとも馬淵川中流域において「世帯の統合」があったことは確実である。また、2 棟程度の住居が同時存在した可能性は考えられてもよいことから、小規模ながら「集落の統合」があったことも読みとれる。2 棟併存のばあいは小規模ではあるが風張タイプの範疇

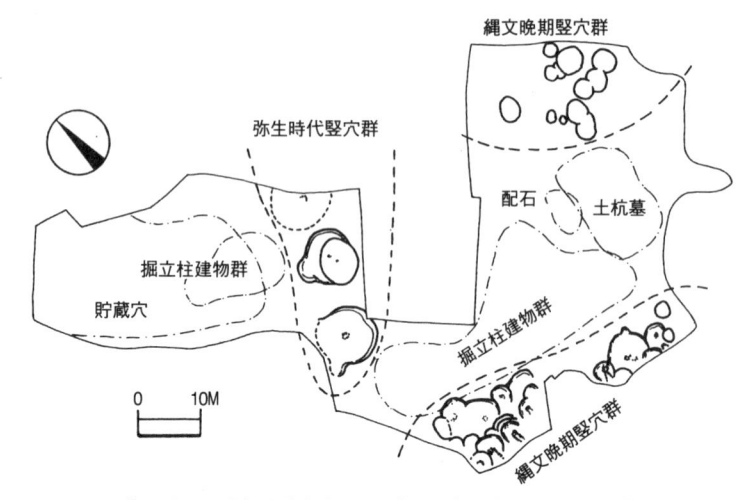

第 92 図　上杉沢遺跡遺構配置図［山口 (1998) をもとに作成］

で理解でき、1 棟のみであれば風無台タイプの集落といえる。住居の特徴としては、楕円形プランと石囲炉が圧倒的に多く、すでに指摘してきた内陸部の特徴が濃厚と判断することができる。だが、北西部につぎつぎと建てられている住居にはすべて石囲炉が採用されているのに対して、南東部の住居では地床炉が使われ続けている。この点から、炉の型式が明確に意識されて採用されていたことがわかると同時に、この集落の住人がおおきく 2 つの系統に分かれていたことも理解されよう。南東部の住居の居住者については、やや下流の地域からの移住者だったのかもしれない。

　また、この遺跡では住居の拡張もみられるが縮小も多く、住居規模の増減が激しい。これは平野部集落には見られなかった現象であり、すべて 20 ㎡以上の縮小という点からみても、2 つ以上の細分単位を単位として沿岸・平野部への人口の流出が起こっていたことも読みとれる。

　馬淵川水系内陸部の集落としては、安比川流域に位置する上杉沢遺跡もあげることができる（第 92 図）。ここでは、縄文晩期前～中葉の住居と大洞 A'式期～弥生 I 期の住居が確認されているが、後者は前者よりも明らかに大型化しており、地蔵田遺跡とおなじように、この地域であっても大洞 A'式期から

「世帯の統合」が行われていたことを確認することが可能である。この遺跡の周辺は、安比川流域における弥生時代遺跡の集中地であり、小規模ながら内陸部における「集落の統合」のもう1つの拠点であったといえるかもしれない。

(3) 岩木川水系(津軽平野)　岩木川水系の集落の状況は判然としていないが、水田跡は砂沢(第99図)、垂柳(第103・104図)で検出されている。水田の規模からみて、生産規模は弥生前〜中期にかけて相対的に増大したとみられ、垂柳のような数ヘクタールにおよぶ水田の経営には相当量の労働力が必要であったはずである。よって、岩木川流域においても馬淵川流域と同様にⅡ期以降になってから平野部への集住化が本格的にすすんだことが予測される。

これを裏付けるように、井沢式期の遺跡は黒石市・尾上町・平賀町で多く確認されているのに対し、つぎの田舎館式期にはより低地の田舎館・垂柳・高樋(1)〜(3)遺跡に遺跡が集中するようになり、水田との関係によって集落が下流域に移動・集中してくる状況が読みとれる。この点に関しては次章で詳しく検討を行う。

青森県域の日本海沿岸の状況はほとんど明らかになっていないが、津山遺跡では円形プラン・方形配置4本主柱・石囲炉という独特な組合せが認められる(笹森・茅野1997)。周溝はある場合とない場合があるが、現段階ではこの地域に固有な住居属性として捉えておく必要がある。

(4) 津軽・下北半島、上北地方　下北半島の瀬野遺跡では、大型から特大型に拡張される住居が1棟検出されている(第93図)。集落全体の状況を把握することはできないが、「世帯の統合」が進んでいたことは認められてよいだろう。津軽半島の状況は、集落の発掘例がないため検討することはできない。

弥生Ⅳ期の例としては、大石平遺跡がある(第76図)。この遺跡の住居は、Ⅲ・Ⅳ期の平均住居面積(33.60㎡)よりも小さなものばかりで、「世帯の統合」は維持されてはいるが風張タイプ集落の存在が確認できるわけではない。大きな河川がないこの地域の自然環境的な特質からみても、内陸から沿岸部への集団移住が強調される必要はなく、あくまでも沿岸部内を単位とした「世帯・集落の統合」があったものと考えておきたい。

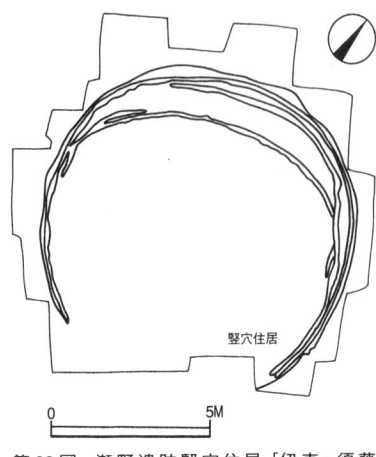

第 93 図　瀬野遺跡竪穴住居［伊東・須藤（1982）をもとに作成］

(5) 北上川水系・三陸沿岸部

　北上川水系と三陸沿岸は、これまで検討してきた本州島東北部北部の小地域とはかなり状況が異なる。北上川水系では、北上盆地を中心とする中・上流部の様相しか判然としないものの、壁溝や明確な4本主柱をもたない住居が多い。この地域では縄文晩期から壁溝をもつ住居が少なく、他地域とは異質な印象がある。佐藤（1997）は、北上川流域では縄文的な土偶が最後までのこることを指摘しているが、これは住居の面からみてもいえることである。また、馬淵川水系に地理的に接しているにもかかわらずそことは大きな違いがみられることによって、水系を単位とした小地域が社会変化の単位としての役割を担っていたことが改めて明確となる。

　とはいうものの、住居の大型化はこの地域でも確実にすすんでおり、「世帯の統合」が生じていたことは確実である。弥生Ⅱ期の湯舟沢遺跡における同時併存住居は2～3棟程度と推察され（第94図）、人口は2棟の場合で最小9人・最大23人、3棟の場合で最小15人・最大31人となり、馬淵・新井田川水系内陸部の集落と規模のうえで大きなひらきがあるわけではない。

　三陸沿岸でも、壁溝をもたない住居が多い。さきにみた上村貝塚は、人口8～16人程度の龍門寺タイプの集落であったが（第75図）、内陸部から平野・沿岸部への集住化の形跡を見いだすことはできず、「集落の統合」があったとしても沿岸部のなかで行われたと考えることで充分に説明が可能である。ただし、岩手県北部の安家遺跡（羽柴1994）のように大洞A'式期までで断絶する遺跡も存在しており（第90図）、規模は大きくないものの一部にやや内陸の集落までをもまきこんだ「集落の統合」が行われていた可能性も指摘できる。

　北上川流域における近年の成果として注目されるのは、岩手県江刺市反町下

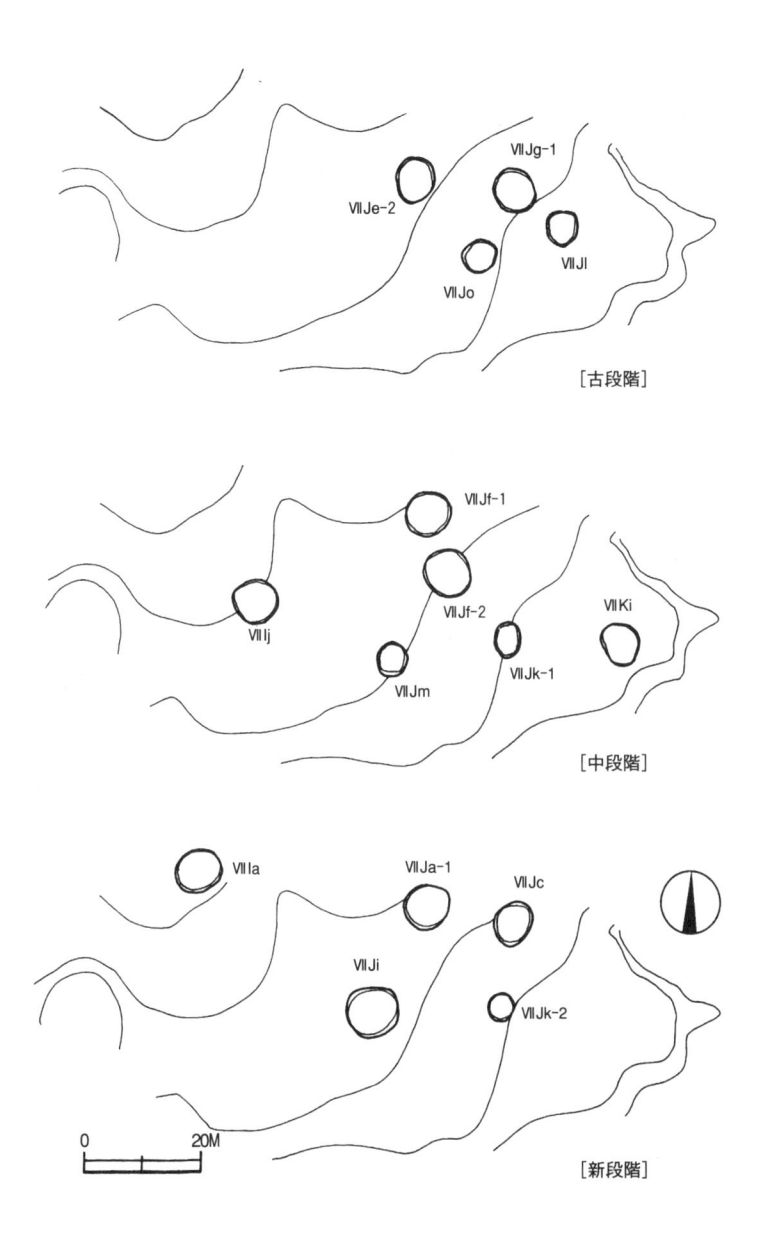

第 8 章 集落・村落組織の再編 193

第 94 図 湯舟沢遺跡の変遷 [滝沢村教育委員会 (1986)、須藤 (1998) をもとに作成]

層遺跡で検出された弥生前期とされる「集落」と「水田跡」である（及川ほか2001）。本遺跡については、「弥生時代前期の集団・集落の規模に加え、それに対応する食料生産の実態に迫ることが可能となり、非常に貴重な発見」（永嶋2002、pp.9-10）との評価もある。しかし、「水田跡」の耕作土と畦畔の認定を裏付ける基本的な情報が記述・図面のうえで提示されておらず、住居の時期判定も遺物の出土状況ではなく放射性炭素年代測定結果に依拠している点は見すごすことができない。筆者は、現段階では本遺跡の内容について肯定的に評価するだけの材料に乏しいと判断している。

(6) **仙台平野、阿武隈川水系、磐城・相馬海岸**　仙台・名取平野では弥生時代前・中期の集落遺跡は確認されていない。水田は、富沢遺跡において中期前葉にさかのぼるものもあるが、中心となるのはやはり桝形式期以降の水田であり、その規模は垂柳遺跡の数倍に達する可能性がたかい。中期中葉における急速な水田の大規模化と多量の農耕・収穫具の存在などから、その背後にはあきらかに龍門寺タイプよりは大きな規模の集落が存在し、風無台タイプが点在するか風張・地蔵田タイプのような大きな集落があるものと予測できる。したがって、この地域でも「世帯・集落の統合」が生じていたことは間違いなのであるが、そうした集住化の単位として筆者は、いまのところ名取・七北田川流域はもちろん、北はすくなくとも松島湾周辺まで、南については阿武隈川下流域や相馬海岸をふくめて考えておくべきと考えている。

その根拠として、遺跡の分布と土器群の構成の問題をあげておきたい。遺跡の分布については、林（1976、p.194）が縄文晩期後半に松島湾内に多数存在した貝塚が弥生Ⅲ期までに激減するいっぽう、名取平野の自然堤防や扇状地末端に遺跡が急増する点から集団移住がおこなわれた可能性を指摘している。この傾向は現在も変わっていないばかりか、仙台・名取平野において大規模な水田遺跡や弥生前・中期の墓地、多量の遺物を包含する旧河道などが検出されたことで、名取川・七北田川流域への集住化はいっそう明確なものとなってきている。すくなくとも桝形式期までには、やはり相当な規模での集住化が行われていたと考えざるをえない。

ただし、富沢・高田Ｂ・山口などで検出されている水田が、拡大再生産をめ

ざしたものであったかどうかについては疑問の余地がある。むしろ、集住化によって増加した人員をまかなう生産量が得られるのならばそれ以上の拡大再生産は目指さず、一定の範囲に集住することのほうに主たる目的があったと考えている。この点については、第11章で詳しく触れることとなる。

すでに指摘したとおり、土器群の構成については桝形式の古段階に松島湾や阿武隈川流域の影響や技術的要素が見られる点を指摘できる。桝形式の甕の外面はヨコナデが主流であるが、高田B遺跡出土土器には口縁部外面が入念に磨かれる資料も含まれており、寺下式の標準資料に特徴的にみられる松島湾沿岸部の技術的特徴が看取できる。また、第40図2・5・9・13のような小波状縁をもつ甕（深鉢）も松島湾沿岸の影響といえるであろう。さらに、第39図4のような雷文は南御山1・2式との関係が考えられなければならず、多様な磨消縄文がえがかれる丸底の小型鉢（第39図6・7・8）にもやはり福島県域との交渉の痕跡を見いだすことができる。

桝形式新段階の中在家南遺跡では、これほど複雑な系統的な様相は呈していない。むしろ、南御山2式とも橋本式ともことなる仙台平野独自の内容が確立しているようにみえる。これに対して、桝形式古段階に位置づけられる高田B遺跡出土資料は、桝形式成立期の複雑な集団関係が反映されていると考えられ、これは松島湾周辺から福島県域までをふくむ集落・村落組織の再編と対応していると見ることができるであろう。

ところで、阿武隈川流域、磐城・相馬海岸地域をふくむ本州島東北部南部では、「世帯・集落の統合」が生じていない。すでにみたように、福島県陣場沢・森ノ内B（第71図）ではⅣ期の隅丸長方形の住居（12～25㎡）が確認されているが、この時期にいたっても住居や集落全体の規模にはそれほど大きな変化がないことがわかる。しかし、阿武隈川流域や相馬海岸は、阿武隈山地の良質な粘板岩をはじめとする石庖丁や石斧の石材流通、遠賀川系要素の伝播や弥生中期における土器型式の変遷などの面からみても、仙台平野ときわめて密接な関係にあったことがわかる。

これらの地域では、岩下A・番匠地で水田が検出されている（第99図）。しかし、いずれも小規模であり狭隘な谷にいとなまれる谷水田である点を考慮すると、耕作面積が大きくなることは考えられない。本州島東北部南部について

196　第Ⅲ部　「弥生化経験」の社会誌

第95図　岡ノ台遺跡遺構配置図［名和・渡辺（1994）をもとに作成］

は、「世帯の統合」を経ずに小規模な水田耕作がおこなわれ、一部の集団は仙台平野の集落へ合流するという状況を考えておきたい。

(7)　**最上川水系**　最上川水系では、岡ノ台遺跡でⅡ期の大型住居が検出されていることから、ここでも「世帯の統合」があったことは認められてよい（第95図）。しかし、現時点では集落全体の規模を知ることはできない。下流域の生石2遺跡（第128図、安部・伊藤1987、小野1987）では、Ⅰ期の土器や再葬墓が検出されているが、残念ながら居住域は確認されておらず、内陸部と平野部の関係もまったく不明といわざるを得ない。ただし、米沢・長井・山形・尾花沢・新庄といった各内陸盆地と庄内平野の存在は、おなじ日本海側の米代・雄物川水系と類似しており、平野部への集団移住があった可能性をまったく排除してしまうわけにはゆかないと考える。

5．集落の再編から導かれる問題

　ここまで、本州島東北部における弥生時代開始期の集落の動きをみてきた。その結果、南部を除く多くの地域で「世帯・集落の統合」が生じており、北部と中部の一部では内陸部から平野部への集団移住も生じていたと考えられた。第5・6章でふれた小地域は、このような集落・村落組織の再編単位になっていたと思われ、これは大規模な集落・村落組織の再編が生じない単位としての阿武隈川水系や磐城・相馬海岸の一部とも対応している。縄文時代にあらわれていた地域区分が弥生時代の開始にあたっても重要な役割をはたしていること

からもわかるように、この地域の弥生社会は多くの面で縄文時代との連続性をとどめていることは確かである。しかし、そこには大幅な社会組織の再編成が介在しているのであり、集落の情景にまで縄文時代の面影を写し込んだ社会像は成立し得ないであろう。

「集落の統合」は、労働力の集中化を意味する。大きな労働力が必要とされた理由は、やはり本格的な水稲耕作の導入ぬきには語れない。では、大きな住居に大人数が居住する「世帯の統合」の理由はどこにあるのだろうか。労働力を集中させるという意味では、住居を大型化しなくても住居の数を増やせばこと足りるはずである。筆者は、ひとつの住居の居住単位は水田耕作時の労働集団、あるいは水田の経営単位と関係していると考えている。これについては、集落規模と水田関連資料の問題をあつかう第10章において詳しく考えてみることにしたい。

林（1976）は、「亀ヶ岡文化」解体の要因を、獲得経済のなかでの余剰水準の維持・拡充そのものにもとめる。もちろん、いま現在「縄文社会食いつめ論」（林1981b、p.130）に代表される「弥生文化救済説」が成立する余地はないといいうる。しかし筆者は、「獲得経済にもとづく社会の究極のすがた」である「亀ヶ岡文化」がかかえていた矛盾と経済的な問題はいまいちど吟味しなおす必要があると考える。内陸部でも住居の大型化がすすんでいる事実は、そこで小規模な水稲耕作が行われていた可能性を示唆しているが、巨視的にみれば本州島東北部中・北部の弥生時代の開始が内陸部における人口減少をともなっている蓋然性が高いだけに、縄文時代終末期の内陸部における食料調達に何らかの支障がでていた可能性も考慮に入れなければならないからである。

これまでの動・植物遺存体に関する研究は、列島東北部縄文晩期の資源減少や枯渇を否定してきた（林1986、前山1996）[注40]。しかし、こうした考えの基礎となったデータは平野・沿岸部から得られたものであり、とくに本州島東北部における貝塚遺跡の分布は、集落の状況が不明か保守的な様相を呈する地域と一致しているのである。この地域の考察が当時の社会復元のためのこのうえない重要性をもっていることは疑いないが、そこでの結論が無条件に列島東北部全域に適用できるわけではないことにも注意しなければならないだろう。

第9章　集住化の二形態—津軽平野と仙台平野—

　前章で指摘した村落組織の再編成のあり方を、遺跡群という観点からもうすこし詳しくみてみよう。ここでは集落の調査例が少なかった津軽平野（岩木川流域）の遺跡群動態をつかみ、それをふまえて仙台平野の状況との比較をおこなう。この作業によって、当時の集住化の二形態を見いだす。

1. 遺跡の基礎情報

(1) **遺跡の選択**　　流域延長102kmの岩木川は、青森県西部の岩木山（標高1,625m）に源流を発し、十三湖を介して日本海に注ぐ。白神山地および十和田カルデラ外輪山から流れ込む支流の平川・浅瀬石川をもふくめた流域面積は2,540km^{2}に達し、本州島東北部の北半部では馬淵・米代・雄物・北上川とともに主要な河川の1つとなっている。岩木川水系の各河川によって形成された津軽平野（南北60km、東西5〜20km）は、北・東を新第三紀層からなる津軽山地、西を山田野段丘およびそれを覆う砂丘からなる屏風山、南西を岩木山、南を新第三紀層・十和田火砕流堆積物からなる白神山地によって囲まれている。

　『青森県遺跡地図』には、1998年現在における青森県内各市町村の周知の遺跡が記載されている（青森県教育委員会1998）。各遺跡については、「旧石器・縄文・弥生・古墳・奈良・平安・中世・近世」といった時代の認定がおこなわれており、くわえて縄文時代の多くの遺跡については土器の大別型式についての情報も併記されている。ここで依拠するデータは、本遺跡地図に掲載された遺跡のうち、岩木川流域で縄文時代晩期と弥生時代の存在が特定されている遺跡である。発掘調査成果や報文から時期の細分や修正が可能な遺跡については適宜追加・修正し、行政区分をまたがり各市町村で別個に登載されている遺跡は1遺跡としてカウントしなおしてデータベースを構築した。関係する遺跡は269遺跡であり、これらのリストを第16表にしめす。

(2) **遺跡分布図の作成**　　関係遺跡の地図上での分布を第96図にしめした。

第9章 集住化の二形態―津軽平野と仙台平野―

第16表 岩木川流域における縄文時代晩期～弥生時代の遺跡

No. 1

No.	市町村	遺跡名	時期	種類	分類	No.	市町村	遺跡名	時期	種類	分類
1	弘前市	沢部(1)	縄文(中・後)、弥生(後)、平安	集落跡	Ⅲ	28	弘前市	石川長者森	旧石器、縄文(前)、弥生(後)、奈良、平安	集落跡 城館跡	Ⅲ
2	弘前市	天王沢	縄文(晩)	散布地	Ⅰ	29	弘前市	中別所	縄文(早・中・後・晩)、平安、中世	城館跡 散布地	Ⅰ
3	弘前市	桜山	縄文(後・晩)、平安	散布地	Ⅰ
4	弘前市	尾上山	縄文(晩)	散布地	Ⅰ	30	弘前市	境関館	弥生、奈良、平安、中世	城館跡 散布地	Ⅲ
5	弘前市	大森勝山	縄文(前・後・晩)	集落跡	Ⅰ
6	弘前市	十腰内(1)	縄文(晩)	集落跡 環状列石	Ⅰ	31	弘前市	鬼沢猿沢	縄文(後・晩)、平安	集落跡	Ⅰ
7	弘前市	十腰内(2)	縄文(後・晩)	集落跡	Ⅰ	32	弘前市	猿沢(1)	縄文(前・後・晩)	散布地	Ⅰ
8	弘前市	砂沢	縄文(晩)、弥生(前・中)	散布地 水田跡	Ⅱ	33	弘前市	猿沢(2)	縄文(後・晩)、平安	散布地	Ⅰ
9	弘前市	野尻	縄文(前・晩)	散布地	Ⅰ	34	弘前市	猿沢(7)	縄文(後・晩)	散布地	Ⅰ
10	弘前市	町田	縄文(前・中・後・晩)	散布地	Ⅰ	35	弘前市	猿沢(9)	縄文(後・晩)	散布地	Ⅰ
11	弘前市	寺ヶ沢	縄文(後・晩)	散布地	Ⅰ	36	弘前市	猿沢(10)	縄文(後・晩)	散布地	Ⅰ
12	弘前市	大久保	縄文(晩)	散布地	Ⅰ	37	弘前市	猿沢(13)	縄文(晩)	散布地	Ⅰ
13	弘前市	和徳稲荷神社	縄文(中・後・晩)、平安	散布地 城館跡	Ⅰ	38	弘前市	猿沢(15)	縄文(後・晩)	散布地	Ⅰ
						39	弘前市	猿沢(18)	縄文(晩)	散布地	Ⅰ
14	弘前市	鷹ノ巣	縄文(中・後・晩)	散布地	Ⅰ	40	弘前市	猿沢(20)	縄文(晩)	散布地	Ⅰ
						41	弘前市	猿沢(21)	縄文(後・晩)	散布地	Ⅰ
15	弘前市	大石神社	縄文(晩)	散布地	Ⅰ	42	弘前市	猿沢(22)	縄文(晩)、平安	散布地	Ⅰ
16	弘前市	中崎館	縄文(後・晩)、弥生(前)、平安、鎌倉	集落跡 城館跡	Ⅱ	43	弘前市	猿沢(30)	縄文(後・晩)	散布地	Ⅰ
17	弘前市	甕子山	縄文(晩)	散布地	Ⅰ	44	弘前市	猿沢(31)	縄文(晩)、平安	散布地	Ⅰ
18	弘前市	高長根(1)	縄文(中・後・晩)	散布地	Ⅰ
						45	弘前市	猿沢(33)	縄文(後・晩)	散布地	Ⅰ
19	弘前市	高長根(2)	縄文(中・後・晩)	集落跡	Ⅰ	46	弘前市	猿沢(34)	縄文(後・晩)	散布地	Ⅰ
						47	弘前市	猿沢(35)	縄文(後・晩)	散布地	Ⅰ
20	弘前市	常夜森	縄文(晩)	散布地	Ⅰ	48	弘前市	猿沢(36)	縄文(後・晩)	散布地	Ⅰ
21	弘前市	小友館	縄文(中・後・晩)、続縄文(弥生)、平安	散布地	Ⅱ	49	弘前市	猿沢(39)	縄文(後・晩)	散布地	Ⅰ
						50	弘前市	野中(1)	縄文(後・晩)	散布地	Ⅰ
22	弘前市	弘前城跡	縄文(前・中・後・晩)、平安、近世	城館跡 散布地	Ⅰ	51	弘前市	野中(4)	縄文(後・晩)	散布地	Ⅰ
						52	弘前市	野中(6)	縄文(後・晩)	散布地	Ⅰ
23	弘前市	緑町	縄文(晩)	散布地	Ⅰ	53	弘前市	野中(7)	縄文(後・晩)	散布地	Ⅰ
24	弘前市	紙漉町	縄文(晩)	散布地	Ⅰ	54	弘前市	浜妻ノ神(2)	縄文(後・晩)	散布地	Ⅰ
25	弘前市	小沢	縄文(後・晩)	散布地	Ⅰ
26	弘前市	牧野(2)	縄文(晩)、弥生(前・中)	散布地	Ⅱ	55	弘前市	森田(5)	縄文(晩)	散布地	Ⅰ
27	弘前市	神原	弥生(後)	散布地	Ⅲ	56	弘前市	浜妻ノ神(4)	縄文(後・晩)	散布地	Ⅰ

第Ⅲ部 「弥生化経験」の社会誌

第16表 岩木川流域における縄文時代晩期～弥生時代の遺跡

No. 2

No.	市町村	遺跡名	時期	種類	分類
57	弘前市	大面	縄文(晩)	散布地	I
58	弘前市	湯ヶ森(2)	縄文(後・晩)	散布地	I
59	弘前市	湯ヶ森(5)	縄文(後・晩)	散布地	I
60	弘前市	欅(1)	縄文(晩)	散布地	I
61	弘前市	欅(2)	縄文(晩)	散布地	I
62	弘前市	欅(3)	縄文(晩)	散布地	I
63	弘前市	欅(4)	縄文(中・後・晩)、平安	散布地	I
64	弘前市	欅(5)	縄文(後・晩)	散布地	I
65	弘前市	欅(6)	縄文(晩)	散布地	I
66	弘前市	欅(11)	縄文(後・晩)	散布地	I
67	弘前市	十面沢沢田(2)	縄文(晩)	散布地	I
68	弘前市	猿沢(42)	縄文(後・晩)	散布地	I
69	弘前市	清水森西	縄文、弥生、平安	散布地	Ⅲ
70	弘前市	野脇	縄文(後・晩)、弥生、平安、中世、近世	集落跡	Ⅱ
71	弘前市	清水森	縄文(中・後・晩)、弥生	散布地	Ⅱ
72	弘前市	尾上山(3)	縄文(早・前・中・後・晩)、平安	集落跡 城館跡	I
73	弘前市	独狐	縄文(草創・早・中・後・晩)、平安、中世、近世	集落跡 城館跡	
74	弘前市	鬼神社	縄文(前・中・後・晩)、平安	散布地	I
75	弘前市	福山(4)	縄文(晩)、弥生、平安、中世	集落跡 散布地	Ⅱ
76	黒石市	竹鼻	縄文(後・晩)、平安、中世	散布地 城館跡	I
77	黒石市	高館(3)	縄文(後・晩)	散布地	I
78	黒石市	長坂(2)	縄文(中・後・晩)	散布地	I
79	黒石市	石名坂	縄文(後・晩)	集落跡	I
80	黒石市	浅瀬石山(2)	縄文(後・晩)	散布地	I
81	黒石市	浅瀬石山(7)	縄文(中・後・晩)	散布地	I
82	黒石市	仮間沢(1)	縄文(前・中・後・晩)、平安	散布地	I
83	黒石市	石倉下	縄文(中・後・晩)	散布地	I
84	五所川原市	観音林	縄文(後・晩)、平安	集落跡 館跡	I

No.	市町村	遺跡名	時期	種類	分類
85	五所川原市	野里	縄文(晩)、平安	散布地	I
86	五所川原市	狼野長根	縄文(晩)、平安	散布地	I
87	五所川原市	沢田	縄文(前・中・晩)	散布地	I
88	五所川原市	福泉	縄文(後・晩)	散布地	I
89	五所川原市	藤巻	縄文(後・晩)	散布地	I
90	五所川原市	十三盛	縄文(晩)、平安	散布地	I
91	五所川原市	鶉野	縄文(後・晩)	散布地	I
92	五所川原市	荒神林	縄文(晩)、平安	散布地、館跡	I
93	五所川原市	色吉	縄文(晩)、平安	散布地	I
94	五所川原市	松島	縄文、弥生、平安、中世	散布地	Ⅲ
95	鰺ヶ沢町	杢沢	縄文(前・後・晩)、平安	集落跡 製鉄跡	I
96	鰺ヶ沢町	外馬屋	縄文(前・中・晩)	製鉄跡	I
97	鰺ヶ沢町	若山	縄文(前・後・晩)、平安	散布地	I
98	鰺ヶ沢町	大曲	縄文(後・晩)	散布地	I
99	鰺ヶ沢町	大平野	縄文(後・晩)	散布地	I
100	鰺ヶ沢町	長平	縄文(前・晩)、平安	散布地	I
101	鰺ヶ沢町	今須(1)	縄文(早・前・後・晩)、弥生、平安	散布地	Ⅱ
102	鰺ヶ沢町	平野(1)	縄文(後・晩)、弥生	散布地	Ⅱ
103	鰺ヶ沢町	新沢(1)	縄文(前・中・後・晩)、奈良、平安	散布地	I
104	鰺ヶ沢町	新沢(2)	縄文(晩)、弥生、平安	散布地	Ⅱ
105	鰺ヶ沢町	外馬屋前田(1)	縄文(前・中・後)、弥生、平安	散布地	Ⅲ
106	鰺ヶ沢町	下清水崎(1)	縄文(前・後)、弥生	散布地	Ⅲ
107	鰺ヶ沢町	湯舟(5)	縄文(後・晩)、平安	散布地	I
108	鰺ヶ沢町	湯舟(7)	縄文(前・後・晩)	散布地	I
109	鰺ヶ沢町	大平(2)	縄文(後・晩)	散布地	I

第9章 集住化の二形態—津軽平野と仙台平野— 201

第16表 岩木川流域における縄文時代晩期～弥生時代の遺跡 No. 3

No.	市町村	遺跡名	時期	種類	分類
110	鰺ヶ沢町	大平(3)	縄文(前・後・晩)、平安	散布地	I
111	鰺ヶ沢町	大平(4)	縄文(中・後・晩)	散布地	I
112	鰺ヶ沢町	甲音羽山(5)	縄文(後・晩)、平安	散布地	I
113	鰺ヶ沢町	甲音羽山(6)	縄文(前・中・後・晩)	散布地	I
114	鰺ヶ沢町	湯舟(9)	縄文(前・中・後・晩)	散布地	I
115	鰺ヶ沢町	上清水崎(3)	縄文(前・中・後・晩)	散布地	I
116	鰺ヶ沢町	上清水崎(4)	縄文(前・中・後・晩)、平安	散布地	I
117	鰺ヶ沢町	大平(7)	縄文(晩)	散布地	I
118	木造町	亀ヶ岡	縄文(後・晩)	散布地	I
119	木造町	館岡屏風山(1)	縄文(前・後・晩)	散布地	I
120	木造町	上沢辺(1)	縄文(後・晩)	散布地	I
121	木造町	上沢辺(2)	縄文(後・晩)	散布地	I
122	木造町	館岡屏風山(2)	縄文(後・晩)、弥生	散布地	II
123	木造町	城西	縄文(前・中・後)、弥生、平安	散布地 製鉄跡	III
124	木造町	野崎(2)	縄文(後・晩)、平安	散布地	I
125	木造町	雛子森大沼	縄文(前・後・晩)、平安	散布地	I
126	木造町	三好野(4)	縄文(前・後・晩)、平安	散布地	I
127	木造町	竹鼻(2)	縄文(前・後・晩)	散布地	I
128	木造町	雛子森平	縄文(後・晩)	散布地	I
129	木造町	神山(2)	縄文(前・後・晩)、弥生、平安	散布地	II
130	木造町	越水屏風山	縄文(後)、弥生	散布地	III
131	木造町	神田	縄文(後)、弥生	散布地	III
132	木造町	鳥谷沢	弥生、平安	散布地	III
133	森田町	山田	縄文(前・中・後・晩)、平安	集落跡	I
134	森田町	石神	縄文(前・中・後・晩)、平安、中世、近世	集落跡 貝塚 社寺跡	I
135	森田町	八重菊(1)	縄文(晩)、平安	散布地	I
136	森田町	矢伏長根	縄文(前・中・後・晩)	配石遺構	I
137	森田町	月見野(1)	縄文(晩)、平安	散布地	I
138	森田町	月見野(3)	縄文(晩)	散布地	I
139	森田町	藤山(1)	縄文(後・晩)	集落跡	I
140	森田町	藤山(2)	縄文(前・中・後・晩)	散布地	I
141	森田町	鶴喰(2)	縄文(晩)	散布地	I
142	森田町	鶴喰(4)	縄文(前・晩)	散布地	I
143	森田町	鶴喰(8)	縄文(前・晩)	散布地	I
144	森田町	八重菊(3)	縄文(晩)	集落跡	I
145	森田町	勝山	縄文(晩)	散布地	I
146	森田町	藤山南	縄文(晩)	散布地	I
147	森田町	広ヶ平(1)	縄文(晩)	散布地	I
148	森田町	広ヶ平(3)	縄文(晩)	散布地	I
149	森田町	豊原(1)	縄文(中・晩)	集落跡	I
150	岩木町	湯の沢	縄文(前・後)、弥生	集落跡	III
151	岩木町	根の山	縄文(晩)	配石遺構	I
152	岩木町	子森山東部	縄文(後・晩)	散布地	I
153	岩木町	寺沢	縄文(後・晩)	散布地	I
154	岩木町	薬師	縄文(前・中・後・晩)	墳墓	I
155	相馬村	石堂	縄文(後・晩)	散布地	I
156	相馬村	湯口鉱泉	縄文(後・晩)	散布地	I
157	相馬村	相馬大森(2)	縄文(晩)	散布地	I
158	相馬村	相馬大森(4)	縄文(晩)	散布地	I
159	相馬村	一丁木	縄文(後・晩)	散布地	I
160	相馬村	鳴ヶ沢(2)	縄文(後・晩)	散布地	I
161	相馬村	鳴ヶ沢(3)	縄文(晩)	散布地	I
162	相馬村	薬師平(2)	縄文(晩)	散布地	I
163	藤崎町	藤越	縄文(晩)、平安	散布地	I
164	藤崎町	高倉	縄文(前・中・後・晩)	散布地	I
165	藤崎町	東亀田	縄文(晩)	散布地	I
166	大鰐町	滝ノ沢	縄文(晩)	散布地 城跡	I
167	大鰐町	上牡丹森	縄文(晩)、平安	散布地	I

第16表　岩木川流域における縄文時代晩期〜弥生時代の遺跡

No. 4

No.	市町村	遺跡名	時期	種類	分類
168	大鰐町	前田ノ沢(5)	縄文(後・晩)	散布地	I
169	尾上町	八幡崎(1)	縄文(後・晩)、平安	散布地	I
170	尾上町	五輪野	弥生、平安	墳墓	III
171	尾上町	原	縄文(中・晩)、弥生、奈良、平安	散布地 館跡 墳墓	II
172	尾上町	浅田	縄文、弥生、奈良、平安	散布地	III
173	尾上町	岡部	縄文、弥生、奈良、平安	散布地	III
174	浪岡町	大堤沢	縄文(後・晩)、平安	散布地	I
175	浪岡町	神明宮	縄文(前・晩)、弥生	散布地	II
176	浪岡町	山神堂	縄文(晩)	散布地	I
177	浪岡町	長溜池	縄文(中・晩)、平安	散布地	I
178	浪岡町	羽黒平(2)	縄文(晩)、平安	散布地	I
179	浪岡町	羽黒平(3)	縄文(晩)、平安、中世	散布地	I
180	浪岡町	浪岡崎(2)	縄文(晩)	散布地	I
181	浪岡町	王余魚沢(1)	縄文(後・晩)	散布地	I
182	浪岡町	王余魚沢(2)	縄文(後・晩)	散布地	I
183	浪岡町	王余魚沢(3)	縄文(後・晩)	散布地	I
184	浪岡町	正平寺	縄文(晩)	散布地	I
185	浪岡町	細野	縄文(晩)	散布地	I
186	浪岡町	中屋敷	縄文(晩)、平安	散布地	I
187	浪岡町	篠原	縄文(後)、弥生	散布地	III
188	浪岡町	牧ノ沢	縄文(早・中・晩)	散布地	I
189	浪岡町	平野	縄文、弥生、平安	集落跡	I
190	平賀町	唐竹	縄文(後・晩)	散布地	I
191	平賀町	堀合(1)	縄文(前・中・後・晩)、弥生	散布地	I
192	平賀町	堀合(2)	縄文(前・中・後・晩)、平安	散布地	I
193	平賀町	堀合(4)	縄文(前・中・後・晩)、平安	散布地	I
194	平賀町	苺原	縄文(後・晩)、平安	散布地	I
195	平賀町	水上(1)	縄文(後・晩)	散布地	I
196	平賀町	水上(2)	縄文(晩)	散布地	I
197	平賀町	井沢(1)	縄文(前・中・後・晩)、弥生、平安	散布地	II
198	平賀町	合戦沢(1)	縄文(後・晩)	散布地	I
199	平賀町	合戦沢(2)	弥生	散布地	III
200	平賀町	木戸口(1)	縄文(後・晩)	城跡	I
201	平賀町	尾崎	縄文(後・晩)	散布地	I
202	平賀町	観音	縄文(後・晩)	散布地	I
203	平賀町	木戸口沢(1)	縄文(後・晩)	散布地	I
204	平賀町	富山	縄文(中・後・晩)、平安	散布地	I
205	平賀町	山下(2)	縄文(晩)	散布地	I
206	平賀町	木戸口	縄文(早・後・晩)、弥生	散布地	II
207	平賀町	滝の沢(3)	弥生、平安	集落跡	III
208	平賀町	沖館(2)	縄文(後・晩)	散布地	I
209	平賀町	鳥海山	縄文(早・前・中・後・晩)、平安	館跡	I
210	平賀町	沖館神社	縄文(中・晩)	散布地	I
211	平賀町	石郷(1)	縄文(晩)	散布地	I
212	平賀町	石郷(2)	縄文(晩)	散布地	I
213	平賀町	石郷(3)	縄文(晩)、平安	集落跡	I
214	平賀町	石郷(4)	縄文(後・晩)	散布地	I
215	平賀町	石郷(5)	縄文(晩)	散布地	I
216	平賀町	石郷神社裏	縄文(後・晩)	集落跡	I
217	平賀町	堂の前	弥生	散布地	III
218	平賀町	大光寺(1)	縄文(晩)、平安	散布地	I
219	平賀町	大光寺(2)	縄文(晩)、平安	散布地	I
220	平賀町	旧大光寺城(1)	弥生	城跡	III
221	平賀町	旧大光寺城(2)	弥生、平安	散布地	III
222	平賀町	五目市館	弥生、平安	散布地	III
223	平賀町	杉館(1)	弥生、平安	散布地	III
224	平賀町	杉館(2)	弥生	散布地	III
225	平賀町	杉館(3)	弥生	散布地	III
226	平賀町	館合	縄文(後・晩)	散布地	I
227	平賀町	小国城跡	縄文(後・晩)	館跡	I

第9章 集住化の二形態―津軽平野と仙台平野―

第16表 岩木川流域における縄文時代晩期～弥生時代の遺跡

No. 5

No.	市町村	遺跡名	時期	種類	分類
228	平賀町	小国	縄文（後・晩）	散布地	I
229	平賀町	川辺	縄文（後・晩）	散布地	I
230	平賀町	オクバ平	縄文（後・晩）	散布地	I
231	平賀町	大木平	弥生	散布地	III
232	平賀町	堀合(5)	縄文（前・中・後・晩）、平安	散布地	I
233	平賀町	井沢(2)	縄文（前・後・晩）	散布地	I
234	平賀町	五輪(2)	縄文（中・後・晩）、平安	散布地	I
235	平賀町	金井館跡	縄文（後・晩）、弥生、平安、中世、近世	散布地	II
236	平賀町	石郷(6)	縄文（後・晩）	散布地	I
237	平賀町	駒泊	縄文（前）、弥生、奈良、平安	散布地	III
238	平賀町	大光寺(4)	縄文（晩）、弥生、中世	散布地	II
239	平賀町	小和森	縄文（後）、弥生	散布地	III
240	田舎館村	田舎館	縄文、弥生	散布地	III
241	田舎館村	垂柳	縄文、弥生	散布地 水田跡	III
242	田舎館村	前川	弥生、平安、中世	散布地	III
243	田舎館村	高樋(1)	縄文（後）、弥生、奈良、平安	散布地	III
244	田舎館村	高樋(3)	弥生、平安、中世	散布地 水田跡	III
245	田舎館村	境森	弥生	散布地	III
246	田舎館村	中辻	弥生、奈良、平安	散布地	III
247	田舎館村	稲田	弥生、奈良、平安	散布地	III
248	田舎館村	藤巻	弥生、奈良、平安	散布地	III
249	田舎館村	松森	縄文（後・晩）	散布地	I
250	田舎館村	北佃	弥生（中）	散布地	III
251	碇ヶ関村	程森	縄文（後・晩）	散布地	I
252	板柳町	土井(1)	縄文（後・晩）	散布地	I
253	板柳町	土井(2)	縄文（晩）	散布地	I
254	板柳町	土井(3)	縄文（後・晩）	散布地	I
255	板柳町	土井(4)	縄文（晩）	散布地	I
256	金木町	千苅(1)	縄文（晩）	散布地	I
257	金木町	鎧石	縄文（後・晩）	散布地	I
258	金木町	芦野(2)	縄文（早・前・中・後・晩）	散布地	I
259	金木町	藤枝溜池南岸	縄文（晩）、平安	散布地	I
260	金木町	岩見町	縄文（中・晩）	散布地	I
261	中里町	大沢内	縄文（前・中・晩）、平安	散布地 集落跡	I
262	中里町	深郷田	縄文（前・中・後・晩）	散布地 集落跡 貝塚	I
263	鶴田町	廻堰大溜池(1)	縄文、弥生、平安	散布地	III

	補 遺				
264	相馬村	五所	弥生	散布地	III
265	岩木町	東岩木山	弥生	散布地	III
266	五所川原市	隠川(3)	弥生	散布地	III
267	五所川原市	隠川(4)	弥生	散布地	III
268	碇ヶ関村	古館	弥生	散布地	III
269	碇ヶ関村	永野	弥生	散布地	III

遺跡の分類は、形成時期によって、
　Ⅰ種：縄文時代晩期に形成が終了する遺跡
　Ⅱ種：縄文時代晩期と弥生時代に形成される遺跡
　Ⅲ種：縄文時代晩期には形成されないが弥生時代に形成される遺跡
の3種に分類した。第96〜98図ではⅠ種を●、Ⅱ種を△、Ⅲ種を□で示してある。内訳は、Ⅰ種が204遺跡（75.8％）、Ⅱ種が18遺跡（6.7％）、Ⅲ種が47遺跡（17.5％）であり、Ⅰ種が全体の4分の3を占めている。Ⅱ種は縄文晩期から弥生時代にかけて継続的に遺跡形成が行われたことを必ずしも示すわけではない。また、Ⅰ種については縄文晩期と古墳時代以降が重複する場合があり、Ⅲ種については弥生時代と縄文後期以前が重複する場合がありうる。

2．遺跡分布の特徴

(1) 分布の特徴　　第96図からまず指摘できるのは、遺跡が集中している箇所が大きくみて2カ所存在している点である。ひとつは、これまでにも注意されてきた岩木山麓であり（岩木山刊行会編1978）、とくに〈岩木山北麓〉には半径5km程度の範囲に100ちかくの遺跡が密集している。いまひとつは、浅瀬石川と平川の合流地点から両河川に挟まれた区域、すなわち〈平野南部〉であり、やはり半径5km程度の範囲に60ちかくの遺跡が集中している。このほか、〈岩木山南東麓〉、〈白神山地〉、〈山田川流域〉、〈平野北東部〉といった地域も含めて、岩木川流域の遺跡群は大きく6カ所に区分できる（第97図）。

　遺跡の標高は、〈岩木山北麓〉が約30〜300m、〈平野南部〉が約20〜250m、〈岩木山南東麓〉が約20〜300m、〈白神山地〉が約100〜500m、〈山田川流域〉が約15〜30m、〈平野北東部〉が約5〜60mである。立地は、A）山地・丘陵地帯、B）下位沖積面、C）上位沖積面、D）扇状地、E）砂丘が認められる。〈岩木山北麓地域〉・〈岩木山南東麓地域〉・〈白神山地〉にはA、〈津軽平野南部〉・〈津軽平野北東部〉にはB・C・D、〈山田川流域〉にはB・C・Eがふくまれる。

(2) バイアスの検証　　当然ながら、遺跡にはすでに破壊されたものや未発見のものがあり、時期判定基準・分布調査の密度・遺跡範囲のくくり方にも行政

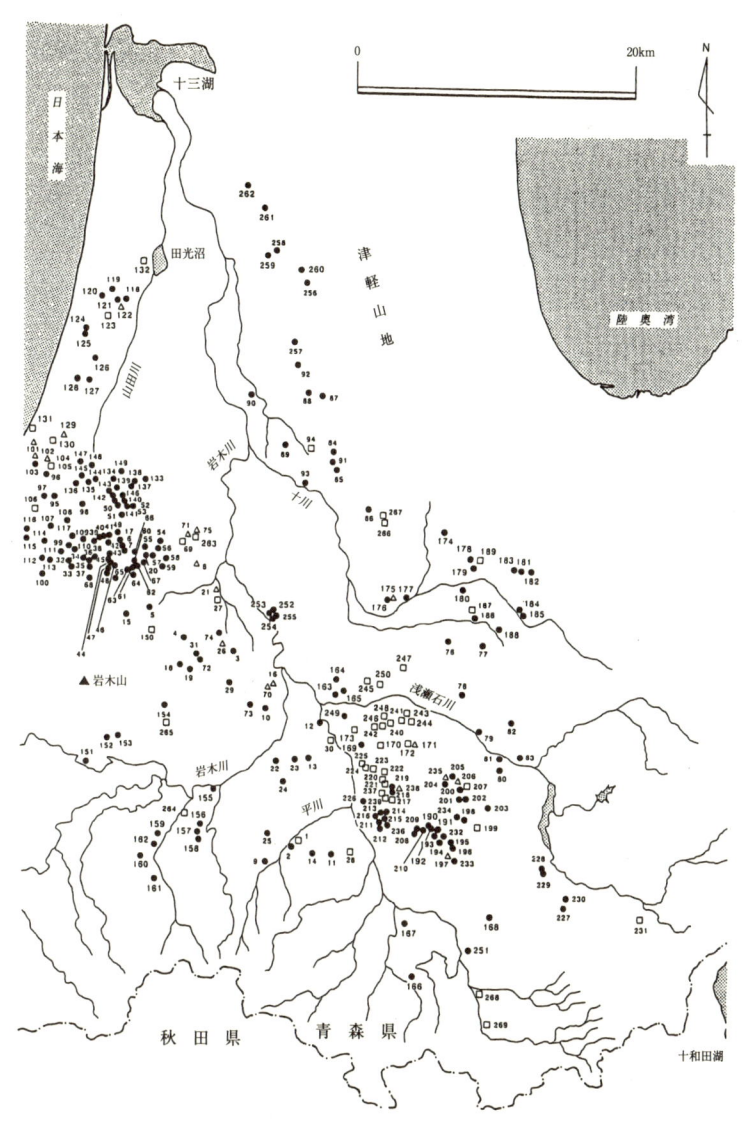

第 9 章 集住化の二形態―津軽平野と仙台平野― 205

第 96 図 岩木川流域における縄文時代晩期〜弥生時代の遺跡分布（●縄文時代晩期、△縄文時代晩期〜弥生時代、□弥生時代、遺跡番号は第 16 表と一致する）

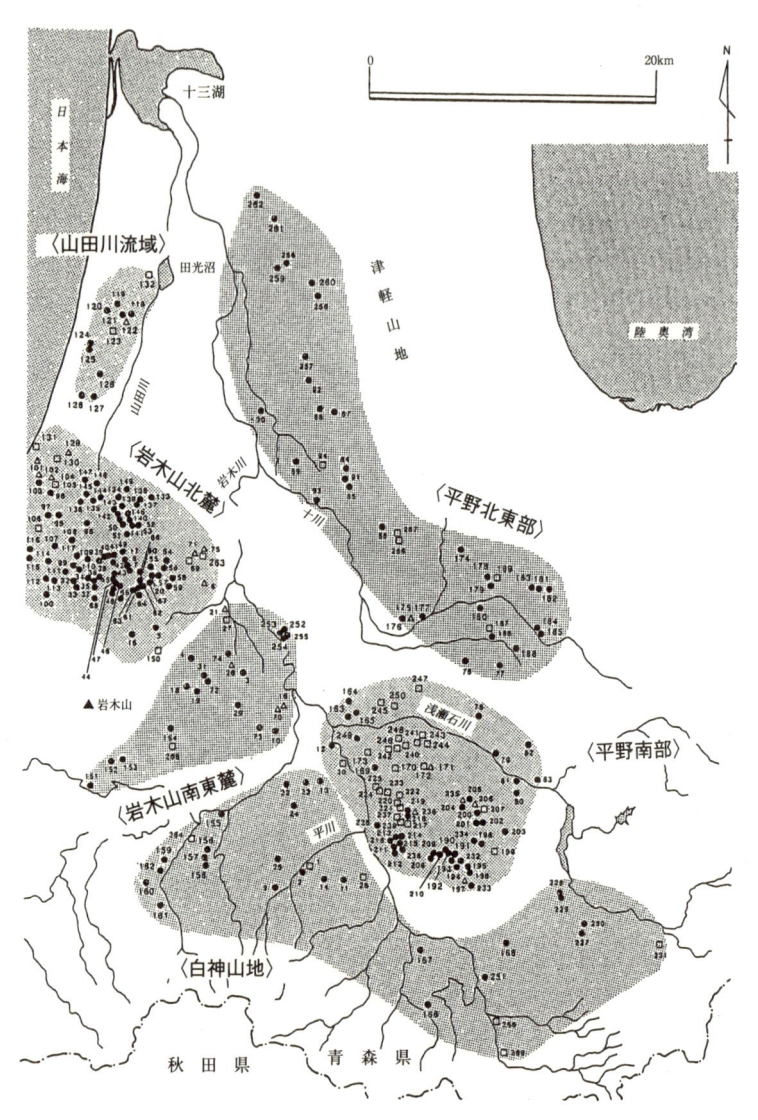

206　第Ⅲ部　「弥生化経験」の社会誌

第97図　岩木川流域における縄文時代晩期〜弥生時代の遺跡群（●縄文時代晩期、△縄文時代晩期〜弥生時代、□弥生時代、遺跡番号は第16表と一致する）

区間での違いがないわけではない。また、遺跡の形成過程によってはその認定がきわめて困難な状況も考えられ、現在の遺跡分布が「みかけ」の分布にすぎない可能性を、あらかじめ排除することはできない。現在の社会・学問と、遺跡の性質や形成過程に起因する双方の要因への配慮が必要となってくるわけである。

前者が遺跡分布におよぼすもっとも大きな要因は、発掘・分布調査の精度と密度であろう。これは現行の埋蔵文化財保護体制と密接に関連していることから、行政区間の比較によって遺跡分布へのバイアスの大小をある程度見積もることが可能である[注41]。後者の要因については、現在の土地利用のあり方とともに地形形成過程を議論に組み込む必要がある。以下では、行政区を基準として遺跡分布を比較しつつ、遺跡の空白域について平野形成過程の理解を援用して遺跡分布のバイアスを検証する。

〈岩木山北麓〉は弘前市・鰺ヶ沢町・森田町・鶴田町にまたがっているが、前3市町においては行政区による遺跡密度にそれほど大きな違いはみられない（第98図、第17表）。これとは対照的に、鶴田町域は遺跡の空白域となっており、本町の遺跡密度が0.19遺跡／km²と低いことからみてもバイアスがかかっている可能性がある。しかし、仮にそうだとしても幸い本遺跡群と関係しているのは鶴田町域の西端にとどまっていると考えられ（第98図）、不十分なデータである可能性は捨てきれないものの、遺跡群内における遺跡の分布と時期の傾向を把握するには、深刻な影響は及ぼさないであろう。

〈平野南部〉は、弘前市・黒石市・藤崎町・平賀町・尾上町・田舎館村にまたがっており、分布の中心は後三者にある（第98図）。平川と浅瀬石川を隔てた弘前・黒石市域では遺跡密度が急激に低下している（第98図）。これが本来的な遺跡群の分布のあり方と考えることもできるが、開発や分布調査の精度などが関与している可能性も否定できない。遺跡群の正確な拡がりが確定しているわけではないのだが、遺跡群のほぼ中央部にあたると考えられる区域では遺跡数は非常に多く、この範囲内では遺跡の分布と時期の傾向をつかむことは許されると思われる。

〈岩木山南東麓〉・〈白神山地〉では、遺跡数は比較的少ない（第98図）。関係する岩木町・相馬村・西目屋村・大鰐町・碇ヶ関村の遺跡密度も1km²あた

り0.3にとどかないケースが多く、やはり高いとはいえない（第17表）。面積の大部分が山地によって占められている点を勘案する必要はもちろんあるが、分布調査や発掘調査の成果が遺跡地図に十分に反映されていない可能性も指摘できる。たとえば、村越（1965）が相馬村五所遺跡（#264）付近で確認している複数の縄文期の遺跡が登載されていない点などは、現在の遺跡分布が断片的な情報も掬い取ったうえでのデータとはなっていないことを示している。

そのいっぽうで、分布調査が相対的に進んでいると考えられる弘前市や平賀町の南部を基準としても、遺跡密度は市町村によって大きく異なっていない点にも注意が必要であろう（第98図）。また、開発による多数の遺跡の消滅も考えにくく、集落・果樹園・畑地といった主たる土地利用のあり方を考えても、

第17表　関連市町村別遺跡数

市町村名	面積 (km²)	総遺跡数	1km²あたりの遺跡数
弘前市	273.82	241	0.88
黒石市	216.96	205	0.94
五所川原市	166.86	93	0.56
鰺ヶ沢町	342.99	117	0.34
木造町	120.07	38	0.32
森田村	24.12	46	1.91
柏村	14.32	0	0.00
稲垣村	33.17	3	0.09
車力村	62.17	16	0.26
岩木町	146.25	37	0.25
相馬村	103.54	35	0.34
西目屋村	246.58	23	0.09
藤崎町	22.01	9	0.41
大鰐町	163.40	42	0.26
尾上町	18.87	18	0.95
浪岡町	132.13	67	0.51
平賀町	221.61	185	0.83
常盤村	15.19	2	0.13
田舎館村	22.31	25	1.12
碇ヶ関村	105.33	19	0.18
板柳町	41.81	10	0.24
金木町	125.97	41	0.33
中里町	151.63	35	0.23
鶴田町	46.39	9	0.19

遺跡発見の条件はそれほど厳しいものではない。よって、本遺跡群においては遺跡数の把握は不十分であることを認めざるを得ないものの、遺跡数が相対的に少ない傾向は今後も大きく変わることはなく、行政区や土地利用を原因とするバイアスは小さいと考えて差し支えないだろう。

本論で取り扱っている地域のうち、車力村・稲垣村・柏村・常盤村域では縄文晩期・弥生時代の遺跡がまったく見つかっておらず、周辺の鶴田町・板柳町・藤崎町域においても遺跡の密度が低い。これら町村においては周知の遺跡そのものが少ない傾向が共通してみられ、1km²あたりの遺跡数は藤崎町をのぞいて0.3に達していない（第17表）。この区域は縄文晩期以降も沼沢地の主たる分布範囲となっており、本来的に利用できる土地が限られていたと同時に、下位沖積面上に堆積している砂・シルトが相対的に厚い、現在は主として水田域として利用されている、などの理由から遺跡発見が困難な状況も予測される。

ただし、自然堤防帯の埋没樹の存在と年代値、すなわち2480±85 B. P.（N-1958）、2240±90B. P.（Gak-4776）[註42]からみて、縄文晩期〜弥生時代にかけて谷底もあまり洪水の起こらない比較的安定した状態の時期があったと推定されていることにより（海津 1974、1976）、とくに上流側に位置している板柳町・藤崎町・常盤村域が遺跡の空白域であると言い切るわけにはゆかないだろう。遺跡分布の分析では空白域も「マイナスの情報」として意味を持ってくる。しかし、ここでのケースでは遺跡数が相対的に少ないことは確かであるかもしれないが、みかけ上の空白域の可能性が高いといえる。

〈山田川流域〉・〈平野北東部〉の遺跡分布からは、上記のみかけの空白域の東西にひろがる砂丘・上位沖積面・扇状地に遺跡が散在している様子が理解できる。関係している五所川原市・浪岡町・金木町・中里町間で遺跡密度にそれほど大きな差がなく、現在の土地利用形態からみても遺跡発見がそれほど困難な状態にはないと考えられる。したがって、遺跡の総数はともかく、遺跡群の内容について重大なバイアスがかかっているとは考えにくい。

以上の検討から、つぎの2点を指摘できる。

1) 各遺跡群については、発掘・分布調査の精度や開発・土地利用形態などによるバイアスがかかっている可能性はあるが、遺跡群内部における遺跡の分

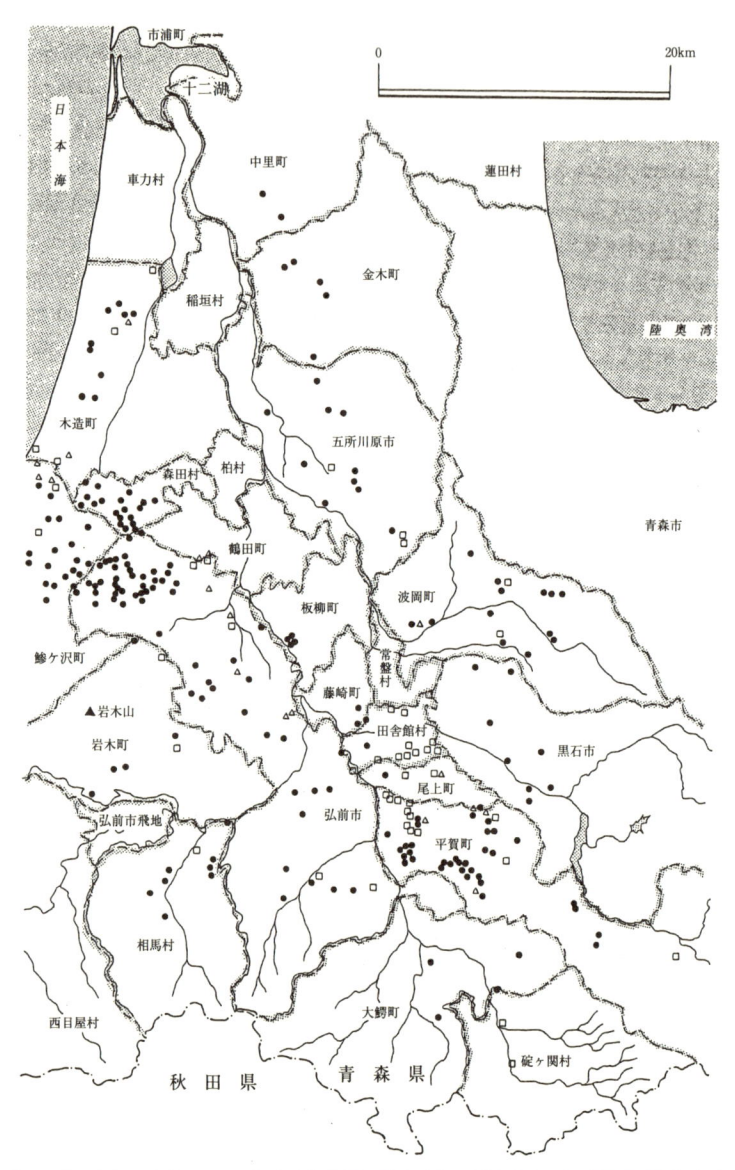

第98図　岩木川流域における縄文時代晩期～弥生時代の遺跡分布と行政区分（●縄文時代晩期、△縄文時代晩期～弥生時代、□弥生時代、遺跡番号は第16表と一致する）

布と時期についてはほぼ傾向が把握可能である。

　2）遺跡がない区域はみかけの空白地帯と考えられる。

　よって、空白域の評価は保留せざるを得ないものの、第96～98図から当該期の遺跡群動態の大きな傾向を読みとることは可能と考える。

(3) **縄文晩期・弥生時代遺跡にみられる傾向**　現段階では、流域内各遺跡の機能と規模が詳細に把握できているわけではない。だが、縄文時代晩期の遺跡は分布範囲が広いうえに数が多く、多様な立地にみられるという傾向は確実に指摘することができる。各遺跡群をみわたすと、弥生時代にはいって遺跡が皆無となるわけではないが、その数は縄文晩期の遺跡に比して確実に少なくなっている。そのなかにあって、〈平野南部〉では弥生時代の遺跡数が他の遺跡群にくらべて極端に多い点が注目される。平賀町大木平（＃231）・碇ヶ関村古館（＃268）・永野（＃269）のように山間部にも弥生時代の遺跡はごく少数見られるものの、多くの遺跡が標高の相対的に低い地域に営まれるケースが多くなる。平野部と山間部へ遺跡分布の二極化が進行し、数のうえでは平野部の遺跡が圧倒的に多くなるのが弥生時代に入ってからの最も大きな変化といえるだろう。

　遺跡の標高は、弥生時代前期の水田跡が検出された弘前市砂沢（＃8）で16～18m、中期前半の相馬村五所（＃264）・平賀町井沢（1）（＃197）・尾上町五輪野（＃170）で35～200mである。つぎの中期後半には、田舎館（＃240）・中辻（＃246）をはじめとして、さらに下流の標高約20～35mの田舎館村域に遺跡が集中するようになる。このなかには垂柳（＃241）や高樋（3）（＃244）もふくまれ、浅瀬石川に近い平坦面において長さ数百mにおよぶと考えられる水路を伴う小区画水田が数ヘクタールにわたって営まれるようになる。田舎館村域の遺跡はほとんどが縄文晩期と連続性をもたないⅢ種であり、弥生中期にあらたに開かれた水田と集落から構成されていることが予測できる。しかし、岩木川流域ではこのあとの様相は明らかになっていない。これまでの発掘調査成果を参考にすると、ここでとりあげた弥生時代遺跡のほとんどすべてが前～中期に属するものと考えられ、弥生後期または続縄文期（後北期）に属する遺跡はきわめて少ないと考えられるのである。

岩木川流域では、弥生時代にはいってから遺跡数が減少するいっぽう、弥生前〜中期にかけて〈平野南部〉に遺跡が集中してくる。そして、詳細な時期が判る遺跡を参考にするならば、〈平野南部〉においても中期前半までは平賀・尾上町域に遺跡が多く、中期後半に入ってからより下流の田舎館村域に遺跡が集中するというプロセスが進行していたことを想定できるのである。

3．集住化の二形態

　津軽平野においては、弥生前期に生じた集落の統合化と相対的な低地への集住化は中期後半に至るまでいくつかの段階を経ながら進められており、〈平野南部〉の遺跡群のうち尾上・平賀町域にはその過程が進行しつつあった状況を、田舎館村域にはその最終的なすがたを読みとることができた。しかし、田舎館村域で大規模な水田を営むようになっても、条件の悪い場所への水田域の拡大や、洪水後の水田の復旧はみられない。水田の拡張・復旧に対する貪欲性がほとんど見られないところに、「縄文系弥生文化」（設楽 2000b）としての特徴がよく現れているといえる。

　おなじことは仙台平野にもあてはまり、条件が良い場所には広大な水田が造営されている。用排水用の灌漑施設を伴う水田は高田 B 遺跡で確認されてはいるものの、富沢や山口遺跡なども含めて全体を見渡すと、灌漑施設を駆使して条件が悪い土地にまで生産域を拡げ拡大再生産を行う意図はやはり希薄といってよいであろう。

　だが、集住化のプロセスに関しては津軽平野とのちがいがありそうである。富沢遺跡低湿地部では完全に重複するわけではないものの中期初頭〜中期後半の水田が営まれ、後背湿地部でも少なくとも中期中葉には水田が耕作されている。この地域における縄文晩期末の遺跡・遺物数の少なさを考えても、集住化は弥生中期初頭以前の段階にすでに生じていたと考えるべきであり、水田適所がはじめからある程度選択されたうえで集住化と水稲耕作を実践していたと考えることが出来るだろう。津軽平野のように徐々に水田適地へ向かう集住のあり方とはべつに、少なくとも中期前葉から中期後葉にかけてほぼ同じ場所に水田を営み続け、その周辺が集住の核となっていた可能性が高いわけである。

　では、仙台平野と津軽平野でこのように異なるパターンをとりながらもなぜ

集住を行い、水稲耕作を実践したのかが問題となってくる。この問題を考えるために、つぎに水稲耕作とそれ以外の食料資源利用戦略について考えてみることにしよう。

第10章　水稲耕作の生産性と労働力

1．本州島東北部の初期水稲耕作

(1) **水田構造**　本州島東北部における水田跡の調査はすでに8遺跡以上におよんでいる。ただし、集落とそれに対応する水田の双方が確認された例はまだなく、これが集落構成員と生産活動の関係についての議論を停滞させる要因ともなっている。しかし、前章までに明らかにしてきた社会的諸現象は、いずれも水稲耕作の導入と直接的・間接的に関わるものであった可能性は高く、この成果をふまえたうえで集落遺跡と水田遺跡を比較することは許されるであろう。あらたな社会組織のもとでの稲作の実態と基準を明示しながら定量復元することは、たとえ不安定な要素があるにしてもこの地域の弥生社会像を形成するために欠くことのできない作業である。

　こうした検討をおこなうにあたって、まず着目しなければならないのが稲作農耕の存在と内容を直接的にしめしてくれる考古資料としての水田である（第99図）。水田の特徴をとらえるための視点は、八賀（1979）・乙益（1980）・都出（1983）・寺沢（1986）・山崎（1987）・田崎（1989）など多くの研究者によって提起されてきているが、本州島東北部についてはすでに斎野（1987、1994b）が成立基盤と水田形態に着目して整理をおこなっている。成立基盤は「立地・地形・水田域・水田土壌・地下水位を含めて下層の土壌と共にそれらの相関による水路の性格と用水のあり方」と定義され、おもに地形面の傾斜をもとに、

　（Ⅰ）緩傾斜面
　（Ⅱ）ほぼ平坦な地形面
　（Ⅲ）谷状の地形面

の3種がみいだされている。水田形態は「水田区画の行われ方と共に水田面の高低差・水田における水回りのあり方」と定義され、

　（A）地形勾配にあわせた水田区画
　（B）地形勾配とあまり相関しない小区画
　（C）条里型土地割による大区画

第18表　本州島東北部で検出された弥生時代〜古代の水田の種類［斎野（1994b）をもとに作成］

成立基盤	水田形態		
	A (地形勾配にあわせた水田区画)	B (地形勾配とあまり相関しない小区画)	C (条里型土地割による大区画)
Ⅰ (緩傾斜面)	砂沢(弥生前期) 富沢24 Ⅳ(古墳) 赤生津(平安)		富沢・山口(奈良・平安) 戸田条里(平安)
Ⅱ (ほぼ平坦な地形面)		大森A(古墳) 富沢30-8a-4(古墳) 垂柳(弥生中期) 富沢15-7a、35-15(古墳) 富沢15-13b、28-11c〜9a、 30-8d〜8c(弥生中期〜古墳)	
Ⅲ (谷状の地形面)	番匠地(平安) 台畑(平安)	番匠地(弥生中期) 台畑(弥生中期)	

の3つに区分されている（斎野1987, p.502）。

この基準にもとづいて本州島東北部の弥生時代〜古代の水田を分類すると、第18表のようになる。弥生時代前期から中期にかけて水田形態がAからBへと変化し、弥生中期には中・北部と本州島東北部南部で成立基盤に地域差が生じていることがわかる。このうち、平坦な地形面につくられた小区画水田であるⅡB水田は本州島東北部でもっとも一般的な弥生水田と考えることができ、ここでの検討対象もこの水田が中心となる。

ところで、ⅡB水田を特徴づけている小畦は、かならずしも固定的な存在ではなかった可能性が考えられる。仙台市富沢遺跡のように畦の作出がみられる部分とそうでない部分が混在しており（第99図）、古墳時代においても田起しとともに小畦の作出が行われていたことを示す事例が存在しているからである（第100図）。基軸となる畦畔はある程度固定されていたかもしれないが、小区画をつくるためのそのほかの小畦は毎年のように作出されていたと考えられるのであり、こうした耕作方法をとっていたことは毎年の耕作労働が土の耕起にとどまらず、より複雑な作業であったことを示している点で重要である。

(2) **農耕具**　弥生前期の本州島東北部では、木製農具の出土はまだない。中期の資料は多数出土しているが、器種はいまのところ広鍬・狭鍬・又鍬・鋤お

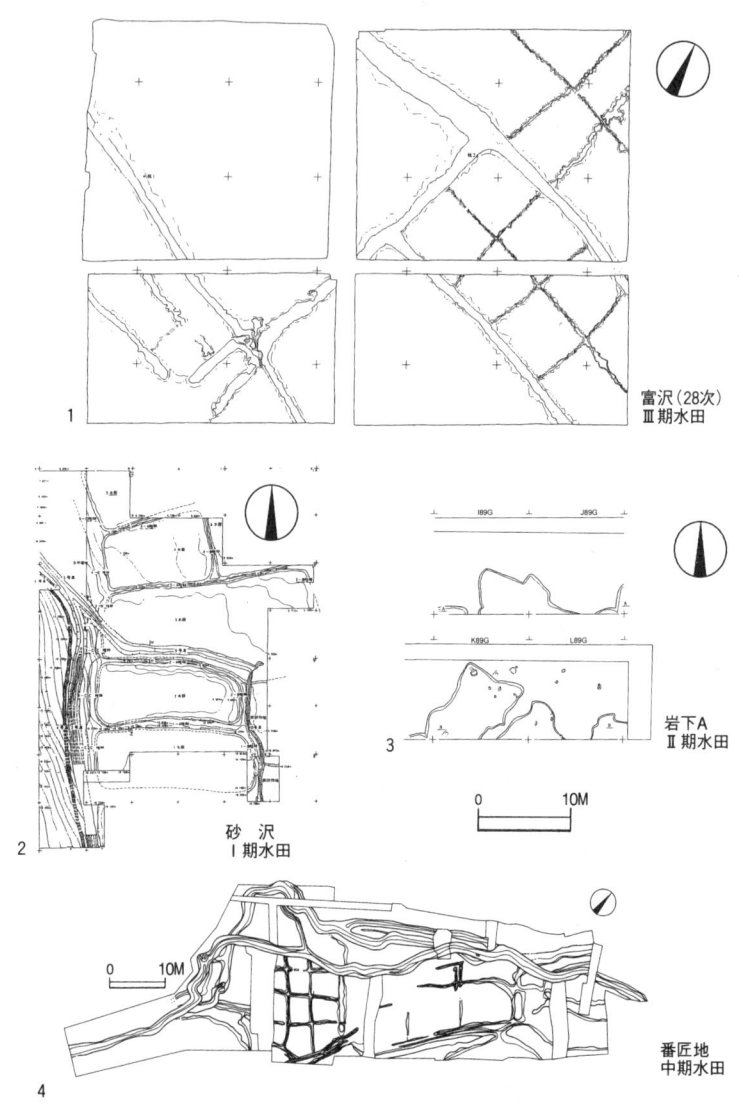

第99図　本州島東北部の弥生水田　[1（佐藤編1988）、2（藤田・矢島ほか1988、1991）、3（松本・吹野ほか1988）、4（和深ほか1996）]

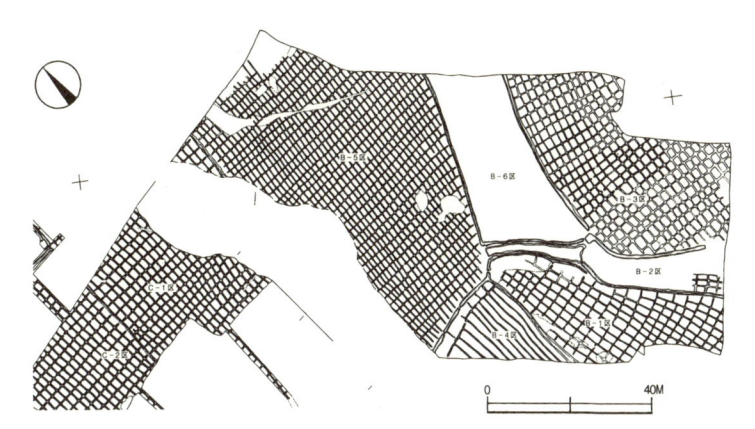

第10章 水稲耕作の生産性と労働力 217

第100図 群馬県御布呂遺跡黄褐色火山灰層（FA）直下古墳時代水田［神戸ほか（1980）をもとに作成］

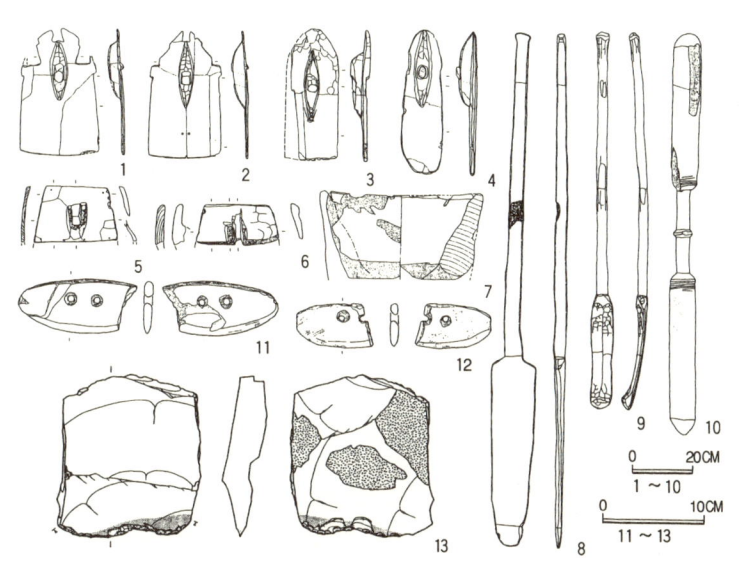

第101図 仙台市中在家南遺跡の農耕・収穫関連具［工藤編（1996）、1・2広鍬、3・4狭鍬、5・6泥除、7臼、8一木鋤、9「打棒」、10竪杵、11・12石包丁、13板状石器］

よび鍬と組み合わせて用いられる泥除にかぎられている（第101図、荒井1992）。今後、この地域で木製農具の器種の増加があったとしても、これらが量的に優勢である点に変わりはないであろう。

広鍬と狭鍬は耕起のためのもっとも一般的な道具であったが[註43]、これらの機能分化の程度が生産性にも大きく関わってくることになる。黒崎（1970）が着目しているような着柄角度の違いは本州島東北部の鍬にもみとめられるが、機能的につくり分けられていたと認識できるほどの差は見いだすことはできない（第19表）。むしろ、広鍬と狭鍬のあいだの堅牢性の違いが重要であり、これは「幅に対する厚さ」（厚さ／幅）に端的に現れている（第19表）。狭鍬は幅が狭いにもかかわらず厚みがあり、重量も重く、土に打ちつけて深耕するのに適している。これに対して、広鍬は幅広であるにもかかわらず非常に薄く、土のならしがその役割であったことは想像に難くない。ここから、狭鍬による深耕・土の粉砕・移動、広鍬による肥料の混入・水田面の平滑化という少なくとも二段階の作業工程が想定され、この認識がのちに水田耕作に必要な労働力を見積もる際にも重要な意味をもってくる。

(3) **収穫・脱穀具**　日本列島東北部の石庖丁は、とくに本州島東北部で顕著な展開をみせる（上原1991）。くわえて、仙台平野では竪杵・臼・「打棒」（工藤1996）の出土例も増加しており、収穫・脱穀時の作業内容をかなり具体的にうかがうことができるようになってきた（第101図）。仙台平野では収穫作業は石庖丁や板状石器をもちいておこなわれたと考えられ、とくに大型の板状石器は根刈りに適していることから、この地方でも稲藁が利用されていたことが推定される。もちろん穂摘み・穂刈りも併用されており、根刈りによって収穫された場合でも穂は石庖丁や剥片などによって切り落とさなければならなかったはずである。甲元（1988）は、扱き箸をもちいた近世の脱穀作業が相当な重労働であったことを説いているが、それは徹底した稲藁の確保と関係している。では、弥生時代においては耕作作業と収穫・脱穀作業とで、どちらがより大きな労働力が必要とされたのだろうか。

本州島東北部の弥生時代では田植えの証拠はいまのところ見あたらず、直播きが行われていた可能性が高い。よって収穫時期は株穂ごとにバラツキがあっ

第19表　中在家南遺跡出土鍬の特徴 ［工藤編（1996）をもとに作成］

遺物番号	器種	着柄角度(°)	長さ(cm)	幅(cm)	厚さ(cm)	長さ/幅	厚さ/幅
L-411	直柄狭鍬	70-72	38.2	11.9	1.9	3.2	0.16
L-412	直柄狭鍬	69	50.2	14.7	1.6	3.4	0.11
L-1073	直柄狭鍬	58-60	40.4	15.2	1.4	2.7	0.09
L-946	直柄狭鍬	73-74	44.0	13.2	1.6	3.3	0.12
L-855	直柄広鍬	71	32.1	18.0	1.2	1.8	0.07
L943	直柄広鍬	66-67	32.0	20.4	0.8	1.6	0.04
L-1072	直柄広鍬	74-75	29.8	16.0	1.2	1.9	0.08
L-1069	直柄広鍬	58-62	36.2	20.6	0.8	1.8	0.04
L-1068	直柄広鍬	56	38.0	21.0	0.6	1.8	0.03
L-1071	直柄広鍬	68-71	38.2	20.4	1.2	1.9	0.06
L-944	直柄広鍬	71-73	39.2	22.8	0.8	1.7	0.04
L-945	直柄広鍬	63-67	38.8	23.6	1.0	1.6	0.04
L-941	直柄広鍬	?	35.6	20.0	0.8	1.8	0.04

たと考えられ、時間的に切迫した状況を考えなくてもよいであろう。また、稲藁が利用されることはあってもそれがどこまで徹底していたかは未知数であり、脱穀のための労働量を現時点で過大に評価することはできない。これに対して、耕起作業は短期間に集中して行われなければならないことは明白であり、しかも土の耕転をともなうという点で重労働である点は疑いない。よって、水田経営に必要な労働力は耕起のときに最大になると考えられ、労働力については耕起作業を基準とした試算がなされなければならないことになる。

(4) **イネの性質**　ここまでみてきた稲作関連資料は、生産性を左右する重要な変数であった。生産性に関与するそのほかの要素として、稲そのものの性質がのこされている。ここでは熱帯・温帯ジャポニカの起源問題などは捨象し、当時の一般的なイネが赤米であったという仮定から議論を出発させる。赤米の特性は嵐（1974）によって詳述されており、そこで提示されているデータの平均値をもとめると現代赤米種の1株穂数は平均13.4、1穂粒数は平均127.3、10株当りの精籾重量は252.7gとなる。ただし、この数値を弥生時代にそのままのかたちで適用することはできない。

　寺沢・寺沢（1981）によれば、現代の移植栽培の穂首の長さは26～30cm

第20表 律令制下の収穫量［沢田（1972）、寺沢・寺沢（1981）による試算］

田種	束量	斗量	石高	俵数（4斗俵）	重量（kg）
上田	50束	8斗4升6合	0.846	2.1	105.75
中田	40束	6斗7升7合	0.677	1.7	84.625
下田	30束	5斗8合	0.508	1.3	63.5
下々田	15束	2斗5升4合	0.254	0.6	31.75

（籾数84～120）であるが、1～2年放置田では18～20cm（籾数38～62粒）にまで短くなる。放置田の穂首の長さは、奈良県唐古・鍵遺跡（前期）や滋賀県大中ノ湖南（中期）で出土した稲穂とほぼ同じ長さであり、放置田の成育状況が直播田のそれに非常に近いと考えられている。また、現在の水田の稲株数は1m²当り20～25、1株の分けつ茎は約20であるが、1年放置田では稲株数が1m²当り10～15、1株分けつ茎が約12～15にまで減少する点も指摘されている。これらを考慮に入れて収穫量を計算したばあい、1年放置田の収穫量は通常のほぼ1/4となり、これが弥生水田の収穫量を考える際の1つの目安になるという。

弥生時代における1穂粒数と1株分けつ茎を現在の約1/2とすることは妥当と思われ、さきの嵐（1974）のデータをもちいると、弥生時代における10株当りの籾重量は1/4の63.2g程度と考えることができる。しかし、1年放置田の稲株数が1m²当り10～15株（1坪当り33～50株）という値を弥生時代に適用するにはやや多すぎるきらいがある。なぜなら、1～2年放置田の発芽原因には「収穫時の籾の脱落」だけではなく「根株からの二次的な出芽」も関与しているため（寺沢・寺沢1981、p.112）、現代の高密度な稲株数の影響を受けていると思われるからである。

これまで、発掘資料において稲株数が確認できる例としては、岡山県百間川原尾島遺跡（弥生後期）の1坪当り平均400株という例が参考にされてきた（第102図（1）、高畑1984、柳瀬1988、工楽1991）。しかし、かりにこの密度で10株当り籾重量63.2gの収穫があったとすると、律令制下の上田の収穫量（第20表）をはるかに上回ることになるため[注44]、この稲株密度を額面どおりに受け入れることはできないだろう（高畑1984、安藤1993）。百間川原尾島遺跡の川内調査区では、このほかにも稲株数のわかる弥生後期の水田が検出されて

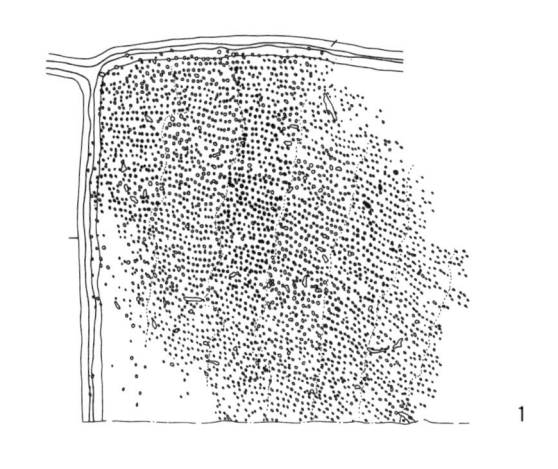

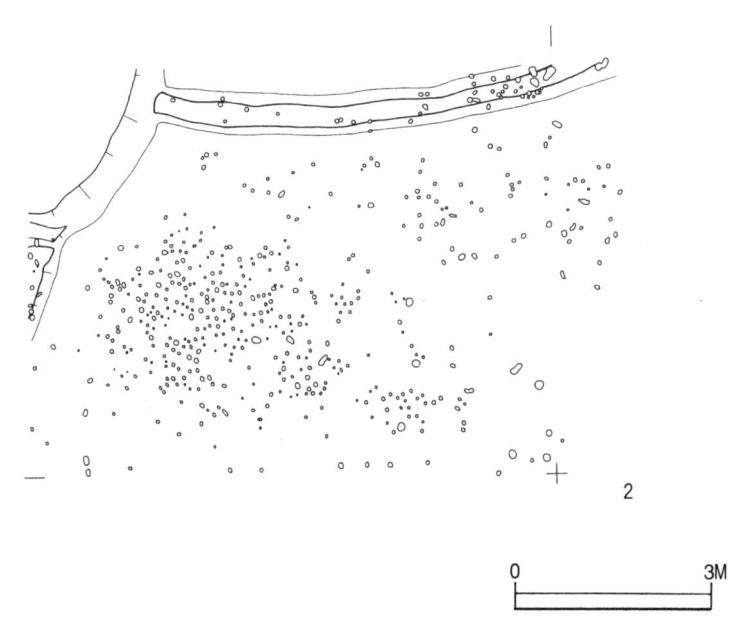

第 10 章　水稲耕作の生産性と労働力　221

第 102 図　百間川遺跡における稲株の検出例　[1 高畑 (1984)、2 宇垣編 (1994)]

おり（第102図（2））、筆者の計測によればそこでの稲株密度は1坪当り26.3株である。これは、現代の1～2年放置田の1/2～2/3の密度に相当し、ここではこれが妥当な水準と考える。

1坪当り26.3株、10株当り籾重量63.2gという条件を採用すると、1反当りの収穫量は籾で49.86kgと推定される。日本列島西南部の弥生水田の一般的な収穫量が律令制下の下田～下々田程度と考えられており、なおかつ時代がさかのぼるにしたがって水田間の収穫量の差が大きくなる傾向があることを考えれば（寺沢・寺沢1981）、この値は本州島東北部北部の初期稲作の収量としては妥当なところと評価できるのではなかろうか[注45]。

2. 生産性と労働力

(1) **生産性の推定**　生産性や労働力の試算をおこなう際には、設定すべき条

第21表　本論での試算のための条件と結果

設定項目		設定条件と結果
稲の性質	10株当り籾重量	63.2g
耕作方法	株密度	坪当り 26.3株
	休耕田	全体の 1/3～1/2
	畦畔率	15%
	種籾量	反当り 12.12kg（籾）
	1日の耕作面積	108歩
	耕起期間	10～15日間
	作業工程	深耕→平坦化の2段階
	畦畔作出	基軸畦畔以外は毎年
水田規模	水田総面積	8.00ha
	畦畔を除く水田面積	6.80ha
生産性	反当り収穫量	49.86kg（籾）
	食料としての収穫量	反当り 45.46kg（籾）
	食料としての総収穫量	1558.33～2077.17kg（籾）
	1人1日当り割当て	85～219g（籾）
労働力	耕起に必要な労働力	190.5～253.8日人
	1日に必要な労働力	13～25人
	集落規模	26～50人
米への依存度	成人1人の1日の必要熱量	1800kcal
	米への依存度	8～22%

件が不確定な部分が多く危険な試算を行うため、変数の内容とそれを採用した理由をのちに修正可能なように検証可能なかたちで明示化しておきたい（第21表）。検討材料としては、詳細な範囲確認調査によって水田の範囲が明らかになっている青森県垂柳遺跡をとりあげる。垂柳遺跡では鍬の一部や未製品が出土しており（田舎館村歴史民俗資料館1998）、仙台平野と同じように木製農具をもちいた耕作が行われていたと考えられる。収穫具については石庖丁・板状石器などの出土例はなく、これまで比較的大型のスクレイパー類が穂摘具と考えられてきた（設楽1997、小林1997）。須藤・工藤（1991）は、垂柳遺跡のスクレイパー1点にAタイプ光沢が認められることを報告しているが、のちに詳しく述べるように、筆者も収穫具の可能性のあるスクレイパー・剥片類を見いだしている（第123図）。このほか竹や木を素材とした収穫具の可能性も依然としてのこされているが、少なくとも石器がイネ科植物の収穫に利用されていたことはほぼ確実である。

　垂柳遺跡の基本層序6層で検出されている水田跡は、同一層から多量に出土している田舎館式の時期に属することは疑いない（第103、104図）。この水田跡を覆う火山灰質二次堆積層である5層でもイネのプラントオパールが検出されており、弥生時代の水田が存在した可能性が指摘されているが（藤原ほか1990）、遺構としては確認されていない。したがって、ここでは遺構の状態も観察可能な6層のデータをもちいる。

　すでにみたように、垂柳遺跡の水田構造はⅡBであり、きわめて平坦な地形につくられた小区画水田である[注46]。発掘調査においては、Ⅰ～Ⅱ区にかけての「東区」、Ⅳ・Ⅴ区を中心とする「中区」、Ⅶ・Ⅷ区の「西区」といった区画の仕方がことなる3つの水田群が認識されている（第104図）。筆者の計測によれば、プラントオパール分析（藤原ほか1990）によって明らかになった「水田の存在する可能性がもっとも高い範囲」（第103図）の面積は、およそ8.00ヘクタールである。プラントオパール分析は中区・東区の周辺で行われているので、これに「西区」をくわえれば長年にわたって水田が繰り返しつくられた範囲はさらに広くなるはずであるが、一応ここでは確実な8.00ヘクタールを水田の範囲として扱う[注47]。

　発掘調査において検出された水田では、畦畔率は10～15％のなかにおさま

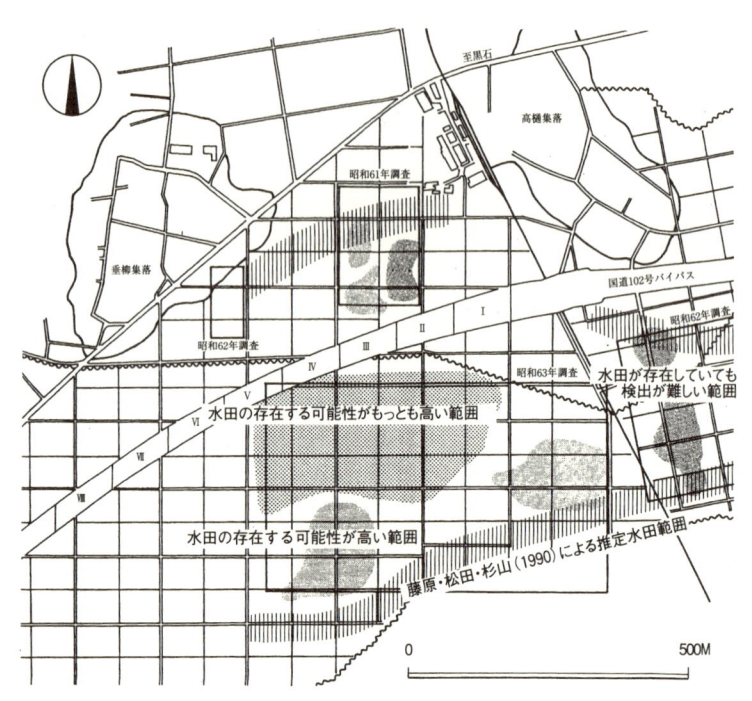

第103図　垂柳遺跡の範囲 [田舎館村歴史民俗資料館（1991）をもとに作成]

ることがわかっている（青森県教育委員会 1985）。畦畔率を 15% と仮定したとき、耕作面積は 6.80 ヘクタール（1 反＝300 坪としたとき 68.57 反）となる。発掘調査が行われた範囲の水田に関しては、畦畔の状況からみてほぼ全面が同時に使われていたと想定することが可能であるので、水田の総面積も 6.80 ヘクタールと仮定することができる。しかし、甲元（1986）が指摘しているように、当時、2 年もしくは 3 年に 1 度の休耕が行われていた蓋然性はたかく、水田総面積の 1/2〜1/3 は休耕田であったとしなければならない[注48]。6.80 ヘクタールの 1/2 が休耕田であった場合、実際の耕作面積は 3.40 ヘクタール（34.27 反）となる。すでにみたように 1 反当り籾で 49.86 kg の収穫があるとするならば、この水田からの総収穫量は籾で 1,708.70 kg となる。休耕田を全体の 1/3 と見積もったばあい、耕作面積は 4.53 ヘクタール（45.68 反）となり、同様の計算から収穫量は籾で 2,277.60 kg と算出される。

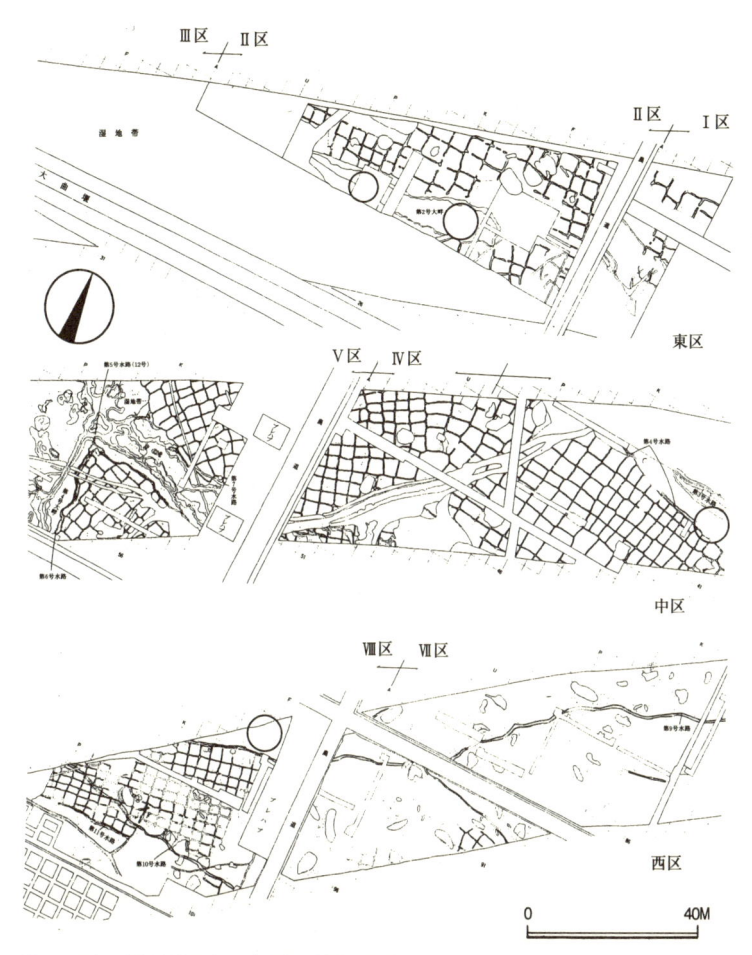

第104図　垂柳遺跡の水田［青森県教育委員会（1985）をもとに作成、ローマ数字は第103図の発掘区と対応、○は遺物集中区を表す］

　このうち、食料としての米を考える際には、種籾を除外しなければならない。乙益（1978）は、文化元年（1804）に鹿児島藩から出版された『成形図説』巻之四農事部、および宝永4年（1707）に加賀の農学者土屋又三郎によって刊行された『耕稼春秋』の記述をもとに、近世においては1反につき1斗の種籾量が基準となっていたと述べている。

いっぽう、沢田（1972）は、『東大寺正倉院文書十』天平2年（730）「大倭国正税帳」の記述を換算することにより、古代では1反当り6升7合あまりの種籾が用いられており、相当な厚播きであったことを説いている。乙益（1978）はこの数値に関して、現代の技術と比較すれば厚播きであるかもしれないが、さきにみたように近世においても1反につき1斗の種籾が基準となっていたとするならば、奈良時代において1反当り6升7合とは逆に条件が良すぎるのではないかとみている。さらに乙益は、6升7合の種籾が籾ではなく玄米であった可能性をも想定しているのだが、結果として近世の値を弥生時代の種籾量として採用している。

ここでは稲株の密度をもとに種籾量を算出してみる。すでにみたように、当時の稲株密度は坪当り26.3株であるので、1反の水田のなかには7,890株があることになる。直播きの際には籾が一方に偏ってしまったり鳥がついばむことを防ぐために、穿孔点播のように特定の箇所にある程度集中して種籾を耕作土に埋め込んでいった可能性が高いと思われる（佐原1987c）。ここで、地力の弱さによる生え切れを見込んで仮に反当たり約1万個の孔があけられ、それぞれの孔に20粒の種籾が入れられるという厚播きの状況を考えても、反当たり20万粒の籾しか必要とはならない。寺沢・寺沢（1981、p.113-114）によれば、186万粒の玄米が1斗に相当することから、20万粒という籾数はおそらく1斗にははるかに及ばず、1〜2升程度にしかならないと思われる。

ここでは籾で1反当り2升（米1石の重量を202.00 kgとしたとき4.4 kg、以下同様の計算法）の種籾が確保されるべきと考え、この結果、食料にまわせる籾は1反当り45.46 kgとなる。これは総収穫量の約91.2%が食料として利用することができたことを意味しており、耕作面積全体から得られる食料としての米は、休耕田が1/2の場合、籾で1,558.33 kg、休耕田が1/3の場合、籾で2,077.17 kgとなる。

(2) **必要な労働力**　では、垂柳の水田を維持するためには、どれだけの労働力が必要だったのであろうか。すでにみたように、水田経営のためにもっとも大きな労働力が必要であったと考えられる耕起時を例にとって推定してみることにしよう。

第 10 章 水稲耕作の生産性と労働力 227

　乙益（1978）は、中世末～近世初期の農業書『清良記―親民鑑月集―』（入交校訂 1970）の記述に着目し、1 人が 1 日に耕作可能な面積をもとめている。この書物の完成は、入交（1970、p.12）の指摘によって寛永 5 年（1628 年）、土居水也の手によるものであることが明らかとなっているが、その原型となる農書がそれ以前にも存在したと考えられる（入交 1970、p.17）。また、「永禄七年甲子清良一九之時、家老等集異見を問れけるは」という記述があるところからみても、内容自体は永禄 7 年（1564）年当時のものであることは疑いない（乙益 1978、p.24）。よって、「1 坪＝300 歩」に換算した 1 人 1 日の耕作面積をつぎに示すことにしよう。二毛作で麦を作ったあとの柔らかい「麦の跡」や水田を耕すばあい、「上の夫」で 1 日 360 歩、「中の夫」で 216 歩～252 歩、「下夫」で 108～144 歩の耕作が可能である。これに対して、冬に水を張らない非常に堅い「古堅田」を耕すばあい、「上の夫」で 1 日 180～216 歩、「中の夫」で 154 歩、「下夫」で 108 歩しか耕作できない。

　この例も、弥生時代とはあらゆる面で隔たりの大きい 16 世紀伊予の事例であり、どれだけの「差し引き」が必要なのかが問題となる。乙益（1978）は、木製農具をもちいた弥生時代の耕作には「古堅田」の「下夫」の例を適用するのがふさわしいと考えた。筆者もこの想定にとくに異論はないが、次にみるように水田の耕起にかかわる労働の実際はより複雑であったはずであり、この点を考慮するならば耕起の完了にはより多くの労働力が必要であったと考えられる。

　直播きのための耕起のばあい、実際には耕起が完了した水田から直播きをおこなってゆき、一連の作業を 6 月中までには確実におえるという方法がとられていた可能性が高いと想定しうる。したがって、耕起の期間は梅雨を考慮しても 10～15 日程度までは引き延ばすことができる。しかし、木製農具の検討から明らかなように、「深耕・土の粉砕・移動」→「肥料の混入・平坦化」という手順をふむとするならば、すくなくとも 1 回は道具を変えた作業が必要となる。このうち「肥料の混入・平坦化」は、「深耕・土の粉砕・移動」よりは軽作業であるため、単純に労働コストが 2 倍に膨らむとまではいえないかもしれない。しかし、小畦が耕起のたびに作出されていた可能性が高い点を考えると、単に「深耕・土の粉砕・移動」が行われる場合の 2 倍の労働力をみこんで

も的外れとはいえなくなる。

したがって耕作に必要な労働力は、1人1日の耕作面積が108歩（357 ㎡）であるという条件のもとで、3.40～4.53ヘクタールの水田を2回耕すという計算によってもとめられる。この結果、190.5～253.8人日分の労働が必要であったことがわかり、この労働を10～15日間で行なうためには、1日当りの耕作集団は13～25人によって編成されていなければならないことになる。

3．集落構成員との関係

(1) **集落類型との対比**　乙益（1978）の試算法を踏襲すると、垂柳における13～25人の耕作者はすべて男性であり、集落の人口はそれと同数の女性、女性の半数の子供をくわえた33～63人と算出される。しかし、アジア各地にみられる牛馬を利用しない耕作の事例を参考にしても、耕作者集団から女性を除外する必要は必ずしもなく、集落人口は乙益の推定よりは少なくてもよいものと思われる。前章でのべたとおり、ひとつの細分単位に成人が2～3人含まれているとすると、集落構成員のほぼ半数は耕作に参加できたと思われる。年老いて耕作できない成人は、ある程度成長して耕作に参加できる子供の数によって相殺されることから、ここでは集落構成員の約半数が耕作者であったと考える。垂柳水田の耕作者集団の規模が13～25人であるので、その背後には総計で26～50人程度の集団の存在が想定される。この集団は、当時の集落のありかたとどのように関係してくるのだろうか。

垂柳遺跡では水田の範囲確認調査とともに、集落の検出を目的とした調査もすすめられてきた（田舎館村歴史民俗資料館 1993、1994、1998）。しかし、度重なる調査にも関わらず居住域の確認までにはいたっておらず、ここまでの検討結果を周辺の集落データと直接対比することはできない。よって、ここでは第14表にしめした集落タイプとの対比を行ってみることにしよう。

垂柳水田の経営主体が単独の集落なのか、複数の集落なのかはまだわからない。しかし、さきに26～50人程度の集団がその背後に想定されたことから、龍門寺・風無台タイプの集落が単独で垂柳規模の水田を経営することはおそらく不可能であり、その場合は複数の集落が水田の周辺にあったことになる。風張タイプ集落は垂柳水田の経営に適切な規模を有しており、この場合は単独で

存在していてもおかしくはない。後に述べるように、筆者は垂柳水田の経営主体は複数の風無台タイプ集落の可能性がつよいとみているが、垂柳周辺での居住域が確認されていない現状ではこれ以上の言及は差し控えておきたい。

ところで、ここで示したような集落タイプと水田規模の対応関係から単純に逆算するならば、地蔵田タイプの集落は垂柳の2〜4倍程度の水田をかかえていてもよいことになる。しかし、このタイプの集落は弥生前期にしかみられないものであったことから、技術的な不備を労働力の増加そのものによって補っていた大集落である可能性もあり単純な比較は危険であろう。

この点は、本州島東北部の弥生時代の稲作技術史を考えるうえでみのがせない。すでにふれたように、この地域では弥生前期の確実な木製農具の出土はみられないが、中期の木製農具は着柄隆起の形態などが列島西南部の一部の前期的特徴と類似性が高いことから、前期に伝播したものがその特徴を残しながら中期にいたったと考えられている（工藤1996、p.320）。系統論的な観点からみれば、この見解が成立する余地は充分にあるが、農具の普及率や供給体制の確立の度合いまでもが前期と中期でおなじであったとは言いきれない。農具の製作と密接な関係にある太形蛤刃石斧や扁平片刃石斧などの大陸系磨製石器の組成率から判断すると、前期と中期のあいだに横たわる違いはかなり大きなものであったと考えられる。おそらく弥生中期中葉が本州島東北部初期稲作の画期として位置づけられることになるのであり（斎野1994b）、このように考えることによって、中期にいたって地蔵田タイプ集落が廃絶される現象をも説明することが可能となるかもしれない。

(2) **イネへの依存度**　これまで、弥生時代のイネに関しては、十分に足りていたとする立場があるいっぽうで、まったく足りていなかったとする相反する見方も提起されている[注49]。佐原（1987c、1995）・安藤（1992、1993）らは、弥生時代の植物遺体のなかではイネが圧倒的に多く検出されているにもかかわらず、そのほかの作物がすくないことから、世界史的にみても異例の人口増加率や急速な稲作の拡散をささえるに十分なイネの生産量があったと推定している。また、佐藤由紀男（1999）は生産性の試算に用いられる水田跡は全体像が把握されているわけではない点や、堅果類の大量加工に適した大型・超大型土

器が弥生時代において激減する点を指摘し、やはり当時のイネは足りていたことを主張する。

これに対して、乙益（1978）・寺沢・寺沢（1981）・瀬川（1983）・甲元（1986、2000）・柳瀬（1988）・広瀬（1997）・太田（1999）・襴冝田（2000）らは、弥生時代水田の成育状況の悪さや休耕田の問題などを重視し、イネの生産量は十分ではなかったと説く。とくに、当時の植物質食料を総合的に検討した寺沢・寺沢（1981）は、デンプン質食料としての米の役割は列島西南部の弥生前期ではほとんどなく、弥生中期にいたっても20％にしか達していなかったと述べている。また、内田（1999）は弥生時代の人骨には栄養状態の悪さが顕著に現れていることを指摘している。

このような対照的な見解は、安藤（1993）のいうように必ずしも相容れない性質のものではない。たとえ全体の中で10～20％ほどの役割しか担っていなくとも、食料利用戦略全体のなかで評価すると主要な植物質食料であったと判断できる場合もありうるからである。では、本州島東北部ではいかなる状況がみられるのだろうか。

垂柳水田では1,558.33～2,077.17 kgの籾を食料として利用することができた。これを総集落人口26～50人で食すと仮定した場合、1人1日当り約85～219 gが割りあてられることになる。玄米の重量をこの半分とし、玄米100g当りの熱量を351キロカロリーとすると（科学技術庁資源調査会編1998）、約151～383キロカロリーがイネから摂取できることになる。成人1人が1日に必要な熱量を1,800キロカロリーと見積もると、イネへの依存度は全体の8～22％程度となる。先述のとおり、この数値が「十分」かどうかは即断できないとしても、投下労働量に比して収穫が少ないことはたしかであろう。本州島東北部では、弥生中期にはいって水田規模が飛躍的に大きくなるにもかかわらず、集団の食料がイネのみによって大部分がまかなわれていたと考えることはできないのである。

(3) **水田経営の最小単位**　水田経営の単位についてもふれておきたい。さきに、1つの水田の担い手は1つあるいは複数の集落であったことを述べた。ここでは垂柳遺跡の水田が、区画の仕方が異なる3つの水田群（東区・中区・西

区）から構成されており、なおかつ各水田群にともなう遺物集中箇所が大畦畔上において検出されている点に着目したい（第104図）[注50]。3つの水田群のうち、1つが耕作集団（13〜25人）を3等分した4〜8人という人数によって耕されるとすると、その労働集団の母集団は8〜16人前後とみこまれる。これは、当時もっとも一般的であった中〜大型住居の居住者数に相当し、ひとつの世帯を耕作の最小単位に対比させることが数のうえでは可能となる。住居1棟のみで構成される風無台タイプのような集落が存在しえたこと自体、水田経営の最小単位が1棟の住居にあったことを示しているといえるであろう[注51]。

垂柳水田で中〜大型住居が水田経営の最小単位となっていたとするならば、大型以上の住居によって構成される複数の風無台タイプ集落が水田の周辺に散在していたとするのがもっとも妥当なように思われる。集落の規模のうえでは風張タイプ集落がもっとも適合的ではあるのだが、この集落は面積もかなり大きいはずであり、これまで居住域が確認されてこなかった点が逆に不可解である。むしろ、風無台タイプの集落が点在していた状況を想定するほうが、これまでの調査結果と矛盾しない[注52]。そのいっぽうで、垂柳（田舎館村歴史民俗資料館1991、1993）や高樋（3）（田舎館村歴史民俗資料館1998、2002）で検出されているような数百m〜数kmつづくと思われる水路の作出は、風無台タイプ集落の労働力（4〜8人）だけでは難しい。水路・大畦畔の作出・維持・管理といった土木工事は、むしろ村落（風張タイプの場合は集落全体）との対応関係を考えたほうが説明がつくのである。

弥生前・中期にみられる「世帯の統合」は、労働力の集中化という意味では無意味である。労働力をふやすのであれば、縄文晩期と同じ規模の住居数を増やせば事足りるはずであるからだ。複数の細分単位が血縁関係に基づいて1つの住居に統合される背景には、水田経営の最小単位としての意味があったからであると考えたい。つまり、水田経営の最小単位としての「世帯」、灌漑施設の維持・管理単位としての集落（風張・地蔵田タイプ集落の場合）・村落（龍門寺・風無台タイプ集落の場合）という関係を想定しえるのであり、本州島東北部の弥生社会が程度の差こそあれ成立当初からこうした組織を成立させていたことは、縄文晩期社会からの変化の大きさをも物語っているのである。

第11章　食料資源利用の評価

　前章での検討から明らかなように、労働力のうえでは集落と水田の関係は整合的にとらえることが可能である。しかし、水田からの収穫だけでは集落の人々を養うことはできない。

　ここでは、食料資源利用に関してのこされている2つの問題を検討する。ひとつは、水稲の生産量がそれほど多くないとすれば、その不足分はどのような食料によってまかなわれていたのかという点である。これには、水稲耕作の導入によって従前の年間活動スケジュールも大幅な変更を余儀なくされるなかで、そのほかの資源確保はどのように行われていたのか、また、なぜ水稲耕作が開始されたのかという問題も含まれている。

　もうひとつは、第8章において示唆した内陸部での食料調達の不振を資源利用活動に関連する資料から裏付けることができるかどうかという点である。動・植物遺存体や石器組成・石器使用痕を検討することによってこの問題について考えてみたい。

1．採集・栽培活動の評価

　藤尾（1993）は、植物資源の管理、栽培、農耕についてのこれまでの定義と用法を整理し、植物の生殖そのものをコントロールすることを栽培、さらにそのなかでメジャーフードたりえる穀物・雑穀の栽培をとくに農耕、それ以外に選択を働かせるなど人間が手をかけた野生植物利用を管理と呼んでいる。さしあたり、ここでもイネ科植物の栽培をさしてとくに農耕としているが、将来的に栽培されていた可能性があるウリ科・マメ科植物なども含めた意味で農耕とする準備もある。また、農耕の開始時期について藤尾（1993、p.4）は、「社会が雑穀・穀物栽培を基盤に据えてやっていこうと動きはじめた時点」に見出そうとしている。しかし、食料資源獲得活動全体の中での雑穀・穀物の役割を評価しようとすると、前章のように水田の範囲がほぼ把握できている場合でさえも水稲の評価は容易ではなく、そのほかの雑穀・穀物栽培ではさらに難しいのが実情である。したがって、本書では食料資源のなかに占める雑穀・栽培穀物

第11章 食料資源利用の評価 233

第22表 本州島東北部の弥生時代前・中期遺跡から出土した植物遺体（木本）

科	属	ふくまれる種	食用部位	採取要素	採集・収穫期	八幡	馬場野II	富沢15次	富沢28次	富沢水田	中在家南(1・4・1・5層)	郡山65次	高田B	松ヶ作A	龍門寺
イチイ科	カヤ属	カヤ	種子	IV	秋								2		47
イヌガヤ科	イヌガヤ属	イヌガヤ	核果	II	秋						5		7		
ウコギ科	タラノキ属	タラノキ etc.	芽	III	春						20		286		
エゴノキ科	エゴノキ属	ハクウンボク	?	?	?					3					
カエデ科	カエデ属	イタヤカエデetc.	葉	III	春						2		8		
クマツヅラ科	クサギ属	クサギ									19		37		
クルミ科	クルミ・サワグルミ属	オニグルミetc.	堅果	I	秋	1.00g	多量	39	17	113	819	2	306	2	407
クロウメモドキ科	クマヤナギ属	―	核果	II	秋						15		137		
スイカズラ科	ニワトコ・ガマズミ属	ニワトコetc.	核果	II	秋	3					2		1216		
ツバキ科	ツバキ属	ツバキ	種子・葉	IV	春～夏										1
トチノキ科	トチノキ属	トチノキ	種子	I	秋	1.80g			1	54	46		61		1659
バラ科	サクラ属	モモ・ウメetc.	葉・核果	II・III	春～夏			1		3	5		1		3
ブドウ科	ブドウ・エビヅルブドウ属	etc.	液果	II	秋	1					20		47		
ブナ科	コナラ属	コナラ・ナラガシワetc.	堅果	I	秋		少量			4	102		50		791
	クリ属	クリ	堅果	I	秋	38.48g	十数点				37				
マタタビ科	マタタビ属	―	芽・液果	II・III	春・夏						1		208		
マメ科	フジ属	―	葉・花・種子	I・III	春～夏						38		255		
ミズキ科	ミズキ属	ミズキ	?	?	?						45		65		
ミカン科	キハダ・サンショウ属	サンショウetc.	若芽・種子	IV	夏	1					171		69		
モクレン科	モクレン属	ホオノキ	若芽・葉	III	春										1

報告者: 吉崎昌一 1992 / 工藤利幸(工藤ほか 1996) / 星川清親・庄司駒男 1987 / 星川清親・庄司駒男 1988 / 星川清親 1984 / 古環境研究所 1996、吉川純子 1996 / パリノ・サーヴェイ 1992 / 吉川純子 2000 / パリノ・サーヴェイ 2001 / 高島好一(猪狩・高島 1985)

第23表 本州島東北部の弥生時代前・中期遺跡から出土した植物遺体（草本）

科	属	ふくまれる種	食用部位	採集・収穫期	砂沢	垂柳	小山田(2)	八幡	馬場野II	横長根A	生石2	富沢15次	富沢28次	富沢水田	中在家南(14・15層)	郡山65次	高田B	龍門寺
アカザ科	アカザ属	シロザ etc.	葉	III 春～夏	1			2		14							1	
アサ科	アサ属	アサ	葉・種子	III・IV 通年											207		10	
アブラナ科	—	—	葉・種子	III・IV 夏～秋											1			
イネ科	—	—	種子	I 秋	1										3			
イネ属	イネ	種子	I 秋	8	9	多量	240		10	29		2	2	28		10		
	エノコログサ属	アワ	種子	I 秋				6										
	オオムギ属	オオムギ	種子	I 秋				10							3			
	キビ属	キビ	種子	I 秋				3									3	
	コムギ属	コムギ	種子	I 秋				6										
	ヒエ属	ヒエ/イヌビエ	種子	I 秋				15									1	
イラクサ科	イラクサ科	—	若芽	III 春											4			
ウリ科	ユウガオ属	センナリヒョウタン近似種 etc.	ウリ状果	II 夏											77		1	
ウルシ科	ウルシ属	ヤマウルシ	葉	III 夏～秋								7						
オトギリソウ科	オトギリソウ属	オトギリソウ	全草	III 夏～秋								17						
オモダカ科	オモダカ・サジオモダカ属	オモダカ・サジオモダカ etc.	?	? ?								8	6		6		4	
カヤツリグサ科	—	—	塊茎	IV 冬				5							79			
	カヤツリグサ属	ミズガヤツリ・ヒメクグ etc.	?	? ?				5				多量	38	1	9			
	ホタルイ属	ホタルイ・フトイ・サンカクイ・ウキヤガラ・カンガレイ etc.	塊茎	IV 冬		6						多量	140	15	321		135	1
	スゲ属	ゴウソ etc.	?	? ?								3		4	12		63	
	ハリイ属	ヌマハリイ	?	? ?								多量	32				2	
キク科	—	—	花	III 夏											4		8	
クワ科	カラハナソウ属	カナムグラ	葉・茎	III 春											116		141	
シソ科	—	—	葉・花	III 春～秋											12			
	シソ・シロネ属 etc.	シソ・シロネ・イヌコウジュ・ホトケノザ etc.	葉・花	III 春～秋											3		7	
スイレン科	コウホネ属	—	根茎	IV 春～秋											35			
セリ科	—	—	葉	IV 春～秋											7			
	ツボクサ・チドメグサ属	ツボクサ・チドメグサ	葉	IV 春～秋								7						

第 11 章 食料資源利用の評価

科	属	ふくまれる種	食用部位	採集・収穫期	砂沢	垂柳	小山田(2)	八幡	横長根A	馬場野Ⅱ	生石2	富沢15次	富沢28次	富沢水田	中在家南(14・15層)	郡山65次	高田B	龍門寺
タデ科	―	―	全草	Ⅲ・Ⅳ 通年				34										
	タデ属	ハルタデ・サナエタデ etc.	葉	Ⅲ 秋～冬								多量	5	10	3		122	
	ギシギシ属	ギシギシ	全草	Ⅲ・Ⅳ 通年											1		1	
ツユクサ科	ツユクサ・イボクサ属	ツユクサ・イボクサ	葉	Ⅳ 春								7	4					
ナス科	―	―	果実	Ⅱ 夏～秋				2							1			
	ナス属	―	果実	Ⅱ 夏～秋													17	
ナデシコ科	―	―	?	?	?											10		
バラ科	キイチゴ属	ナワシロイチゴ	核果	Ⅱ 冬～春								2			1		1	
	ヘビイチゴ属	ヘビイチゴ	そう果	Ⅱ 春								多量	5		1			
ヒシ科	ヒシ属	イボビシ・オニビシ	種子	Ⅱ 夏～秋											7			
ヒルムシロ科	ヒルムシロ属	ヒルムシロ	葉	Ⅲ 春～夏								2			3		21	
	カワツルモ属	カワツルモ	?	?	?							1						
フクロソウ科	フクロソウ属	ゲンノショウコ	葉	Ⅳ 夏～秋											2			
ホシクサ科	ホシクサ属	ヒロハイヌノヒゲ	?	?	?								5					
マツモ科	マツモ属	ゴハリマツモ	葉	Ⅳ 夏～秋											1			
マメ科	ササゲ属	アズキ近似種	種子	Ⅰ 夏～秋											1			
ミクリ科	ミクリ属	ミクリ etc.	種子	Ⅰ 春～夏								10	1		35		20	
ミズアオイ科	ミズアオイ属	ミズアオイ・コナギ	葉	Ⅲ 春		2							8		3			
ミゾハコベ科	ミゾハコベ属	ミゾハコベ	葉	Ⅲ 冬～春								5						
ユリ科	ユリ科	ユリ科	根	Ⅱ 夏～秋											3		6	
報告者					浪岡実 1991、兼平文憲・中里康和 1991	笠原安夫 1985	長尾正義 2001	吉崎昌一 1992	工藤利幸(工藤ほか 1996)	佐藤敏也 1984、鈴木光喜・中村信夫ほか 1984	星川清親・庄司駒男 1987	星川清親・庄司駒男 1988	星川清親 1984	古環境研究所 1996、吉川純子 1996	パリノ・サーヴェイ 1992	吉川純子 2000		高島好一(猪狩・高島 1985)

の比率ではなく、社会組織・生産体制のあり方からみた画期をとらえ、「世帯・集落の統合」と平野部への集住化が生じる時期を重視している。

　栽培・採集活動について考えるにあたっては、やはり植物遺体がもっとも基礎的な検討材料となる。本州島東北部では、花粉分析やプラントオパール分析は多くの遺跡でおこなわれているが、これらは主として古環境復元と水田の範囲確認を目的としているため、採集活動とイネ以外の栽培活動を考えるためには用いることはできない。また、材の樹種同定やイネ科植物の灰像分析が行われる場合もあるが、これらも採集活動とイネ以外の栽培活動の評価という意味では必ずしも有効ではない。そこで、木本・草本類の種子に関するデータをとりあげることとする。

　層位の状況が公表されている発掘調査に限ると、これまで本州島東北部の北部から南部までの遺跡において種子の同定結果が報告されている。遺跡ごとで同定の精度がことなっていることから、科・属レヴェルで集成し、そこにふくまれる主要な種を付記したものが第22・23表である。

　「食用部位」、「採集・収穫期」については柴田編（1957）、寺沢・寺沢（1981）、堀田ほか編（1989）を参考にした。食料としての重要性をしめす区分である「採取要素」の区分は、寺沢・寺沢（1981）にしたがい、Ⅰ類は生体維持のための主要なカロリー源となりうるもの、Ⅱ類はカロリー源ともなりうる植物で果実類を主体とするもの、Ⅲ類はカロリー源というよりも腹を満たしうる野菜類や救荒植物、Ⅳ類は嗜好的・薬用的性格の強いものをさしている。寺沢・寺沢（1981）は、Ⅰ類とⅡ類を栽培か非栽培かでさらに細分しているが、弥生時代にはイネ以外の雑穀やマメ科などには栽培種であることが種子の形質のうえから明確に判断できないものも多いことから、ここではそうした細分は採用していない。「食用部位」・「採集要素」・「採集・収穫期」の3項目が「？」となっているものは、食用としての利用が疑われるものである。

　各遺跡でのサンプリング方法がまったく統一されていないという問題点があるが、ここではまずどのような種類の植物が出土しているのかをみてみよう。

(1) **木本の利用**　　木本でまず注目しなければならないのは、やはりクルミ科、トチノキ、ブナ科コナラ属、クリの圧倒的な多さである。このなかには人

為的な破損がみられるものが多くみられ人間が利用したことは間違いないが、そのいっぽうで食用価値のない幼果や果皮もふくまれている点から周辺にこれらが生えていたこともわかる（吉川 1996）。秋にはこうした堅果類とともに、イヌガヤ・クマヤナギ属・ニワトコ・エビヅルなど比較的利用価値の高い植物の採集がおこなわれていたと考えられる。

　このほか、春～夏にかけて農作業の合間に採集が可能なものには、タラノキ・カエデ属・ツバキ属・サンショウ・ホオノキといったⅢ・Ⅳ類が多いが、サクラ属（モモ・ウメ）やブドウ・ノブドウ属（エビヅルなど）・マタタビ科・フジ属など、食料としてある程度の意味をもっていたものもあったことが理解できる。

(2) **草本の利用**　　植物遺体の報告されている遺跡は水田遺跡が多いということもあって、草本では湿地性の植物が本州島東北部の北部～南部で多く出土している。カヤツリグサ科を中心とする水田雑草のなかでも、ホタルイ属は利用価値が低いものの農閑期に採集が可能であり、マツモ科・ミズアオイ科なども水田の雑草除去作業時にあつめることができる。このほか、ユウガオ属（ヒョウタン仲間）・ナス属・キイチゴ属・ヘビイチゴ属・ヒシ属・ミクリ属・ユリ科など、草本類のなかでも利用価値が高いものは春～夏にかけて採集が可能なため、食料資源がもっとも乏しくなる時期に農作業の合間に採ることができる点で重要である。

　イネは多くの遺跡で検出されているが、そのほかの雑穀類の出土も注目される。ここで取りあげた遺跡のなかでもっとも組織的なフローテーション法が導入された青森県八幡遺跡では、弥生時代前期に属する第 12 号住居跡の床面直上の土壌中から、破片もあわせて 240 個のイネとともに、アワ・ヒエ・キビ・オオムギ・コムギが出土している。ヒエの形質はいわゆる縄文ビエ（吉崎 1997）にちかいが、アワ・キビ・オオムギ・コムギは栽培型の形態に非常に近づいており、馴化がすすんでいる可能性が高い。このほか、中在家南遺跡でオオムギ、高田 B 遺跡でキビが出土しており、これらの遺跡ではアズキ近似種やセンナリヒョウタン近似種も確認されているため、イネ科・マメ科・ウリ科植物の栽培は積極的に視野に入れておく必要性が高まってきているといえるで

あろう。

(3) **植物利用の評価**　植物遺体に関する現在のデータの多くが、発掘中に偶然みつかったクルミなど目につきやすい大形の植物遺体を中心としている。水田遺跡では水洗選別も行われているが、0.425〜0.5mmメッシュをもちいるべき篩も1mm以上のメッシュが用いられている場合が少なからずあり、十分な回収がなされていないことも予想される。今後、組織的・体系的に微細遺物回収の方法を導入してゆくことが必要であり、現段階では木本・草本類のデータについてはごく大まかな検討をおこなうことしかできない。

しかし、堅果類の利用が多く行われていたこと、複数の雑穀類があること、そのほかの木本・草本にも農作業の合間や農閑期に採集可能なものが多くあることなどを確認できた点は重要である。植物利用に関しては、縄文時代いらいの資源の採集にくわえて、栽培を行っていた可能性のあるヒエなども引き続きみられるのである。では、縄文時代と弥生時代のちがいは、たんに縄文時代に利用されていた資源リストに水稲がくわわっただけなのであろうか。

前章でのべたように、「世帯の統合」や平野部への集住化は水稲耕作と密接な関係にあったはずである。しかし、労働力が集約された結果として、水稲耕作以外の活動についても縄文時代より大きな規模でおこなうことが可能となる付随的な効果も忘れてはならない。もちろん、縄文時代においても動物資源と植物資源へのウエイトのかけ方は、時期的にも地域的にも変動があったと思われる。また、ここ数年で急速に支持を得つつある縄文時代における雑穀の管理・栽培を認めるとするならば、これと採集活動のウエイトのかけ方についても各地域・各時期でそれぞれの事情による調整が行われていたに違いない。そのなかにあって、弥生時代には水稲耕作を大規模に行うための集住化がおこなわれ、それに伴ってその他の雑穀農耕や堅果類の採集活動についても、分散型の居住形態をとっていた縄文後・晩期の限界をこえてより大きな規模で行うことができるようになった点を無視することはできないであろう。

このような点から筆者は、低い水田収穫量とそのための集住化だけを強調するのではなく、労働力の集約化による水稲以外の植物利用活動への付随的効果もあわせて評価しなくてはならないと考える。縄文時代から連綿とおこなわれ

てきた植物採集・栽培活動のなかに、弥生時代に入って水稲耕作が加わったという評価だけでは不十分であり、それを行うための集住化と集住化がもたらすその他の生業活動への付随的な効果こそが縄文時代と弥生時代に一線を画する条件なのである。この考えは、宮本(2000)が指摘するような、性別による労働分担と血縁家族による労働分担にこそ縄文期と弥生期の栽培植物利用の違いを見いだそうとする見解に、ある部分では通じているようにも思える。

これとともに、近年の遺伝子レヴェルでの検討によって、本州島東北部を含む弥生時代のイネには熱帯ジャポニカが含まれていることが指摘されている点にも注意しなければならない(佐藤洋一郎1999、2000)。青森県高樋(3)遺跡での検出例はまだ1点のみであるが、滋賀県下之郷遺跡では井戸出土の10点の炭化米中5点が、環壕出土の20点中12点が温帯ジャポニカではなく熱帯ジャポニカであるという。この結果は、サンプリングの問題などを吟味し、より事例数を増やしたうえで弥生時代の生業研究のなかに組み込むべきである。しかし、水稲に匹敵するかどうかは別として、弥生時代であっても無視できない量の陸稲があった可能性が高まってきていることには注意しておかなければならない[註53]。この点は、「水田からの収穫量＝イネの収穫量」とする従来の前提をくつがえすものであると同時に、本書のように水田からの収穫量をすくなく見積もる研究にとっては重要な意味を持ってくるといえる。

このように、弥生時代の植物利用は、縄文時代の形態をひきつぐ採集・栽培活動に水稲耕作を組み合わせている点が特徴である。前章でみたように水稲耕作は食料として8〜22％(平均15％)程度の役割を担うこととなったが、水稲耕作を始めるための集住化の付随的効果として、植物採集と雑穀およびその他の栽培作物の栽培もより大規模に行うことが可能となった点を確認しておこう。

2．狩猟活動の評価

(1) **動物遺存体からみた狩猟活動**　狩猟活動の直接的な証拠である動物遺体は、現状では出土量が極端に少なく、とくに内陸部からの出土は皆無である。第24表は、これを集成し、不明となっているものをのぞき部位に関係なく出土数を算出したうえで、各綱内での比率を表したものである。ここでは、もっ

240 第Ⅲ部 「弥生化経験」の社会誌

第 24 表　本州島東北部の弥生時代前・中期遺跡から出土した動物遺体

		記載分類群	砂沢	八幡	中在家南	龍門寺
軟体動物門	斧足綱	イシガイ			△	
		ハマグリ			×	
		シジミガイ科			△	
		イタボガキ科			○	
棘皮動物門	ウニ綱	エキヌス目			◎	
脊椎動物門	硬骨魚綱	スズキ	○		◎	
		フナ	○		×	
		ウグイ属	◎		×	
		サケ科	○		○	
		マイワシ			×	
		フグ科			×	
		アジ科			×	
		ギバチ			×	
		サメ類		○	×	
		コイ科	◎		×	
	両生綱	カエル目			◎	
	爬虫綱	ヘビ科			◎	
	鳥綱	ヒシクイ			△	
		マガン			△	
		カモ類			◎	
		キジ科			△	
		ワシタカ科		○	×	
		アビ科			×	
	哺乳綱	イノシシ		◎	○	
		ニホンジカ		◎	◎	
		ネコ目	○			
		タヌキ			×	○
		アナグマ			×	
		カワウソ			×	
		クジラ目			×	
		ネズミ目			×	
		ハタネズミ			×	
		モグラ目			×	
		イヌ		○		
		ムササビ		○		
		ノウサギ		○		
		報告者	小林和彦 1991	小林和彦 1987	富岡直人 1996	高島好一 (猪狩・高島 1985)

【分類の目安】
　◎　きわめて多い　各綱内で 40% 以上
　○　多い　　　　　各綱内で 30% 以上
　△　少ない　　　　各綱内で 10% 以上
　×　きわめて少ない　各綱内で 10% 未満

とも豊富な資料が出土した中在家南遺跡において富岡（1996）がおこなった同定結果と考察を中心に、平野部での動物質資源のありかたをみてみることにする。

　貝類では、鹹水・汽水性のイタボガキ科（多くがマガキ）がもっとも多く、シジミガイ科がこれにつづく。富岡（1996）によって中在家南遺跡から4kmほどはなれていたと考えられる名取・七北田川河口付近での積極的な採補が考えられているいっぽうで、淡水性の貝の出土はイシガイのみである。ウニ綱は出土数がきわめて少なく、ここでとくに大きく取り上げる必要はない。

　魚類では、淡水・汽水域にひろく生息するスズキが非常に多く、夏期を中心として貝類やマイワシ・アジ科・ニシン科・フグ科とともに河口部や内湾で盛んに捕られたことがわかる。このほかサケ科やウグイ属・コイ科もみられるが出土数はすくなく、農繁期にあたる春と秋の漁撈活動は低調であったと考えられる。砂沢では、ウグイ属・コイ科が主となっておりより淡水性の漁撈が盛んであったことがうかがえるが、これについても農繁期をさけた夏期の漁撈活動を考えることができよう。

　両生綱（カエル）・爬虫綱（ヘビ）については出土数が少ないが、開墾された環境と水田・水路周辺での人間活動と関係して、食料としての意味は小さいもののタンパク源として一定の役割があったと考えられる。

　鳥類は、カモ類が多数を占めており、これにつづくのもヒシクイとマガンであるから、ガンカモ科がほとんどといえる。富岡（1996）によれば、この傾向は縄文時代後・晩期の仙北湖沼地と類似するが、いっぽうで鳥類の出土量そのものが非常に少ないという相違点もあり、出土骨にもとづくかぎり冬期の鳥猟はあまり活発であったとは考えられない。

　これと対照的なのが、シカ・イノシシの狩猟である。総出土骨の約85％にあたる哺乳綱は、ほとんどがニホンジカ（566点）とイノシシ（302点）によって占められている。これらについては、富岡（1996）が以下の点を指摘している。第1に、全身の骨格が出土していることから、遺跡周辺で狩猟されていると考えられる。第2に、齢構成はイノシシ・ニホンジカともに圧倒的に成獣が多数を占め、体格の良好な個体が多い。第3に、イノシシの形質は縄文時代とは若干異なるが、成獣が主となる齢構成からみて若獣が多くなる飼育下の状

況にあるものとは考えられない。以上の点から、中在家南遺跡の周辺にはシカ・イノシシの優勢な野生個体群が豊富に存在していたと考えられており、この点からすくなくとも平野部での動物資源の枯渇はありえなかったことを確認することができる。

(2) 石器からみた狩猟活動

a. 石器の使用痕　つぎに当時の活動と密接に結びついている石器の内容をみてみよう。はじめに石器の使用痕の観察をおこない、その用途と使われかたの地域的な違いやイネ科植物の収穫具の問題などをあきらかにする。

あつかう資料は、馬淵川水系内陸部の岩手県上杉沢遺跡（縄文晩期中葉）、岩木川水系平野部の青森県砂沢遺跡（弥生Ⅰ期）、米代川水系内陸部の秋田県諏訪台Ｃ遺跡（弥生Ⅰ期）の出土資料である。参考資料として岩木川水系の青森県垂柳遺跡（弥生Ⅲ期）の出土資料も取り上げる。

これらの遺跡は、いずれも集落・村落組織がおおきく変化したと考えられる地域に属している。上杉沢遺跡については、石鏃・石匙・石篦・石錐・「スクレイパー」（刃縁部に連続的な二次加工や微細剥離痕がみとめられる資料を一括する）といった主要な剥片石器の器種の観察を行った。また、弥生Ⅰ期における皮、骨・角、木の加工活動の差をあきらかにするために、内陸部の諏訪台Ｃ遺跡と平野部の砂沢遺跡の「スクレイパー」の使用痕を比較する。後述するように弥生時代にはいると骨・皮などの加工具としての石匙や石篦は衰退するため、それらの加工に使われているものがあるとするならば、それは「スクレイパー」以外には考えにくいからである。

分析方法は、Keeley (1977) による高倍率法をもちいた。エタノールを含んだ脱脂綿で資料を軽くふき取ったのち、落射照明付き金属顕微鏡（オリンパスBX−30M）をもちいて100倍・200倍・500倍で観察を行った。東北大学使用痕分析チームによる実験結果を筆者もみずからの実験から追認し（写真1）、使用痕光沢面（ポリッシュ）の分類も梶原・阿子島 (1981)、阿子島 (1989) にしたがった（第25表）。被加工物によって光沢の発達のパターンがどのように異なるかについては阿子島 (1989) によって詳述されているが、光沢と被加工物の対応関係を大まかにのべておけば、Ａタイプがイネ科植物、Ｂタイプが

イネ科植物と木、Cタイプが角・骨、D1・D2タイプが角・骨（まれに木）、E1タイプが皮・肉、E2タイプが皮・肉、F1タイプが角・骨・木・皮・肉ともっとも高い確率で相関し、F2タイプはこれらの光沢が発達する以前にみられる微弱な光沢である。

第105～115図が分析資料の実測図、第26～28表が分析資料の基本的な属性表、第116～123図が使用痕がみとめられた資料と使用痕の分布である。使用痕の検出結果については第29表に集計してある。

上杉沢遺跡　上杉沢遺跡出土資料については、91点の資料の観察を行った。もっとも資料数の多い石鏃52点は墓・住居をはじめとする遺構と包含層出土のものが混在しているが、いずれも使用痕を見いだすことはできなかった。このほか、石錐12点、石鍬（打製石斧）1点、「スクレイパー」13点についても明確な使用痕を見いだすことはできなかった。

使用痕がみとめられた資料は、石匙11点（未製品1点をふくむ）のうち3点、石篦2点のうち2点の計5点の資料である（第116図）。石匙にはいずれもD2・Cタイプ光沢と刃部に平行する線状痕がみとめられたことから、角・

第25表　使用痕光沢面の分類［阿子島（1989）］

	輝度		平滑度		拡大度	高低差	連接度	その他（線状構造・段状構造・群孔構造）
	外部コントラスト	内部コントラスト	きめ	まるさ				
A	きわめて明るい	強い（暗部島状に残る）	なめらか	まるい	内面まで一面に広がる	高所からはじまり全面をおおう	一面おおいつくす	埋められた線状痕（filled-in striation）彗星形の凹み（comet-shaped pit）
B	明るい	強い（パッチ状の光沢部）	なめらか	パッチがきわめてまるい（水滴状）	広い	高所から順に発達する。低所まで及ぶのはまれ	ドーム状パッチが連接していく	パッチが線形に連結、ピットは少ない
C	やや明るい	やや弱い（網状の光沢部）	粗い	凸凹鋭い（そばだつ）	広い	低所の凸凹を残して、中・高所に一様に広がる	パッチとして発達せずはじめから網状につながる	大小の無数のピット
D1	明るい	弱い（一様）	なめらか	平坦（はりついたよう）	限定され	微凸凹の高低がなくなる	縁辺に帯状に狭い面ができる	「融けた雪」状の段を形成、ピットが多い
D2	明るい	やや弱い（平行溝状）	やや粗い	峰状で鋭い	限定され	微凸凹は変形して線上になる	縁辺に帯状に狭い面ができる	鋭い溝状の線状痕、ピットが多い
E1	やや明るい	強い（小パッチ状）	小パッチ上のみなめらか	小パッチがややまるい	縁辺のみの狭い分布	高所の小パッチは明るく、低所は原面の微凸凹のまま鋭く光る	小パッチが独立して、連結しない	周囲の鋭い光沢（F2）とつねにセットで生じる
E2	鈍い	やや弱い	ごく微細に凸凹（つやけし状）	光沢部全体が摩擦してまるい	広い	なし（高低所とも同様に光る）	強度の摩擦を伴って縁辺に広く光沢帯が形成	多様な線状痕が多、多くの微小円形剥落（micro-potlid）
F1	鈍い	弱い	粗い	角ばっている	多様	なし（高低所とも同様に光る）	原面の微凸凹を変えず低所まで及ぶ	脂ぎったぎらつき（greasy luster）
F2	きわめて鈍い	弱い	原面を変えない	原面を変えない	多様	多様	未発達な小パッチ	原面を変えない

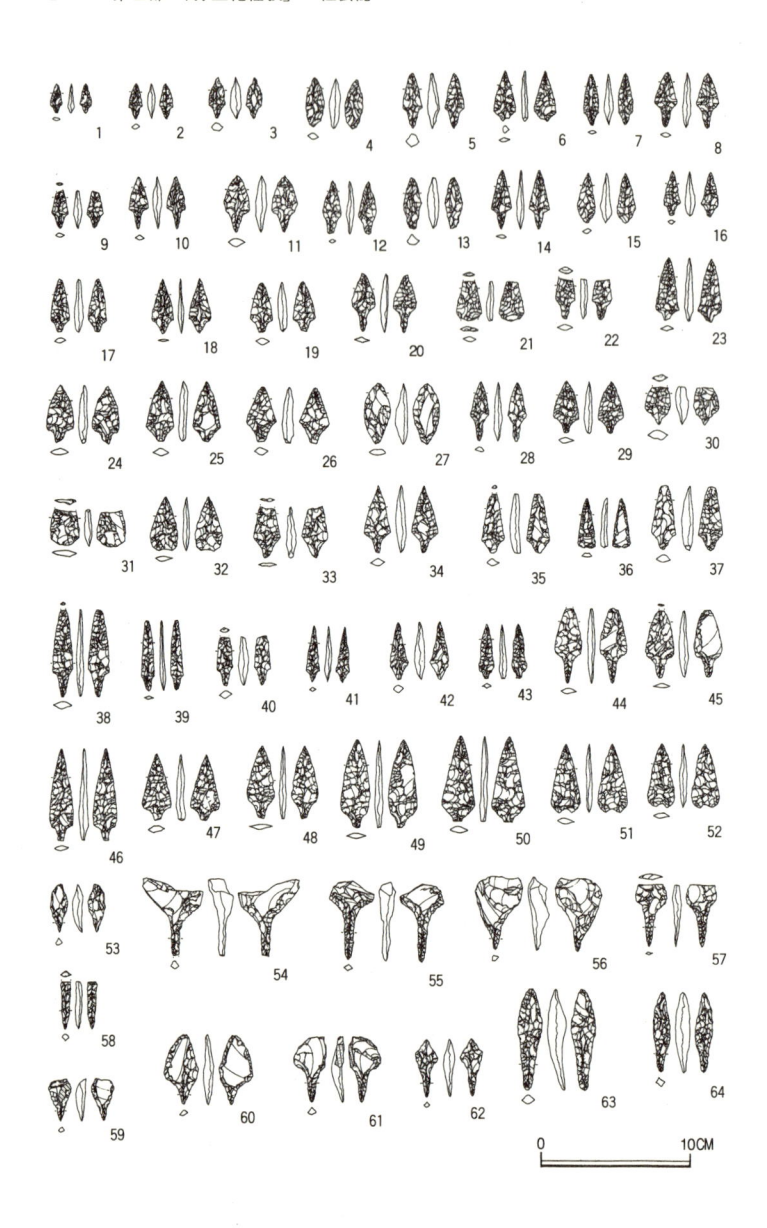

244　第Ⅲ部　「弥生化経験」の社会誌

第105図　上杉沢遺跡出土石器（1）［筆者実測］

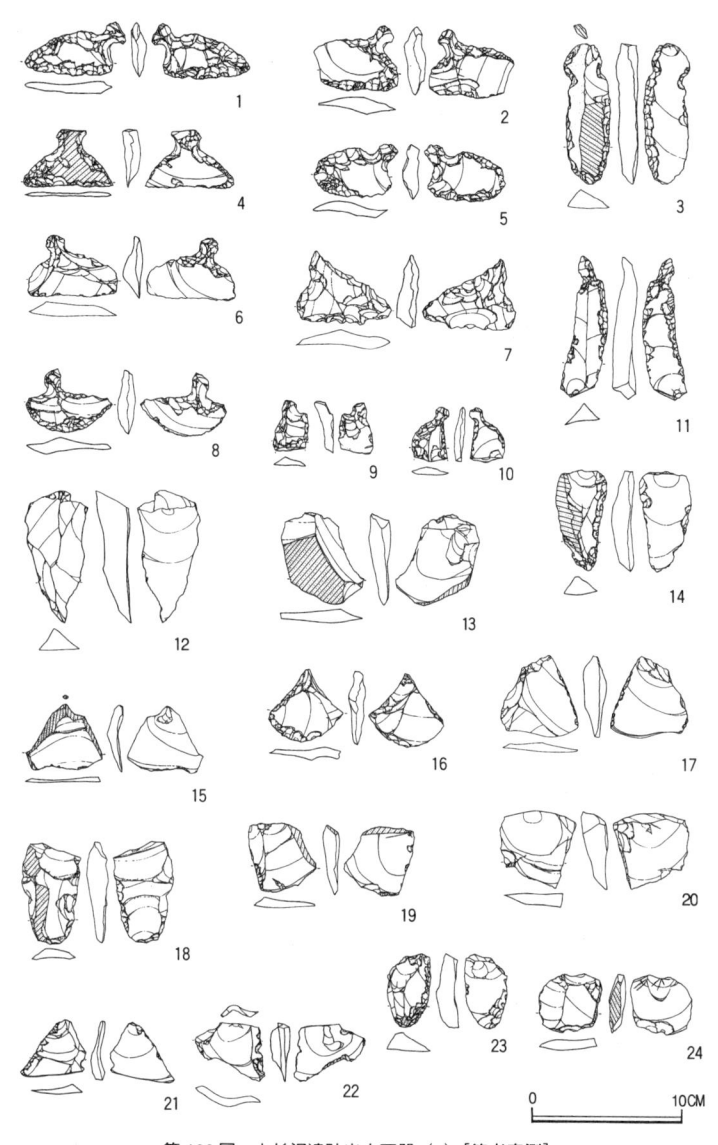

第11章 食料資源利用の評価 245

第106図 上杉沢遺跡出土石器（2）[筆者実測]

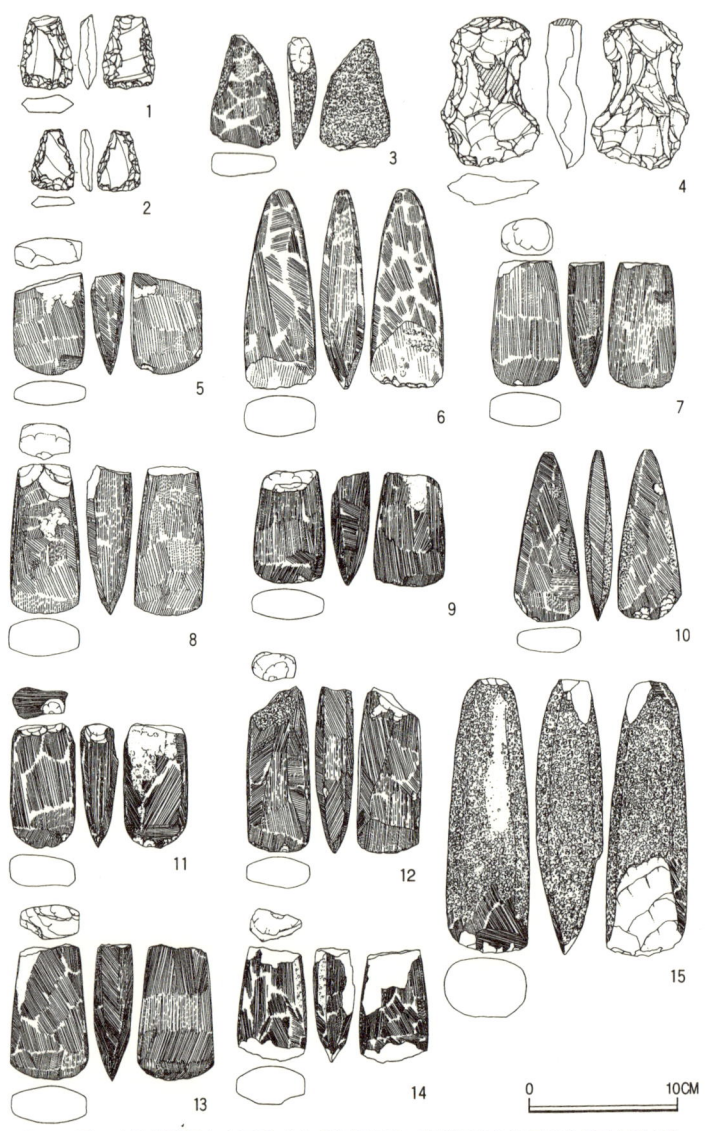

246 第Ⅲ部 「弥生化経験」の社会誌

第107図 上杉沢遺跡出土石器 (3) [筆者実測、磨製石斧は使用痕分析の対象外]

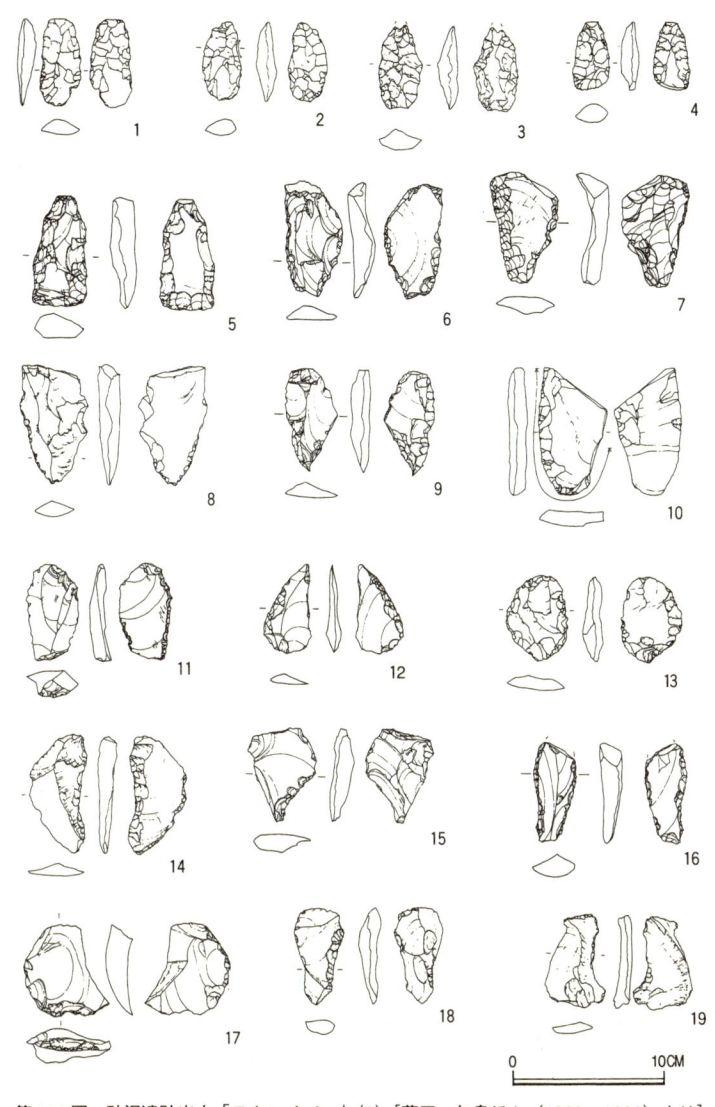

第11章 食料資源利用の評価 247

第108図 砂沢遺跡出土「スクレイパー」(1)［藤田・矢島ほか（1988、1991）より］

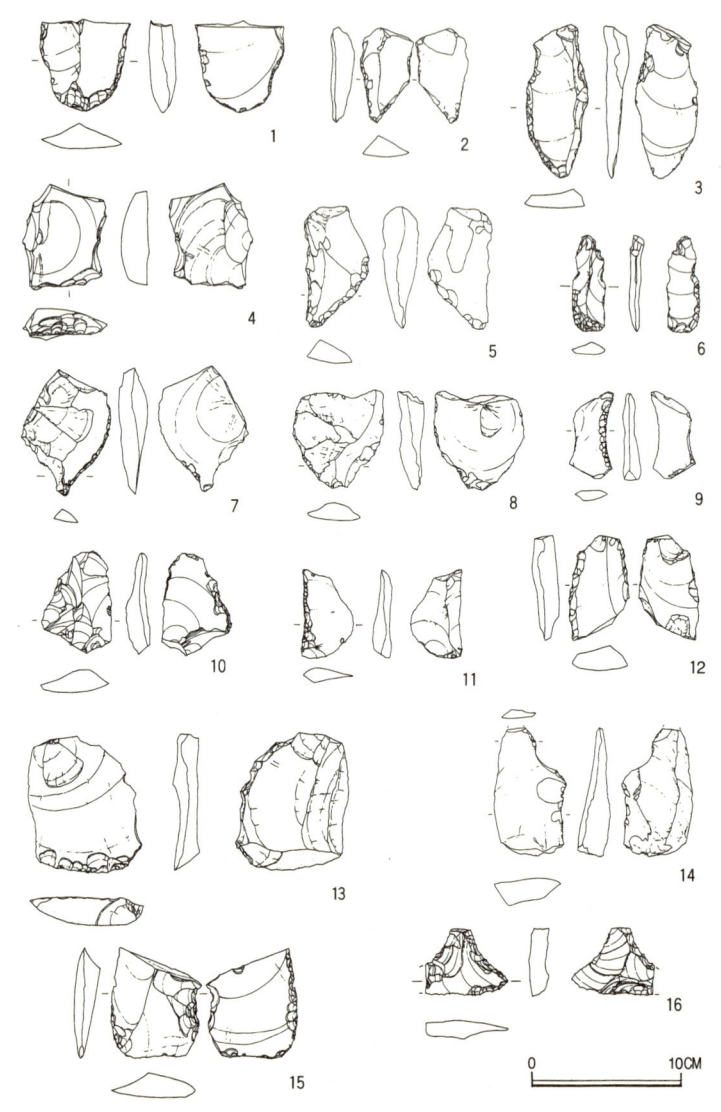

248 第Ⅲ部 「弥生化経験」の社会誌

第109図 砂沢遺跡出土「スクレイパー」(2) [藤田・矢島ほか (1988、1991) より]

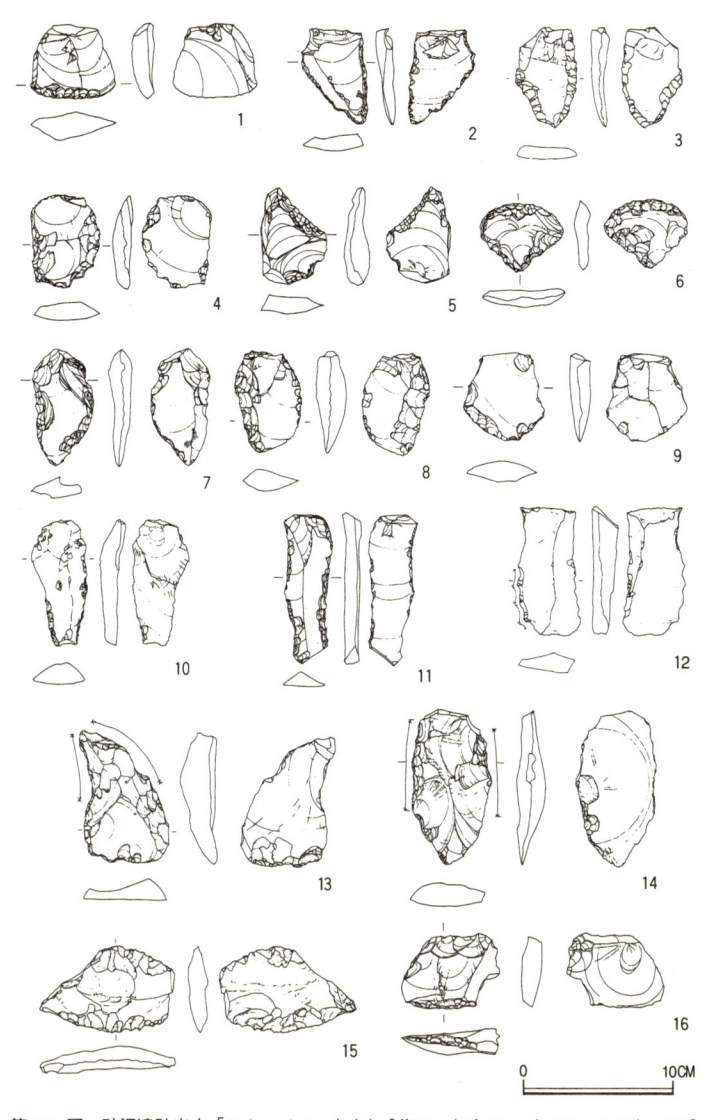

第11章 食料資源利用の評価　249

第110図　砂沢遺跡出土「スクレイパー」(3)［藤田・矢島ほか（1988、1991）より］

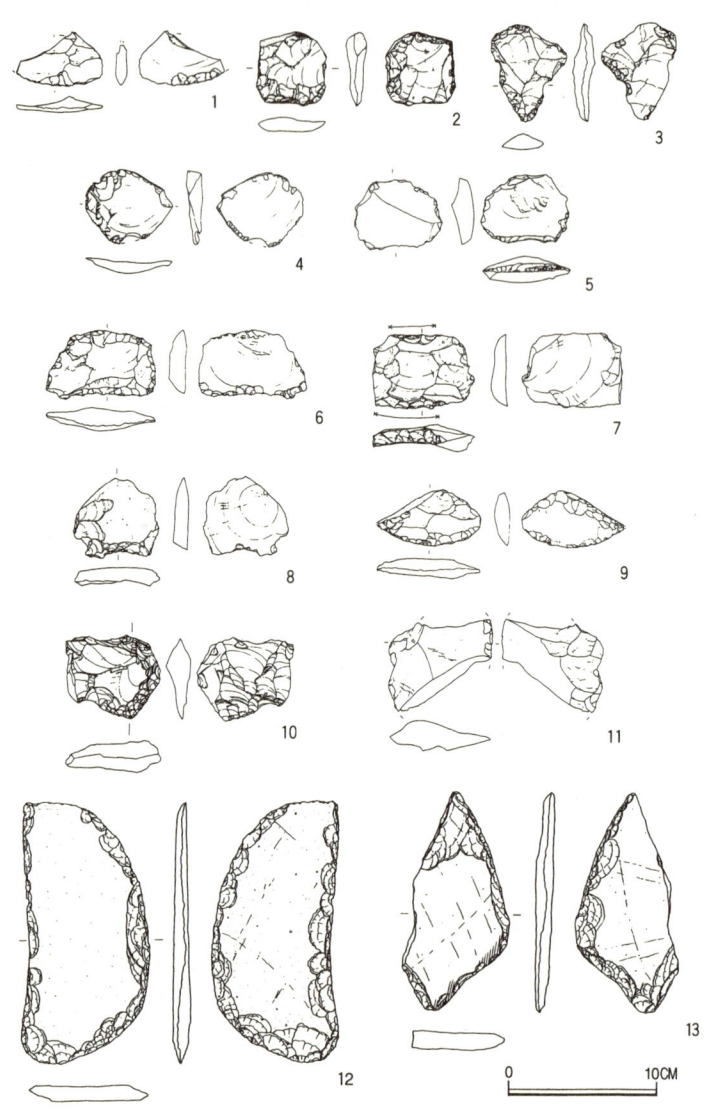

250　第Ⅲ部　「弥生化経験」の社会誌

第111図　砂沢遺跡出土「スクレイパー」(4)［藤田・矢島ほか（1988、1991）より］

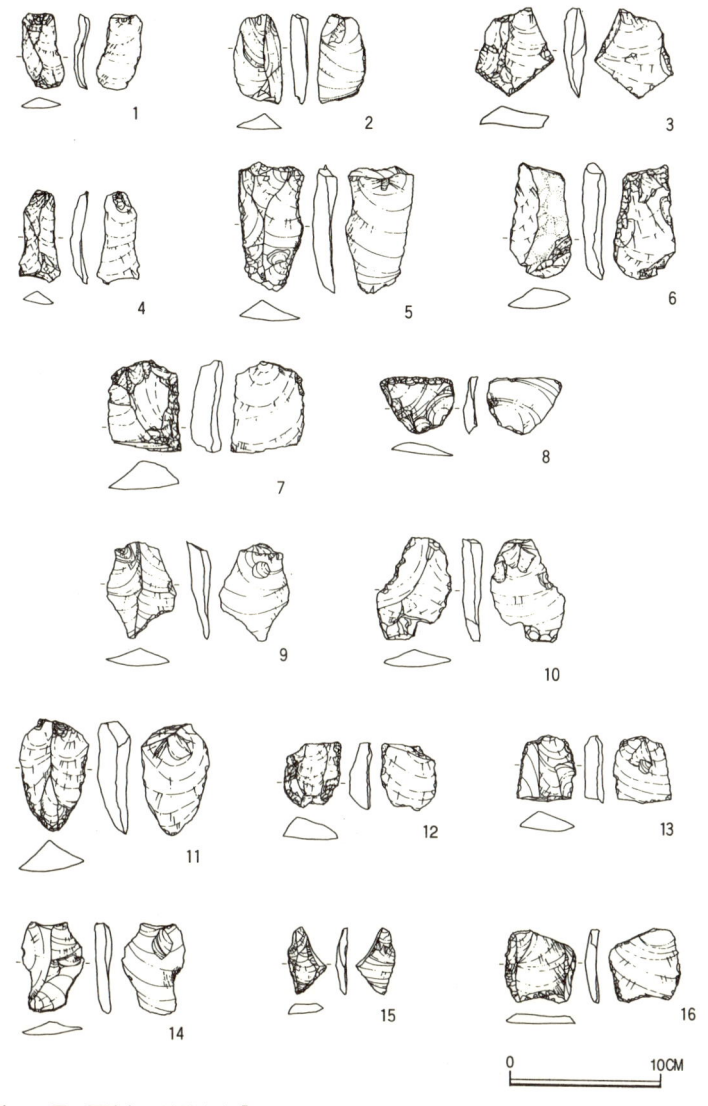

第 11 章　食料資源利用の評価　251

第112図　諏訪台C遺跡出土「スクレイパー」(1) [利部・和泉 (1990) より、1〜6SI34 出土、7・8SI60出土、9・10SI32出土、11〜16遺構外出土]

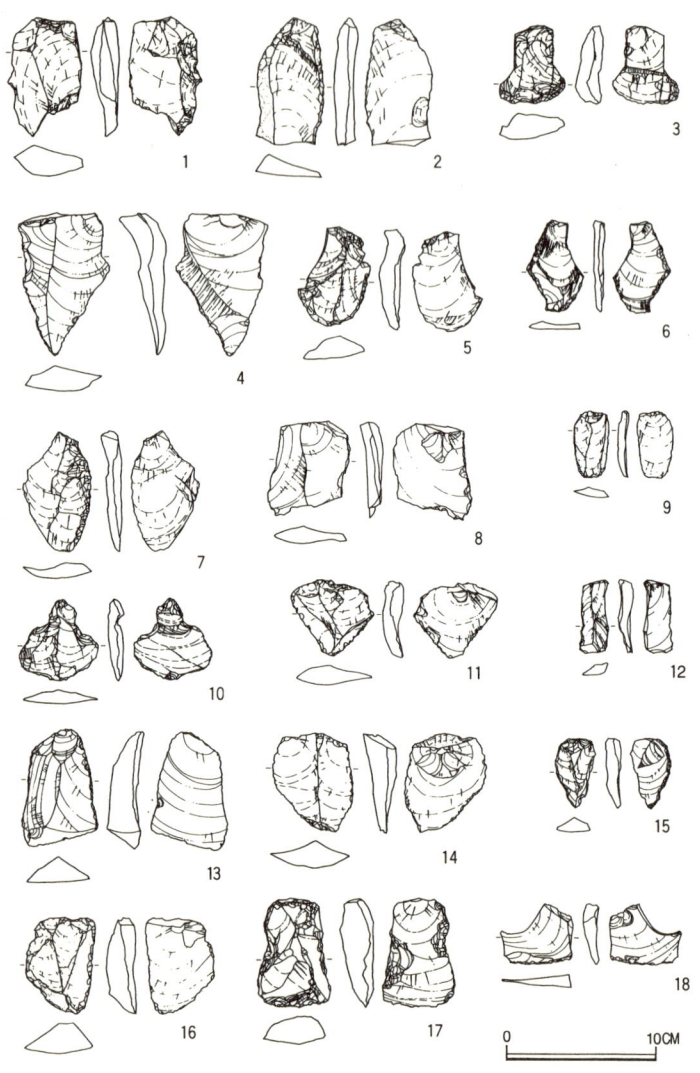

第113図 諏訪台C遺跡出土「スクレイパー」(2) [利部・和泉 (1990) より、遺構外出土]

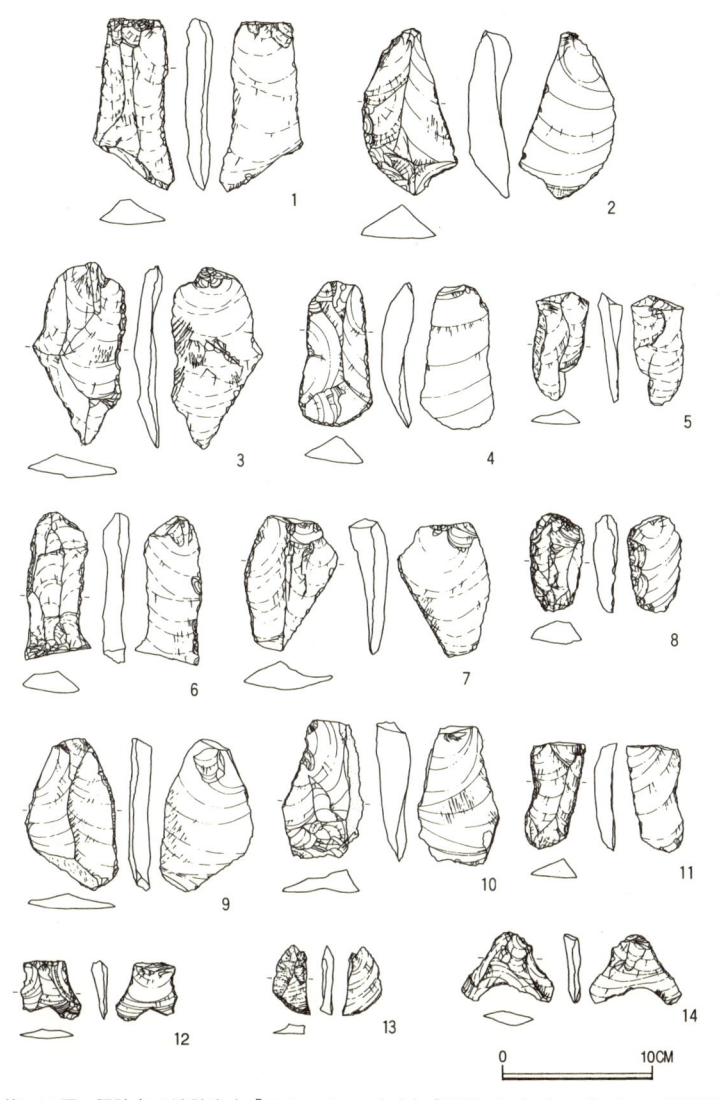

第11章　食料資源利用の評価　253

第114図　諏訪台C遺跡出土「スクレイパー」(3)［利部・和泉（1990）より、遺構外出土］

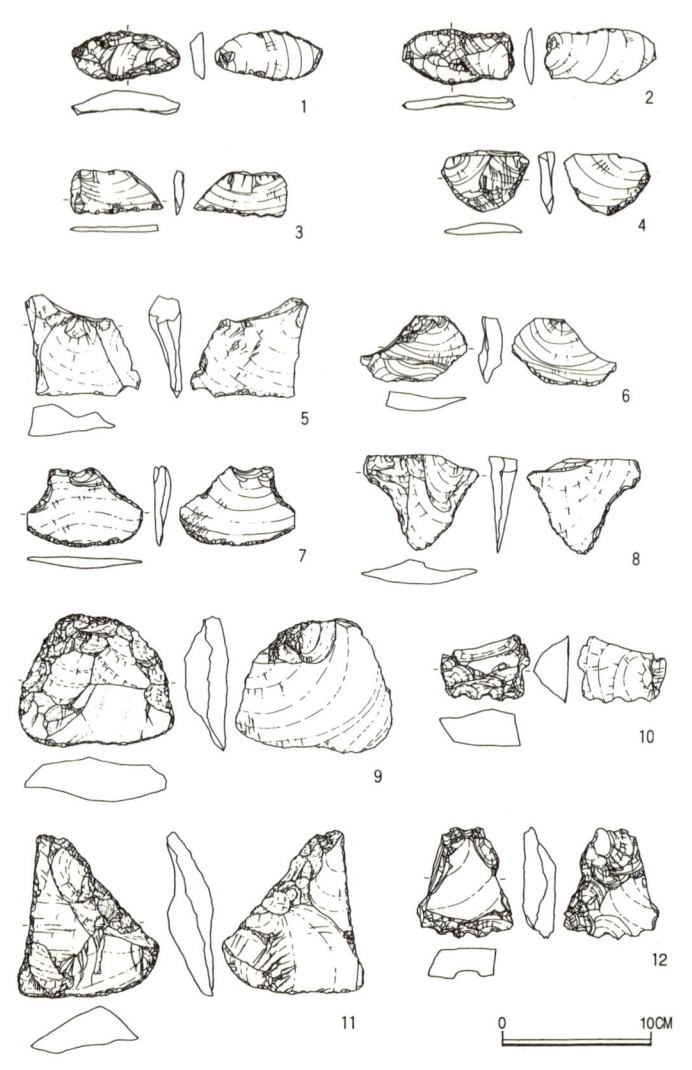

254　第Ⅲ部　「弥生化経験」の社会誌

第115図　諏訪台C遺跡出土「スクレイパー」(4)［利部・和泉（1990）より、遺構外出土］

第11章 食料資源利用の評価　255

第26表　上杉沢遺跡出土石器属性表

No.	報告書No.	報告書における器種分類	長さ(mm)	幅(mm)	厚さ(mm)	重量(g)	刃角(°)	石材
第112図1	S13	スクレイパー	48.0	39.0	10.0	9.4	63	頁岩
第112図2	S14	スクレイパー	82.0	40.0	16.0	49.7	46	頁岩
第112図3	S16	スクレイパー	59.0	52.0	13.5	30.2	67	頁岩
第112図4	S15	スクレイパー	59.0	27.0	59.0	10.8	58	頁岩
第112図5	S18	スクレイパー	58.0	32.0	12.0	19.1	47	頁岩
第112図6	S17	スクレイパー	74.0	41.0	15.0	44	82	頁岩
第112図7	S20	スクレイパー	59.0	49.0	21.0	55.7	115	頁岩
第112図8	S21	スクレイパー	36.0	49.0	9.0	9.5	69	頁岩
第112図9	S30	スクレイパー	63.0	43.0	16.0	25.3	65	頁岩
第112図10	S29	スクレイパー	66.0	50.0	13.0	35.5	81	頁岩
第112図11	S73	スクレイパー	72.0	46.0	20.0	51.5	75	頁岩
第112図12	S51	スクレイパー	(43.0)	(38.0)	14.0	(22.9)	119	頁岩
第112図13	S62	スクレイパー	44.0	39.0	13.0	21.6	70	頁岩
第112図14	S53	スクレイパー	58.0	42.0	12.0	19.7	107	頁岩
第112図15	S72	スクレイパー	43.0	25.0	8.0	6.1	89	頁岩
第112図16	S87	スクレイパー	47.0	47.0	10.0	20.1	51	頁岩
第113図1	S92	スクレイパー	76.0	49.0	19.0	63.2	77	頁岩
第113図2	S70	スクレイパー	81.0	44.0	15.0	55	61	チャート
第113図3	S50	スクレイパー	50.0	44.0	19.0	35.5	122	頁岩
第113図4	S74	スクレイパー	91.0	60.0	31.0	85	78	頁岩
第113図5	S52	スクレイパー	(64.0)	(47.0)	(16.0)	(36.6)	89	チャート
第113図6	S90	スクレイパー	59.0	38.0	7.0	12.1	75	頁岩
第113図7	S81	スクレイパー	77.0	45.0	14.0	28.3	69	頁岩
第113図8	S69	スクレイパー	62.0	54.0	16.0	8.7	85	頁岩
第113図9	S54	スクレイパー	43.0	23.0	7.0	6.1	65	頁岩
第113図10	S40	·石匙	52.0	(55.0)	11.0	(18.6)	80	碧玉
第113図11	S80	スクレイパー	49.0	55.0	14.0	27.3	70	頁岩
第113図12	S68	スクレイパー	47.0	20.0	10.0	8.7	54	頁岩
第113図13	S60	スクレイパー	76.0	50.0	23.0	66.6	73	頁岩
第113図14	S78	スクレイパー	63.0	54.0	22.0	45.3	50	頁岩
第113図15	S82	スクレイパー	45.0	27.0	10.0	11	93	頁岩
第113図16	S79	スクレイパー	61.0	46.0	20.0	51.6	118	頁岩
第113図17	S43	石篦	70.0	(49.0)	23.0	(79.2)	71	頁岩
第113図18	S86	スクレイパー	39.0	48.0	11.0	12.9	70	頁岩
第114図1	S67	スクレイパー	11.0	55.0	18.0	86.8	64	頁岩
第114図2	S59	スクレイパー	108.0	64.0	29.0	123.4	63	頁岩
第114図3	S75	スクレイパー	118.0	62.0	24.0	74.6	109	頁岩
第114図4	S48	スクレイパー	93.0	50.0	20.0	66.3	79	頁岩
第114図5	S64	スクレイパー	70.0	35.0	6.0	23.3	67	頁岩
第114図6	S66	スクレイパー	97.0	44.0	17.0	60.6	68	頁岩
第114図7	S76	スクレイパー	88.0	62.0	27.0	79.7	60	頁岩
第114図8	S49	スクレイパー	69.0	36.0	16.0	38.9	90	頁岩
第114図9	S61	スクレイパー	98.0	63.0	14.0	65.4	78	頁岩
第114図10	S71	スクレイパー	90.0	54.0	23.0	85.2	74	頁岩
第114図11	S65	スクレイパー	70.0	40.0	15.0	62.6	82	頁岩
第114図12	S91	スクレイパー	38.0	41.0	11.0	11.8	57	頁岩
第114図13	S56	スクレイパー	(44.0)	(25.0)	(8.0)	(7.4)	83	頁岩
第114図14	S89	スクレイパー	44.0	61.0	11.0	14.5	52	頁岩
第115図1	S45	スクレイパー	32.0	71.0	15.0	26.7	70	チャート
第115図2	S44	スクレイパー	36.0	74.0	9.0	20.5	65	頁岩
第115図3	S83	スクレイパー	29.0	62.0	7.0	11.7	63	頁岩
第115図4	S88	スクレイパー	40.0	58.0	10.0	19	51	頁岩
第115図5	S85	スクレイパー	64.0	77.0	21.0	58.7	62	頁岩
第115図6	S84	スクレイパー	50.0	72.0	16.0	32.9	97	頁岩
第115図7	S41	石匙	51.0	(77.0)	12.0	(37.8)	50	碧玉
第115図8	S77	スクレイパー	62.0	76.0	19.0	45.5	87	頁岩
第115図9	S58	スクレイパー	86.0	103.0	29.0	222.9	79	頁岩
第115図10	S46	鋸歯縁石器	59.0	41.0	24.0	53.5	61	頁岩
第115図11	S57	スクレイパー	105.0	94.0	30.0	169.3	86	チャート
第115図12	S47	鋸歯縁石器	72.0	64.0	22.0	84.6	97	頁岩

第27表　砂沢遺跡「スクレイパー」属性表

図版 No.	報告書 No.	報告書における器種分類	長さ(mm)	幅(mm)	厚さ(mm)	重量(g)	刃角(°)	石材
第108図1	502	スクレイパー	41.9	20.3	8.8	3.1	72	泥岩
第108図2	460	ポイント	37.3	19.6	8.6	3.3	58	泥岩
第108図3	462	ポイント	39.7	22.0	9.3	5.2	56	頁岩
第108図4	461	ポイント	31.5	18.7	8.7	(2.9)	85	泥岩
第108図5	286	スクレイパー	53.4	28.4	10.9	15.1	77	頁岩
第108図6	308	スクレイパー	55.8	29.4	8.9	13.8	82	頁岩
第108図7	341	スクレイパー	53.8	35	10.3	15.6	55	頁岩
第108図8	492	スクレイパー	57.0	34.6	10.0	17.9	63	頁岩
第108図9	312	スクレイパー	48.7	25.6	9.5	6.8	53	黒曜石
第108図10	287	スクレイパー	61.0	33.4	8.5	18.3	68	頁岩
第108図11	307	スクレイパー	45.7	26.8	7.3	7.3	62	頁岩
第108図12	327	スクレイパー	43.0	24.3	7.2	4.7	51	頁岩
第108図13	519	スクレイパー	40.7	30.9	9.9	11.8	59	頁岩
第108図14	501	スクレイパー	43.7	35.0	6.9	(8.6)	60	頁岩
第108図15	340	スクレイパー	(43.4)	(35.3)	9.5	(7.8)	71	頁岩
第108図16	342	スクレイパー	(46.8)	21.3	10.7	(9.6)	80	頁岩
第108図17	298	スクレイパー	44.8	44.2	12.2	19.4	43-57	頁岩
第108図18	303	スクレイパー	46.2	25.1	9.0	9.2	68	頁岩
第108図19	517	スクレイパー	44.5	30.2	6.2	6.7	53	頁岩
第109図1	314	スクレイパー	44.8	(43.9)	12.6	(24.5)	63	頁岩
第109図2	527	スクレイパー	44.4	25.7	11.1	7.6	59	頁岩
第109図3	301	スクレイパー	73.2	30.7	10.1	23.2	52-58	頁岩
第109図4	296	スクレイパー	50.7	41.1	15.1	28.4	90	頁岩
第109図5	512	スクレイパー	51.3	43.6	17.8	26.0	69-78	凝灰岩
第109図6	322	スクレイパー	45.5	16.8	5.5	4.0	46	頁岩
第109図7	339	スクレイパー	59.6	44.6	9.7	22.1	74	頁岩
第109図8	515	スクレイパー	46.3	45.4	11.8	24.0	76	頁岩
第109図9	518	スクレイパー	41.2	23.1	8.6	6.2	69	頁岩
第109図10	329	スクレイパー	48.8	35.6	11.0	11.7	101	頁岩
第109図11	328	スクレイパー	42.2	27	8.0	5.3	72	頁岩
第109図12	305	スクレイパー	50.3	30.4	12.1	19.7	62-83	頁岩
第109図13	297	スクレイパー	66.2	57.9	12.4	50.2	68	頁岩
第109図14	509	スクレイパー	(61.3)	(37.8)	(13.6)	(26.8)	68	頁岩
第109図15	313	スクレイパー	(53.5)	44.9	11.7	(26.5)	33	頁岩
第109図16	283	スクレイパー	(41.7)	32.0	8.8	(11.5)	86	頁岩
第110図1	292	スクレイパー	42.4	35.4	9.8	16.1	63	頁岩
第110図2	325	スクレイパー	45.5	34.5	7.4	11.0	72	頁岩
第110図3	495	スクレイパー	47.9	30.5	9.0	12.4	57	頁岩
第110図4	331	スクレイパー	44.5	34.8	10.6	10.1	73-93	頁岩
第110図5	310	スクレイパー	46.4	34.0	12.1	16.0	68	頁岩
第110図6	336	スクレイパー	41.7	32.7	7.7	10.0	50	蛋白石
第110図7	306	スクレイパー	55.1	31.3	9.3	10.5	57	頁岩
第110図8	330	スクレイパー	48.7	33.1	13.1	13.9	58-89	頁岩
第110図9	294	スクレイパー	42.4	40.5	10.0	13.4	52	頁岩
第110図10	304	スクレイパー	60.3	28.6	10.2	16.8	54	頁岩
第110図11	302	スクレイパー	72.1	24.3	8.5	14.2	47	頁岩
第110図12	522	スクレイパー	59.9	31.0	13.1	19.5	74	頁岩
第110図13	282	スクレイパー	64.4	47.5	15.3	37.6	73	頁岩
第110図14	300	スクレイパー	75.1	40.0	13.9	37.6	40	頁岩
第110図15	491	スクレイパー	68.4	41.6	11.0	30.2	61	頁岩
第110図16	291	スクレイパー	48.4	36.3	11.6	20.7	73	凝灰岩
第111図1	493	スクレイパー	(42.3)	(26.3)	7.0	(5.1)	56	頁岩
第111図2	356	楔形石器	35.8	35.2	6.5	10.7	45	頁岩
第111図3	335	スクレイパー	45.8	38.4	10.3	12.5	60	蛋白石
第111図4	500	スクレイパー	56.2	29.0	6.8	9.0	52	頁岩
第111図5	524	スクレイパー	44.5	33.0	11.6	15.6	89	頁岩
第111図6	496	スクレイパー	55.0	32.0	8.8	18.8	70-84	頁岩
第111図7	299	スクレイパー	50.6	36.6	7.5	15.7	63	頁岩
第111図8	293	スクレイパー	43.1	38.7	6.3	11.8	70	頁岩
第111図9	494	スクレイパー	51.5	27.4	8.8	10.1	49	頁岩
第111図10	337	スクレイパー	50.3	39.7	14	24.9	61	頁岩
第111図11	510	スクレイパー	54.7	42.0	15.8	29.2	43	頁岩
第111図12	389	半円状扁平打製石器	167.0	85.0	12.0	260.0	81	安山岩
第111図13	390	半円状扁平打製石器	120.0	87.0	17.0	(140.0)	95	安山岩

第11章 食料資源利用の評価 257

第28表 諏訪台C遺跡「スクレイパー」属性表

No. 1

図版 No.	器種	長さ (mm)	幅 (mm)	厚さ (mm)	重量 (g)	刃角 (°)	石材
第105 図1	石鏃	18.5	7.8	3.3	0.6	—	凝灰岩
第105 図2	石鏃	22.5	8.6	4.6	0.5	—	頁岩
第105 図3	石鏃	26.1	10.4	6.5	1.6	—	頁岩
第105 図4	石鏃	30.8	11.9	5.9	2.4	—	頁岩
第105 図5	石鏃	34.4	12.3	7.0	2.2	—	頁岩
第105 図6	石鏃	(32.1)	(5.1)	(4.8)	(1.9)	—	頁岩
第105 図7	石鏃	32.3	10.4	5.0	1.3	—	頁岩
第105 図8	石鏃	35.1	14.7	4.6	1.8	—	頁岩
第105 図9	石鏃	(23.2)	(10.7)	(5.5)	(1.5)	—	頁岩
第105 図10	石鏃	33.5	13.1	4.7	1.6	—	頁岩
第105 図11	石鏃	36.3	18.4	6.4	3.4	—	頁岩
第105 図12	石鏃	33.1	11.9	4.6	1.6	—	頁岩
第105 図13	石鏃	11.5	33.0	11.4	2.5	—	凝灰岩
第105 図14	石鏃	36.7	13.5	3.8	1.2	—	頁岩
第105 図15	石鏃	31.0	11.9	6.7	2.1	—	凝灰岩
第105 図16	石鏃	27.8	11.2	6.0	1.6	—	頁岩
第105 図17	石鏃	33.6	12.9	5.4	2.3	—	頁岩
第105 図18	石鏃	34.7	15.0	4.6	1.7	—	頁岩
第105 図19	石鏃	31.2	15.1	4.6	2.0	—	チャート
第105 図20	石鏃	36.5	15.4	4.4	2.2	—	頁岩
第105 図21	石鏃	(24.0)	(16.6)	(4.4)	(2.1)	—	頁岩
第105 図22	石鏃	(25.1)	(13.3)	(4.7)	(1.5)	—	頁岩
第105 図23	石鏃	40.2	15.8	5.2	2.6	—	頁岩
第105 図24	石鏃	37.0	18.0	5.3	3.5	—	頁岩
第105 図25	石鏃	38.5	18.3	4.8	3.4	—	頁岩
第105 図26	石鏃	35.1	19.6	6.7	3.7	—	頁岩
第105 図27	石鏃	38.9	17.6	7.5	5.4	—	チャート
第105 図28	石鏃	37.6	12.0	5.7	1.9	—	頁岩
第105 図29	石鏃	33.2	17.0	4.2	2.1	—	頁岩
第105 図30	石鏃	(23.6)	(16.4)	(7.2)	(2.7)	—	頁岩
第105 図31	石鏃	(22.2)	(19.6)	(4.5)	(2.6)	—	頁岩
第105 図32	石鏃	44.4	8.7	4.1	2.7	—	頁岩
第105 図33	石鏃	(38.5)	(18.3)	(4.8)	(3.4)	—	頁岩
第105 図34	石鏃	42.9	18.5	6.3	3.4	—	頁岩
第105 図35	石鏃	(37.6)	(15.5)	(6.8)	(3.3)	—	頁岩
第105 図36	石鏃	32.0	11.6	3.9	1.5	—	頁岩
第105 図37	石鏃	39.0	16.1	6.0	3.8	—	頁岩
第105 図38	石鏃	(55.5)	(13.9)	(5.4)	(3.9)	—	頁岩
第105 図39	石鏃	44.5	8.7	3.3	1.1	—	頁岩
第105 図40	石鏃	(30.6)	(11.1)	(5.8)	(2.0)	—	頁岩
第105 図41	石鏃	35.8	8.2	4.1	0.9	—	頁岩
第105 図42	石鏃	36.4	12.3	6.6	2.1	—	チャート
第105 図43	石鏃	34.2	9.5	5.2	1.4	—	チャート
第105 図44	石鏃	(47.5)	(18.4)	(4.9)	(3.6)	—	頁岩
第105 図45	石鏃	(41.9)	(19.2)	(5.2)	(3.5)	—	頁岩
第105 図46	石鏃	58.6	16.2	5.5	4.0	—	頁岩
第105 図47	石鏃	42.1	20.0	6.4	4.3	—	頁岩
第105 図48	石鏃	45.7	18.1	4.7	3.4	—	頁岩
第105 図49	石鏃	56.4	19.1	5.2	4.9	—	頁岩
第105 図50	石鏃	55.0	21.9	5.2	5.3	—	頁岩
第105 図51	石鏃	43.6	19.1	4.0	3.1	—	頁岩
第105 図52	石鏃	40.5	18.4	4.0	3.0	—	頁岩
第105 図53	石錐	30.9	10.9	6.2	2.0	—	頁岩
第105 図54	石錐	49.6	41.9	12.8	13.8	—	頁岩
第105 図55	石錐	50.0	29.6	9.5	7.6	—	頁岩
第105 図56	石錐	46.8	31.8	11.7	12.8	—	頁岩
第105 図57	石錐	(39.4)	(21.3)	(5.8)	(3.2)	—	頁岩
第105 図58	石錐	(30.0)	(6.0)	(4.4)	(0.8)	—	頁岩
第105 図59	石錐	26.3	14.7	6.0	2.0	—	頁岩
第105 図60	石錐	44.9	23.2	6.2	5.0	—	頁岩
第105 図61	石錐	41.6	21.4	6.5	5.1	—	頁岩
第105 図62	石錐	37.2	15.8	7.8	1.7	—	頁岩

第Ⅲ部 「弥生化経験」の社会誌

第28表 諏訪台C遺跡「スクレイパー」属性表

No. 2

図版 No.	器種	長さ (mm)	幅 (mm)	厚さ (mm)	重量 (g)	刃角 (°)	石材
第105図63	石錐	65.0	6.0	11.3	8.8	—	頁岩
第105図64	石錐	51.4	11.8	9.1	5.2	—	頁岩
第106図1	石匙	33.5	68.1	9.9	17.0	—	頁岩
第106図2	石匙	41.7	59.5	12.4	24.0	—	頁岩
第106図3	石匙	90.4	29.2	12.7	39.0	—	頁岩
第106図4	石匙	36.5	60.1	11.4	18.3	—	頁岩
第106図5	石匙	31.7	57.0	7.8	15.5	—	頁岩
第106図6	石匙	39.0	59.9	12.1	18.9	—	頁岩
第106図7	石匙	46.0	62.1	12.5	25.8	—	頁岩
第106図8	石匙	40.6	58.2	10.0	14.3	—	頁岩
第106図9	石匙	(33.5)	(22.1)	(4.9)	(5.5)	—	頁岩
第106図10	石匙	(34.8)	(22.4)	(5.2)	(4.7)	—	頁岩
第106図11	石匙	91.1	24.5	10.3	24.1	—	頁岩
第106図12	「スクレイパー」	85.4	40.1	23.1	52.1	52	頁岩
第106図13	「スクレイパー」	59.3	58.7	13.5	33.7	46	頁岩
第106図14	「スクレイパー」	64.9	33.9	12.3	28.1	52	頁岩
第106図15	「スクレイパー」	46.2	51.3	7.7	10.8	26	頁岩
第106図16	「スクレイパー」	46.4	47.7	10.4	17.9	52	頁岩
第106図17	「スクレイパー」	53.0	55.6	14.7	27.9	21	頁岩
第106図18	「スクレイパー」	62.8	39.2	11.8	29.4	42	頁岩
第106図19	「スクレイパー」	39.9	44.9	9.6	17.4	51	頁岩
第106図20	「スクレイパー」	49.5	50.9	13.5	35.7	31	頁岩
第106図21	「スクレイパー」	34.6	45.7	8.8	8.0	43	頁岩
第106図22	「スクレイパー」	38.7	43.9	10.1	9.3	56	頁岩
第106図23	「スクレイパー」	47.6	29.3	12.5	17.7	56	頁岩
第106図24	「スクレイパー」	36.1	46.3	9.6	19.6	41	頁岩
第107図1	石鏃	47.7	35.2	11.0	23.4	—	頁岩
第107図2	石鏃	39.7	29.6	7.3	10.1	—	頁岩
第107図3	石鍬	98.4	67.0	24.4	166.3	—	頁岩

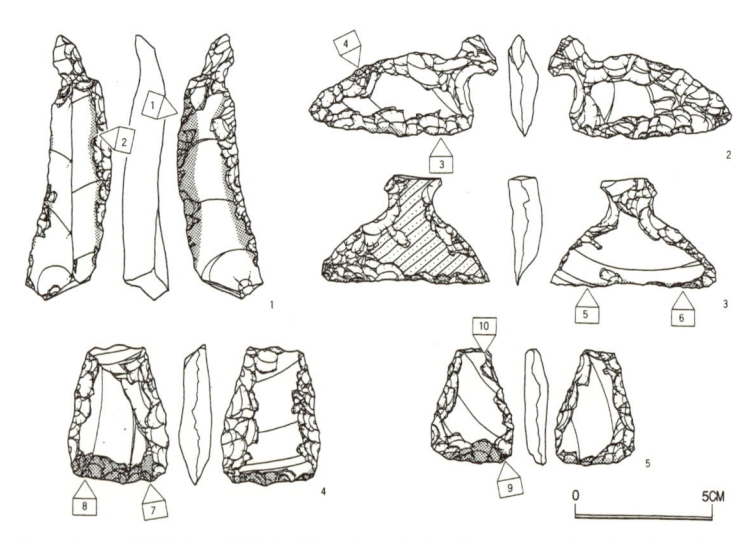

第116図 上杉沢遺跡出土石器の使用痕分布［筆者実測、トーン：使用痕の分布、図中番号：写真番号（三角形のあるほうが写真の上）］

骨の cut（切断）などに使用されていたと推定される（写真1～6）。石箆には、E2 タイプ光沢と刃部に直交する線状痕がみとめられ、皮なめしに重点的に利用されていたことが推定できる（写真7～9）。石箆は出土数が少ないにもかかわらず高い確率で使用痕が認められ、光沢の発達も著しくかなり使い込んでいる印象を受ける。なお、第116図5の石箆の基部にはBタイプに類似する光沢が見られ、木製柄の装着痕の可能性がある（写真10）。

砂沢遺跡　砂沢遺跡では156点の「スクレイパー」が出土しており、うち104点が報告書に図示されている。諏訪台C遺跡との条件をそろえるために、ここでは図示された資料のうち長さまたは幅が4cm以上ある64点の観察を行い、その結果4点の資料に明確な使用痕がみとめられた（第117図）。

第117図3にはBタイプ光沢がみとめられた（写真15・16）。光沢の特徴

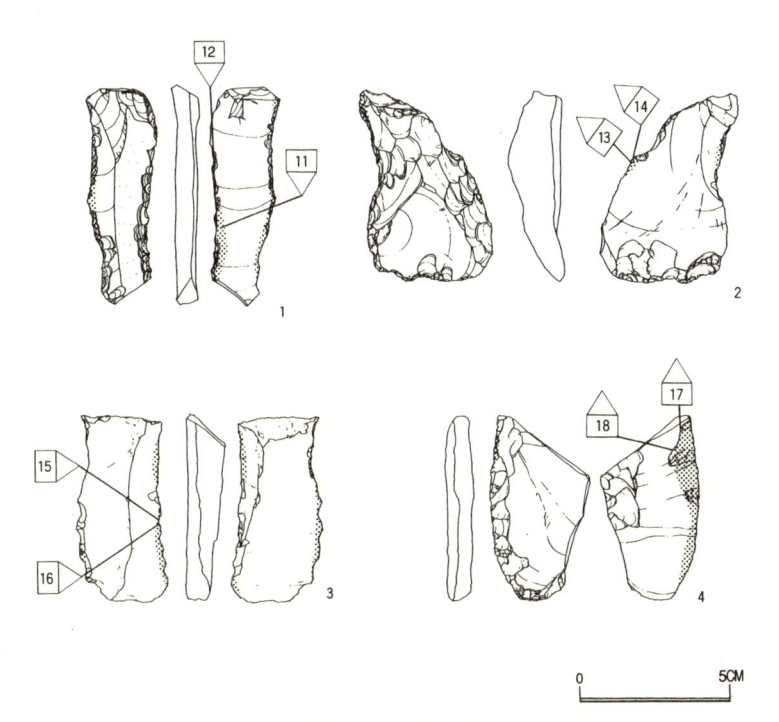

第117図　砂沢遺跡出土石器の使用痕分布（1）［藤田・矢島ほか（1988、1991）、トーン：使用痕の分布、図中番号：写真番号（三角形のあるほうが写真の上）］

は、つぎにのべる諏訪台C遺跡の第118図2・3とほぼ同様であり、木の加工具の可能性もあるが、水田遺跡である点も考慮してイネ科植物の収穫具の可能性も充分に考えられる。このほか、D2・Cタイプ光沢と刃部に平行・直交する線状痕をもつものが2点（第117図1・4、写真11・12、17・18）、E2タイプ光沢と刃部に直交する線状痕をもつものが1点みとめられる（第117図2、写真13・14）。したがって、砂沢遺跡では角・骨の加工具とともに、皮の加工具、イネ科植物の収穫具あるいは木の加工具が存在していると推定される。

諏訪台C遺跡　諏訪台C遺跡では60点の「スクレイパー」が出土しており、すべての資料の観察を行った。この遺跡の「スクレイパー」は、長さまたは幅がすべて4cm以上のもので、長く直線的な刃部がみとめられるものが多い。9点の資料に明確な使用痕がみとめられ（第118～120図）、そのうち7点をD2・Cタイプがしめている（第118図1、第119図1～3、第120図1～3、写真19・20、25～36）。これらのほとんどに刃部と平行する線状痕が見られるが、第118図1のみに刃部に直交する線状痕がみられる（写真19・20）。したがって、多くは角・骨のcut（切断）に用いられたものであるが、一部は角・骨のwhittle（削り）などの作業にも利用されていたと推定することができる。

　Bタイプの光沢は、第118図2・3の2点に認められた（写真21～24）。これらは、小林（1997）が収穫具として取り上げた経緯のある資料であるが、使用痕分析の結果からもこの可能性を指摘することができる。ただし、Bタイプの光沢そのものが非常に小さなパッチとしてしか確認できず、光沢面全体の分布も限られていることから木の加工痕跡の可能性も残されている。

　ここまでの検討から、諏訪台C遺跡では主として角・骨の加工に「スクレイパー」が使われていたことがわかる。この遺跡では、石匙はわずか1点しか出土しておらず、石鏃は1点も出土していない。したがって、角・骨のみならず皮の加工具としても「スクレイパー」がもっとも可能性があるといえるのだが、実際には角・骨の加工痕跡しかみとめられないのである。

　諏訪台C遺跡からは剥片が多量に出土しており（未報告、縄文後期資料の混入の可能性もあり）、幅または長さが4cm以上あるものに限っても529点が保管されている。これらの剥片を肉眼で観察したところ、縁辺に光沢が認められるものは9点あった（第121～122図）。これらにかぎって金属顕微鏡で観察

をおこなった結果、すべての資料にD2・Cタイプ光沢と刃部と平行または直交する線状痕がみとめられた（写真37～54）。したがって、「スクレイパー」のみならず剥片についても、角・骨の加工が主で、皮の加工が行われていた痕跡がみられないという傾向をつかむことができる。

分析結果の解釈　上杉沢遺跡の分析結果によって、縄文晩期前～中葉には内陸部であっても石箆をもちいた皮加工、および石匙をもちいた角・骨加工が行われていたことがあきらかになった。弥生時代にはいると石匙や石箆の数は内陸部でも平野部でもかなり減少し、これにともなって「スクレイパー」が切断や鞣しのための道具の大部分を占めるようになる。この「スクレイパー」の使用痕を弥生前期の内陸部と平野部で比較したところ、内陸部の諏訪台C遺跡では角・骨の加工とイネ科植物の収穫または木の加工に、平野部の砂沢遺跡では上記の用途に加え皮なめしにも利用されていたことがわかった。また、諏訪台C遺跡では剥片にみとめられる使用痕をみても、角・骨の加工痕しかみとめられず、皮の加工痕跡はみとめられなかった。

　集落遺跡である諏訪台Cにおいて皮加工の痕跡がみとめられないにもかかわらず、水田遺跡である砂沢遺跡でE2タイプがみとめられる「スクレイパー」が存在している。これにくわえて、砂沢遺跡をはじめとする平野部ではそのほかにも一部が皮の加工に利用されていたと考えられる片刃石斧（斎野1998）があるのに対して、内陸部では皮の加工の代替物がほとんどない。よって、この使用痕分析の結果は、たんに「スクレイパー」の用途に内陸部と平野部で違いがあるというだけではなく、内陸部における皮の加工活動および狩猟活動そのものが低調であった可能性を示唆しているといえるであろう。

収穫具の問題　橘（1981）は、青森県出土の「石庖丁」を2点紹介しているが、いずれも技術形態学的観点からみて断定できるものではなく、使用痕が確認されているわけでもない。したがって、本州島東北部の北部は石庖丁や大型直縁刃石器（斎野1993、1994a）といった収穫具が基本的には分布しない地域と考えてよい。この地域の収穫具の例としては、須藤・工藤（1991）が垂柳遺跡から出土した「スクレイパー」にAタイプ光沢がみられる例を報告しており、不定形石器が収穫具として利用されていたことは確実である。しかし、その後はこの地域における収穫具の探求は、まったく進展をみせていない。

ここでは、砂沢（第117図3）、諏訪台Ｃ（第118図2・3）に30ミクロン以下の非常に小さな発達初期段階のＢタイプ光沢が認められたことから、イネ科植物の収穫具がある可能性を指摘した。阿子島・須藤（1984）も、明確なＢタイプに発達する前に10ミクロン以下のごく小さな光沢が見られる点を石庖丁の分析から指摘している。そのほか、垂柳遺跡とそれに隣接する高樋（3）遺跡でも収穫具の可能性があるものがあり、これについてもここで触れておくことにする。第123図1・2は青森県教育委員会による垂柳遺跡の調査で出土した未報告資料であり、第123図3・4は田舎館村教育委員会調査資料の高樋（3）遺跡の未報告資料である。
　第123図1（Ⅳ区出土）は転礫面の稜線を利用して縦長にとられた頁岩製の剥片である。腹面の一部には節理面もみられるが、節理面と主剥離面によって形成される稜線上や、剥片の末端部分にＢタイプの光沢がひろく分布している（写真55・56）。両側縁にはＢタイプ光沢はみられないが、タイプ分類が不可能な微弱な光沢が刃縁部に見られ、この部分も何らかのかたちで利用されていたと考えられる。
　第123図2（注記なし）・3・4には明確なＡ・Ｂタイプは認められないが、刃縁部に微弱な光沢が観察される部分がある（写真57〜62）。第123図1の両側縁にも微弱な光沢が見られること、および水田という遺跡の性格から考えてもイネ科植物の収穫具として用いられた可能性がある。
　このように、本州島東北部においても数は少ないが石器が収穫具として用いられていたことはほぼ確実である。今後は、より事例数を増やし、剥片の持ちかた、イネの刈りかた、稲藁の利用などの問題へのアプローチが試みられるべきであろう。

b. 石器組成について　　つぎに、本州島東北部全域での石器組成の推移をみてみよう。第30表は、縄文時代後期から弥生時代の遺跡ごとの石器組成であり、祭祀具（石棒・環状石器・独鈷石・岩版など）を除く石器が50点以上出土している遺跡をとりあげている。
　第30表をもとにして、第31表では本州島東北部を3つの地域にわけ、それぞれの地域で集落・墓・包蔵地といった遺跡の性質ごとの石器組成の変遷をし

めしている。地域区分については、第7・8章で述べた集落・村落組織の再編や集住化が活発に起こる岩木・馬淵・雄物・米代川水系と仙台平野を「中・北部急進地域」とした。これに対して、「世帯の統合」がみられるが「集落の統合」や平野・沿岸部への集住化が顕著ではない、あるいはその証拠がほとんど得られていない下北・三陸・最上・北上川水系を「中・北部保守地域」とし、仙台平野への集住化に関与してはいるものの内部では集落・村落組織の再編が生じていなかった阿武隈川・阿賀野川水系と磐城・相馬海岸を「南部」として独立させた。

　器種については、使用痕分析の結果を勘案しつつ、繁雑さを避けるために大きく8つの機能的なカテゴリーに大別した。「狩猟具」はほぼすべてが石鏃によって占められているが、それよりもやや大型の石槍・石銛もごく少数であるが含まれる。「漁撈具」には石錘が、「土掘具」には打製石斧・石鍬がふくまれる。「収穫具」とは石庖丁や板状石器をさし、「スクレイパー」は収穫具としての利用に地域差があることが予測されるためここには含めていない。

　「粉砕加工具」には、石皿・磨石・敲石などの礫石器類がふくまれる。「伐採加工具」には磨製石斧類がすべてふくまれるが、木材加工や皮なめしに使用される片刃石斧のように必ずしも「伐採」活動のみにつかわれるわけではない点は注意を要する（斎野1998）。「切韉加工具」には、さきにふれた「スクレイパー」にくわえ、石匕・石錐・石篦が含まれる。ただし、弥生時代では石匕・石錐・石篦はかなり減少するため、この時期の「切韉加工具」の多くは「スクレイパー」によって大多数が占められている。最後の「研磨加工具」とは、砥石類をさしている。

　第31表を検討すると、総じて狩猟具と切韉加工具が非常に多い傾向があり、多くのばあい両者で全体の6～9割が占められていることがわかる。そのなかにあって特徴的なのは、「急進地域」の内陸・盆地部における狩猟具と粉砕加工具の関係である。この地域では、縄文後期～弥生中期までの集落で狩猟具の組成率の変動が激しく、集落遺跡では27.0％、13.4％、35.8％、10.8％、44.3％と増減を繰り返している。このうち、水稲耕作の導入期にあたる縄文晩期後葉～弥生Ⅱ期は10.8％であり、狩猟具がもっとも少ない時期にあたっている。このような狩猟具の変動にもかかわらず、切韉加工具の組成率は

弥生中期をのぞいてほぼ6割弱で一定である。これに対して、粉砕加工具の組成率は狩猟具の増減と明確な相関関係にあることから、内陸部における不安定な狩猟活動とそれを補うかたちでの堅果類の利用があったことを想定しておきたい。

これにたいして、「急進地域」の沿岸・平野部における狩猟具は、弥生Ⅰ～Ⅱ期で25.9％あり、同時期の内陸・盆地部に比してほぼ15％高くなっている。しかも、墓や包蔵地での狩猟具の組成率も内陸・盆地部よりは格段に高く、時期的な変動も少ない。

「保守地域」では、狩猟具の組成率がさらに高い水準で推移しており（3～7割程度）、集落・墓・包蔵地といった遺跡性格ごとの違いはやや大きいが、沿岸・平野部と内陸・盆地部のちがいは顕著ではない。この傾向は「南部」でも

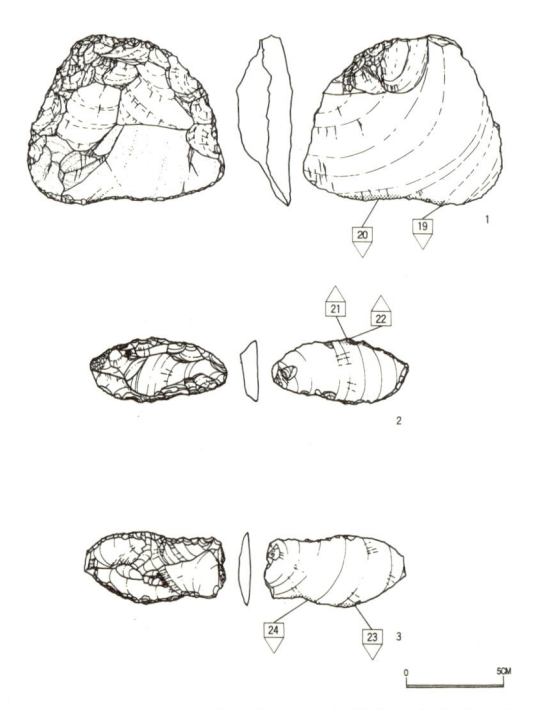

第118図　諏訪台Ｃ遺跡出土石器の使用痕分布（1）［利部・和泉（1990）、トーン：使用痕の分布、図中番号：写真番号（三角形のあるほうが写真の上）］

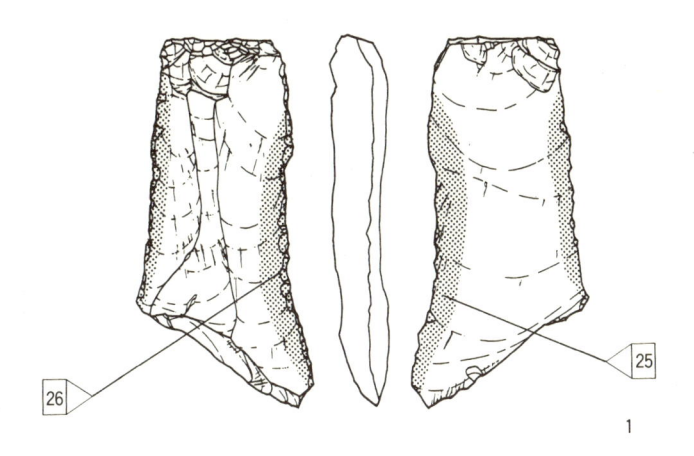

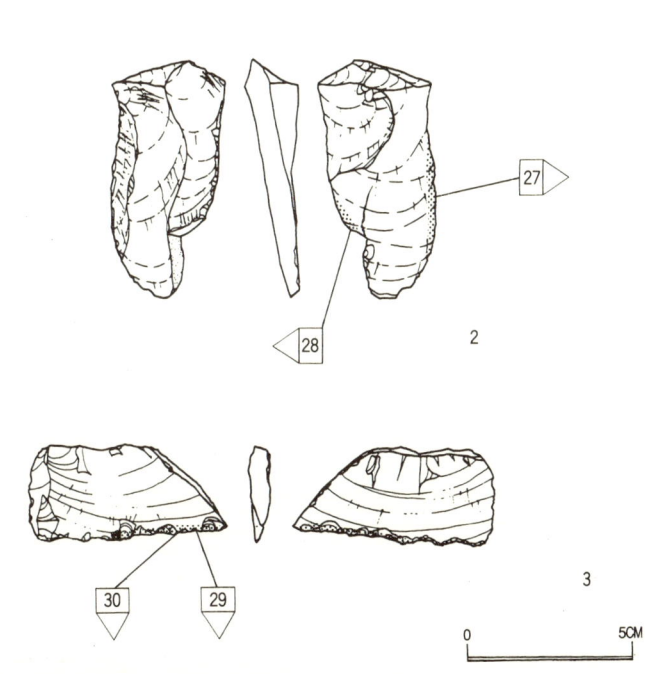

第11章 食料資源利用の評価 265

第119図 諏訪台C遺跡出土石器の使用痕分布 (2) [利部・和泉 (1990)、トーン：使用痕の分布、図中番号：写真番号（三角形のあるほうが写真の上）]

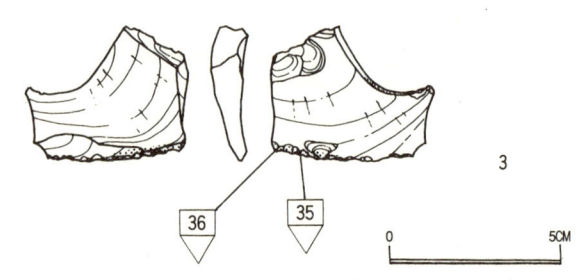

266　第Ⅲ部　「弥生化経験」の社会誌

第120図　諏訪台C遺跡出土石器の使用痕分布（3）［利部・和泉（1990）トーン：使用痕の分布、図中番号：写真番号（三角形のあるほうが写真の上）］

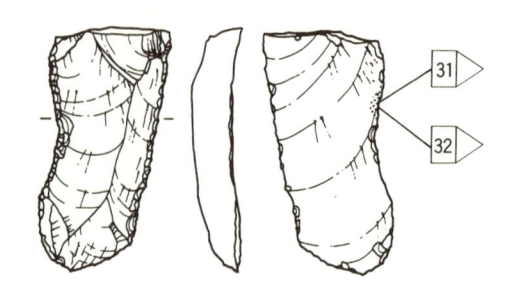

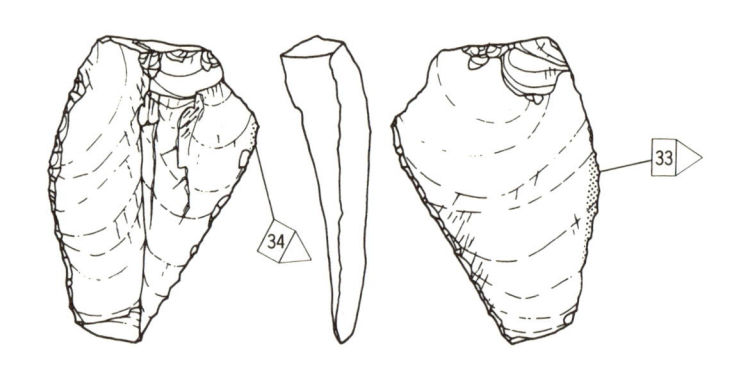

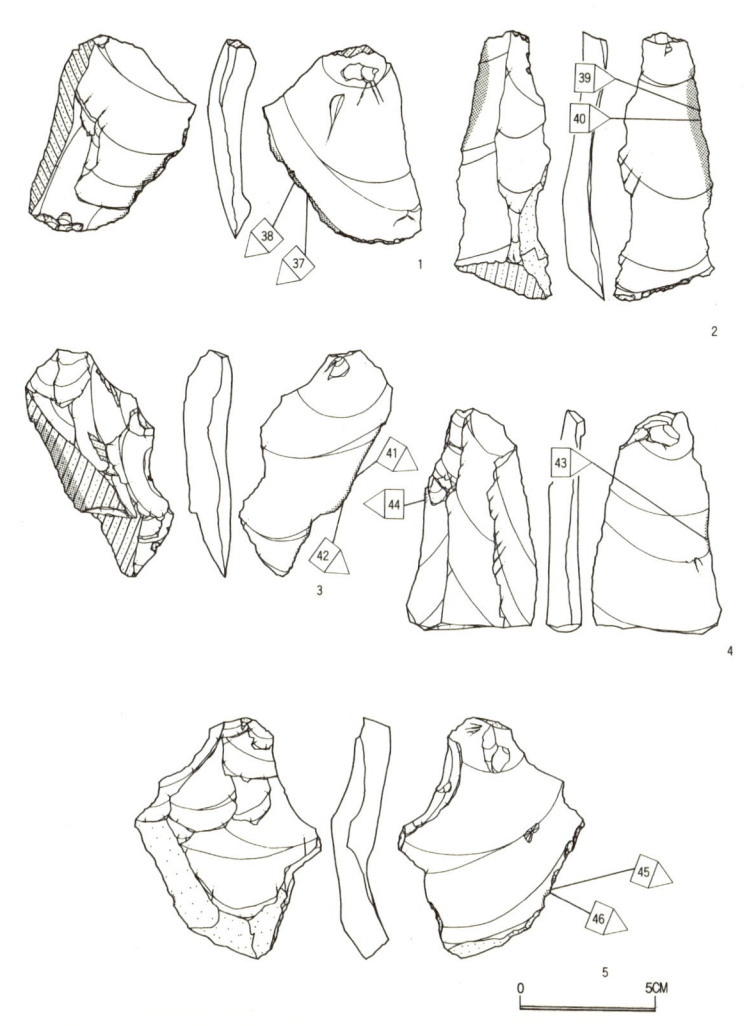

第 11 章　食料資源利用の評価　267

第121図　諏訪台C遺跡出土石器の使用痕分布（4）［未報告資料（筆者実測）、トーン：使用痕の分布、図中番号：写真番号（三角形のあるほうが写真の上）］

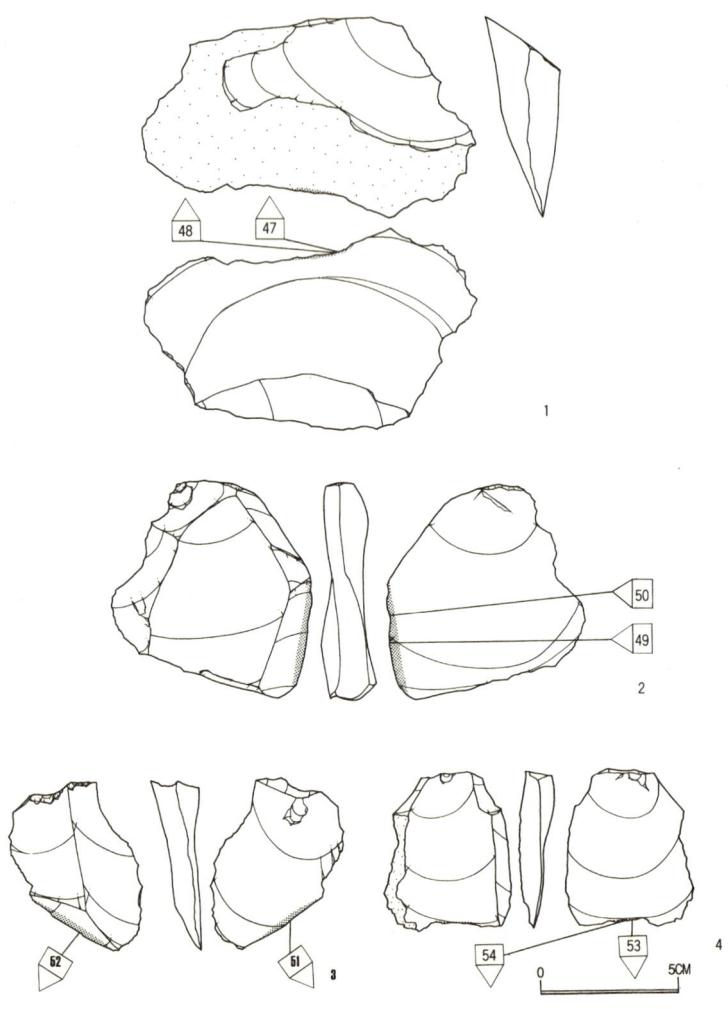

268 第Ⅲ部 「弥生化経験」の社会誌

第122図 諏訪台C遺跡出土石器の使用痕分布 (5) [未報告資料 (筆者実測)、トーン：使用痕の分布、図中番号：写真番号 (三角形のあるほうが写真の上)]

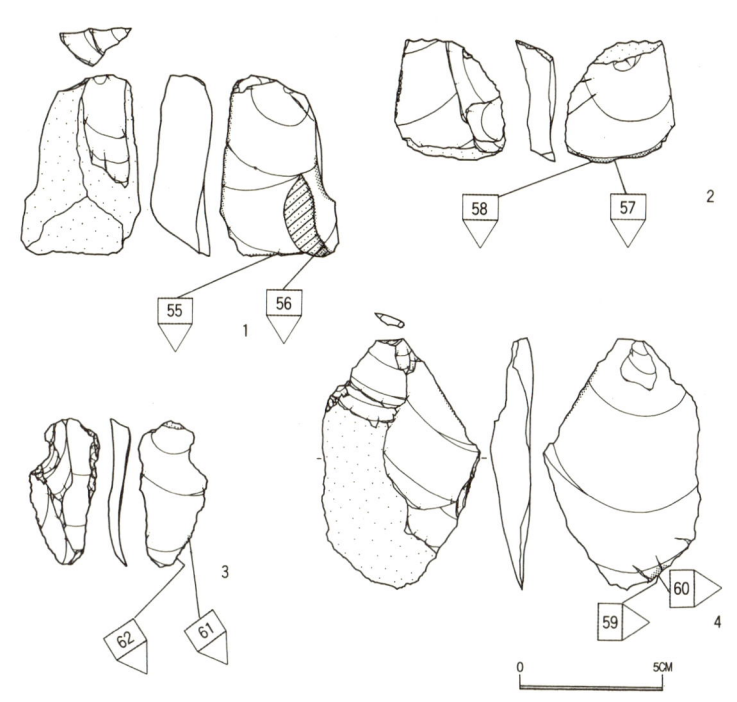

第11章 食料資源利用の評価　269

第123図　垂柳・高樋（3）遺跡出土の収穫具の可能性が高い石器　[1・2垂柳遺跡（青森県教育委員会調査資料）、3・4高樋（3）遺跡（田舎館村教育委員会調査資料）、いずれも未報告資料（筆者実測）、トーン：使用痕の分布、図中番号：写真番号（三角形のあるほうが写真の上）]

第29表　使用痕の検出結果

遺　跡	認められた光沢タイプと線状痕	資料数（器種）	推定される被加工物と作業内容
上杉沢遺跡	D2・Cタイプ＋刃部に平行方向の線状痕	3（石匙）	角・骨の鋸引き
	E2タイプ＋刃部に直交方向の線状痕	2（石篦）	皮なめし
砂沢遺跡	Bタイプ	1（「スクレイパー」）	イネ科植物の切断または木の加工
	D2・Cタイプ＋刃部に平行・直交方向の線状痕	2（「スクレイパー」）	角・骨の鋸引き・削り
	E2タイプ＋刃部に直交方向の線状痕	1（「スクレイパー」）	皮なめし
諏訪台C遺跡	Bタイプ	2（「スクレイパー」）	イネ科植物の切断または木の加工
	D2・Cタイプ＋刃部に平行方向の線状痕	6（「スクレイパー」）	角・骨の鋸引き
		8（剥片）	角・骨の鋸引き
	D2・Cタイプ＋刃部に直交方向の線状痕	1（「スクレイパー」）	角・骨の削り
		1（剥片）	角・骨の削り
垂柳・高樋(3)遺跡	Bタイプ	2（「スクレイパー」）	イネ科植物の切断または木の加工
	BタイプまたはF2タイプ？	2（「スクレイパー」）	イネ科植物の切断または木の加工

270　第Ⅲ部　「弥生化経験」の社会誌

第30表　石器組成基本データ

No.1

県名	遺跡	時期	性質	狩猟具	漁撈具	土堀具	収穫具	粉砕加工具	伐採加工具	切断加工具	研磨加工具	点数	文献
青森	瀬野	Ⅱ期	集落	10.9	0.0	0.0	0.0	2.2	5.5	80.3	1.6	183	伊東・須藤(1982)
青森	戸沢川代	Ⅰ期	包蔵地	25.0	0.0	0.0	0.0	0.0	4.7	56.3	0.0	64	葛西編(1991)
青森	二枚橋	Ⅱ期	集落	56.9	0.0	0.0	0.0	1.5	3.6	38.0	0.0	137	須藤(1970b)
青森	砂沢	Ⅰ期	水田	28.6	0.0	0.0	0.0	3.3	2.7	65.3	0.0	548	藤田・矢島ほか(1988、1991)
青森	宇鉄Ⅱ(1・2次)	Ⅱ期	墓	24.6	8.5	0.0	0.0	15.3	3.4	39.8	0.0	118	岩本・天間ほか(1979)
青森	今津(2)	晩期中葉	包蔵地	61.9	0.0	0.0	0.0	1.8	3.0	33.1	0.1	767	青森県教委(1986)
岩手	大芦	晩期前葉～中葉	包蔵地	13.6	1.5	1.5	0.0	16.7	3.0	62.1	0.0	66	面代(1985)
岩手	根井貝塚	後期後葉	集落	21.6	6.9	8.6	0.0	3.4	10.3	49.1	0.0	116	熊谷ほか(1987)
岩手	上村	晩期後葉～Ⅱ期	集落	42.0	0.0	2.0	0.0	12.0	20.0	22.0	2.0	50	小田野・高橋ほか(1991)
岩手	貝鳥	後期中葉	貝塚	22.2	2.5	1.2	0.0	29.6	14.8	11.1	18.5	81	草間・金子(1971)
岩手	谷起島(1+4次)	晩期後半～Ⅰ期	包蔵地	79.4	0.0	0.0	0.0	8.2	1.0	11.3	0.0	97	林・小田野(1977)、工藤(1982)
岩手	東裏	晩期前葉～後葉	包蔵地	45.8	0.0	1.7	0.0	5.6	0.8	45.2	0.8	2708	相原(1980)
岩手	橋本	Ⅲ～Ⅳ期	包蔵地	30.6	0.0	8.1	0.0	4.8	3.2	53.2	0.0	62	伊東(1974)
岩手	兵庫館	晩期前葉～Ⅲ期	墓	15.4	0.0	1.5	0.0	9.2	7.7	66.2	0.0	65	川村(1993)
岩手	梅ノ木台地Ⅱ	晩期中葉～Ⅴ期	墓	13.6	0.0	4.5	0.0	36.4	7.6	31.8	6.1	66	川村(1993)
岩手	九年橋(3次)	晩期中葉～後葉	集落	68.4	0.0	0.4	0.0	4.3	1.4	25.5	0.0	282	藤村ほか(1977)
岩手	九年橋(6次)	晩期中葉	集落	44.5	1.2	2.7	0.0	12.5	1.2	37.8	0.0	328	藤村ほか(1980)
岩手	九年橋(11次)	晩期中葉～後葉	集落	18.7	0.6	2.9	0.0	34.9	3.7	16.1	0.2	857	藤村ほか(1988)
岩手	安堵屋敷	晩期中葉～後葉	集落	13.4	0.0	7.5	0.0	11.5	4.7	62.8	0.0	253	国生(1984)
岩手	小田	晩期中葉～中葉	集落	18.6	1.5	12.1	0.0	26.7	7.1	34.0	0.0	720	中村(1979)
岩手	城内	晩期中葉	集落	30.7	0.0	1.1	0.0	3.4	4.5	60.2	0.0	88	花篦・鎌田(1985)
岩手	手代森	晩期前葉～中葉	集落	15.3	1.0	13.2	0.0	7.0	8.1	53.3	2.1	2704	佐々木(1986)
岩手	川口Ⅱ	後期中葉	集落	26.2	4.6	0.0	0.0	21.5	15.4	32.3	0.0	65	高橋ほか(1985)
岩手	曲田Ⅰ	晩期前葉	集落	16.0	0.0	0.0	0.0	19.0	5.0	60.0	0.0	100	鈴木・嶋(1985)
岩手	火行塚	Ⅱ～Ⅲ期	集落	44.3	0.0	0.0	0.0	24.3	0.0	31.4	0.0	70	高橋(1981)
岩手	馬場野Ⅱ	Ⅰ～Ⅱ期	集落	17.4	0.6	3.7	0.0	18.0	6.8	53.4	0.0	161	工藤・中川ほか(1986)
宮城	田柄貝塚	後期中葉～晩期前葉	貝塚	65.9	0.4	1.9	0.0	3.8	2.3	25.3	0.5	1528	平沢ほか(1986)
宮城	田柄貝塚	後期中葉	貝塚	37.1	0.0	10.3	0.0	17.2	9.5	24.1	1.7	116	平沢ほか(1986)
宮城	田柄貝塚	後期後葉	貝塚	73.5	0.8	0.4	0.0	4.3	3.9	16.3	0.8	257	平沢ほか(1986)
宮城	田柄貝塚	後期後葉	貝塚	67.0	0.4	0.6	0.0	2.1	1.2	28.6	0.2	521	平沢ほか(1986)
宮城	田柄貝塚	後期後葉	貝塚	72.0	0.0	1.2	0.0	2.0	1.2	23.6	0.0	254	平沢ほか(1986)
宮城	田柄貝塚	後期後葉	貝塚	65.3	0.0	4.0	0.0	3.3	0.7	25.3	1.3	150	平沢ほか(1986)
宮城	田柄貝塚	晩期前葉	貝塚	63.5	0.9	1.7	0.0	2.6	1.7	29.6	0.0	233	平沢ほか(1986)
宮城	中沢目貝塚	晩期前葉	貝塚	19.5	0.0	0.0	0.0	9.1	1.3	67.5	2.6	77	須藤(1984)
宮城	境ノ目A	Ⅲ～Ⅳ期	包蔵地	58.6	0.0	0.0	0.0	3.4	8.6	29.3	0.0	58	佐藤・岡村ほか(1982)
宮城	里浜貝塚西畑	晩期中葉	貝塚	36.7	0.0	2.5	0.0	3.5	4.7	51.7	0.9	569	小井川・岡村ほか(1984)

第11章 食料資源利用の評価　271

第30表　石器組成基本データ

No.2

県名	遺跡	時期	性質	狩猟具	漁撈具	土堀具	収穫具	粉砕加工具	伐採加工具	切截加工具	研磨加工具	点数	文献
宮城	摺萩	後期後葉～晩期後葉	集落	33.7	0.0	0.2	0.0	7.0	1.8	57.1	0.1	2095	進藤ほか(1990)
宮城	摺萩	後期後葉～晩期前葉	集落	24.3	0.0	0.0	0.0	11.7	1.0	63.1	0.0	103	進藤ほか(1990)
宮城	摺萩	晩期前葉	集落	23.7	0.0	0.0	0.0	14.0	0.9	61.4	0.0	114	進藤ほか(1990)
宮城	摺萩	晩期中葉	集落	40.7	0.0	0.7	0.0	2.1	4.8	49.7	0.7	145	進藤ほか(1990)
宮城	摺萩	晩期中葉	集落	38.1	0.1	0.4	0.0	4.7	1.5	55.1	0.0	722	進藤ほか(1990)
宮城	摺萩	晩期中葉～後葉	集落	28.5	0.0	0.0	0.0	8.5	2.3	60.5	0.2	529	進藤ほか(1990)
宮城	高田B	III期	包蔵地	34.5	0.0	0.9	8.3	27.1	6.1	23.1	0.0	229	高橋・古川ほか(1995)
宮城	下ノ内浦	IV～V期	包蔵地	47.6	0.0	1.2	1.2	10.7	0.0	39.3	0.0	84	兼田(1988)
宮城	下ノ内浦	IV～V期	包蔵地	73.6	0.0	0.0	0.0	5.7	0.0	20.8	0.0	53	佐藤編(1993)
宮城	伊古田	後期中葉	包蔵地	5.1	11.6	0.0	0.0	50.6	1.1	31.5	0.0	352	渡部(1995)
宮城	船渡前	II期	包蔵地	77.4	0.0	0.0	1.6	8.1	3.2	8.1	1.6	62	宮城県教委文化財保護課編(1977)
宮城	東足立	後期後葉	集落	32.5	0.0	0.0	0.0	11.7	8.4	40.9	5.8	154	黒川(1981)
宮城	鱸沼	晩期後葉～II期	集落	55.8	0.0	1.9	0.0	1.9	11.5	26.9	0.0	52	志間(1971)
宮城	入大	後期中葉	包蔵地	56.8	0.0	1.1	0.0	24.6	1.1	15.8	0.5	183	一條(1989)
宮城	中在家南	III期	包蔵地	28.6	0.0	1.4	18.1	20.8	7.4	10.6	13.0	216.0	工藤編(1996)
秋田	中小坂	後期後葉～晩期前葉	集落	17.5	0.0	0.0	0.0	30.9	8.2	42.3	1.0	97	栗澤・武藤(1988)
秋田	はりま館D区	III～VI期	包蔵地	7.1	0.0	1.4	0.0	35.7	0.0	54.3	1.4	70	小林・葵ほか(1990)
秋田	諏訪台C	晩期後葉～I期	集落	4.5	2.3	1.1	0.0	23.9	6.8	61.4	0.0	88	利部・和泉(1990)
秋田	家ノ後	晩期前葉	集落	0.5	0.2	0.5	0.0	38.4	1.9	57.7	0.2	829	谷地・柴田(1992)
秋田	高屋館跡	晩期中葉～後葉	墓	9.1	1.1	0.0	0.0	27.3	6.8	54.5	1.1	88	小畑・柴田(1990)
秋田	大湯	後期中葉～後葉	墓	9.3	1.7	0.0	0.0	6.7	1.3	78.8	2.2	1644	秋元・藤井(1994)
秋田	白坂	晩期前葉	包蔵地	8.2	0.0	0.0	0.0	73.8	3.1	14.1	0.0	2665	高橋(1994)
秋田	横長根A	I～II期	集落	25.9	1.2	0.0	0.0	12.3	13.6	42.0	4.9	81	児玉(1984)
秋田	中山	後期後葉～晩期前葉	墓	59.0	0.0	0.0	0.0	3.6	7.2	30.1	0.0	83	熊谷(1983)
秋田	上新城中学校	晩期前葉～後葉	墓	39.9	0.0	0.5	0.0	28.3	6.5	24.5	0.3	612	石郷岡・安田ほか(1992)
秋田	地方	晩期前葉～後葉	墓	55.9	0.2	0.0	0.0	4.0	10.3	28.8	0.0	2106	石郷岡・西谷(1987)
秋田	木形台II	晩期前葉～中葉	包蔵地	43.1	3.1	0.0	0.0	9.2	7.7	36.9	0.0	65	長山(1990)
秋田	石名館	後期後葉～晩期後葉	包蔵地	21.4	0.0	2.1	0.0	23.4	12.0	41.1	0.0	192	桜田(1984)
秋田	手取清水	晩期後葉～II期	包蔵地	26.2	0.0	1.5	0.0	5.6	5.1	61.5	0.0	195	柴田ほか(1990)
秋田	上猪岡	晩期後葉～後葉	包蔵地	10.8	0.0	6.6	0.0	14.6	10.4	57.5	0.0	212	武田(1991)
秋田	平鹿	晩期中葉～後葉	墓	31.8	0.0	0.0	0.0	2.3	4.5	61.4	0.0	44	小玉(1983)
秋田	八木	後期前葉～後葉	墓	9.9	22.0	0.0	0.0	36.9	4.5	27.3	0.0	7264	小林・武藤(1989)
秋田	梨ノ木塚	晩期前葉	墓	21.7	2.9	9.7	0.0	13.5	5.3	46.9	0.0	207	畠山・橋本ほか(1979)
山形	生石2	I期	包蔵地	35.30	0.0	0.0	3.9	2.0	2.0	56.9	0.0	51	安部・伊藤(1987)
山形	砂川A	後期後葉～晩期中葉	集落	24.8	0.4	0.7	0.0	11.3	7.7	54.7	0.4	2643	佐藤禎宏(1984)
山形	作野	後期後葉～晩期後葉	集落	11.9	0.0	1.7	0.0	15.3	20.3	50.8	0.0	59	長橋・阿部(1984)
山形	杢代	晩期後葉	包蔵地	59.3	3.4	0.0	0.0	18.6	5.1	13.6	0.0	59	佐藤(1980)

第30表　石器組成基本データ

No.3

山形	数馬	晩期後葉	包蔵地	63.3	0.0	0.9	0.0	7.3	2.8	25.7	0.0	109	佐々木(1974)
福島	孫六橋	II期	包蔵地	5.5	0.0	0.0	0.0	0.0	0.7	93.8	0.0	145	木元・藤間(1980)
福島	三貫地貝塚	後期後葉～晩期後葉	集落・墓	6.5	1.1	16.3	0.0	0.0	20.7	53.3	2.2	92	鈴木・藤原ほか(1988)
福島	三貫地D	晩期後葉～III期	集落	23.1	0.0	9.0	3.8	15.4	9.0	11.5	5.1	78	渡辺・大竹ほか(1981)
福島	日向南	後期後葉	集落	22.6	0.5	24.7	0.0	12.6	7.9	28.9	2.6	190	鈴鹿ほか(1987)
福島	岩下A	後期後葉～II期	包蔵地	52.3	0.0	11.0	2.8	0.9	5.5	27.5	0.0	109	松本編(1985)
福島	岩下A	II期	包蔵地	35.4	0.0	6.3	0.0	10.1	8.5	39.7	0.0	189	松本・吹野ほか(1988)
福島	天神沢	I・III～V期	包蔵地	4.1	0.0	13.7	45.2	1.4	34.2	1.4	0.0	146	鈴木・辻ほか(1983)
福島	長瀞	IV期	集落	26.4	0.0	7.5	18.9	0.0	30.2	11.3	5.7	53	井・吉田(1994)
福島	南入A	IV期	包蔵地	5.7	0.0	22.9	27.6	1.9	21.0	6.7	0.0	105	井・吉田(1994)
福島	桜井	IV期	包蔵地	2.8	0.0	19.7	36.6	0.0	35.2	5.6	0.0	71	辻・藤原ほか(1992)
福島	向山	III～V期	包蔵地	8.2	0.0	0.0	4.9	0.0	11.5	68.9	0.0	61	中山・廣岡(1986)
福島	龍門寺	III～V期	集落	49.1	0.0	1.3	1.6	4.4	22.8	20.3	0.6	316	猪野・高島(1985)
福島	久世原館	III～V期	包蔵地	48.3	0.0	0.0	0.0	6.8	8.3	35.8	0.0	120	木幡・馬目ほか(1991)
福島	久世原館・番匠地	晩期後葉～III・IV・V期	包蔵地	29.1	0.0	0.0	3.6	0.0	5.4	36.4	25.5	0.0	55	高島・木幡ほか(1993)
福島	薄磯貝塚	後期後葉～晩期中葉	貝塚	10.8	17.6	0.0	0.0	52.0	5.9	11.8	2.0	102	大竹・山崎ほか(1988)
福島	輪山	V期	集落	0.0	0.0	0.0	0.0	0.0	0.0	100.0	0.0	78	松本・山内(1977)
福島	一斗内	晩期前葉～後葉	包蔵地	54.3	0.0	0.0	0.0	3.8	1.9	40.0	0.0	105	江花・福島(1988)
福島	牛窪	後期後葉～晩期中葉	包蔵地	30.3	9.6	6.3	0.0	19.2	13.5	20.7	0.5	208	皆川(1984)
福島	四十内	後期前葉～晩期後葉	集落	13.7	0.8	0.0	0.0	58.5	2.8	23.2	0.6	357	鈴木・春日ほか(1984)
福島	村下A地点	後期後葉～晩期後葉	包蔵地	57.8	8.2	5.2	0.0	8.2	17.7	0.0		147	周東・宮沢(1992)
福島	能登	V期	包蔵地	0.9	0.0	2.7	0.0	7.1	0.9	84.8	3.6	112	大越・西山ほか(1990)
福島	角間	V期	集落	1.4	42.3	2.8	0.0	29.6	2.8	21.1	0.0	71	松崎・山岸(1990)

第31表　石器組成データ集計結果

No.1

遺跡の位置	遺跡の性質	遺跡数	総点数	時期	狩猟具	漁撈具	土堀具	収穫具	粉砕加工具	伐採加工具	切截加工具	研磨加工具
■中・北部急進地域（岩井・馬淵・雄物・米代流域、仙台平野）												
沿岸・平野部	集落	1	81	I～II期	25.9	1.2	0.0	0.0	12.3	13.6	42.0	4.9
	墓	1	83	後期後葉～晩期前葉	59.0	0.0	0.0	0.0	3.6	7.2	30.1	0.0
		1	612	晩期前葉～晩期後葉	39.9	0.0	0.5	0.0	28.3	6.5	24.5	0.3
	包蔵地	2	535	後期中葉	31.0	5.8	0.5	0.0	37.6	1.1	23.7	0.3
		5	486	II～IV期	53.4	0.0	0.6	4.9	13.2	3.7	21.9	2.4
内陸・盆地部	集落	4	2449	後期後葉～晩期前葉	27.0	0.2	0.1	0.0	15.3	4.9	50.8	1.8
		3	1043	晩期前葉	13.4	0.1	0.0	0.0	23.8	2.6	59.7	0.1
		3	1396	晩期中葉～晩期後葉	35.8	0.0	0.0	0.0	5.1	2.9	55.1	0.3
		2	249	晩期後葉～II期	10.8	1.4	2.4	0.0	20.9	6.8	57.4	0.0
		1	70	II～III期	44.3	0.0	0.0	0.0	24.3	0.0	31.4	0.0

第11章 食料資源利用の評価 273

第31表 石器組成データ集計結果　No.2

遺跡の位置	遺跡の性質	遺跡数	総点数	時期	狩猟具	漁撈具	土掘具	収穫具	粉砕加工具	伐採加工具	切截加工具	研磨加工具
	墓	3	8996	後期中葉〜後期後葉	9.4	8.3	0.1	0.0	23.6	3.9	53.5	1.1
		3	2357	晩期前葉〜晩期後葉	36.5	1.0	3.5	0.1	6.6	6.7	45.5	0.0
	包蔵地	4	3134	晩期中葉〜晩期後葉	20.9	0.8	2.3	0.8	30.3	8.3	36.6	0.0
		2	247	晩期後葉〜Ⅱ期	41.0	0.0	1.7	1.7	3.8	8.3	44.2	0.0
		1	70	Ⅲ〜Ⅵ期	7.1	0.0	1.4	0.0	35.7	0.0	54.3	1.4
■中・北部保守地域（下北・三陸、最上・北上川流域）												
沿岸・平野部	集落	3	370	晩期後葉〜Ⅱ期	36.6	0.0	0.7	0.0	5.2	9.7	46.8	1.2
	墓	1	118	Ⅱ期	24.6	8.5	0.0	0.0	15.3	3.4	39.8	0.0
	包蔵地	1	767	晩期中葉	61.9	0.0	0.0	0.0	1.8	3.0	33.1	0.1
		2	115	Ⅰ期	30.1	0.0	0.0	2.0	1.0	3.3	56.6	0.0
内陸・盆地部	集落	4	2883	後期中葉〜晩期前葉	21.1	3.0	2.7	0.0	12.9	13.4	46.8	0.1
		7	5232	晩期後葉〜晩期後葉	30.0	0.6	5.7	0.0	14.3	4.4	41.4	0.3
	墓	2	131	晩期後葉〜Ⅴ期	14.5	0.0	3.0	0.0	22.8	7.6	49.0	3.0
	包蔵地	4	2942	晩期前葉〜晩期後葉	45.5	1.2	1.0	0.0	12.1	2.9	36.7	0.0
		1	97	晩期後半〜Ⅰ期	79.4	0.0	0.0	0.0	8.2	1.0	11.3	0.0
		1	62	Ⅲ〜Ⅳ期	30.6	0.0	8.1	0.0	4.8	3.2	53.2	0.0
■南　部												
沿岸部	集落	4	3243	晩期後葉〜Ⅴ期	48.2	1.7	2.7	0.0	3.7	4.1	39.5	0.2
	集落・墓	1	64	後期後葉〜晩期後葉	25.0	0.0	0.0	0.0	9.0	4.7	56.3	0.0
	包蔵地	6	421	晩期後葉〜Ⅴ期	33.9	0.7	2.4	0.0	13.4	8.3	37.7	3.4
内陸部	集落	2	801	後期前葉〜晩期前葉	21.7	0.0	3.8	0.0	7.4	3.7	63.4	0.0
		1	2704	Ⅴ期	15.3	1.0	13.2	0.0	7.0	8.1	53.3	2.1
	包蔵地	3	1905	後期後葉〜晩期後葉	27.3	1.1	5.9	0.0	24.7	4.0	29.3	0.1
		3	1068	後期後葉〜Ⅱ期	32.5	2.8	0.0	0.0	6.4	4.0	51.1	0.6
		1	88	Ⅴ期	30.7	0.0	1.1	0.0	3.4	4.5	60.2	0.0

ほぼ同様である。「急進地域」の沿岸・平野部や「保守地域」・「南部」のこうした様子からも、「急進地域」の内陸・盆地部の特殊性が理解できるであろう。

　ところで、さきの使用痕分析によれば、この時期の内陸部では切截加工具は木と角・骨の加工に使われており、皮なめしに利用されているわけではなかった。皮の加工が角・骨の加工よりも狩猟場所にちかい集落でおこなう必要があるという前提にたって、「急進地域」内陸部における狩猟具と粉砕加工具の相関関係や平野・沿岸部と比較したときの差異を考えるならば、内陸・盆地部ではやはり皮の加工のみならず狩猟活動そのものが低調、あるいは少なくとも不

安定であったと理解せざるを得ないだろう。したがって、第8章において示唆した本州島東北部の内陸部における食料調達の不調に関しては、とくに動物質資源について石器の検討からも間接的に支持することはできると判断される。

3．食料資源利用の包括的な理解にむけて

第124図は、本州島東北部の弥生前・中期遺跡から出土した植物・動物遺体から想定される食料資源利用カレンダーである。考古学的証拠が乏しいものでこのほかに利用が想定されるものとして、ユリ科とその他多くの根茎類、菌類などがあげられる。

さきに動物質資源に関しては、平野部には優勢な個体群が存在していたことを確認した。また、間接的にとくに北半部の内陸部では狩猟が不安定であったという結論を得た。しかし、内陸部での食料事情の悪化がどれほど深刻なもの

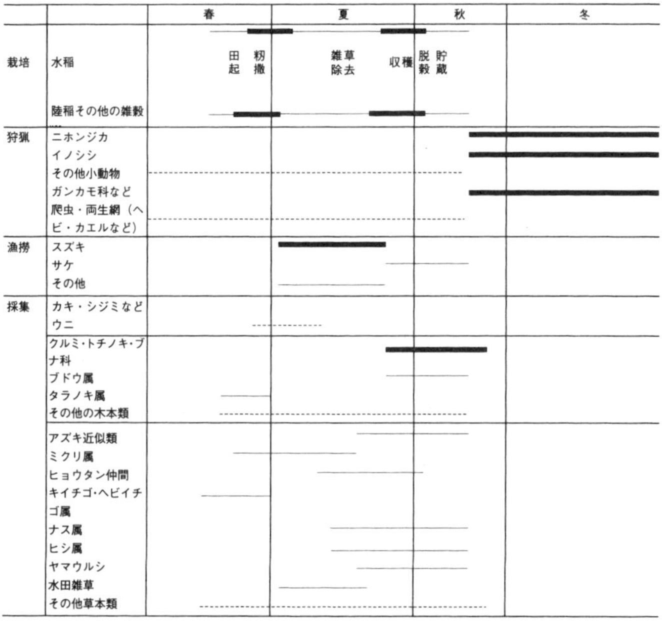

第124図　本州島東北部の弥生時代食料資源利用カレンダー［平野部の遺跡から出土した動植物遺体をもとに作成］

第11章 食料資源利用の評価

第32表 熱量シミュレーション表

狩猟活動と採集・栽培活動から得られる熱量比	人口が1.5倍になったとき、水稲の占める熱量を全体の15%とし、なおかつ狩猟量が変わらないとき、それ以外の採集・栽培活動による必要増産率
（狩猟）1：9（採集・栽培）	131%
（狩猟）2：8（採集・栽培）	134%
（狩猟）3：7（採集・栽培）	139%
（狩猟）4：6（採集・栽培）	146%
（狩猟）5：5（採集・栽培）	155%
（狩猟）6：4（採集・栽培）	169%
（狩猟）7：3（採集・栽培）	192%
（狩猟）8：2（採集・栽培）	238%
（狩猟）9：1（採集・栽培）	375%

であったのかは依然として検討の余地が残されており、これだけを過大評価して社会変化を引き起こした唯一の要因とすることは到底できそうにない。そうであるならばなおさら、イネだけでは食べてゆけないことが明白ななかで、あえて集住化をして水稲耕作が導入されたのはなぜかという問いが重みを増してくる。

この点に対する説明として想定したのが、集住化にともなって水稲耕作だけではなくその他の栽培活動や採集活動もまたより大規模におこなうことができるという付随的効果であった。この効果を具体的に把握するために、弥生時代にはいって平野部の人口が1.5倍となり、必要な総熱量も1.5倍になった場合の状況を考えてみよう。

第32表は、縄文時代における狩猟活動と採集・栽培活動によって得られる熱量比をいくつか設定し、狩猟活動が縄文時代と変わらずに行われた場合、弥生時代にはいって採集・栽培活動の生産量をどれだけあげれば1.5倍の人口を養うことができるのかをシミュレートしたものである。狩猟活動と採集・栽培活動の比率が1：9であるとき、縄文晩期に平野部で必要とされた総熱量を100とすると、狩猟によって10、採集・栽培によって90が確保されていたことに

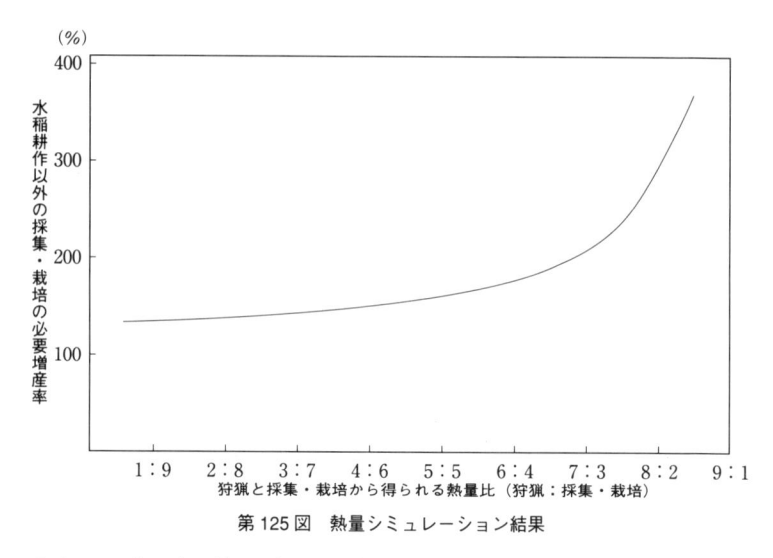

276　第Ⅲ部　「弥生化経験」の社会誌

(%)

水稲耕作以外の採集・栽培の必要増産率

1:9　2:8　3:7　4:6　5:5　6:4　7:3　8:2　9:1
狩猟と採集・栽培から得られる熱量比（狩猟：採集・栽培）

第125図　熱量シミュレーション結果

なる。1.5倍の人口増により、必要とされる総熱量が150となっても、狩猟活動ではあいかわらず10しか確保されないとき、採集・栽培活動を90から140に増やす必要がある。しかし、弥生時代には水稲が全体の平均15％の役割をはたしていたと考えるので、実際には150の85％である127.5から狩猟採集によってまかなうことができる10を引いた117.5を水稲耕作以外の採集・栽培活動でおぎなえばよいことになる。したがって、実質的には従来の採集・栽培活動は90から117.5にふえたのであり、この増加率は約131％となる。

　第32表によれば、狩猟の役割が全体の1〜4割程度のばあい、人口が1.5倍になっても従来からの採集・栽培活動の生産量は1.5倍以下におさえることが可能である。狩猟の役割が全体の5割になってはじめて、採集・栽培活動での生産量を人口増加分と同じ約1.5倍にする必要が出てくる。これ以後、狩猟の役割が重要であればあるほど、弥生時代にはいって採集・栽培活動によって得るべき熱量は加速度的にふえてゆく点に注意したい（第125図）。

　現在の縄文時代の生業観では、狩猟よりも採集・栽培活動が重視される傾向がある。植物質食料が生業のなかで占める比重が高ければ高いほど、弥生時代にはいってからの採集・栽培活動の増産必要性は増加した人口のわりには低く、しかも大人数で行うことができるため1人あたりの労働量も少なくて済

む。かりに、弥生時代の平野部において動物の捕獲量を若干増やすことができるのならば（仙台平野の事例はこの可能性を強く支持していると思われる）、栽培・採集活動での増産必要量はさらに減ることになる。こうした効果を見込むならば、平野部での集住化についてマイナスの側面ばかりを強調する必要は必ずしもないことがわかる。

4．「亀ヶ岡文化」の終焉と水稲耕作の開始

　ここまでの検討をふまえ、本州島東北部の水稲導入戦略を整理するならば、以下の2つに整理することができるのではなかろうか。

　第1は、津軽平野を代表例とする「経費抑制型」とでも呼ぶべきものであり、耕作具の一部をのぞき縄文期とほとんどかわらない装備で水稲耕作を実践するものである。可能なかぎり縄文期の道具を転用することで、道具の製作にかかわるコストを抑制し、ひいては水稲耕作導入時におけるリスク軽減を意図した戦略といえる。

　第2は、仙台平野を代表例とする「設備投資型」とでも呼ぶべきものであり、列島西南部的な耕作具・収穫具・脱穀具を一通り導入したうえで水稲耕作を実践する。新たな道具の製作体制を整えるコストとリスクは大きいが、それを達成することで確保される効率性や生産性に目をつけた戦略である。

　もちろん、これらは両極端のケースを単純化した理解であり、仙台平野と津軽平野以外の地域では、両者の中間的なありかたが存在するのは確かである。磐城・相馬海岸や阿武隈・阿賀野川流域では、比較的積極的に列島西南部的な道具を製作・使用しながら水稲耕作は相対的に小規模にしか実践されておらず、大規模な集落・村落組織の変化も生じていない。また、北上川流域では集落・村落組織の変化は生じているが、取り入れられた列島西南部的な道具はいまのところ収穫具の一部に限られているのである。

　しかし、「亀ヶ岡文化」が終焉するという点では共通しているこれらの地域で、異なった「弥生化」が「経験」されたのは、いかなる理由によるのだろうか。そして、われわれは「亀ヶ岡文化」が終焉した理由をどのように説明することが可能なのであろうか。

　これまで再三主張してきたとおり、弥生中期中葉までの本州島東北部の大部

分においては、広範囲にわたって複数の集落を巻き込むかたちで集住化が繰り返されていたと考えられる。そこに政治的権力による強制的な移住を考える余地がない以上、このような社会変化や水稲耕作の導入はすべての人びとの利害に関わるものとして、主体的な意志のもとに行われたと考えざるを得ない。

「亀ヶ岡文化」の基本的な性質については、すでに林（1976）・広瀬（1997）らによって詳述されている。「亀ヶ岡文化」の担い手たちの主要な関心は集団の安定的な維持にあり、そのために、単に資源利用戦略を発達させることで経済的な生産性を高めるだけではなく、儀礼・祭祀を有効に機能させることで集団間の関係を複雑化・強化し、さまざまな物資の移動・供給や配偶者交換が可能なネットワークを構築しようとしていた。

こうしたネットワークの拡張・安定化への意欲は、人びとが近傍の集落と交渉をもつだけでなく、遠隔地の特定集落と対面交渉を維持していたと考えられることからもうかがえる（小杉1996）。稀少性のある弥生系文物（暖海産貝製品・管玉・ガラス玉など）や、生存財とは考えられない精製土器・漆製品が列島内にひろく分布することを考えると、これらが人的なネットワークの構築に絡んだ物質文化であると理解できる。土器の分布からは、彼らの交渉範囲が北海道島～九州島にまでおよんでいた可能性がある。しかし、大洞A_2・A'式期にはこうした広域交渉の痕跡はほとんどみられなくなり（石川2000e、小林青樹2000、設楽2000c）、縄文晩期末葉には多大な社会・経済的コストを要する広域なネットワークは急速に縮小・分断化されていったと考えられるのである。

「亀ヶ岡文化」後半期にはこのほかにも、土偶群の構成と表現様式の改変、加彩土器・無文磨研土器の変質にみられるような巫儀・祭式の簡略化、および土器製塩の活発化などがみられ、集団関係の維持に関わる手段の合理化を進めようとする努力の痕跡が認められる（林1976）。また、遮光器土偶の大小が祭式に関与する集団の大きさを反映しているとするならば（林1976）、大型遮光器土偶や中空土偶の消滅といった現象も、儀礼過程の簡略化というだけではなく、儀礼にかかわっていた集団関係の分断・縮小化と捉えられるはずである。こうした点から、晩期前半まで上昇の一途をたどっていた儀礼・祭祀とネットワーク拡張の関係は、晩期後半にいたって負のスパイラルを描きはじめていた

と考えられる。

　しかし、たとえこのような合理化を迫られる状況に陥っていたとしても、互酬制が確立していた「亀ヶ岡社会」において経済的枠組みが変化する要因を考えることは非常に難しい。外部からの植民が考えにくい以上、その要因としてはいまのところ、(1) 非常に高い水稲耕作の生産性、(2) 資源の枯渇、(3)「亀ヶ岡文化」自身が抱える社会的問題、の3点しか想定しえないだろう。

　このうち (1) は、集住化に起因する以上の大幅な人口増がみられない現状では、仙台平野でさえも成立するのは難しい。また、いわゆる「食いつめ論」を全面的に支持するデータがない以上（林 1986）、(2) の資源枯渇の可能性も積極的に支持することはできない。第8章および本章ですでにみたように、内陸部から平野部への移住がみられる本州島東北部の北半では、とくに内陸部の食料事情が悪化していた可能性は考えられてよいが、これが本州島東北部全域に共通して問題化していたわけではないことは明白である。

　現段階でもっとも有望な説明は、やはり (3) の説明であろう。縄文晩期後半には、本州島東北部一円で集団関係の縮小・分断化と人的・物的資源供給の不安定性という社会的問題が顕在化しつつあったと考える。こうしたなか、福島県域で出現する複棺型壺棺再葬墓は、以前よりも執行コストが低い葬送儀礼・死者祭祀によって、祖先観念・通過儀礼の強化（設楽編 1999）や「系譜」の再編成・創出をおこない、おそらくより小規模な集団の紐帯を維持・強化する機能を果たしていたと考える（石川 1999）。

　いっぽう、仙台平野〜津軽平野にかけては、水稲耕作導入に伴う集住化が積極的に推し進められているが、列島西南部のように条件の悪い場所にまで水田域を拡張する意欲に乏しく、際限のない拡大再生産に固執する姿勢は希薄である。仙台市富沢遺跡の低湿地部では完全に重複するわけではないものの中期初頭〜中期後半の水田が営まれ、後背湿地部でも少なくとも中期中葉には水田が耕作されている。第9章でのべたとおり、この地域における縄文晩期末の遺跡・遺物数の少なさを考えると、集住化は水田適所がはじめからある程度選択されたうえで、弥生中期初頭以前の段階にすでに生じていたと考えられる。弥生中期前葉以降も徐々に水田域の拡張が進められているのは確かであるが、日本列島西部のように灌漑施設を駆使して条件の悪い地域にまで水田域を拡張す

る意欲はそれほど強く感じられない。むしろ、一定の期間、一定の範囲にとどまって耕作することこそが最も重視されていたように思われる。そのなかで効率のよい水田経営をめざそうとする姿勢が、設備投資型のスタイルに反映されているのではないだろうか。

これに対して津軽平野では、集住化のプロセスは小刻みな段階をへて進行しており、はじめから水田最適地が選択されたうえで集住化が行われているわけではない点が仙台平野とは対照的である。集住化を一気に進めることはせず、集住化とその手段である水稲耕作の両方もしくは一方に対して相対的に慎重な姿勢がとられている点に、水稲耕作専用の農耕具を生産・装備しない経費抑制型のスタイルが確立した要因があると考えられる。

しかし、津軽平野においても水田造営の条件の悪い場所への拡充のうごきは皆無に等しい。当時の人びとは一定の生産量を確保できるならばそれ以上水田域を拡張することはせず、むしろ特定の範囲に一定期間とどまることを重視していたと考えられる点では仙台平野と共通している。

富沢において、水田の非耕作域と耕作域を大きな区域で分割するのではなく、内部に点々と非耕作域を設けてながら耕作しているのは、毎年の耕作・管理・収穫にかかわる労力が耕作地の場所によって大きく変動するのをふせぎ、災害からのリスクを分散させる戦略であったと考えることもできる。また、かりにイネ・キビの輪作を水田でおこなっているとするならば（藤原 1990、田崎 2002）、それは一定面積の耕作域を多面的かつ持続的に利用するための戦略と考えることができよう。だとするならば、水稲耕作を行うために集住したのではなく、集住するために水稲耕作が採用された、という論理を想定することも可能となってくるはずである。

社会的コストを削減しつつも人的・物的資源供給のためのネットワークを維持・強化する、という矛盾した目的を達成するため、集住化によって地縁的な結びつきを強め紐帯強化に関わるコストを軽減する。集住化によって、廃村や人口が減った集落周辺の食料資源が一部利用できなくなるが、それを補うための手段が水稲耕作やその他の栽培植物利用だったと考えられるのである。また、こうした村落組織の再編によって、従来の祭祀・儀礼も変質・消滅を余儀なくされるのはむしろ当然であり、各種祭器・儀器の衰退はこの脈絡において

説明されるべきであろう。また、福島県域では、集住化ではなく壺棺再葬墓を核とした儀礼・祭祀体系によってネットワークの縮小再編成が企図されており、本州島東北部のなかでもとりわけ特徴的な現象ということができる。次章でふれるように、中・北部ではこの儀礼・祭祀形態が内陸部出身の集団によって部分的に取り入れられており、集住時に発生する新たな問題へ対処するための方策として応用されていたと考えられるのである。

弥生時代に入っても広域な物資の移動痕跡が依然として見あたらないこと、拡大再生産へのこだわりを裏付ける証拠に乏しいことなどを考えると、縄文晩期末の人びとが経済の枠組みを転換することによって大洞A_1式期までのような広域かつ濃密な集団関係の再構築を目指していたとはとても思えない。目的が集住化のほうにあったとするならば、状況は整合的に理解できるのである。

ところで、本書では津軽・下北半島にも弥生時代の存在を認めたうえで議論を進めてきた。しかし、そこで水稲耕作を行っていたとしても可耕地が極めて少なく、その規模は海岸段丘に挟まれた狭隘な谷水田に止まることは認めざるを得ないことはすでにふれたとおりである。考古資料上でも「世帯の統合」はみられるものの、「集落の統合」を示す証拠までは得られていない。かりにこの地域の居住者すべての利害と関わる集住化がみられないとすれば、この地域で水稲耕作を開始したのは集落・村落内の一部の集団であった可能性も考慮すべきである[注54]。かつて佐々木（1977）がインドにおける雑穀農耕から水稲農耕の移行期にあたる例としてあげたような、世帯単位による小規模な谷水田の開始などは参考になるかもしれない。このように、本州島東北部の資源利用戦略は、今後さらに細分される可能性はのこされているものの、両半島の具体的な検討材料についてはこれから収集しなければならないのが現状である。

5．北海道島の評価

本州島東北部の評価をより鮮明にするため、北海道島との簡単な比較も試みておこう。渡島半島部の食料資源は、道具組成・遺存体・人骨同位体分析・虫歯出現率などからみて、狩猟（海獣狩猟）および漁撈活動に大きく傾いていたと考えられる（青野・大島2003）。そこで用いられる大型優麗な銛先や魚形石器のように大型魚の一本釣りに目的が特化した道具が特徴的であるが（高瀬

1996)、これらは社会内で漁撈・狩猟活動の成果に大きな関心がむけられるようになったことを示しているといえよう。縄文期以来の食料獲得活動を基盤にしてはいるが、その質的な側面には新たな意味づけが行われているのである。

これに対し、北海道島中央部から東北部においては、北海道南部ほど特定の分野に偏った資源利用はおこなわれてはいないと考えられる。石狩低地帯では集落と複数のキャンプサイトを回帰して内水面漁撈や陸棲哺乳類狩猟をおこない、野生植物やミレットも利用する。北海道島東北部では海洋漁撈・狩猟が盛んだが、陸棲哺乳類や堅果類・ミレットも積極的に利用しており、利用資源の多様性と安定性を特徴とする戦略がみとめられる。

本州島東北部と比較すると、北海道島では社会構成メンバー間の不平等性が顕著になるというきわめて興味ぶかい現象に突き当たる。南部では、大型の漁撈・狩猟具や大型魚の獲得に目的が特化した魚形石器から、男性の資源獲得行為にとくに強い関心が向けられていることがうかがえる。いかに優麗な道具を所有することができるか、それらを用いてどれだけの成果をあげることができるかが問われているのであり、生産性や効率性とはことなった価値基準にもとづく活動が展開されていたと考えられる。これは当然、縄文期以来の資源利用戦略によって必要最低限の食料が確保されたうえでの話である。しかし、儀礼や祭祀ではなく、食料獲得の文脈において「余剰」が特定人物のステータス獲得に積極的に振り向けられており、漁撈・狩猟行為がもつ社会的意味が本州島東北部とは異なる点には注目しなければならない。人びとが好んだ弥生系の非実用品も、主として食料資源を対価として手に入れていたものと思われ、やはり漁撈・狩猟が大きな役割を担っている。こうした行為が不調におわればこれらの入手が難しくなることも、男性の食料獲得行為が重要性を増していた理由であろう。

このような活動にくわわれない女性との役割の差違が拡大することはもちろん、男性のなかでも成果の善し悪しによって社会的ステータスや外来系文物の布置に偏りが生じる。どのような男性とどのような関係にあるかによって、女性の着装品などにも分布の偏りが生じていたことは考えられてよい。財貨・名誉などの社会的価値が不平等に分配される社会を階層社会とするなら、恵山式期は階層社会としての性格を備えている可能性はある。しかしこのばあい、社

会的ステータスの獲得が、漁撈・狩猟といういわば「伝統的」な行為の成果と直結しており、労働者がそのまま社会的価値を享受する者となっている。そこに、漁撈・狩猟行為自体を管理する機構が存在した証拠は皆無であり、支配─被支配の関係が成立していないとすれば階級社会としての評価を下すことまではできないだろう。

いっぽう北海道島東北部では、特定の墓から遠隔地産やその影響をうけた異系統土器、多量の装飾・着装品が出土する傾向が明確である。こうした現象は縄文期にもないわけではないが、状況は続縄文期でより安定的で格差も大きい。北海道島南部のような漁撈・狩猟具の特異な発達は顕著ではないため、食料獲得に直接関わらない分野を通して有形・無形の価値に分布の偏りが生まれているとすれば、そことはやや性質を異にする階層社会といえるかもしれない。着装・副葬品が個人所有かどうかは厳密には判らないが、「亀ヶ岡文化」のように「イデオロギーが肥大化した社会」が辿り着いたさきとも、北海道島南部ともことなる価値基準が存在していたことは確かであろう。

生産経済を導入した本州島東北部で階層化の証拠が希薄であるのに対し、続縄文期の北海道島でそうした証拠がみられる。この点は、これまでの「図式」的理解の不完全性や虚構性を暴いてゆくための手がかりとして重要な意味を持ってくるであろう（小川 1998、2000、梶浦 2003）。

第 12 章　墓制にみる社会関係の変化

　縄文時代晩期後葉～弥生時代中期の本州島東北部を特徴づける墓は再葬墓であり、蔵骨器の多くに壺が用いられているため壺棺再葬墓とよぶのがふさわしい（石川 1988）。まずはこの墓制の概要をとらえ、つぎに墓地内部の構成や出土人骨を吟味することによって、当時の婚後居住形態などがもつ意味を読み解いてゆくことにしたい。

1．葬送過程と再葬墓の起源

　遺体を何度も故意にとりあつかい、葬儀が複数回に及ぶ葬制は民族・民俗学において複葬制と呼ばれる（設楽 1993a）。考古学では一般に、死の確認や1次葬の過程までをも包括した意味で「再葬（制）」という用語がもちいられている。須藤は再葬のプロセスをモデル化し（須藤・田中編 1984）、設楽（1993a）が考古学的により汎用性のあるものにしている（第 126 図）。それによれば、再葬制の過程は〈死の確認〉→〈1次葬〉→〈2次葬〉に大きく分けられるが、各埋葬にともなってさまざまな儀礼的な行為も関与してくる。まずは、考古学的現象からとらえることができるこれらの行為の内容を、順を追って簡単にみてみることにしよう。

(1)　**1次葬**　壺棺再葬墓の場合、1次葬は遺体の骨化処理としての意味をもつ。その方法はいくつか存在していると考えられるが、土葬がもっとも考古学的にとらえやすい。新潟県六野瀬では壺棺再葬墓に隣接して人骨が検出されており（第 127 図）、群馬県沖Ⅱ（荒巻・若狭ほか 1986）ではやはり壺棺再葬墓に墓坑がともなうことが確認されている。こうした事例を敷衍して、1次葬は壺棺再葬墓の周辺で土葬で行われたと考えることができるかもしれないが、再葬墓の周辺で検出される土坑数は非常に少ないのが通例である。1次葬の多くは再葬の場とは離れた場所で行われていたとの見方も成り立つが、1次葬の土坑のみで構成される墓地も確認されていないため、風葬の可能性を排除することはできないのが現状といえよう。

　このほか火葬が行われていたことを示す例として、福島県根古屋の壺棺に納

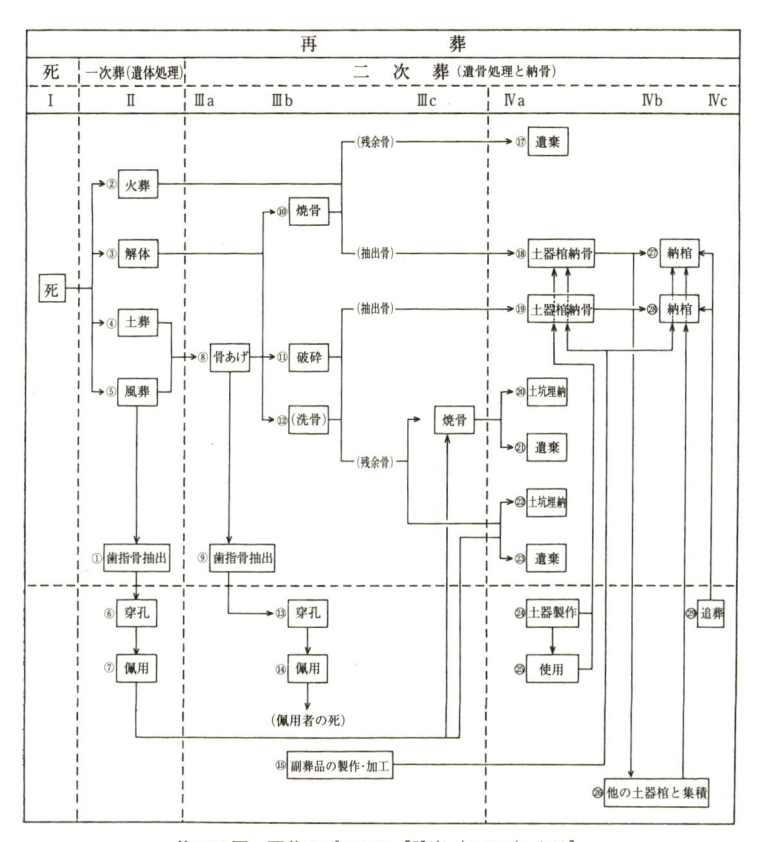

第 126 図　再葬のプロセス［設楽（1993a）より］

められた焼人骨があげられる。岩手県熊穴洞窟（小田野編1985）、群馬県八束脛（宮崎ほか1985）・三笠山岩陰・只橋川岩下岩陰（外山1986a、1986b）などからも焼人骨の検出はみられるが、それらは壺棺には納められていないことから、残余骨の処理のために骨を焼いたものと捉えられている（春成1993）。しかし、根古屋では推定100～200体の焼けた骨が出土しており、しかも完全に白骨化するまえ（軟部が付着している状態）に焼かれたことを示す亀裂やねじれが目立つことから（馬場ほか1986）、設楽（1993a）は1次葬のひとつの方法として火葬が行われた可能性も想定している。

(2) **2次葬**　遺骨処理過程としての2次葬は、1次葬を経た骨を取り出し、それを蔵骨器に納め、さらに土坑内に納めることによって終了する。その間に骨が焼かれることがあることはすでに触れたが、さらに骨を破壊・粉砕する場合も多く見られる点に注意が必要である。山形県生石2遺跡では再葬墓坑に隣接して台石と骨粉の集中域が検出されており、台石による骨の粉砕行為がおこなわれていたと考えられる（第128図、設楽1993a）。検出されている骨粉がヒトのものであることが確認されているわけではないが、蔵骨器に納められている骨も破砕されたものがほとんどであることを考えるとこの想定の蓋然性は高い。

　この破砕行為はふたつの意味で重要である。ひとつは、土器に納める骨はほんの一部分で事足りたという点であり（春成1993、p.85）、いまひとつは、たとえ一部分でも骨を入れることが重要な行為とみなされていたのは縄文時代の再葬と共通しているという点である（設楽1993a、p.17、1993b）。なおかつ、八束脛2・3・6・7・19・21号土器棺出土人骨のように、1人の人間の骨が全身から比較的均等に選択されていた場合もあるため（宮崎ほか1985）、火葬の場合でも焼骨となった被葬者が個体識別されていたと考えられるのである（設楽1994、p.17）。

　蔵骨器には壺が多く用いられるが、きわめて大型のものをのぞいては日常生活で使用されていたものが転用されるというのが一般的な理解である（石川1987a、春成1993、p.53）。1つの蔵骨器に納められる人骨は1人分の場合が多いが、とくに本州島東北部では複数人納められている場合もある。また、茨城県殿内遺跡第8号土坑（杉原ほか1969）のように1人分の骨が2個の蔵骨器に分骨される事例もあり、蔵骨器数と被葬者数の対応関係はまちまちである。

　これは土坑に納棺される蔵骨器数についてもあてはまる。本州島東北部では1つの土坑に1つの蔵骨器をいれる場合もあるが、複数の蔵骨器が納められるケースもかなりある。設楽（1993a、1994）は前者を単棺型壺棺再葬墓、後者を複棺型壺棺再葬墓とよびわけ、東海地方では単棺型が多く、本州島東北部・関東平野では複棺型が多いという分布の違いを指摘している。この点は、壺棺再葬墓の起源問題とも関係するため後述するが、ここでは被葬者数と蔵骨器・土坑には明確な対応関係がない事実のみを確認しておくこととする。

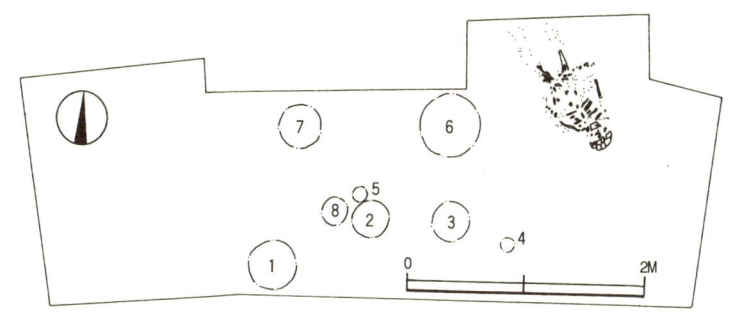

第 12 章　墓制にみる社会関係の変化　287

第 127 図　六野瀬遺跡 [杉原 (1968a)・設楽 (1993a) をもとに作成]

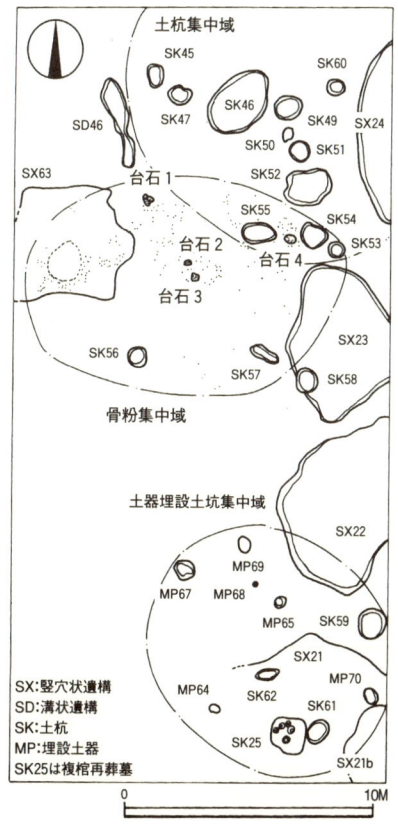

第 128 図　生石 2 遺跡 [小野 (1987)・設楽 (1993a) をもとに作成]

(3) 再葬に付随する行為　　再葬に付随する儀礼的行為を示す遺物としては穿孔人歯骨（第129図）があり、これは着装品の1種として紐を通して佩用されていたと考えられるものである。穿孔人歯骨のなかには焼けているものもあるが、穿孔が焼成に先行しており（外山ほか1989）、根古屋遺跡にはカットマークが認められるものもある。よって、穿孔は1次葬と2次葬のあいだで行われたことはほぼ確実で、なおかつ1次葬にきわめて近い段階で行われたと考えられる（設楽1993a、p.15）。使用される部位は明確な地域性があることがわかっているが（設楽1993a）、本州島東北部では歯と手足の指骨が用いられる場合が圧倒的に多い。

(4) 壺棺再葬墓の発生と展開　　壺棺再葬墓の起源と拡散については設楽（1994）による詳細な研究があり（第130図）、縄文晩期に中部高地で盛行した焼人骨（石川1988）風習の影響をうけながら、縄文晩期後葉の本州島東北部南部で複棺型の壺棺再葬墓が、東海地方で単棺型の壺棺再葬墓が成立したことが明らかになっている。前者のうち最古例と考えられる福島県根古屋遺跡では大洞A₂式期から再葬墓が営まれており、弥生時代前期末までに関東平野・本州島東北部中部以北に伝播したとされている。本州島東北部とはべつの系譜を形成している単棺型についてはここでは詳しく触れない。

　以下では、複棺型の壺棺再葬墓の構成を吟味し、この墓制が当時の社会の中で担っていた役割をとらえる。検討対象は、最古の壺棺再葬墓が集中する福島県域のなかで墓地の詳細が明らかとなっている根古屋・鳥内の両遺跡である。本州島東北部中・北部に伝播した再葬墓については根古屋・鳥内の検討ののちに詳しく触れることとする。

2．複棺型壺棺再葬墓の分析
(1) 墓地の構成　　根古屋遺跡では25基の再葬墓坑と、6基の土坑が検出されている。これらの配置は弧状を呈しており、設楽（1991a）はその内部を1、2a、2b、3a、3b、4の6群に分類している（第131図上段）。

　筆者はこの墓地の構成を、1群と2a群、2b群と3a群のあいだの間隙の存在

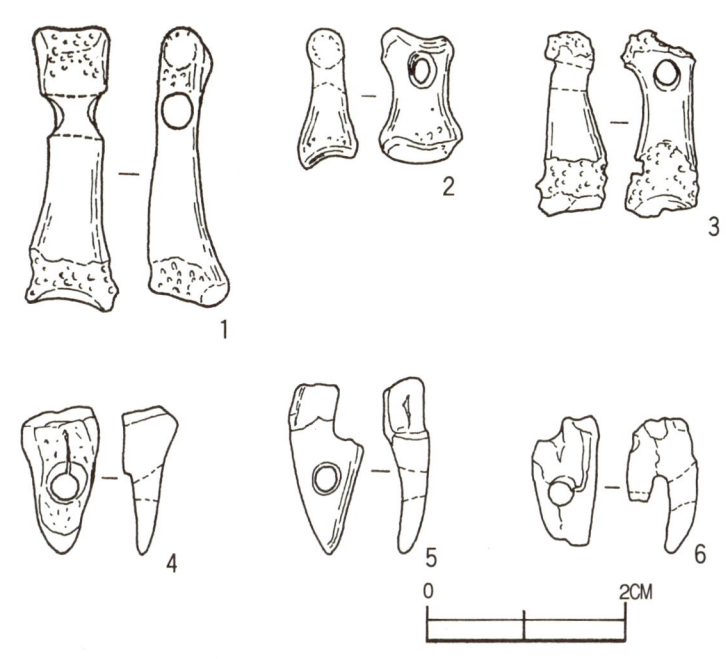

第 12 章　墓制にみる社会関係の変化　289

第 129 図　根古屋遺跡出土の穿孔人歯骨［馬場ほか（1986）・設楽（1993a）をもとに作成　1：右足第 3（4）基節骨、2：右足第 2 中節骨、3：足基節骨、4：下顎左第 2 大臼歯、5：上顎右第 2 小臼歯、6：上顎左第 1 大臼歯］

から、まず大きく 3 群に分割して理解する。さらに各墓坑の形成時期をみると、2a 群と 2b 群がともに弧の内部から外部へと形成されているのにたいし、3a・3b 群は 3b 群から 3a 群の方向へ形成されたことがみてとれる。したがって、ここでは 2a と 2b は別の埋葬区注55（林 1977）と判断するが、3a・3b についてはひとつの埋葬区と理解し 3 群として一括しておく。4 群については時期は 2a 群のなかの最も古いものと一致していると考えられることから、2a 群のなかにふくめておく（第 131 図下段）。

　鳥内遺跡では再葬墓地の一部が発掘されており、根古屋遺跡ほど墓坑の配置を明確に把握することはできない（第 132 図）。ただし、再葬墓坑の配置は大きくみて弧状と理解され、墓坑の密集度は低いがその内部をやはりいくつかの埋葬区に分割することが可能である。各墓坑を時期別にみてゆくと、根古屋遺跡のように一定の方向性をもった埋葬区というものは見いだすことはできない

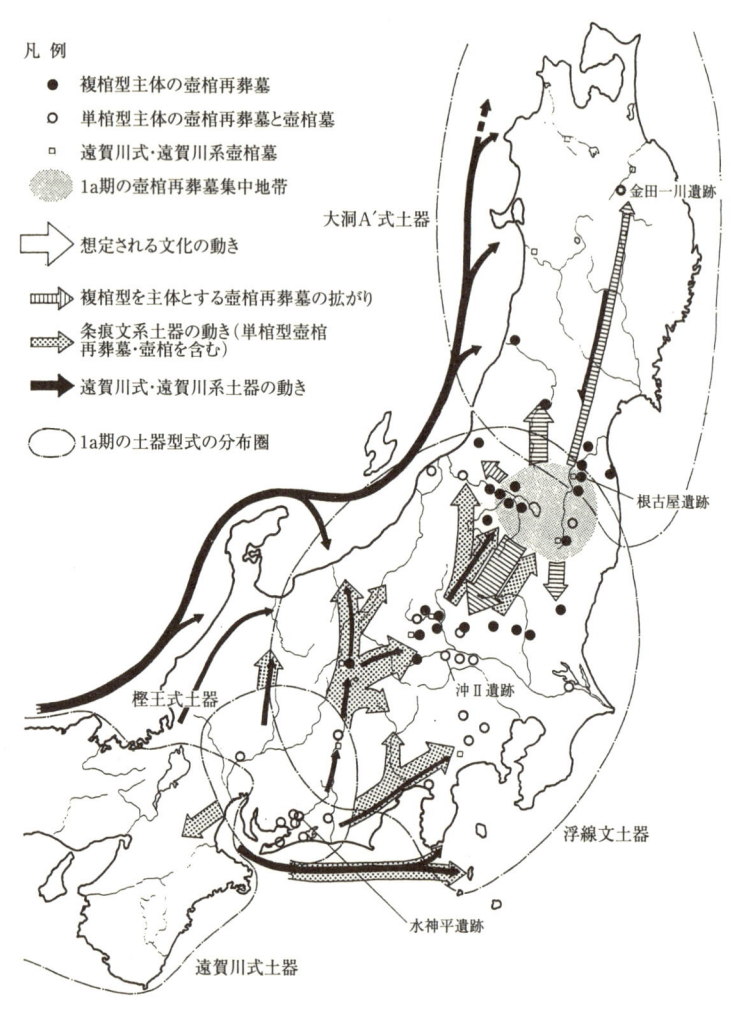

290 第Ⅲ部 「弥生化経験」の社会誌

凡 例

● 複棺型主体の壺棺再葬墓
○ 単棺型主体の壺棺再葬墓と壺棺墓
□ 遠賀川式・遠賀川系壺棺墓
▒ 1a期の壺棺再葬墓集中地帯
⇨ 想定される文化の動き
⇨ 複棺型を主体とする壺棺再葬墓の拡がり
⇨ 条痕文系土器の動き（単棺型壺棺再葬墓・壺棺を含む）
➡ 遠賀川式・遠賀川系土器の動き
◯ 1a期の土器型式の分布圏

大洞A′式土器
金田一川遺跡
根古屋遺跡
樫王式土器
沖Ⅱ遺跡
浮線文土器
水神平遺跡
遠賀川式土器

第130図　壺棺再葬墓の成立と拡散［設楽（1994）より］

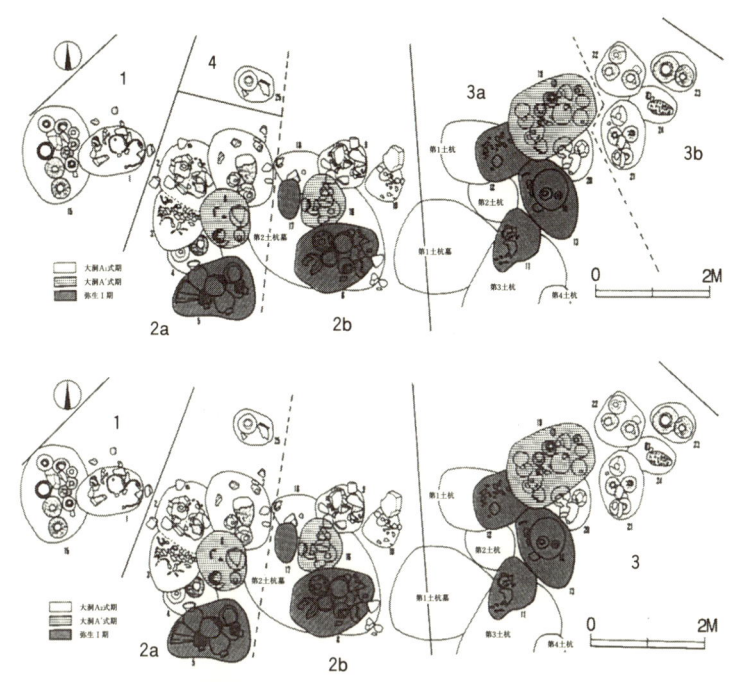

第131図　根古屋遺跡遺構配置図［梅宮ほか（1986）・設楽（1994）をもとに作成、上段：設楽案、下段：筆者案］

が、同時期の墓坑間には分布の粗密があり、これをもとにグルーピングを行うことが可能である。こうした手法によって、ここでは4つの埋葬区を推定した。

(2) **墓坑の内容**　このように、複棺型の壺棺再葬墓の成立地帯である本州島東北部南部では、墓地の形状が弧状となっており、なおかつその内部がいくつかの埋葬区に分割される可能性が高い点において、縄文時代の墓制との連続性がみとめられる。縄文時代の埋葬区は「世帯」と対応する可能性が指摘されており（林 1977、1980、1998、春成 1979、1983a、1986）、当然その内部にはさまざまな年齢・性別・「出自」の人物がふくまれることになる。このうち「出自」標示のためには頭位方向規制があったことが想定されているが（林 1977）、再葬墓の場合にはこうした方法によって被葬者の属性を標示すること

292　第Ⅲ部　「弥生化経験」の社会誌

ができない。しかし、墓地の形態と埋葬区の構成から明らかなように再葬墓が縄文時代墓制と系統的な連続性を有しているとするならば、埋葬区の中に「出自」の標示手段が隠されていても良いはずである。埋葬区内部の状況をくわしく観察することによって、この点を検証してみることにしよう。

　再葬墓遺跡では、埋葬区を構成しているのはいくつかの墓坑であり、その墓坑には複数の土器棺が含まれている。したがって、埋葬区の内容を考えるときには、墓坑と土器棺というふたつのレヴェルにおける検討が必要となる。墓坑からみてゆくと、根古屋遺跡では12・18号墓坑をのぞいて、すべての墓坑に複数の土器棺が納められている。多くは2～4個程度であるが、21号墓坑のように14個体を納める例もある。鳥内遺跡では32基の墓坑のうち18基が単棺墓坑であり、複棺の比率が低いという違いがあるものの、SK18・19のように13～14個という多数の土器棺が納められる例はやはり認められる。

　土器棺には壺を中心として深鉢・浅鉢・高坏が用いられるが、これらには墓坑によってとくに大きな偏りがあるわけではない（第33表）。土器の系統には

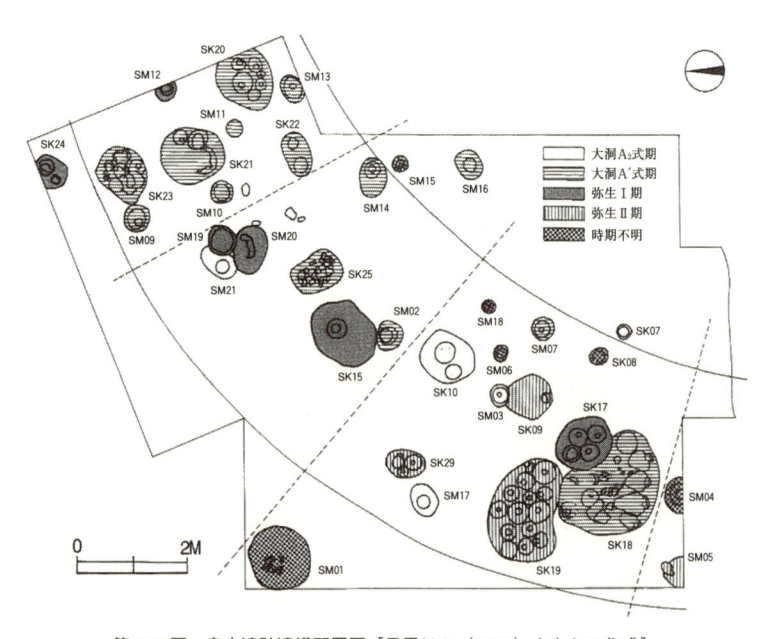

第132図　鳥内遺跡遺構配置図［目黒ほか（1998）をもとに作成］

大洞系・浮線文系、両者の折衷系[注56]、条痕文系、類遠賀川系などさまざまな系統がある（第34表）。根古屋・鳥内遺跡においては大洞系の壺がもっとも一般的であるが、遺跡は大洞系に浮線文系土器がかなりの比率で共伴する地域にあることを考えると、大洞系の壺、あるいは壺という器種がもつ意味が意識されていたと考えることができよう。

　墓坑内における土器系統の組合せをみると、大洞系と浮線文系（あるいはその折衷系）という組合せはかなり高い頻度でみとめられる（第34表）。しかし、根古屋第25号、鳥内SK18のように全体からみると非常にマイナーな存在である類遠賀川系土器が複数個納められる墓坑がある点は、われわれが認識している土器の系統が当時であっても何らかのかたちで意識されていたことを示しているといえるだろう。これは条痕文系にもいえることであり、鳥内遺跡では全土器棺77個のうち条痕文系はわずか7個にすぎないが、そのうち5個がSK19に集中して納められている。大洞系と浮線文系が大多数を占めるなかで、類遠賀川系・条痕文系といった「第3の系列」がなにか特別な扱いを受けていることを読みとることができる。

　また、土器の埋置状態が墓坑ごとに規則性がある点にも注意が必要である（第35表）。すでに指摘されているように（設楽1994, p.16）、複棺型の壺棺再葬墓における土器棺の埋置状態は立位が多い[注57]。この傾向は根古屋遺跡にもあてはまるが、5・9・11号墓坑は横位・斜位に設置された土器棺の割合が異常にたかく、立位を主とするその他の墓坑とは明らかに異質である。鳥内遺跡においても、墓坑による埋置状態の違いが明確に現れており、多くの土坑が立位に設置された土器棺を含んでいるが、SK09・18・24は基本的に横位・斜位に設置された土器棺のみによって構成されている土坑と判断できる。

　つぎに、土器棺の内部も検討してみよう。根古屋遺跡では人骨であることが完全に断定し得ないものも含めると36個の土器棺に人骨が残存しており、そのうち6個については被葬者の性別・年齢などの情報が判っている（第36表）。それによれば、再葬墓において葬られる人物には小児から成人までの男女がふくまれており、性別・年齢によるかたよりがみとめられない。また、1つの土器棺に複数人の遺骨が納められる場合があり、ここでも年齢や性別によるかたよりはみられない。

以上の検討から、再葬墓の墓坑や土器棺は被葬者の年齢・性別とは明確な対応関係を持たないが、土器棺の系統と埋置状態が墓坑と何らかの相関がある点を確認できる。

(3) 再葬が意味するもの

a. 埋置状態の意味　　根古屋における人骨のデータは、再葬墓を構成する最小の単位である土器棺と被葬者の年齢・性別のあいだには明確な相関がないことを示していた。したがって、墓坑や埋葬区にもさまざまな年齢・性別の人物が含まれていることになり、埋葬区を世帯と考えてきた縄文時代の葬制の枠組みで再葬墓を理解することに一定の妥当性があたえられる。では、そのなかで「出自」の標示はおこなわれていたのだろうか。

　縄文時代においては「出自」を異にする者の合葬はきわめて強い禁忌とされていたと考えられるが（春成1980a）、再葬墓において土坑内に複数の土器棺を納めたり、ひとつの土器棺に複数の人物の遺骨を入れることは合葬にほかならない。しかも、2次葬時においても被葬者の個体識別がおこなわれていたとするならば、「出自」の違う者を「合葬」する事はなかったと考えるのが妥当であろう（設楽1991、p.39）。土器棺が「出自」標示の機能の一部を担っていたとしても、最終的には墓坑に複数の土器棺が入れられることを考えるならば、「出自」ともっとも密接に関係しているのは合葬の最大の単位となりうる墓坑ということができる。

　したがって、墓坑と明確な相関関係にあった土器棺の埋置状態が、葬送儀礼の際の「出自」標示手段であった可能性がたかいと考えられるのである。立位／横位という区分のなかで立位が数的に優位にたっている事実は、立位が頭位方向でいう「主方向」、横位が「副方向」（林1977）の一部と対比しうると考えることができよう。

b. 器種の意味　　では、土器棺そのものの意味はどのように考えることができるであろうか。根古屋・鳥内は大洞系と浮線文系の境界領域に位置するにもかかわらず、土器棺は大洞系の壺が圧倒的多数を占めている。ただし、大洞系以外の系統であっても壺が用いられる点では共通していることから、まず重要

第33表　再葬墓坑と器種の関係

遺跡	墓坑名	壺	深鉢（甕）	鉢	浅鉢	不明	計
根古屋	1	4	1			1	6
	2	3					3
	3	6					6
	4	2	1				3
	5	5	3				8
	6	3	2				5
	7	2	1			2	5
	8	6	2	1		1	10
	9	1	1	1		1	4
	10	1			1		2
	11		1			2	3
	12	1					1
	13	2					2
	14	2					2
	15	9	1				10
	16	3	2				5
	17		2				2
	18		1				1
	19	8	3	1		1	13
	20	2		1			3
	21	7				5	12
	22	3	1				4
	23	1					1
	24	1		1			2
	25	2					2
	小計	74	22	5	1	13	115
鳥内	SK08		1				1
	SK09	1	1				2
	SK10	2					2
	SK15	1					1
	SK17	4					4
	SK18	13					13
	SK19	14					14
	SK20	5	1				6
	SK21	3					3
	SK22	1	1				2
	SK23	6	2				8
	SK24		2				2
	SK25	1					1
	SK29	3					3
	SM02	1					1
	SM03		1				1
	SM04	1					1
	SM05	1					1
	SM07	1					1
	SM08		1				1
	SM09	1					1
	SM10	1					1
	SM11	1					1
	SM12	1					1
	SM13	1					1
	SM14	1					1
	SM16		1				1
	SM17		1				1
	SM18	1					1
	SM19	1					1
	SM20	1					1
	SM21		1				1
	小計	67	13				80
	総計	141	35	5	1	13	195

第34表　再葬墓坑と土器系統の関係

遺跡	墓坑名	大洞系	浮線文系	折衷	類遠賀川系	条痕文系	不明	計
根古屋	1	5	1					6
	2	2		1				3
	3	6						6
	4	2		1				3
	5	7	1					8
	6	4	1					5
	7	4	1					5
	8	10						10
	9	3	1					4
	10	2						2
	11	1	2					3
	12	1						1
	13	2						2
	14	3						2
	15	10						10
	16	3	2					5
	17		2					2
	18		1					1
	19	12	1					13
	20	2	1					3
	21	11	1					12
	22	4						4
	23	2						1
	24		2					2
	25				2			2
	小計	96	17	2	2			115
鳥内	SK08	1						1
	SK09	2						2
	SK10		2					2
	SK15					1		1
	SK17	4						4
	SK18	5	5		3			13
	SK19	6	2	1		5		14
	SK20	3	3					6
	SK21	2	1					3
	SK22	1			1			2
	SK23	5	2	1				8
	SK24	2						2
	SK25	1						1
	SK29	2	1					3
	SM02	1						1
	SM03		1					1
	SM04		1					1
	SM05	1						1
	SM07	1						1
	SM08		1					1
	SM09		1					1
	SM10	1						1
	SM11	1						1
	SM12					1		1
	SM13		1					1
	SM14		1					1
	SM16						1	1
	SM17		1					1
	SM18	1						1
	SM19	1						1
	SM20	1						1
	SM21		1					1
	小計	42	24	2	4	7	1	80
	総計	138	41	4	6	7	1	195

第 12 章　墓制にみる社会関係の変化　297

第 35 表　再葬墓坑と埋置状態の関係

遺　跡	墓坑名	立位	斜位	横位	逆位	不明	計
根古屋	1	2		1		3	6
	2	2				1	3
	3	3				3	6
	4	3					3
	5		2	4		2	8
	6	4				1	5
	7	4		1			5
	8	7				3	10
	9			2		2	4
	10	1				1	2
	11			3			3
	12	1					1
	13	2					2
	14	1				1	2
	15	10					10
	16	1				4	5
	17	2					2
	18			1			1
	19	10	1			2	13
	20	3					3
	21	11				1	12
	22	3		1			4
	23	1					1
	24			1		1	2
	25	1				1	2
	小計	72	3	14	0	26	115
烏内	SK08	1					1
	SK09		1	1			2
	SK10	2					2
	SK15	1					1
	SK17	4					4
	SK18			5		8	13
	SK19	13				1	14
	SK20	6					6
	SK21	3					3
	SK22	2					2
	SK23	7				1	8
	SK24			2			2
	SK25			1			1
	SK29	3					3
	SM02	1					1
	SM03	1					1
	SM04	1					1
	SM05		1				1
	SM07	1					1
	SM08					1	1
	SM09	1					1
	SM10	1					1
	SM11	1					1
	SM12	1					1
	SM13	1					1
	SM14	1					1
	SM16	1					1
	SM17				1		1
	SM18					1	1
	SM19	1					1
	SM20			1			1
	SM21			1			1
	小計	54	2	11	1	12	80
	総計	126	5	25	1	38	195

第36表　根古屋遺跡出土人骨［馬場ほか（1986）をもとに作成］

墓坑No.	蔵骨器種	系統	器高(cm)	埋置状態	人骨（性別・年齢）
6	深鉢	大洞	(14.0)	立位	男・成人1
8	壺	大洞	(36.7)	立位	?・成人2、小児1
16	壺	大洞	(37.5)	立位	?・成人2、少年1、小児1
19	深鉢	大洞	32.0	立位	男・成人1、女・成人or少年1
20	鉢	大洞	29.7	?	女・成人1
21	壺	大洞	34.7	立位	男・成人1、女・成人or少年1

になってくるのは壺という器種の意味である。これについては、この時期の特殊な蔵骨器である人面付土器や土偶形容器が参考になる（第133図）。

人面付土器や土偶形容器の分布と変遷は石川（1987b）によって整理されており、再葬墓坑に納められる場合があるほか、住居内に安置されていた可能性も考えられている。人面付土器は明らかに壺が人間にみたてられて製作されており、土偶形容器は弥生時代に入って土偶の影響のもとに発生したものである。つまり、壺が土器棺として選択されていたのは、柴田（1976、p.112）・春成（1993、p.85）が考えているようにそれが稲作を象徴する器だったからとは考えにくく、人間（すなわち被葬者）を象徴する器だったからなのであろう。ただし、再葬という行為によって被葬者の人間としての骨の配列がみださ れたうえに、骨が徹底的に破壊され一部のみが壺に入れられることは、被葬者の「出自」など属性の面で識別は行われていたとしても、それ以外の個性については破壊され抽象化されていた部分もあったと考えられてよいであろう（Shanks and Tilley1992、p.164、春成1993、p.85、小杉1995、p.144）。

さらに穿孔人歯骨の佩用は、それを装用する者が死者とのなんらかのつながりを持とうとする行為と考えるほかなく、一般に祖先観とよばれる観念が強化されていたことを意味しているといえよう。埋葬者にとっては、再葬という行為を通して祖先として抽象化された死者と何度も接することになり、それは再葬という「死後の通過儀礼」を経なければ自らも祖先の仲間入りができないことを意味するため通過儀礼の強化としても評価できる余地を残している（設楽編1999、石川1999）。つまり、壺棺再葬墓とは象徴化された個人と埋葬者の霊的なつながりを再生産する場であり、〈祖先観の強化〉と〈通過儀礼の強化〉

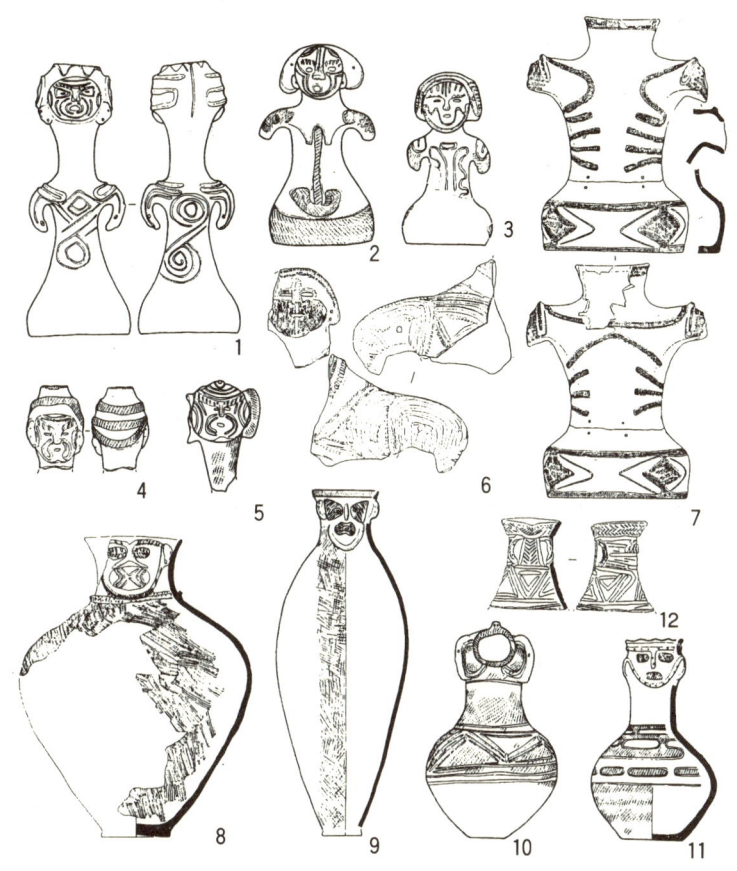

第12章 墓制にみる社会関係の変化　299

第133図　人面付土器と土偶形容器［石川（1987b）をもとに作成、縮尺不同、1腰越、2中屋敷、3岡、4館、5玄与原、6池上、7村尻、8小野天神前、9女方、10出流原、11・12滝ノ森］

が壺という人間を象徴する介在物＝フェティッシュ（小杉1995、p.143）と結びついてはじめて発生した墓制という評価を与えることができるのである。

c. 土器系統の意味　　土器棺には大洞系が圧倒的に多くもちいられており、なおかつ浮線文系がこれと共伴する例も多いことから、土器系統が「出自」と対応している可能性はない。性差や年齢差を考えても大洞系・浮線文系の数的

な格差を説明することは難しく、大洞系・浮線文系のもつ意味のちがいを読み とることはできない。

 しかし、「第3の系列」については墓坑ごとに偏る傾向があるため、「出自」 と対応している可能性が考えられる。出現期（大洞 A'式期）の類遠賀川系壺 は本州島東北部の広い範囲で墓からの出土が圧倒的に多く、それが包含層や集 落遺跡出土の土器群のなかで安定した組成率をしめすようになるのは砂沢式並 行期以降である。したがって、すくなくとも類遠賀川系の壺については再葬墓 との関連から本州島東北部南部で製作され始め、第5章でのべたような伝播経 路によって多くのばあい再葬墓とともに拡散したと考えるのが妥当であろう。

 根古屋遺跡においては、類遠賀川系壺のみによって構成される墓坑として25 号墓坑がある。この墓坑は2a埋葬区に属しているが、墓坑の位置が他の墓坑 から離れており、やや隔絶された印象を受ける。また、同じ墓坑に異系統の壺 棺が共伴せず、立位の類遠賀川系壺の脇に大きな破片が置かれるという特殊な 関係をたもったまま埋置されている。したがって、「第3の系列」は墓坑ごと にまとまっており、その埋置状態も他とは異なっている点から、2a埋葬区に おける出自のさらなる細分と関係していると考えられる。林（1998、p.96） は、頭位方向の副方向にみられるバリエーションからヨソモノはさらにいくつ かに細分されていたと推定しているが、再葬墓が縄文時代の墓制の原理をかな り明確に残していることを考慮するならば、こうした細分のために「第3の系 列」が必要とされていたと考えることができるだろう。大洞・浮線文系ととも に類遠賀川系土器が3個納められていた鳥内 SK18 が横位のみの埋置状態によ る土坑である点は、これを支持する材料といいうる。後述するような縄文晩期 後葉の東海地方からの移住者の存在も、このようなヨソモノの細分に関与して いるのかもしれない。

 ただし、条痕文系土器が5つ納められている弥生Ⅱ期の鳥内 SK19 が、立位 が主である点は理解に苦しむ。この時期には類遠賀川系がなくなることから、 「第3の系列」が条痕文系に置きかわってしまうとの見方も成り立つ。しか し、実際には類遠賀川系と条痕文系はことなった扱いを受けており、すくなく とも立位で埋置される条痕文系は、破壊されたり他とは離れた位置に横位に埋 置される類遠賀川系よりは、大洞・浮線文系に近い存在といえよう。したがっ

て、類遠賀川系と条痕文系は代替的な時間的関係にあり、墓地全体の中ではともに特別な扱いを受けているようにも見えるが、その意味あいは異なるものであったと考えざるを得ない。この場合の条痕文系にはヨソモノの細分としての意味はなく、これは逆に「第3の系列」によって細分されるべきヨソモノがいなくなったことと関係しているか、あるいはこの墓制そのものが弥生中期にはいって変質しつつあったことと関係していると解釈されるべきであろう。

(4) 被葬者の系譜

a. 春成仮説のとりあつかい　根古屋遺跡からは、64個体分の上・下顎骨が発掘区（土器棺外）から検出されており、春成（1973b、1974、1979、1980a、1980b、1983a、1983b、1986、1987）による一連の抜歯研究の成果を援用するならば、根古屋の被葬者の素性をよりくわしく推定することができる。

春成（1973b、1974、1979）は縄文時代晩期における抜歯の対立系列、すなわち2C系と4I系を「出自」の違いによるものと考え、墓地における抜歯系列と性別・副葬品の相関関係を武器に縄文・弥生時代の婚後居住規定にかんする包括的な仮説を提起してきた。抜歯の理解の導出過程には若干の問題がのこるものの[注58]、これが墓地全体の検討や副葬品などをとりこんだ総合的な仮説である点で説得的といえる（設楽1995）。

筆者は考古学を、考古学的手法や実験痕跡研究（五十嵐2001）などに依拠して物質文化をめぐる行為列の再構成・理解を行う行為論と、その理解にもとづいて、社会を描き出す解釈論から構成されると考えている。この点の詳説はべつの機会に譲るが、本書で扱った編年や住居・集落の属性分析、石器の使用痕分析などは行為論に属し、社会組織の変動に関する記述はそうした行為論にもとづいて展開される解釈論である。春成の仮説も、抜歯行為にかかわる行為論の基盤のうえにもとづいており、考古学や自然化学的な手法による検証が可能な仮説として提出された良質な解釈論として、その有効性はいまも失われてはいないと考える。近年、骨形質や論理そのものの再検討からこの仮説の検証作業が行われているが、そのなかには春成仮説に否定的な結果が提出されているものもあるので、これらの批判をふまえたうえでの春成仮説のとり扱いについてここで触れておかねばなるまい。

形質人類学からの検証作業では、2C系と4I系による頭蓋形態特徴の比較検討から春成仮説を支持できるとする見解（毛利・奥1998）と、歯冠計測値や抜歯の施行年齢を中心とした検討から否定的な見解の双方が投げかけられている。後者のうち、伊川津・津雲の歯冠計測値分析で婚入者である2C系内に血縁関係が認められたため春成仮説には不利だとする意見については（田中・土肥1998、Tanaka1993、田中1993）、婚入者であっても血縁関係にある者が含まれている場合は大いにあり得るので（春成1997）、仮説を反証する材料にはなり得ない。
　また、稲荷山・吉胡・保美・津雲の各貝塚の人骨を再検討した舟橋（2003）は、ほぼ10代のうちに抜歯が完了していることを認めたうえで、1）上顎と下顎で抜歯の開始年齢に差がみられないこと、2）上顎抜歯がないにもかかわらず下顎に抜歯が認められる例があること、3）下顎抜歯が行われていないにもかかわらず出産経験がある女性が存在すること、4）2C型と2I2C型、4I型と4I2C型の間で加齢による出現率の反比例関係がみられないこと、などから抜歯型式が何らかの出自集団の可能性はのこしつつも、自村出身者と他村出身者を区別するという理解については否定している。
　しかし、この検証作業もいくつかの前提のもとになりたっている。すなわち、成人・婚姻儀礼に抜歯が行われていたとすれば、それはほぼ唯一の方法として厳密に施行されていたであろうという点、および結婚後に一方の配偶者が死亡したばあいはかなりの割合で再婚が行われているはずである、という前提である。成人・婚姻儀礼にあたっては、抜歯が主たる手段であったことは考えられて良いが、それ以外にも入れ墨をはじめとする他の方法も併用されていた可能性は捨てきれないことを考えると、春成仮説には必ずしも合致しないイレギュラーな存在がすぐに仮説の反証材料となるわけではない。
　たとえば、上顎は抜歯がないのに下顎のみに抜歯が認められる個体は、稲荷山・吉胡・保美といった渥美半島部の遺跡では、それぞれの遺跡で抜歯確認可能個体のうち5.3％、8.2％、8.7％が認められるが、岡山県の津雲ではまったくみられない。通過儀礼の中で抜歯が主たる方法であることは列島内で共通しているなかで、それ以外の方法をいかに用いるかには地域性があったと考えれば矛盾は解消される。入墨その他の行為が儀礼に採用されていた可能性が否定

できない現状では、抜歯に表れているのは選択的に行われる通過儀礼の痕跡の一部に過ぎないといえる。偶然、可視的なかたちで残存した抜歯から、大きな傾向を捉えたうえでの婚後居住規定の理解が現在の春成仮説なのである。

これを反証するためには、1）春成が想定した抜歯型式の時間的経過を局所的ではなく全体的に否定すること、2）2C・4I系に含まれる人物の血縁関係をもとに、春成仮説を支持し得ないことを示す決定的に不利なデータを引き出すこと、のどちらかが要求されるが、形質や遺伝の領域からこうした検証結果はいまだでていないのである。

また、舟橋（2003）は、春成の仮説に従えば2C型と2I2C型、4I型と4I2C型の間で加齢による出現率の反比例関係がみられるはずであるとしている。たしかに、一方の配偶者が死亡したときにほぼ100％の確率で再婚を行うのであれば、この前提は正しい。しかし、再婚しない人も存在したとすると、あるいは再婚時に抜歯以外の標示方法がとられていたとすると、状況はより複雑になるはずである。

そのほか上顎と下顎の抜歯の施行年齢の差違や婚姻と抜歯の関係についても春成仮説に不利なデータが挙げられているが、10代半ばから後半のうちに成人・婚姻・出産をおこなうとすればその時間差の把握は非常に難しいこと、サンプル数が少ないなどの点から判断を保留せざるを得ない部分が多く含まれており、効果的な検証とはなっていない。

いっぽう田中（1998）は、集落に外婚の単位をおく春成の見解が近世の複檀家制を根拠にしている点を批判し、ムラ出自ではなく氏族集団を念頭に置くべきであると批判する。しかし、抜歯が半族標示である可能性を考慮した場合でも、抜歯系列と男女が対応するわけではないことから（第134図）、婚後居住規定の推定には適さないとして春成仮説の有効性を否定する。

集落が外婚の単位にはなりえないという田中の指摘は、たしかに考古資料からも追認することができる。たとえば、墓地にふくまれる遺体数は極めて多い吉胡（縄文晩期、第135図）や岩手県西田（縄文中期、第136図）など、1つの集落の墓地とは考えにくい遺跡が存在する。また、春成が墓地の用益主体を集落においた理由は、東海地方において集落と墓地が一定の間隔をおいて分布する関係にもとづいているのだが（春成1986、1993）、この関係も完全に固定

的とはいえない。墓地の用益主体の特定はきわめて難しい問題であるが、集落と墓地の関係を一対一で捉えると、考古学的に説明できない事例がかなり存在してしまうことが予測される。したがって、一つの墓地の用益主体が複数の集落を含み込んでいた可能性をここで排除すべきではなく（佐々木 1980、p.405）、その単位として現時点でもっとも想定しやすいのは近隣の複数集落の統治機構としての村落（林 1979a、1979b）であると考える。墓地におけるミウチ／ヨソモノの区分基準と外婚の単位も、この村落にあったという立場から以下の議論を行いたい。この考えは、集落ではなく、複数の集落を含めた「地域」を外婚の単位としても不都合はないとする松園万亀雄の発言の意図にちかいものといえる（小山ほか 1986、p.434）

　筆者は、他人がみて判断しやすい歯を抜去している抜歯は、その本来の意味に立ち戻ると、苦痛を伴う通過儀礼であるとともに、やはり「何か」の標示であると理解しなければならないと考える。田中（1998）が指摘するように、抜歯が「出自」の標示である可能性は全く否定できるわけではない。しかし、それが半族標示であったばあい、第134図のように抜歯型式が混在し当事者にも判断の付かなくなってしまうのであれば、抜歯は半族標示ではなかったといいうる。そもそも抜歯が氏族集団の標示であるならば、氏族ごとにまとまった居住地を形成していないとその意味はなさない。しかし、集落論や墓制論などを見回してもそうした意見がまったく支持されていない現在、「出自」の内容をいかに整合的に捉えるかが重要な要点になってくる。異なる抜歯系列は決して合葬されないという事実が示しているように、当事者のあいだで承認され、識別すべき「何か」が抜歯によって標示されていたと考えざるを得ない以上、これに意味を与えるには氏族集団ではなく村落をはじめとする地理的なまとまりをもった単位に基づく出自以外には考えることは難しいのではないだろうか。

　丹羽（1982）の指摘にもあるように、当時、村落を包括あるいは横断するかたちで氏族集団があった可能性は筆者も否定せず、それが外婚の単位としての機能をもっていたことも充分に考えられる。しかし、抜歯や墓地といった考古資料に現れているのが半族の標示ではなく、また単一の村出自とした際にもさまざまな点で不都合が生じるとすれば、複数の集落を含み込む単位、すなわち村落を基準としたミウチ／ヨソモノの区別が重要になってくる。当時意識され

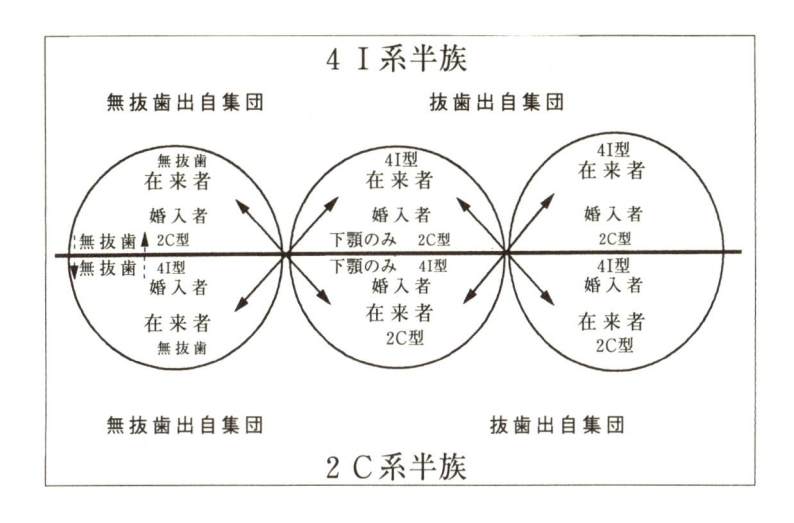

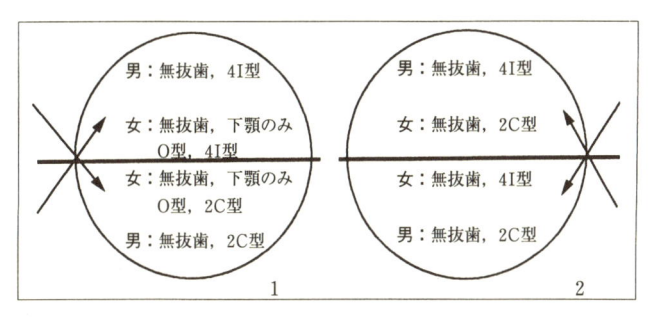

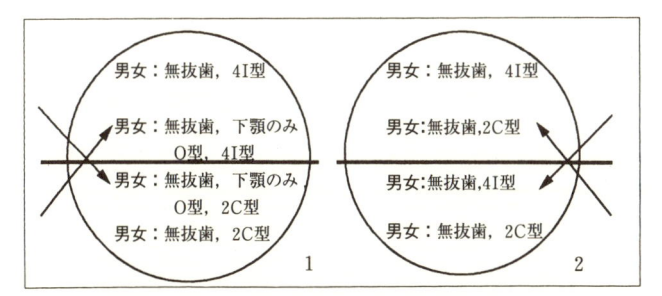

第134図 抜歯が半族標示である場合の抜歯系列と性の構成［田中（1998）より、上段：無抜歯出自集団を想定した半族の抜歯型式（結婚によって族籍が移動しない場合）、中段：父系の場合の抜歯型式と構成（1は結婚による族籍の移動あり、2はなし）、下段：双系の場合の抜歯型式と性構成（1は結婚による族籍の移動あり、2はなし）］

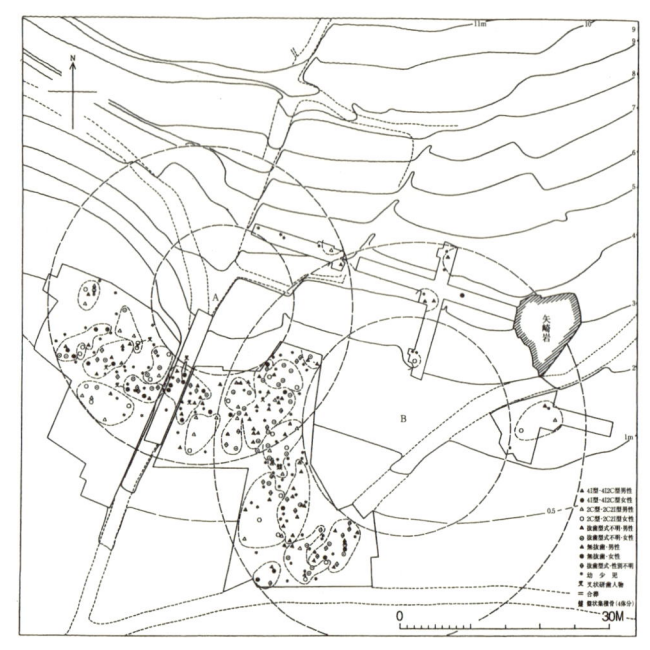

306　第Ⅲ部 「弥生化経験」の社会誌

第 135 図　愛知県吉胡貝塚の墓地 ［春成（1979）より］

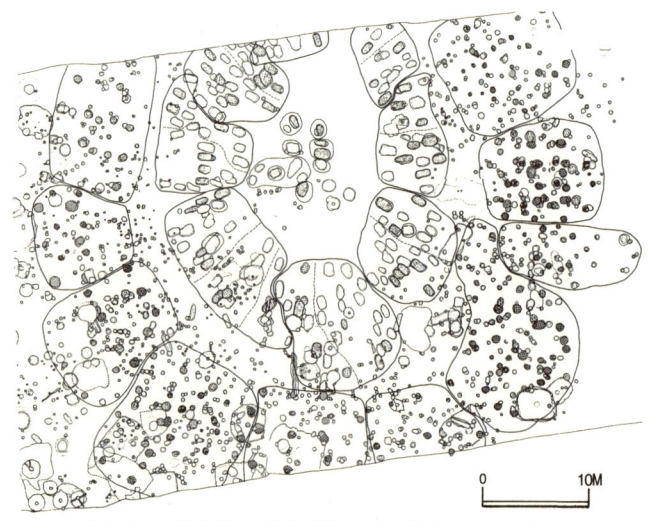

第 136 図　岩手県西田遺跡の墓地 ［佐々木（1980）より］

ていた配偶者の条件としては、「半族を異にする者」という条件があっても構わないが、それはあくまでも「村落を異にする者」という規制と常に対になる二重の規制のもとに作用していたとものであったと考えれば問題が生じることはない。「半族」は当時の社会の中だけで承認されていた人間と人間のつながりであり、考古学的に可視的な集団関係ではない。抜歯や墓地という考古学的に可視的な区分原理は、あくまでも地理的なまとまりをもつ組織、とりわけ基本的には村落からみたときのミウチ／ヨソモノの区分であると考えられるのである。筆者は、春成の仮説とそれに対する批判をふまえ、仮説をこのように理解しなおしたうえで以下の検討を行うことにする。

b. 東日本縄文晩期の婚後居住規定　第37表は、日本列島東北部における縄文後期後葉～晩期の抜歯例のうち性別・年齢のわかる事例であり、これを集計したものが第38表である。第38表によれば、後期後葉の段階では2C系がほとんどを占めており、婚姻抜歯の対立構図は存在していない。晩期全体の集計では列島東北部全体でO系26体、2C系15体、4I系1体とO系が多いが、静岡県をふくむ後・晩期の関東平野・本州島東北部南部の集計ではO系9体、2C系11体とほぼ拮抗しており、設楽（1991a）は中部高地を除く東海～本州島東北部南部においてはこの時期に婚姻抜歯が確立していたと判断している。

　春成（1973b、1974、1979）にしたがえば、この時期の列島東北部ではO系が身内、2C系が婚入者であり、夫方居住婚が優勢となる。しかし、関東平野・本州島東北部では、2C系11体のうち9体が女性であるが、O系9体のうち5体が男性、4体が女性であるため、夫方居住婚が確立しているとまではいいきれない。この状況を素直に解するならば、この地域の縄文晩期には多くの場合男性は出身村落にとどまるが、女性は出身村落にとどまる場合と他の村落へ婚出する場合の両方があり、婚出するケースがやや多いという婚後居住を想定すべきではなかろうか。この現象を説明するために筆者は、男性が婚出する場合には婚出先で複婚する場合が多かったことを想定すべきと考える（第141図、世帯A）。

　本州島東北部中・北部では、O系19体（男性14、女性5）、2C系6体（男

308　第Ⅲ部　「弥生化経験」の社会誌

第37表　本州島東部の抜歯例［設楽（1991a）による集成に新たなデータをくわえて作成、湧清水（住田町教委 1973）、蜆塚（浜松市教委 1962、平井 1928）、西（磐田市教委 1961）、荒海（大久保 1965）、是川（八戸市教委 1978）、柏子所（秋田県教委 1966）、大洞（長谷部 1925）、下船渡（渡辺 1966）、中沢浜（小金井 1918）、細浦（長谷部 1919、松本 1922）、獺沢（小金井 1918）、里浜（松本 1920、奈良ほか 1998）、前浜（本吉町教委 1979）、三貫地（鈴木隆雄 1988）、余山（小金井 1918）、西広（小金井 1918）、保地（関 1965）、深町（西沢 1982）、安房神社（小金井 1933）］

遺跡	人骨番号	性	年齢	抜歯式	時期	抜歯系列
岩手・湧清水	E2-47	男	壮年	4 ③ 2 1 ｜ 1 2 ③ 4	後期末	―
	E1-4	男	壮年	4 3 2 1 ｜ 1 2 ③ 4	後期末	―
	C-48	女	壮年	4 3 2 1 ｜ 1 2 ③ 4	後期末	―
	E-44	男	壮年	4 3 2 1 ｜ 1 2 ③ 4	後期末	―
	E1-45	?	壮年	4 3 2 1 ｜ 1 2 ③ ④	後期末	―
	E1-46	?	壮年	④ ③ 2 1 ｜ 1 2 3 4	後期末	―
	E1-1	女	壮年	4 ③ 2 1 ｜ 1 2 ③ 4	後期末	―
	E-43	男	壮年	4 ③ ② 1 ｜ 1 2 3 4	後期末	―
	E2-3	女	壮年	4 ③ ② 1 ｜ 1 2 ③ ④	後期末	―
	E1-24	男	壮年	4 ③ 2 1 ｜ 1 2 ③ 4	後期末	2C
	B-41	男	壮年	4 ③ 2 1 ｜ 1 2 ③ 4	後期末	2C
	E-34	男	壮年	4 ③ 2 1 ｜ 1 2 ③ 4	後期末	2C
	E3-30	男	壮年	4 ③ 2 1 ｜ 1 2 ③ 4	後期末	2C
	E-31	男	熟年	4 ③ 2 1 ｜ 1 2 3 4	後期末	2C
	A-40	男	壮年	4 3 2 1 ｜ 1 2 ③ 4	後期末	2C
	E1-35	女	壮年	④ ③ 2 1 ｜ 1 2 ③ 4	後期末	2C?
	E3-26	男	壮年	4 3 2 1 ｜ 1 2 3 4	後期末	O
	E3-26	男	壮年	4 ③ 2 1 ｜ 1 2 ③ 4	後期末	2C
	E3-25	女	壮年	4 ③ 2 1 ｜ 1 2 ③ 4	後期末	2C
	E1-32	女	壮年	4 ③ 2 1 ｜ 1 2 ③ 4	後期末	2C
	A-39	女	壮年	④ ③ 2 1 ｜ 1 2 ③ ④	後期末	2C?
	E1-33	男	熟年	④ ③ 2 1 ｜ 1 2 ③ ④	後期末	2C?
	E1-38	女	壮年	4 3 2 1 ｜ 1 2 3 4	後期末	O
静岡・蜆塚	鈴木12号	男	壮年	4 ③ 2 1 ｜ 1 2 ③ 4 / 4 3 2 1 ｜ 1 2 3 4	後期後葉	O
	鈴木7号	男	青年	4 3 2 1 ｜ 1 2 ③ 4 / 4 3 2 1 ｜ 1 2 3 4	後期後葉	O?
	鈴木5号	男	20代	4 ③ 2 1 ｜ 1 2 ③ 4	後期後葉	―
	鈴木4号	女	20代	4 3 2 1 ｜ 1 2 ③ 4 / 4 3 2 1 ｜ 1 2 3 4	後期後葉	2C
	鈴木20号	女	熟年	4 3 2 1 ｜ 1 2 ③ 4 / 4 ③ 2 1 ｜ 1 2 ③ 4	後期後葉	2C
	鈴木17号	女	壮年	4 3 2 1 ｜ 1 2 ③ 4 / 4 3 2 1 ｜ 1 2 ③ 4	後期後葉	2C
	清野142号	女	熟年	4 3 2 1 ｜ 1 2 3 4 / 4 3 ② ① ｜ ① ② 3 4	?	4I?
静岡・西	鈴木1号	男	壮年	4 3 2 1 ｜ 1 2 ③ 4 / 4 3 2 1 ｜ 1 2 3 4	後期後葉	2C
千葉・荒海	3号	女	熟年	4 ③ 2 1 ｜ 1 2 ③ 4 / 4 ③ 2 1 ｜ 1 2 ③ 4	後期末	2C
秋田・柏子所	2号	男	壮年	4 ③ 2 1 ｜ 1 2 ③ 4	晩期	―
	1号	男	壮年	4 3 2 1 ｜ 1 2 ③ 4 / 4 ③ ② ① ｜ ① ② ③ 4	晩期	2C?
岩手・大洞B地点	長谷部1号	男	熟年	4 ③ ② 1 ｜ 1 2 ③ 4 / 4 3 2 1 ｜ 1 2 3 4	晩期	O
	長谷部6号	男	壮年	4 3 2 1 ｜ 1 2 ③ 4 / 4 ③ 2 1 ｜ 1 2 ③ 4	晩期	2C
C地点	長谷部号	男	壮年	4 ③ 2 1 ｜ 1 2 ③ 4 / 4 3 2 1 ｜ 1 2 3 4	晩期	O?
	長谷部3号	男	熟年	4 ③ 2 1 ｜ 1 2 ③ 4 / 4 3 2 1 ｜ 1 2 3 4	晩期	O?

第 12 章 墓制にみる社会関係の変化　309

地域	墓番号	性別	年齢	頭位	顔位	時期	備考
岩手・下船渡	?	男	?	4 ③ 2 1 ｜ 1 2 ③ 4	4 3 ② ① ｜ ① ② 3 4	晩期	4I
岩手・中沢浜	小金井 22号	男	熟年	4 ③ 2 1 ｜ 1 2 ③ 4	4 3 2 1 ｜ 1 2 3 4	晩期	O
	小金井 23号	男	壮年	4 ③ 2 1 ｜ 1 2 ③ 4	4 3 2 1 ｜ 1 2 3 4	晩期	O
	小金井 26号	女	壮年	4 ③ 2 1 ｜ 1 2 ③ 4	4 3 2 1 ｜ 1 2 3 4	晩期	O
	小金井 27号	女	熟年	4 ③ 2 1 ｜ 1 2 ③ 4	4 3 2 1 ｜ 1 2 3 4	晩期	O
	小金井 39号	男	熟年	4 ③ 2 1 ｜ 1 2 ③ 4	4 3 ② 1 ｜ 1 ② 3 4	晩期	O?
岩手・細浦	松本 ?号	男	熟年	④ 3 2 1 ｜ 1 ② ③ 4		晩期	2C?
岩手・卿沢	小金井 17号	男	壮年	4 ③ 2 1 ｜ 1 ② ③ 4	4 3 2 1 ｜ 1 2 3 4	晩期	O?
宮城・里浜	松本 1号	男	熟年	4 ③ 2 1 ｜ 1 2 ③ 4	4 3 2 1 ｜ 1 2 3 4	晩期	O?
	松本 4号	男	熟年	4 ③ 2 1 ｜ 1 2 3 ④	4 3 2 1 ｜ 1 2 3 4	晩期	O?
	松本 15号	男	熟年	4 ③ 2 1 ｜ 1 2 ③ 4	4 3 2 1 ｜ 1 2 3 4	晩期	O?
	松本 6号	男	熟年	4 ③ ② 1 ｜ 1 2 ③ 4	4 3 2 1 ｜ 1 2 3 4	晩期	O?
	松本 13号	男	熟年	4 ③ ② 1 ｜ 1 2 ③ 4	4 3 2 1 ｜ 1 2 3 4	晩期	O?
	松本 11号	男	熟年	4 ③ 2 1 ｜ 1 2 ③ 4	4 3 2 1 ｜ 1 2 3 4	晩期	O?
	松本 16号	女	熟年	4 ③ ② 1 ｜ 1 2 ③ 4	4 3 2 1 ｜ 1 2 3 4	晩期	O?
	松本番外2号	女	熟年	4 ③ 2 1 ｜ 1 ② ③ 4	4 3 2 1 ｜ 1 2 3 4	晩期	O?
	松本 9号	男	熟年	4 3 ② 1 ｜ 1 2 ③ 4	4 ③ 2 1 ｜ 1 2 3 4	晩期	2C
	松本 5号	男	熟年	4 ③ 2 1 ｜ 1 2 ③ 4	4 ③ ② 1 ｜ 1 ② ③ 4	晩期	2C?
宮城・外1号	松本番外1号	女	熟年	4 ③ ② 1 ｜ 1 2 ③ 4		晩期	2C?
	2号	男	壮年	4 ③ 2 1 ｜ 1 2 ③ 4	4 3 2 1 ｜ ① 2 3 4	晩期	O
宮城・前浜	?	女	青年	4 ③ 2 1 ｜ 1 2 ③ 4	4 3 2 1 ｜ ① 2 3 4	晩期	O?
福島・三貫地	1号	男	熟年	4 ③ 2 1 ｜ 1 2 ③ 4	4 3 2 1 ｜ 1 2 3 4	晩期前葉	O
	117号	男	壮年	4 ③ 2 1 ｜ 1 2 ③ 4	4 3 2 1 ｜ 1 2 3 4	晩期前葉	O
	B-12号	女	壮年	4 ③ 2 1 ｜ 1 2 ③ 4	4 3 2 1 ｜ 1 2 3 4	晩期前葉	O
	125号	女	壮年	4 ③ 2 1 ｜ 1 2 ③ 4	4 3 2 1 ｜ 1 2 3 4	晩期前葉	O
	B-7号	男	壮年	4 ③ 2 1 ｜ 1 2 ③ 4	4 3 2 1 ｜ 1 2 3 4	晩期前葉	2C
	25号	女	壮年	4 ③ 2 1 ｜ 1 2 ③ 4	4 3 2 1 ｜ 1 2 3 4	晩期前葉	2C
	B	女	20代	4 ③ 2 1 ｜ 1 2 ③ 4	4 3 2 1 ｜ 1 2 3 4	晩期前葉	2C
	?	男	熟年	4 ③ 2 1 ｜ 1 2 ③ 4		晩期前葉	—
千葉・余山	小金井 3号	男	壮年	4 3 2 1 ｜ 1 2 ③ 4	4 3 2 1 ｜ 1 2 3 4	晩期	O
	小金井 9号	男	熟年	4 ③ 2 1 ｜ 1 2 ③ 4	4 3 2 1 ｜ 1 2 3 4	晩期	O
	小金井 13号	女	壮年	4 3 2 1 ｜ 1 2 ③ 4	4 3 2 1 ｜ 1 2 3 4	晩期	O
	小金井 12号	女	壮年	4 ③ 2 1 ｜ 1 2 ③ 4		晩期	—
千葉・西広	15号	女	壮年	4 3 2 1 ｜ 1 2 ③ 4	4 3 2 1 ｜ 1 2 ③ 4	晩期前葉	2C
長野・保地	?	男	熟年	4 3 2 1 ｜ 1 2 ③ 4	4 ③ 2 1 ｜ 1 2 ③ 4	晩期前葉	2C
長野・深町	3号	女	壮年	4 3 2 1 ｜ 1 2 3 4	4 ③ 2 1 ｜ 1 2 ③ 4	晩期	2C
	4号	男	?	4 ③ 2 1 ｜ 1 2 3 4		晩期	2C

遺跡	個体	性別	年齢	抜歯パターン	時期	型
福島・久保の作	?	女	壮年	4 ③ 2 1 ǀ 1 ② ③ 4 4 ③ 2 1 ǀ 1 2 ③ 4	晩期 後葉	2C
千葉・荒海	?	女	熟年	4 3 2 1 ǀ 1 2 3 4 4 3 2 1 ǀ 1 2 ③ 4	晩期 後葉	2C
千葉・安房神社	小金井3号	?	?	4 ③ ② 1 ǀ 1 2 3 4 	晩期 後葉?	―
	小金井4号	?	?	4 ③ ② 1 ǀ 1 2 3 4 	晩期 後葉?	
	小金井6号	?	?	4 ③ ② 1 ǀ 1 2 3 4 	晩期 後葉?	2C?
	小金井5号	?	?	④ ③ ② ① ǀ ① ② ③ ④ 	晩期 後葉?	―
	小金井1号	男	壮年	4 ③ 2 1 ǀ 1 ② ③ 4 4 3 ② ① ǀ ① ② 3 4	晩期 後葉	4I
	小金井2号	?	?	4 ③ ② 1 ǀ 1 ② ③ 4 4 3 ② ① ǀ ① ② 3 4	晩期 後葉	4I
	小金井7号	?	? 4	4 3 2 1 ǀ 1 2 3 4 4 3 ② ① ǀ ① ② 3 4	晩期 後葉?	4I
	小金井8号	?	?	4 3 2 1 ǀ 1 2 3 4 4 3 ② ① ǀ ① ② 3 4	晩期 後葉?	4I
	小金井10号	?	?	4 3 2 1 ǀ 1 2 3 4 4 3 ② ① ǀ ① ② 3 4	晩期 後葉?	4I
	小金井11号	?	?	4 3 2 1 ǀ 1 2 3 4 4 3 ② ① ǀ ① ② 3 4	晩期 後葉?	4I
	小金井12号	?	?	4 3 2 1 ǀ 1 2 3 4 4 3 ② ① ǀ ① ② 3 4	晩期 後葉?	4I
	小金井13号	?	?	4 3 2 1 ǀ 1 2 3 4 4 3 ② ① ǀ ① ② 3 4	晩期 後葉?	4I
	小金井14号	?	?	4 3 2 1 ǀ 1 2 3 4 4 3 ② ① ǀ ① ② 3 4	晩期 後葉?	4I
	小金井15号	?	?	4 3 2 1 ǀ 1 2 3 4 4 3 ② ① ǀ ① ② 3 4	晩期 後葉?	4I
	小金井9号	?	?	4 3 2 1 ǀ 1 2 3 4 4 3 ② ① ǀ ① ② 3 ④	晩期 後葉?	4I

性5、女性1)、4I系1体(男性1)とO系・男性が多数を占めている。女性は男性よりもかなり少ないが、かりにO系と2C系の比率が現状のままで女性が男性とおなじ19体あったとするならば、O系16体、2C系3体となる。したがって、この地域では圧倒的にO系が多いことがわかり、やはりO系と2C系による婚姻抜歯は成立しておらず、その対立構図から婚後居住規定を推察することは困難であることがわかる。

ただし、縄文中・後期のR型・L型抜歯の検討によれば

第38表　本州島東部抜歯集計

遺跡	O系 男	O系 女	2C系 男	2C系 女	4I系 男	4I系 女
岩手・湧清水	1	1	9	3		
静岡・蜆塚	2			3		1
静岡・西			1			
千葉・荒海				1		
小計（後期）	3	1	10	7		1
秋田・柏子所			1			
岩手・大洞貝塚	3		1			
岩手・下船渡					1	
岩手・中沢浜	3	2				
岩手・細浦			1			
岩手・鵜沢	1					
宮城・里浜	7	2	2	1		
宮城・前浜						
小計（晩期）	14	5	5	1	1	
福島・三貫地	2	2	1	2		
千葉・余山	2	1				
千葉・西広				1		
長野・保地			1			
長野・深町			1	1		
福島・久保の作				1		
千葉・荒海				1		
小計（晩期）	4	3	3	6		
計	21	9	18	14	1	1

列島東北部では夫方居住がやや優勢な選択居住婚であったことが説かれている（春成1980b、1987）。晩期の本州島東北部中・北部ではR・L型にかわる婚姻抜歯は成立していないが、それでもなお抜歯が行われている以上、このことは逆に極端な夫方居住婚や妻方居住婚が急速に確立したり、婚姻の体系そのものが大きく変化した証拠とはならないことは確実である。必ずしも早急に結論を出すべき問題ではないが、本州島東北部南部と大きく異なる婚後居住規定を想定することが難しいとすれば、夫方居住への傾斜の度合いには違いはあるにせよ、縄文中・後期の流れが継続していたものと判断しておきたい。

c. **被葬者の系譜**　そもそも本州島東北部南部の縄文晩期後葉に発生した墓制が、弥生時代中期にまで連綿とうけつがれてゆくこと自体、そこでの「弥生文化」の担い手が「縄文文化」の担い手の系譜上にあったことを示していると

第39表 根古屋遺跡の抜歯例 [馬場ほか (1986)・設楽 (1991a) をもとに作成]

(表省略)

( )：顎骨の個体番号
1・2：切歯，3：犬歯，4：第1小臼歯
＝：歯槽の存在を確認できた部分
○：抜歯，アンダーライン：抜歯の可能性あり

　いえる。第39表は根古屋遺跡の抜歯人骨であるが、これを系列化した設楽 (1991a、第137図) も、基本的にO系と2C系という縄文晩期以来の伝統的要素の残存をみとめている。ただし、O系のI1型・2I型、2C系の2CI1型は他の遺跡ではみられないことから根古屋で固有に発達したものと判断し、また2C系の進行形態である4Iの抜去がみられる点については外来要素と考え、その出現の直接的な要因を4I系の出現頻度が異常にたかい千葉県安房神社例がしめすような東海地方からの移住者にもとめている (第37表)。
　筆者も安房神社洞窟例については、東海地方から関東平野への移住者を想定

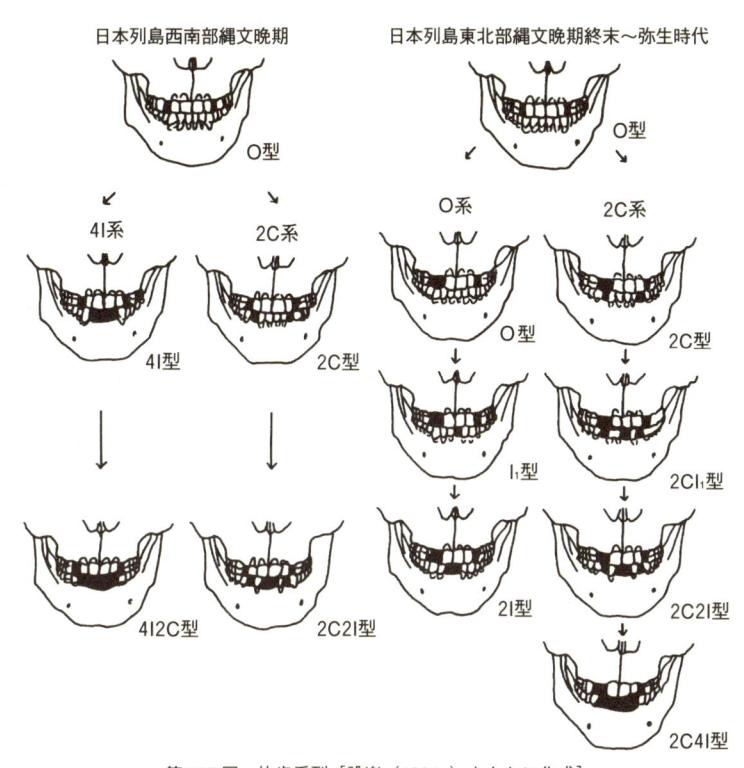

第 12 章　墓制にみる社会関係の変化　313

第 137 図　抜歯系列 ［設楽（1991a）をもとに作成］

すべきと考える。これは類遠賀川系土器の拡散ルートや、本州島東北部における渡来系弥生人の形質が確認されつつある近年の形質人類学的成果とも適合的である。このように縄文晩期後葉の移住者を想定することが、単に設楽（1991a）のいう 2C4I 型の出現だけではなく、物質文化や形質的な問題を説明するためにも必要なのであり、稲作の技術の伝播に関しても彼らの役割を考えることができるであろう。本書でも、列島東北部「弥生文化」の担い手の大部分が在来の人々であったことをみとめたうえで、彼らの物質文化の自立的な変化を破壊しない程度の移住者の存在は想定されてもよいと考える。ただし、その場合でも日本海ルートによって列島西南部からの移住者を考えるのではなく、やはり東海地方からの移住者かその 2 次的な影響をうけた人物が移動したものと考

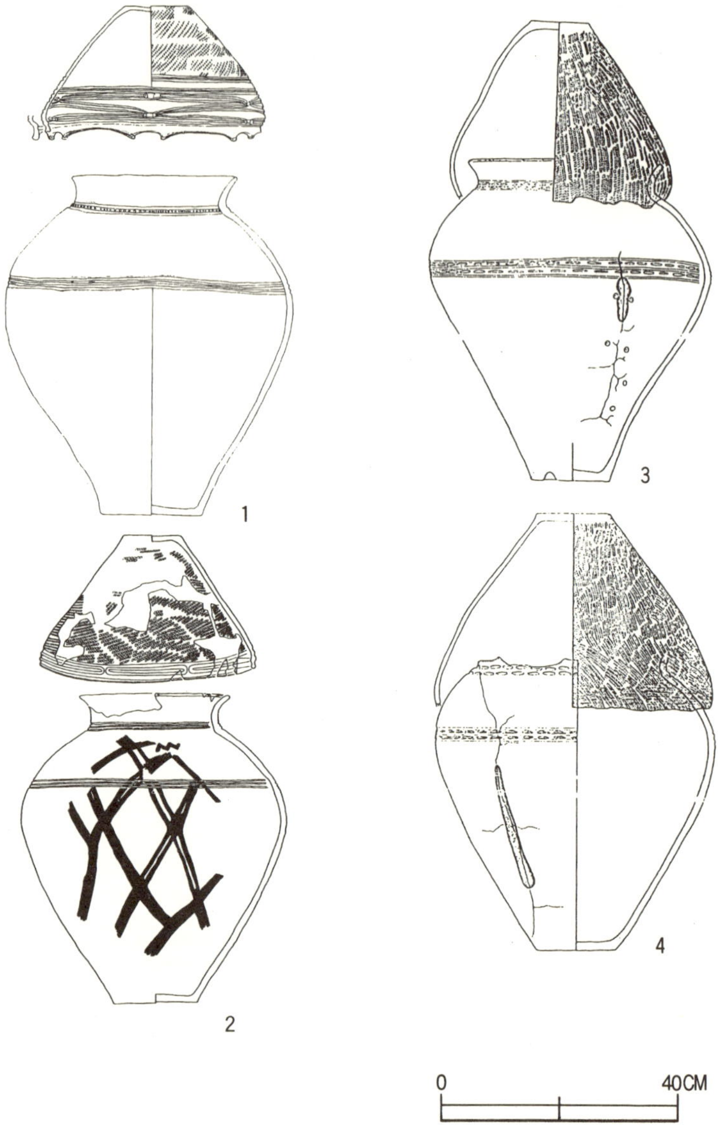

314 第Ⅲ部 「弥生化経験」の社会誌

第138図 本州島東北部北半の再葬墓[1金田一川、2地蔵田、3・4五輪野、小田野(1988)・菅原編(1987)・佐藤(1994)・葛西編(1983)をもとに作成]

える。

3．本州島東北部北半の再葬墓

(1) **再葬墓の拡散**　壺棺再葬墓は、大洞 A'式期以降に本州島東北部の中・北部にも伝播する（第138 図1）。山形県生石 2 遺跡（第128 図）では複棺型の壺棺再葬墓が検出されており、最上川ルートを通して本州島東北部南部の墓制がほとんど変容せずに伝播した例と考えられる。

これに対して岩手県金田一川（第138 図1）では、きわめて大型の大洞系・類遠賀川系壺が単独で埋められている点でかなり変容をきたしているといえる。類遠賀川系壺の内部からは35 才くらいの男性の骨が検出されているが（亀沢1958）、壺の口径が20〜30cm たらずでありそのほかの大洞系壺ではさらに口径が狭くなることを考えると、単なる土器棺墓ではなく壺棺再葬墓であることは確実であろう（佐藤1994、p.68）。これまでにもふれてきたように、金田一川をはじめ根古屋・鳥内などの大洞 A'式期に属するものは、やはり再葬墓との関連から出現していると考えざるを得ないのである。

壺に甕がかぶせられる青森県五輪野例を参考にするならば、やや時期がくだっても本州島東北部北部では類遠賀川系の壺が再葬墓の土器棺として利用されつづけていたことが考えられる（第138 図 3・4）。本州島東北部の南半部でも北半部でも、出土人骨から見るかぎりこの種の墓が制度として小児埋葬に用いられた痕跡がない以上、青森県剣吉荒町（工藤編1997）や地蔵田（第138 図2）にみられるような、土坑内に類遠賀川系壺が立位で埋められ甕・鉢・高坏がともなう出土状況も、再葬墓としての疑いが強まってくる。本州島東北部の北部では、設楽（1993a）が指摘している金田一川例以外にも、多くの遺跡に伝播している可能性が高いといえるのである。

本州島東北部の北半部に再葬墓が出現しているとするならば、それはいかなる社会的情勢と関係していたのだろうか。この点に問題を絞って、墓地の全体像がわかる地蔵田遺跡の墓域を分析してみることにしたい。

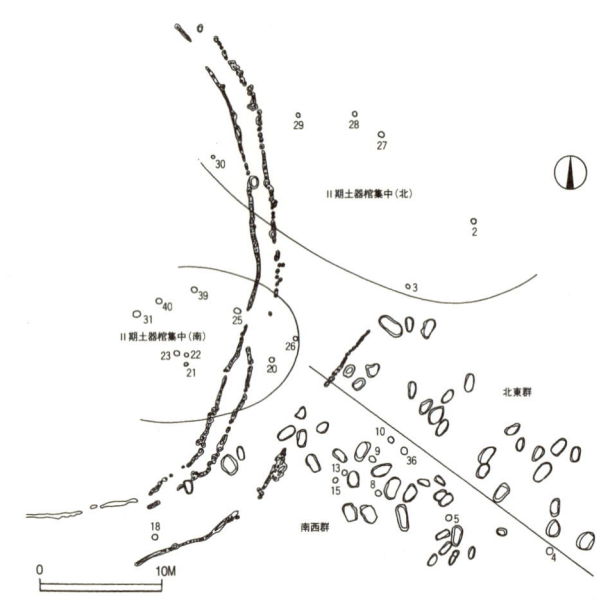

316　第Ⅲ部　「弥生化経験」の社会誌

第139図　地蔵田遺跡の墓地［菅原編（1987）をもとに作成、番号は再葬墓坑No.］

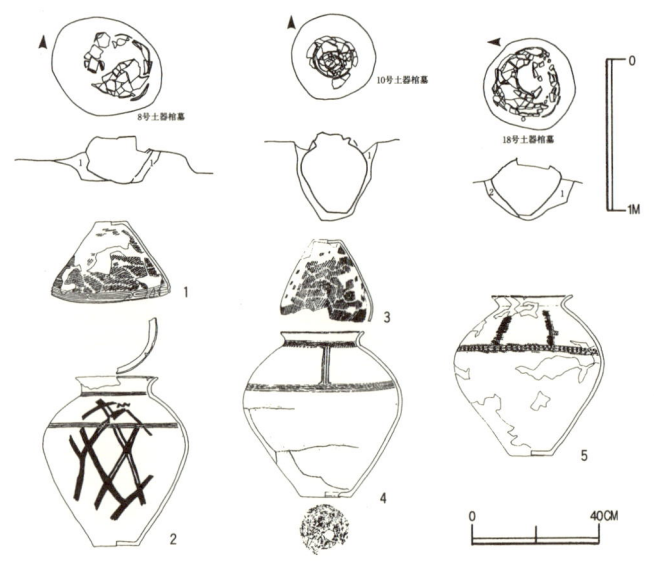

第140図　地蔵田遺跡の再葬墓［菅原編（1987）をもとに作成］

(2) 地蔵田遺跡の解釈

a. 地蔵田墓地の構成　　地蔵田遺跡には集落に隣接する墓地があり、報告者によれば土坑墓・再葬墓あわせて76基が弥生時代の墓坑と判断されている（第139・140図）。すでに触れたように、この墓地の始まりは縄文晩期最終末まで遡り、弥生時代中期初頭まで営まれたと考えられる。

報文（菅原編1987, p.255）では、弥生前期までの墓坑群が大きく北東群と南西群に分かれていることが指摘されている。柵列の内外にはⅡ期にくだる再葬墓地が南北2カ所で検出されているが、ここでは縄文晩期終末期〜Ⅰ期の墓坑のみを検討する（第140図）。この時期の北東群と南東群に含まれる墓坑は、それぞれ細長く分布している。南西群の集落側に位置している計4基の墓坑・再葬墓をのぞけば、両群の境界には明確な空白地帯が存在しており、あたかも列をなしているかのようである。そして、再葬墓は南西群のみに含まれているのである。

両群の区分は集落内部をおおきく2分するありかたと類似しており、分割線の平行性と空間的な近接性から、〈1・2号住居＝北東群〉、〈3・4号住居＝南西群〉という対応関係を想定することが可能である（第84図）。3・4号住居は内陸盆地からの移住者の住まいと推定されたが（第7・8章）、南西群のみに再葬墓がふくまれている事実は、類遠賀川系土器の拡散プロセスとも一致しているといえる。なぜなら、類遠賀川系壺は八戸周辺から馬淵川を遡り雄物・米代川ルートを経て日本海側に達したと考えられるのであるが、これに第8章で述べた内陸部から平野部への人の移住を考え合わせれば、雄物・米代川水系内陸部にいた住民が平野部に移住する際に類遠賀川系壺とともに再葬墓を持ちこんだと考えられるからである[註59]。

b. 村落組織の変化と婚姻体系　　北東群と南西群の墓坑数は、再葬墓も合わせて61基であり、想定される集落の居住者数（第14表）に比して少ないといえる。この墓地がすべて壺棺再葬墓であるならば、こうした墓坑数の少なさは理解できる。しかし、壺棺再葬墓が検出されているのは南西群の一部でしかない。他の墓坑については、大きさ（平均長軸約1.30m）や形態に大きなバラツキがなく、227号墓坑にはベンガラが散布され、224・258号墓坑では玉類が

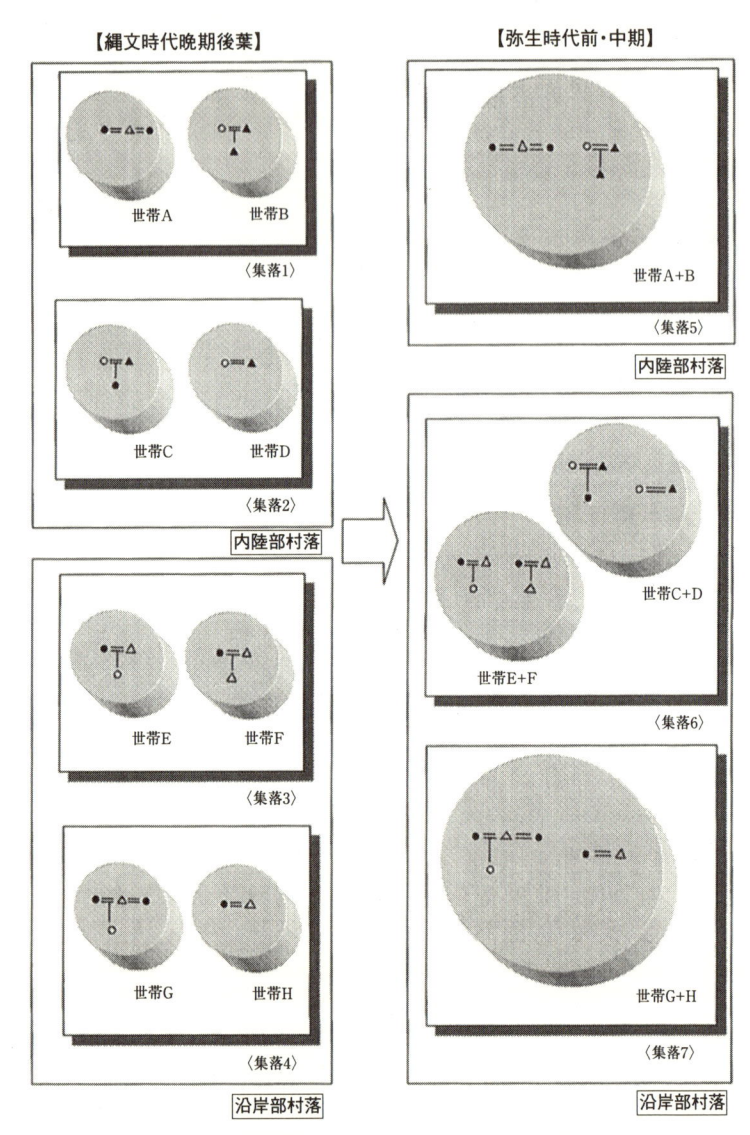

318　第Ⅲ部　「弥生化経験」の社会誌

第141図　縄文時代晩期〜弥生時代前・中期にかけての村落組織模式図［三角：男性、円：女性、白抜きが沿岸部出身、黒塗りが内陸部出身］

検出されている点から、再葬墓坑ではなく通常の埋葬土坑であったことはほぼ間違いない。したがって、この墓地には集落居住者の一部が埋葬・再葬されていたと考えるのが妥当であろう。当然、地蔵田集落を含む村落が用益主体となる墓地はべつの場所にあるものと想定しておく。

本州島東北部の縄文晩期の場合、被葬者の性差にはかたよりがあり、乳幼児のあつかいなどにも地域差があるなど（小林1995）、居住者が死にあたって必ずしも均質なあつかいを受けているわけではない。その理由はまだ判然としない部分が多く、ここではなぜ南西群だけで再葬が行われたのかという点のみを問題とする。本州島東北部の北部に伝播した再葬墓は、南部とはことなり「世帯」別の構成をもっておらず、土器棺の埋納状況（基本的に立位のみ）も南部とことなっている。しかも、墓地全体を把握することができる地蔵田の墓地は、集落遺跡との明確な対応関係を維持するかたちで集落に隣接して形成されている。このため、南西群における再葬の背景を考えるためには、集落・村落の再編が大規模に行われた北部における縄文時代晩期の社会的状況にたちもどって検討する必要があると考える。

第141図左側は、縄文晩期の村落組織を模式的に表している。単婚・複婚夫婦とその子供たちによって構成される細分単位が1つの「世帯」を形成し、それが何棟（図では2棟）かあつまって1つの集落となる。さらにいくつかの集落（図では2つ）があつまって1つの村落が形成されていた。墓地の用益主体は村落と考えられることから、沿岸・平野部と内陸・盆地部にはそれぞれにいくつかの村落（図では1つづつ）があり、それが外婚の単位となっていたはずである[注60]。

弥生時代にはいると、沿岸・平野部で「世帯・集落の統合」が生じ、さらに内陸・盆地部から沿岸・平野部への移住も生じる（第141図右側）。内陸・盆地部では、それまでの細分単位や集落は統合されて、おなじ「世帯」と集落を形成する場合もあるが（第141図世帯C・D）、それらとは離ればなれとなって沿岸・平野部へと移住する「世帯」や集落もあった。内陸・盆地部では、従来の村落組織そのものがとくに大きく分断されることとなるわけである。これは、それまで可視的なまとまりを有していた外婚の単位が分裂・不明瞭となることを意味しているだけではなく、当時のmating networkそのものに重大な危

機をもたらすものであったに違いない。前章でふれたとおり、集住化することで集団と集団の紐帯の維持にかかわるコストを削減しようとする一方で、実際に集住化をおこなうとこのような問題が生じてくるわけである。

　この危機を回避するためには、それまで外婚の単位の一翼を担っていた村落組織を理念的に強化する方策をとるか、もう1つの外婚の単位として機能していた可能性のある氏族集団に外婚単位の規制を一本化するなどの必要がある。すでにみたように地蔵田においては、弥生期にいたっても少なくとも葬送儀礼の文脈においては、かつての村落組織に相当する集団が機能していた可能性が高い。このような独自の儀礼行為によって、内陸部村落由来の集団がかつての自らの村落組織を理念的に維持したか、氏族集団がそうした村落組織をも含意するようなかたちへと内容が改変されたと考えられる。かりに従来の氏族集団に外婚の単位が一本化され、村落組織が有する外婚の単位としての意義が全く失われたとするならば、集落内の一部の集団のみが再葬制を採用する理由はみあたらないからである。

　再葬に使われた類遠賀川系土器のひろがりが、「世帯・集落の統合」がより積極的におこなわれた、換言するならば村落組織の分裂と統合が大規模におこったと考えられる馬淵・新井田川水系、岩木川水系、米代・雄物川水系において顕著である点は興味ぶかい。逆に「世帯・集落の統合」が本州島東北北部北部ほどは急速に進まない北上川流域・三陸沿岸において、大洞A'式～山王Ⅲ層式期の再葬墓や類遠賀川系土器がほとんど見られない点は、再葬制の役割に関するここでの推定を支持しているといえるであろう。

第Ⅳ部　本州島東北部の初期稲作農耕社会
―その特質と意義―

第 13 章 「東北弥生社会」の特質と意義

 ここまでに論じてきた本州島東北部の弥生社会像は、これまで考えられてきたものとはかなり異質なものであるにちがいない。本書の成果は、現在の研究水準のなかでどのような意義をもち、さらに今後の先史考古学にどのように貢献することができるのだろうか。ここでは、他地域との比較を積極的におこないながら、こうした問題を考えてみることにしたい。

1．本書の位置づけ

 「弥生文化」が農耕をともない、大陸との強い関連性を有しているという認識は、すでに戦前に固まっていた（山内 1925、1930、森本 1933、小林 1938 など）。戦後、最古の「弥生文化」が探索されるなかで、板付 I 式（森・岡崎 1961）のもつ特徴の古さ、および稲作関連資料・鉄・青銅製品の豊富さから、九州島北部を出発点とした伝播論的な図式が形成される[註61]。本書における外来要素の扱いも基本的にこの枠組みのなかにある。だが、外来要素の取り込みはあくまでも部分的であり、水稲耕作導入の理由にも外的な要因がみあたらない以上、本州島東北部内部の事情に力点をおく必要があるという問題意識から検討を出発させたのであった。
 ところで、日本列島の東西における弥生時代研究の現況に、質的な違いをもたらしている最大の要因は集団の移動をどれだけ想定しているかであろう。列島東北部では農耕技術をともなう渡来系・縄文系集団のうごきが問題になるのは非常に限られた局面でしかないが、列島西南部ではこれがつねに問題視されてきている[註62]。そこで理念的に想定される在来集団と渡来集団、この両者の関係については様々な考えが提起されてきた。
 両集団の「住み分け」論（中西 1984、1992、藤尾 1991）と集落内共住（家根 1993、小杉 1994）を両極端とし、汎用性の高い「稲作志向モデル」のなかで演繹的にたどりうる多様な集団関係が地域ごとに追求されてきたといってよい（森岡 1993）[註63]。だが、農耕民が頻繁に移住する点が前提とされる点では共通性が高く、それゆえにサヌカイト・生駒西麓産土器のうごきや遠賀川式・

突帯文土器の搬入・搬出関係などが移住者とその故地を特定し、移住者と在来集団との関係をさぐるために重視されてきた。しかしながら、物資の移動を手がかりとして農耕民と狩猟採集民の関係に関する議論の糸口がつかめているにも関わらず、狩猟採集民がいかなる「弥生化経験」を経ることで「住み分け」や「共住」状態を脱したのかについては、「相互交渉」・「交流」・「駆逐」・「吸収」・「分村」などという言葉をもちいた漠然とした説明しか行われていないのが現状ではないだろうか[註64]。「やがて『弥生化』は必然的に完了する」という想定のもとで、在来集団側の動向に隠蔽されてきた部分があったことは否めないであろう。

これはまさに強者、あるいは支配者の論理のなかで、国家成立の基盤となったであろう農耕化の開始を確認し、「発展」を認めようとする立場からの検討姿勢であるといえる。こうした意味で、近年の「縄文人主体論」(金関・大阪府立弥生文化博物館編1995など) にも大きな不満を抱かざるを得ない。縄文晩期の人々が、自らの社会のどの部分に、どのような形でメスを入れ、どのような意味で新しい社会を作り上げたのかを具体的に示すことができなければ、本当の意味での「縄文人主体論」とはなりえないからだ。渡来系の人々による「文化的征服」に近い状況があったとしても、在来集団が数のうえで優勢な「弥生文化」の担い手になっていることを指しているのであれば話はべつであるが、それはもやは「主体論」とはいえない代物である。

こうした問題の背景に垣間見えるのは、集落・村落組織、資源利用形態、居住形態からみた縄文晩期の軽視である。列島西南部であっても晩期縄文社会の歴史的コンテクストをまったく無視したかたちで「弥生文化」が成立するわけではない以上、「突帯文集団」について「植物資源を高度に利用する集団」と注釈をつけるだけでは十分な対応がなされているとは到底いえないのである[註65]。

これとは対照的に、列島東北部では、分厚い記述がなされてきた縄文期の社会研究の成果を、弥生時代研究の下敷きとすることができる。だからこそ、弥生前・中期の成立過程を、縄文晩期社会と有機的に関連させながら明確に輪郭を映し出すことができたと考える。加えていうならば、本州島東北部において縄文時代と弥生時代の文化的連続性が強調されてきたのも、縄文期における社

会の様相がかなり明確になっているがゆえに、弥生時代のすがたもそこに投影しやすかったことが原因になってきたのではないか。裏を返せば、縄文晩期の様相がそれほど明確になっていない列島西南部では、弥生前期の意義が「発展の図式」のなかで過大に評価されているおそれがあることも念頭におくべきかもしれない。

このような研究状況からみて、たとえ本州島東北部という強烈な個性を放つ「弥生文化」の一角をあつかったものにすぎないとしても、本書の意味は決して小さくはないと考えられる。縄文時代と弥生時代のちがいを社会組織のレヴェルにおいて明確にし、社会変化のメカニズムまでをもふくめてそのプロセスについての包括的な仮説を提示することができたからである。

2．本州島東北部における弥生社会の特質

(1) 社会変化の単位と社会階層化　本州島東北部では、類遠賀川系土器の認識にともなって列島西南部からの移住者を積極的に認める見解が一時的に増加した。しかし、第5・12章で論じたとおり、現段階でこれを支持することはできない。また、抜歯系統などからみたばあい、ごく少数の東海地方からの移住者が存在した可能性を排除することはできないものの、人の移住の規模は列島西南部とは比較にならないほど少なかったと考えられる。彼らの役割は決して無視するわけにはゆかないものの、基本的には狩猟採集民の「弥生化経験」という枠組みのなかで議論を進めることができる。

その特色は、平野部と内陸部を含むおそらく水系全体に相当するであろう地理的範囲を単位として、平野部への集住化が行われていた点にある。列島西南部では、河川規模や平野面積が小さいにも関わらず中小河川沿いに集団がひしめきあい、本州島東北部では河川規模や平野面積が大きいにもかかわらずそれをひとつの単位として社会組織の再編が行われているのである。

これと類似した状況が、居住単位についてもあてはまる。都出（1989、p.458、p.461）は、狩猟採集民と農耕民のあいだには、時代や地域をこえて数棟の住居（分棟・分室原理がある）の集合体があり、住居の居住者は夫婦原理を核とする「小世帯」に対応する場合が多いことから、「世帯共同体」な集団が領域・耕地の占有や集団再生産のうえで重要な単位となっていたと指摘して

いる。この説明は、日本列島の多くの部分における縄文〜弥生時代集落にもあてはまると考えられる[註66]。しかし、弥生時代前・中期の本州島東北部では、いわば「大世帯」や「大世帯共同体」（風張タイプ集落の一部、地蔵田タイプ集落）とでも表現できるような現象が観察された。これは、列島各地にみられる縄文から弥生への変化のなかでも、独自の形態として理解されなければならないものである[註67]。

「世帯共同体」（エンゲルス［戸原訳］1965）が、「生産社会に転換して以降、生産力の上昇にともなう社会編成の転換、家族構成の編成に関連する時期に求められなければなら」(p.102)ず、「『氏族』の対抗物として、『氏族』を脅かす勢力として現れてくる」(p.106)以上、厳密には縄文時代以前にこの概念を適用することはできない（大塚 1981）。第12章で指摘したように、本州島東北部の弥生時代前・中期には、たとえ理念的にではあっても縄文期の村落組織を維持しようとする形跡が見られるが、氏族集団が崩壊した様子も見出せない。したがって、ここでも「世帯共同体」の概念を適用することには問題があり、「大世帯」・「大世帯共同体」という評価も適切とはいえない。

　筆者は、本州島東北部の社会の様態には従来の図式的理解からはみ出す部分が多く存在しており、むしろそうした図式によっては捕捉しえないことこそが重要と考える。こうした意味では、都出（1989）が狩猟採集民・農耕民一般に対して使用している単元よりも大きな単位が、この地域の社会変化の基軸にすえられている点は見逃すことはできない。これまで明らかにされてきた日本列島各地の縄文から弥生への社会変化のなかでも、水系という広い地理的範囲を単位とし、なおかつ縄文晩期まで独立していた複数の世帯を含みこむ大きな居住単位を実現させるかたちで集落・村落組織の再編にふみきっている地域は、他に例をみないと考えられるからである。

　このような特徴は、社会階層化の問題を考えるうえでも示唆的である。図式的な理解では、「小世帯」にあたる作業単位としての単位（家族）集団の存在と、用水施設の建設・維持単位としての共同体の存在が想定され、この共同体のなかで収穫物の管理・分配、所有をめぐって家族間の矛盾が拡大し、また治水の利権をめぐって共同体間の矛盾が拡大した結果、その利害調整にあたる首長層が形成されたというプロセスが考えられている（近藤 1962）。

この見解はアジア的な灌漑農耕社会における階層分解の説明としていまなお強い影響力をもっており、近年でも広瀬（1997、p.132）が列島西南部の弥生時代に「個別利害の行使権の首長への委託」が生じるのは、集団の結合が中小河川の灌漑システムに規定されていたからであると明確に述べている。これに対して、本州島東北部で社会階層化が生じないのは、「各地域集団の領域は広大であったため相互の利害が抵触しがた」く、「地域集団間における秩序形成のための政治的契機は醸成しにくかった」（広瀬1997、p.90）ためとするのが広瀬の「東北型弥生文化論」である。

　たしかに、「領域」の広狭は着目点としては有効である。小規模な平野が海際に点在するあり方を考えても、列島西南部では平野部と平野部の関係が強固であり、異なる水系を横断する関係が重要な役割を果たしていたことは考えられてよいからだ。

　しかし、当時の食料資源利用戦略とそれと密接に結びついた集落・村落組織の内容にも目を向ける必要はあると考えられる。縄文晩期の列島西南部では、季節的・時間的な移動によってあらゆる立地に遺跡が残される点が重視されている（三好1992）。これは鎌木・高橋（1965）、泉（1985）が想定するような、植物利用に力点をおいた移動性に富む居住形態の延長線上での理解である。領域の範囲や栽培植物利用をこの理解にどのように組み込むかはまったく手がつけられていない問題であるが、移動性に富む居住形態を認めるならば集団が利用する資源管理のための領域があったはずである。平井（1985）が提示しているように、「十Kmから十数Kmの広さを持」つ1集団の移動領域が、1つの水系内部や小規模な湾におさまるとすれば、これが弥生時代にも何らかの形で引き継がれた結果、社会階層化の契機を生み出した可能性は考えられてよいであろう。

　これに対して、本州島東北部では決して水系全体が集団の領域になっていたわけではない。縄文晩期の分散居住から考えて、生計の基本的単位は最大でも集落あるいは村落であったと考えられるべきであり、弥生時代の集落・村落組織の再編にこの単位がそのまま引き継がれているわけではないのである。ただ単に領域の面積が広大であったがゆえに社会階層化が生じなかったわけではなく、むしろ生計の基本的単位よりも上位のネットワークを機軸として組織再編

が行われていること自体に大きな意味を見いだせるのではないか。これは、彼ら自身がかかえる社会的問題とその解決という、居住者全員の利害と関わる主体的な変革としての性質を帯びた「弥生化経験」に支えられていたためと考えることができるのである。

(2) **儀礼・祭祀と流通原理**　日本列島西南部における流通機構の変化に関しては、甲元（1992）による熊本平野の検討結果が参考になる。縄文時代には河川を介した内陸部と平野部のネットワークが存在していたが、弥生時代にはいって農耕をおこなう集団が沖積平野を占拠した。その結果、河川内の交渉は平野部の農耕民を介さざるをえなくなり、従来の沿岸部の集団は広域な交易活動を、内陸部の集団は軍事的な役割を担わされ、それぞれがあらたなネットワークに急速に組み込まれることになる。

これに対して広瀬（1997、p.89）は、本州島東北部の弥生時代には従来の「分業―交換のシステム」が維持され続けたとのべ、これもまた階級社会の醸成にむかわない要因の1つとして扱われている。ここでいう「分業―交換のシステム」とは、特定の人物に物資が集中しないような再分配機構をさしていると考えられる。縄文時代、とくに「亀ヶ岡文化」において再分配機構の存在を推定することは許されるであろうが、交換の形態はそれだけではなかったことも容易に推察できる。したがって、ここではひとまず、人的・物的資源の交換や流通一般をさして流通機構とよんでおきたい。

「世帯・集落の統合」は、縄文晩期までの集団の編成原理にかなり大きな変更をせまる現象であったと考えられる。広域に散在した小規模集落を儀礼・祭祀を通じて組織化することで人的・物的供給の安定性を高める方式から、平野部に人口を集中化させることで村落組織の地縁性を高めるという集団統合の原理そのものを大きく変化させているからである。すでにふれたように、こうした社会変化によってそれまでの祭祀・儀礼が変質・消滅するのはむしろ当然であり、土偶や石棒をはじめとする代表的な儀器が急速に衰退するのもここに原因がある。集住化がそれほど大規模に生じていない福島県域でさえ、壺棺再葬墓を核とした儀礼・祭祀体系によるネットワークの縮小再編成が企図されている背景には、集団編成のためのコスト削減が「亀ヶ岡文化」の共通した問題と

して認識されていたからだといえるだろう。

おなじように、村落組織の変化によって流通機構も大きく変貌を遂げていると考えざるをえない。本州島東北部の南半では弥生時代に入って近傍で採取可能なきわめて雑多な素材が用いられるようになり（林 1993）、仙台平野と福島県域中通り・浜通地方との関係が活発化するなどといった変化もその一環であろう。しかしながら、当時、財が特定の人物に集中する機構が確立されていないという点については、本州島東北部全域に共通して指摘することができる。縄文時代に作動していた流通の網目は分断や組替えが行われ、そこを流れる品目も確かに変化しているに違いない。しかし、流通機構の原理そのものは維持されていたという広瀬の指摘は、現段階で疑う余地はないのである。この点は、日本列島西南部との比較においても、北海道島との比較においても本州島東北部の際だった特徴であるということができるであろう。

(3) **日本史学のコンテクストから**　イネは、日本の古代〜近世にいたる税制の中心に据えられてきた。そのイネを重視する「水田中心史観」あるいは「稲作偏重主義」は、佐々木（1977）・坪井（1979、1982）・網野（1980）・網野・石井（2000）・木村（1992、1996）ら、畠作など稲作以外の生業活動を再評価する民族・民俗・文献史学など多方面からの批判にあい、すでに従来のような形では存続し得ないといってよい状況に追い込まれている。

「弥生文化」研究の出発と推移も「水田中心史観」から逃れることはできず、「弥生文化が日本史上にしめる意義は、統一国家誕生の基を築いたことにあり、その源には前代に存在しなかった稲作農耕文化が伴っていたことがあげられる」（中井 1975, p.75）という素朴な文明＝稲作観はそれを端的に表しているといえるだろう。現在もなお水稲耕作の存否を時代区分の指標として採用し、弥生時代における稲作の痕跡を必死に探索する日本考古学は、上記の動向にとりのこされている印象すらある。後述するように、筆者自身は日本列島の先史時代研究を日本史という枠組みの中に位置づけることには否定的であるが、古代国家成立期以降の日本史学の成果との比較から今後の弥生文化研究の課題とそれへの対策を考えることには一定の意味があると考える。

日本考古学は、水稲耕作の導入を非常に重視してきた。近年では、プラント

オパール資料によってイネが縄文時代のかなり古い部分にまでさかのぼる可能性も指摘されており（高橋1997）、詳細な年代的位置づけには課題も残るが、炭化米を重視する立場をとってもイネが縄文後・晩期のいずれかの段階までさかのぼることもかなり蓋然性が高いといえる。しかし、縄文時代のイネが熱帯ジャポニカであるとすれば（佐藤洋一郎1999）、水田を伴わない畠稲作の可能性も考慮に入れる必要がある。

これに対して、日本列島西南部では縄文晩期～弥生時代にかけて、体系化された水稲耕作が急速に導入されていることは間違いない。余剰の有無や大小ではなく、水利をめぐる利害関係こそが陸稲栽培との歴史的意味の決定的な違いを有している地域があるのであれば、階層分解や国家形成へつながる重要な事象としての水稲耕作の意義はいまも失われたわけではないだろう。いっぽう、日本列島東北部、とりわけ本州島東北部をあつかった本書では、縄文時代との社会の組織のされかたが大幅に改変されたうえで水稲耕作が行われ、なおかつ従来の採集・栽培活動についてもより集約的・大規模になった点を、縄文時代とは一線を画する条件と考えた。したがって、その意味合いは列島西南部とは異なるものの、水稲耕作をもって時代を画する正当な根拠はともに与えられていると考えることができよう。

たしかに、こうした時代区分はもともと「水田中心史観」のなかで生まれてきたという学史的背景はあるのだが、いま現在これをもって弥生時代研究が「水田中心史観」にとどまっているという批判はあたらない。では、弥生時代研究のどこに「水田中心史観」が覆い被さっているのか。

それは、稲作関連資料の扱いそのものにあるといえる。弥生時代を水稲耕作の導入によって認識するのであれば、水稲耕作の考古学的証拠を探す努力はもちろん惜しむべきではない。しかし、イネや稲作関連資料に目を向けるだけではなく、その他の雑穀や栽培作物についても充分に検討する必要があることはいうまでもない。水稲の生産量を低く見積もるのであればこれはなおさらであり、また、本州島東北部のように集住化の付随的効果を重視するのであれば、雑穀をはじめとする栽培作物の検出もまさに急務といえる。

確かに近年、雑穀や畠作への関心は高まっており、その検出例も増えている。しかし、依然として学術発掘あるいは行政発掘の中にごく当たり前の方法

として炭化植物種子の回収手法が組み込まれているわけではなく、多くの場合、雑穀の検出はイネを回収した際の副産物か、局地的な努力の結果に止まっているのが現状だ。この背景には、新しい方法への不信感やコスト増に対する警戒感よりも、微細動植物遺体の軽視そのものが横たわっているように思えてならない（黒尾・高瀬 2003）。今後は、組織的な土壌水洗を導入し、遺跡の立地や保存環境に左右されない体系的な資源利用のデータ収集が必須となるが、このための意識改革が先史考古学の「水田中心史観」からの脱却につながることになることを忘れてはならない。

第14章 狩猟採集民と農耕の関係性──「非文明」への視角──

1. 動的かつ多様な〈関係性〉へ

　紀元前一千年紀の日本列島に固有な現象としての「弥生化経験」とは、人類史のなかで幾度と無く行われてきた狩猟採集民の農耕への働きかけと、集住・分散の波の1つにすぎない。

　先史時代から現在に至るまで、狩猟採集民が農耕に接する場面は、世界各地で数限りなく生じてきたに違いない。そして、社会経済的な意味での新石器文化が拡がる地域や、現在、農耕が行われている多くの地域では、どのような対応がとられたにせよ狩猟採集民が農耕に接したプロセスが存在したはずである。日本列島における縄文から弥生への変化も、そのひとつである。

　また、人類史の中では相対的な集住化・分散化という居住様式の変化も数限りなく生じてきており、縄文期以降の日本列島においても地域・時期・規模の差はあるものの、その波がいくつか存在していることは間違いない。集住化の効果は歴史的・社会的状況によって、交易としての拠点、地縁的組織の強化、宗教的拠点、政治的拠点など様々に変化しうるが、その際の安定した食料確保や持続的な資源利用・環境共生などは共通した課題として考えて良いだろう。

　本州島東北部においては、人びとは広域・散在的なネットワークを分断し、地縁的な性質の強い組織を再構築することで資源供給の安定性をはかろうとした。その際、集住という居住の様式を支えるものとして、水稲耕作との関係性を比較的積極的かつ急速に構築し、一連の社会・資源利用の変化を他所にはない特有な方法によって達成したのである。従来の「農耕社会」や「発展の図式」には決して収まらないそのあり方は、その特異性ゆえに重要であるとともに、われわれの一面的な価値観に揺さぶりをかけるための重大な手がかりを含んでいる意味でも注目されなければならない。

　典型的な「発展の図式」では、生産経済の導入こそが発展であると同時に、そうした変化自体が発展のための必然的な要件であった。それは階層社会の形成と分かちがたく結びつき、戦いや権力の再生産装置なども不可欠な要素として、それに付随すると考えられてきた。このような発展のパッケージは、マル

クス主義的な発展段階論や、地球上で農耕・文明が発達する地域を人類史変遷の主要な「型」として捉える「文明中心史観」、さらにはそれらを一国史のなかで改変・定着させた「水田中心史観」などのなかで培われ、確認されてきた。社会階層化や国家の成立といったテーマと結びつきやすい弥生時代や新石器時代には、特定の評価点を通時代的な観点のなかで位置づけ段階を区分する方法である「延長のベクトル」（小杉 1988）のなかで重要かつ捉えやすい変化が生じていることは確かであろう。しかし、その評価点がいかに推移するのかは、すでに他地域で提示された「手本」や「型」といったものがすでに存在しており、個々の事例はそうしたストーリー性にあわせて記述されてきた傾向がある。

戦後の日本考古学において支配的な理論であったマルクス主義にたいして、「単系的な発展段階論の教条的適用とのイメージ」をもつことは、表層的な理解であるという（安藤 2003）。しかしながら、たとえ「ポストモダン的思潮における価値の相対視、右肩上がりの発展への疑義」（安藤 2003）によって、マルクス主義のリアリティーが失われているとしても、多様性を発展段階に置き換えてしまう、別の言い方をするならばすべての違いが発展の程度に置き換えられてしまう思考が、完全に払拭されているとはいえないであろう。また、中国大陸や朝鮮半島を参照基準とし、それとの文化的近接性を測定することで日本列島内の発展や進歩を評価する姿勢と決別できているわけでもないであろう。日本列島内部でもっとも発展とは縁遠い本州島東北部や北海道島・南島といった地域を「負の鏡」と位置づけ、逆にそれとの差違を追求・補強する構図は決して消滅したわけではないのである。

理論としてのマルクス主義の導入、さらに根源的には植民地主義にまで遡ってしまうこうした思考は（サイード 1978）、いまなお根絶やしにはなっているとは思えない。もちろんこうした価値観に立つことそのものを否定するつもりはないが、それが現代の日本・国際社会が抱えるさまざまな問題の根源にあることは十分に認識し、そのうえで今後の展開が模索されるべきである。また、地域差別を生み出すようなこうした思考の内部においては、たとえば本州島東北部・北海道島以北の東北アジアの歴史には、近代に至るまで全面的に積極的な評価が与えられる日が決して来ないことにも配慮が必要である。

差別や特定の価値観の押しつけの原因の一端がこうした価値観にあるとするならば、たとえ説明の便法として用いる場合であっても、そうした「発展の図式」の一面性・虚構性・非汎用性・偏重性は認識し、少なくとも優劣関係の評価を徹底的に排除しながら議論を展開する必要がある。農耕の導入こそが社会の発展である、権力の発生こそが社会の成熟である、国家の成立こそが進歩である、といった支配する側からの価値観を対象化し、それにたいして異議を唱える材料はどこからでも掘り起こせるはずである。

　ここで問題とした狩猟採集民と農耕の関係も、本来は発展の段階ごとに固定されているものではなく、これまでの図式では全く捕捉し得ないほど多様かつ動的にちがいない。しかし、新石器時代や弥生文化の研究では、そこで成立する社会がすでに図式化・イメージ化されている農耕社会の性質をどれだけ備えているかを強調するという、本末転倒の議論が繰り返されてきたといえなくもない。なぜなら、それこそが人類史や日本史のなかで新石器文化や弥生文化が占める位置を評価するためのほとんど唯一の尺度であり、手段であったからである。図式ありきの議論によって、狩猟採集民と農耕の関係性や農耕化のプロセスがもつ空間的・時間的変異へのまなざしが犠牲とされるだけではなく、図式やイメージに合致しない部分は切り捨てられてさえきたのではないか。

　本州島東北部の弥生社会がどのような社会組織の変化を経て成立したのかが具体的に検証されてこなかった点、それによって「稲作だけを取り入れた縄文社会」としての不当な歴史像が定着してきた点、列島西部と同一歩調を歩まない地域を後進性という観点からしか評価できない点、これらはすべて自ら相対化されることがなかった農耕社会の一面的な図式や先験的なイメージを背景として生じてきた問題なのである。この結果、狩猟採集から農耕への変化に関する議論は、農耕化への多様な道筋を提示するものとして展開されてきたのではなく、むしろ、そうした道筋をあらかじめ固定したうえで、どれほど「輝かしい」農耕社会がいつ成立するのかを言い当てようとする問題に矮小化されてきた。そして、この背景には、先史時代研究すらも一国史の枠組みにおしこめ、その成果を日本の基層文化や日本の発展を遡及させることに荷担してきた伝統が横たわっているのである。

　これまで一般的に用いられてきた「狩猟採集から農耕への移行」という枠組

みや、狩猟採集社会の終焉を農耕社会の開始とイコールとする図式でさえも決して絶対的なものではなく、あくまでも長期にわたる狩猟採集民と農耕の関係性のなかの一形態・一断面にすぎない。今後は、その関係性を、図式や一国史の枠組みにとらわれることなく評価してゆく術を開発しなくてはならないのである。

2．これまでの図式との比較から

　農耕技術や栽培穀物自体がごく少数の起源地をもつものであるならば、それ以外の地域における農耕の開始の議論はすべて、基本的にはそうした起源地からの伝播論的な枠組みのなかにあることは認めざるをえない。Childe（1958）は、西アジアからヨーロッパへの農耕の拡散を人の移住を伴う伝播と考え、暗く抜け出せない袋小路としての中石器時代を脱する契機となった新石器革命としての評価を与えた。この考えを各地の物質文化の断絶や「波状前進」ともいうべき段階を踏む拡散によって説明し、それを検証する試みも現れたが（Case 1969、Ammerman and Cavalli-Sforza1971、青木1996）、近年では狩猟採集民による農耕の導入によってヨーロッパの新石器時代が始まるといった論調が多くなってきている。したがって、おなじ伝播論的枠組みのなかでも、「移住説」から「受容説」へと傾いていることは確かである。

　「受容」の要因については、自然環境の変化と結びつける流れと、中石器文化がかかえていた問題に結びつける流れがある。Zvelbil and Rowley-Conwy（1984、1986）は、北ヨーロッパにおける中石器文化から新石器文化にいたる3つの段階、すなわち中石器文化が隣接する新石器文化から土器やブタなどの必要な要素のみを受容する第1段階（availability）、海岸線の後退によってカキの生産性が保てなくなり一時的な代替手段として栽培が導入される第2段階（substitution）、完全に農耕化してしまう第3段階（consolidation）を想定した。この仮説は、半定住的な中石器集落の出現（Rowley-Conwy1983）、中石器時代における海獣と魚の豊富さ（Jacobi1980a、1980b）とも符合し、海産物を多く食していたという出土人骨の同位体元素分析結果とも整合的である。また、エルテベレ文化と新石器文化の接触についても、スカンジナヴィア南部において検出されている新石器文化の土器 Bandkeramik や柄孔をもつ斧の分布（Fischer

1982)、エルテベレ土器に見られる穀物圧痕（Jennbert1985）などから、一定の根拠をもって裏付けられているといえよう。

　これに対して、中石器文化の社会的性質を重視する考えもある。中石器文化については、70年代後半以降、その高度な資源利用のありかたが見直される傾向にあり、植物資源の加工技術の発達（Clarke1976）、焼き畑の想定（Mellars1976）、季節的リスクの回避のための貯蔵の発達（Ingold1983、Gamble1986）などが強調されている。Dennel（1983）は、このような技術的発達をも含めた後氷期の optimal hunting condition のなかで顕在化してくる集団サイズの増大問題から家畜の飼育が取り入れられ、より集約的な野生植物の馴化が行われるようになったと考えている。

　自然環境と社会事情のどちらを重視するにしても、ヨーロッパにおける「新石器化」を、中石器文化の特性にねざす事象としてとらえる視点は2つの意味で重要である。ひとつは、資源利用という観点では中石器時代のヨーロッパと縄文時代とでは本質的な違いはみられないと考えられるが、ヨーロッパとはちがい日本列島では「弥生文化」の成立にあたって縄文時代人の人口増大や気候変化が取り上げられることがほとんどない。これは、さきにみたように一国史の枠組みのなかで狩猟採集経済から生産経済への移行は必然であり、むしろ成立したあとの輝かしい農耕社会のすがたを把握することに力点が置かれ、縄文晩期との関係やそこからの変化の要因が議論の俎上に上げられることが少なかったことと関係している。

　いまひとつは、ヨーロッパにおける中石器文化を高度な資源利用を行う狩猟採集社会として同一視したうえで、新石器文化の成立要因をそうした中石器文化の内的要因に求めている点である。これによって、どこの中石器社会もおなじような問題を抱えこんでいることになるため、ある地域において導かれた中石器文化の問題群の解決手段としての新石器文化の成立要因が、新石器文化一般にたいする画一的な図式としてとり扱われる論理的な基盤が形成されているのである。この結果、中石器文化の問題群の解決に踏み切った要因のみが重視されるようになり、また同じ問題群に対してもことなる解決手段が存在しうる可能性や地域的な事情が視野に入りづらくなる。

　近年、新石器文化についてもっとも精力的に再検討を行っている Thomas

(1988、1991、1999)は、新石器文化を社会経済的に規定するというよりも、それを新しいイデオロギーそのものととらえ、ここにこそ 200～300 年という短期間に LBK 文化が東・中央・西ヨーロッパ内に広域かつ急速に拡がった要因があると主張する。土器、柄孔をもつ斧、そして穀物やブタ・ヒツジといった家畜でさえも新石器文化というイデオロギーのパッケージを構成する要素にすぎないのであるが、これら物質文化が文化・社会的変化に寄与する部分も大きく、たとえば墓が過去と現在の人々・土地を結びつけ、石斧の交換が婚姻関係や食料獲得、またプレステージの確立などにも関与しているという。また、こうした要素のリンクのさせかたに地域性が生じたときに、ヨーロッパの広い範囲に均質に拡がった LBK 文化の一体性が崩れるとも指摘する。

　しかし、中石器人にとってなぜ新石器文化というイデオロギーが魅力的なものになったのか、そしてそのイデオロギーの中身はいかなるものなのか、この点についてはいまだ不明確な部分が多い。また、新石器文化があらたなイデオロギーだとしても、実際に農耕をおこなう場面はきわめて実践的であり、そのための社会変化や労働組織の変遷についての詳細な言及もやはり必要になってくるだろう。藤尾(2000)は、作物が儀礼用に栽培されていたとする Thomas (1991) の見解を引用し、弥生時代の日本列島東北部を考えるうえで参考になると述べている。しかし、我々が認識している「弥生文化」のすべての範囲において、「弥生文化」という共通したイデオロギーがあったわけではない。むしろ、縄文晩期の列島の東西でイデオロギー的な側面は大きく異なっていたと考えるべきであるが、それらの崩壊過程は依然として解明されていない極めて難しい問題なのである。

　ここまでみてきたようなヨーロッパの議論では、中石器から新石器への移行の要因を明らかにしたり、新石器文化そのものをいかにして理解すべきかという問題に焦点があてられてきた。しかし、「やがて新石器化は完了し農耕社会が成立する」という暗黙の了解が念頭にあるため、その引き金となった要因を言い当てさえすれば、いくつかの段階を踏むにしても農耕化はあたかも自動的に完了するのを必然とみなす傾向があることは確かである。Dennel (1983)は、その要因を中石器社会の資源利用技術の発達と人口問題にもとめ、また、Thomas (1988、1991、1999) は、新しいイデオロギーの拡がりとして新石器

文化の伝播を一般化しようとしたわけである。Zvelbil and Rowley-Conwy (1984、1986) は、たしかに南スカンジナヴィア特有の自然環境を考慮してはいる。しかし、そこで導かれた農耕化へのステップは、高度な資源利用技術を有する中石器文化が問題解決のために選択した最終的な適応戦略として一般化され、「新石器化」への道筋はやはり画一的なかたちで図式化されているのである。

つまり、これまでのヨーロッパの研究では、「何をきっかけとして農耕化が始まったのか」あるいは「新石器文化はどのような性質・性格をもつのか」という問題についてのできるかぎり汎用性の高い説明が求められてきたということができる。しかし、中石器社会の農耕化にあたって、社会単元・居住形態・生業体系・交換体系などがどのような再編成を被り、それにどれほどの多様性があり、そうした多様性が何故生じたのかが吟味されることはない。近年では、Whittle (1996) のように農耕化を引きおこした契機は各地域で異なっていたことに着目する発言は見られるようになってきてはいる。しかし、農耕社会にいたるまでの社会変化の道筋にも、図式以外の多様性を認めてゆこうとする方向性はまだ成熟しているとはいえない。たとえ地域性に言及される場合があったとしても、単に同じ道筋のなかでの農耕化の開始時期や進行速度の違いが指摘されるにとどまっているのである。

しかし、広大かつ多様な自然環境が含まれるヨーロッパ大陸において、中石器社会が新石器社会へと移行するあり方が均質であったことなど果たしてありえるだろうか。狩猟採集文化から農耕文化への「文化変化」の要因を言い当てることも必要であるが、「社会変化」の具体的かつ多様なすがたを明らかにすることも忘れてはならない。ヨーロッパの新石器研究ではこの点が視野に入れられることが少なく、「社会変化」の内容については完全にブラックボックスに入れられるか、研究者の頭中にある中石器社会と新石器社会、あるいは狩猟採集社会と初期農耕社会に関する「図式」とイメージから演繹された画一的なモデルによって解決済みと考えられている。出発点（中石器）と終着点（新石器）およびその間の道筋をほぼ固定しつつ、そうした変化を促した要因を重視してきたのが、ヨーロッパ新石器研究の特色であり問題点でもあるといえるだろう。

この意味では、日本の研究にも共通している部分は多い。しかし、日本考古学では「農耕化」はいつどの地域を出発点とし、誰を主体として行われたのかという議論はなされているが、その要因は中国大陸・朝鮮半島の政治的情勢が念頭におかれることこそあれ、具体的な因果関係が論じられることはほとんどないに等しい。図式的理解を信奉する点では同じであったとしても、ヨーロッパにおいて変化の要因が盛んに論じられているのは、日本考古学との大きな違いということができるのではないだろうか。

3．「多様性論」をこえて

　小川（2000）は、変化の乏しい不定形剝片石器が数千年ものあいだ土器や貿易陶磁器と共伴しつづけ、また現在も狩猟採集民が居住するフィリピンの先史社会に関して提出されてきた考え方を再検討している。この地域では、外部との交渉をもたない孤立した存在としての狩猟採集民を想定する「隔離モデル」（Heine-Geldern1932、Hutterer1976など）や、狩猟採集民と低地農耕民の交渉を視野に入れつつもそれ以外の外部世界との関係を考慮しない静的な「均衡モデル」（Perterson1978など）を克服するかたちで「相互依存モデル」（Headland and Reid1989など）が提起されてきた。

　「相互依存モデル」は、狩猟採集民が低地農耕民とのあいだで食料・土地・労働力の交換体系を確立し、こうした共生関係によって狩猟採集民は遊動的な居住形態や平等主義という社会規範を維持できたとする考えである。これをもとに、狩猟採集民の歴史的背景にも言及されており、農耕民との交換体系が確立されたからこそ、食料資源（とくに炭水化物食料）の獲得が非常に難しい熱帯雨林地帯に狩猟採集民が進出できたという点も強調されてきた。また、狩猟採集民と農耕民の言語の関係を考えても「相互依存モデル」が有効に機能するという。

　小川（2000）は、こうした流れを整理することによって、カラハリ論争や伝統主義と修正主義の対峙をへた今後の狩猟採集民をめぐる議論に対して、考古学が果たす役割が大きいことを主張する。と同時に、「『輝かしい文明』への方向性をもたない社会についての研究方法が開発されてこなかった」（p.285）ことを糾弾し、「『非文明』の歴史過程の研究が、『文明』を相対化し、『文明史

観』とは異なった別の史観を可能にする」(p.286) ことを説いている。これは、中石器から新石器への変化こそが唯一の「発展」の道筋であるとする枠組み、および中石器から新石器への変化のあり方に多様性を認めずに固定化して変化の要因のみを議論してきた枠組みの双方を相対化するものであり、二重の意味で従来の構図に対するアンチテーゼであるといえよう。

　小川 (2000) の発言は、当然、日本列島においてもあてはまる。とりわけ日本列島東北部の研究者にとっては、今後の研究の方向性を左右するきわめて重大な意味を持っていると受け止められなければならない。近年、北海道島をも含むこの地域に焦点をあてることによって、弥生・続縄文期における物質文化や人々の生活様式のちがいに目が向けられるようになってきた。多様性と差異が積極的な意味合いのもとに評価されつつあるのは、日本列島西南部でみられる現象を一般化して扱うような画一的な図式への反省が促されつつあることを示しているといってよい。しかし、その一方で本州島東北部の弥生時代に関しては、物質文化の表面上の連続性にとらわれて、「稲作はやっているかもしれないが縄文社会とは実質的な違いをもたない」とする言説があい変わらず再生産され続けている。そればかりか、縄文社会との連続性を前提とするあまり、それとの違いを探索する努力がはじめから放棄されているケースもじつに多いのである。こうした状況が今後もつづくならば、近年の「多様性論」も名ばかりのものに終わってしまうのではないかと危惧される。

　差異を差違として認めるだけでは、単なる相対主義と変わりない。また、図式的な理解のもとに優劣関係を押しつけることもできないこともまた明白である。重要なのは、社会の多様性の形成メカニズムを、地域の社会・経済・環境的事情から明らかにし、歴史的根拠をともなった多元主義を構築することにある。弥生時代の開始の問題は、先進性や後進性という評価軸から眺めるのではなく、まずは縄文晩期に存在した地域に固有な問題群とその主体的な解決方法にどのような多様性があったのか、という視点から点検しなおさなければならないのである。

　「東北」はもはや、負のイメージや停滞的な評価をめぐるせめぎ合いの場などではない。われわれが捕らわれてきた思考回路を相対化し、そこに新たな価値観を与える可能性が引き出されるべき対象であり、源泉（ソース）なのであ

る。このような「非文明」への視角を抜きにしては、「図式」にとらわれた短絡的な評価や、自尊心に満ちた「郷土史」とはことなる、歴史的根拠を伴う多元主義にたどりつくことなど到底できないであろう。

結　論

　本州島東北部の弥生社会に関する二面性を帯びた説明とは、ひとつは社会としての縄文時代との連続性に関するものであり、いまひとつは水稲耕作の急速かつ組織的な導入に関するものであった。そして、この２つの説明を両立させた「稲作だけをとりいれた縄文社会」というイメージが、この地域の弥生時代像として定着してきた。

　本書での検討によれば、縄文時代との連続性は、平等性が維持されるという社会原理のうえでは正しいということができる。しかし、居住・消費単位、集落・村落組織といった人々の組織のされ方という面では、縄文時代からおおきな変貌をとげていたといわざるを得ない。急速かつ組織的な水稲耕作の導入が可能となったのは、こうした社会組織の変化があってこそである。集落・村落組織の再編とその背景にあった社会的問題が二面性を帯びた説明の中間項となっていたのである。

　今後、本州島東北部の弥生社会に関する説明はつぎのように書き改めなければならない。

　1)「亀ヶ岡文化」は、広域散在する集団間のネットワークを構築することで人的・物的供給安定性を維持してきた。「亀ヶ岡文化」後半期には、こうしたネットワークの維持が困難となり、人的・物的資源供給が不安定になるという社会的問題が顕在化していた。

　2) こうした問題に対処するために、集住化によって地縁的な組織によるネットワークの再構築が行われる。水稲耕作はそれ自体が目的ではなく、集住化に対応する手段のひとつとして導入される。

　3) 集住化は、水系や平野といった小地域内の平野・沿岸部と内陸・盆地部という大きな地理的範囲を単位として、「世帯・集落の統合」と平野部への人口集中という形で行われる（南部以外）。

　4) 南部では壺棺再葬墓を核とした儀礼体系により、集団関係の規模縮小と紐帯強化がはかられる。

　5) 分断・変容を余儀なくされた村落組織や流通機構は、たとえ理念的な形

であったとしても一定期間維持される。

　6）この地域の「弥生化経験」が、社会的問題の主体的な解決という、すべての居住者に共通する利害関係への働きかけであったがゆえに、また縄文期の集団関係を基盤として社会変化が達成されたがゆえに、平等原理が維持された。

あとがき

―模範とすべき先進の理念型は西南型＝都市型として与えられ、それに忠実に従って、どのように東北的なものを排除・是正してゆくかが、いうところの「東北開発」なのであった。東北をお粗末な西南にし、仙台や札幌や秋田・八戸・郡山というような都市を、おそまきながら、東京や大阪のまねごとのできる都市に育てることが、その開発の尺度になっていたのである。

(高橋富雄 1973『東北の歴史と開発』山川出版社、p.371)

　考古学の調査も、フィールドへの「旅路」から始まっているように思えてならない。本書の内容は 2000 年度に北海道大学に提出した博士論文を骨格としているが、提出までの 4 年間はほぼ 1 ヶ月に 1 回のペースで「東北」へと足を運んでいた。札幌から車でブナの分布域内へ入り、渡島半島の海岸段丘沿いを南下し、七飯や函館で瓦屋根やアカマツを確認してフェリーに乗り込む。徐々に本州島の物質文化と植生に接近してゆくこうした経験そのものが、筆者にとって「東北」への導入部であった。

　フェリーを降りると、そこには札幌での日常生活よりもはるかに豊富な神道・仏教関係の物質文化や、「日本的」な民俗芸能がきわめて身近に存在していた。また、「平安」や「室町」といった時代区分がごく普通に用いられていること、前方後円墳が存在していること、フル規格の高速道路や新幹線が日常的に利用されている点などに奇妙な違和感を抱くこともあった。いくら京都や東京から離れていようとも、わたしにとって「東北」は明らかに「中の文化」(藤本 1988) に属していることを感じずにはいられなかったのである。航空機をほとんど使わずに車とフェリーで「東北」へ赴いていたのは、この一連のプロセスを大切にしたかったからである。通常は記述されることのないこうした「旅路」にあえて触れたのも、それが多くの弥生時代研究者とは異なったものであると考えられるがゆえに貴重で、研究内容にも少なからず影響を与えていると思われるからである。

　水系の重要性や地域構成の認識なども、こうした「旅路」の中からヒントを

得たものかもしれない。その後、自ら盛岡に居住し、東西方向の移動の困難さや奥羽山脈・北上山地の気候・居住形態・生業を目の当たりにすることで、これらのアイデアに確信を持つことができるようになった。そして現在は、やはり月1回ほどのペースで、東京から「東北」を訪れる生活を送っている。高速道路や新幹線によって「都市」と「地方」がつながれた物理的構造に、いまなお単系的な発展史観を潜在的な理念として国家内部の均質化が目指されていることを感じさせられる。また、数々の遺跡を犠牲にして作り上げられたこうした装置を利用して、新たな遺跡の発掘に出かけるという矛盾も、以前よりも強烈に意識するようになった。

この矛盾は、近代社会の問題点が内部の分節空間から指摘される点とまったく同型である。しかしながら、あらわになった矛盾は瞬く間に機構内部に回収され、全体としては何も変わるところがないというのが現実であろう。本書で強調してきた「非文明」の歴史回復の必要性もまた、結局のところ西欧中心的な価値観のなかから生み出された発想であり、やがてその内部に回収されていってしまうことが目に見えているものである。国境によって切り刻まれた地球上において、日本人としての私は一方で居心地の良い場所を与えられ、一方でその根拠となっている価値観への抵抗を試みようとしている。

近代特有の矛盾をはらんだこの運動が、いつどのようなかたちで現実に変化をもたらし、われわれが地域差別を生み出すような価値観と決別できるようになるかはまだ見通しすら立っていない。しかし私は、自らが叫ぶ声が風にかき消されることがわかっていたとしても、特定の価値観の押しつけに対し異を唱えることを止めたくはないし、止めるべきではないと思う。差別のない社会をめざそうとするプロセスこそが解放された社会であるとするならば（柴谷1998）、そうした努力を継続し、そのためのモチベーションを維持することこそが重要になってくるからだ。この意味では、カール・マルクスにとって共産主義とは、「招来せられるべき状態」でもなければ「現実が指向すべき理想」でもなく、「現状を廃絶しようとする現実の運動」であったことは、皮肉な話ではあるが大いに参考とすべき点でもある（『ドイツ・イデオロギー』1932年）。

部族制から首長制を経て国家段階に至る図式こそがあるべき姿であり、これ

こそが語るべき価値があるものだとする立場に立つかぎり、国家が形成されなかったすべての地域の歴史には差別的な位置づけが与えられるほかない。弥生時代をとおして首長制の展開が一切みられないこの地域では、古墳時代や律令期以降にいたって首長制を飛び越えて国家化・階層化することで「発展」がもたらされる、などという評価はもはや馬鹿げているというほかない。旧ソ連の「北方諸民族」政策なみのこの理解を、現在は明確に表明する者などいないだろう。しかし、単系的な発展史観に対して明確に異議申し立てをしないということは、実はこれとほとんど変わらない「非文明」の評価を黙認していることに等しいのではないだろうか。事実、先史時代像が一国史の枠組みの中で語られるとき、「辺境」としての本州島東北部・北海道島や南島に「発展を写し出すための負の鏡」としての役割を無意識のうちに押しつけてきた事例は枚挙にいとまがないはずである。

　これまで、「文明」の側に立ちそれを追求してきた研究者は、この点を対象化し、それに対する説明責任を果たしてゆく必要はあるだろう。「東北」をあからさまに差別してきた研究や周縁化アプローチはもちろんのこと、単なる相対主義を抜け出していない差違化アプローチ、また近年みられるような地域ナショナリズムをあおる学問成果の発信などもこれと表裏の関係にあり、長い目で見たときに本当に「東北」のためになるとは思えない。

　同一化アプローチにしても、評価軸としての発展史観の至高性を容認したうえでの研究戦略であり、負のイメージにたいする研究者自身の劣等感の解消以外に積極的な意味はもたらさないだろう。北海道島を犠牲にすることで「東北」を救済しようとする姿勢は、「東北」を「負の鏡」としてみてきた列島西南部と本質的には変わらないからだ。西欧中心的な価値観の中に身をおく者が「非文明」の「歴史の回復」を目指すということは、「自分さえよければよい」という感覚に陥っていないかを自問自答する行為であることを忘れてはならない。

　われわれは、「文明」の縮小再生産による「借り物の歴史」だけを生み出すことに腐心する必要はない。隠蔽されてきた「非文明」の歴史そのものと、「非文明」と「文明」の関係もまた記述すべき対象なのである。先史考古学は、中心－周辺という図式を必然的に生み出す一国史や「文明中心史観」の枠

組みと速やかに決別し、単なる相対主義や局所的な相互関係論とはちがう歴史的根拠をともなった多元主義を擁護する旗手とならなければならない。

当然ながら、こうした主張自体が特定の価値観に基づくものにちがいない。しかし、一元主義か多元主義かは決定的な分かれ道となるので、多元主義の必要性を主張することは許されてしかるべきであろう。本書が、この立場からこれまで隠蔽されてきた「東北」の可能性を引き出し、この地の「歴史の回復」に少しでも貢献できることを願いつつ筆をおくこととしたい。

最後に、ご指導いただいた林　謙作先生・大井晴男先生・菊池俊彦先生・吉崎昌一先生・小杉　康先生・設楽博己先生に深く御礼申し上げたい。執筆にあたって、多くの方々に資料見学や文献収集でお手を煩わせ、またさまざまなご教示を頂いた。また、出版にあたっては六一書房の八木環一さん、編集の恒川久美子さん（メディア・エディトリアル・ビューロウ）の御協力をいただいた。末筆ではあるが、これまでお世話になったこれらすべての方々と両親に感謝したい。本書には、平成10・11年度高梨学術奨励基金、平成12年度笹川科学研究助成、平成15年度文部科学省科学研究費補助金（若手研究B）による研究成果の一部が含まれている。あわせて感謝したい。

【各章初出一覧】（本書に収録された文章は大幅に加筆修正されている）

第1・2・4・6・10・13・14・結論：書き下ろし

第3章：「東北地方における弥生土器の形成過程」『国立歴史民俗博物館研究報告』83、61-96頁、2000年。

第5章：「東北地方初期弥生土器における遠賀川系要素の系譜」『考古学研究』46-4、34-54頁、2000年。

第7章：「東北弥生社会の住居と居住単位」『古代文化』51-9、1-18頁、1999年。

第8章：「東北地方弥生時代前・中期の集落」『物質文化』68、16-31頁、2000年。

第9章：「岩木川水系における縄文晩期〜弥生時代の遺跡群」『海と考古学』6、53-72頁、2003年。

第11章：「弥生時代の水田経営をめぐる問題—東北地方における生産性と労働力—」『北大史学』39、1-18頁、1999年。

第12章：「日本列島東北部における弥生・続縄文期の食料資源利用」『縄文と弥生—多様な東アジア世界のなかで—』第4回大学合同シンポジウム予稿集、51-56頁。

註

(1) 小林行雄は列島西南部の前期弥生土器を遠賀川式と総称し（小林1932、1959a）、東海地方でやや変容したものまでをふくめて遠賀川系土器と呼んでいる（小林1934、藤沢・小林1934）。本州島東北部には東海以西からの搬入品はほとんどなく、その大半は在地製作である。また、九州島から東海地方西部までの遠賀川系土器が器種構成を保ちつつ各地域で用いられる土器群の大部分を占めるかたちで分布域を拡げているのに対し、本州島東部では遠賀川系土器の特徴が要素に分解されて取り入れられている。したがって、本州島東部において遠賀川系要素をもつ土器を一様に「遠賀川系土器」とするのは適切ではなく、本書では東海以西からの搬入品としての「遠賀川式土器」・「遠賀川系土器」と、遠賀川系要素が取り入れられているが在地で製作された「類遠賀川系土器」を区別して記述する。

(2) 縄文時代には平等原理が維持されていたとする見解が大勢を占めているが、近年、とくに墓の副葬品の多寡を根拠として後・晩期にはすでに社会階層化が進行しつつあったという主張もなされるようになってきた（中村1993、武藤1999など）。しかし、副葬品は出自や性別、死者の生前の状況、死に方など、さまざまな要素と結びついている可能性が考慮される以上、これをもって明確な社会階層化が生じていたと評価するのは勇み足であろう。また、縄文時代の社会階層化を語る際の重要な根拠となっている北アメリカ北西海岸の先住民の例についても、「貴族」・「平民」・「奴隷」といった言葉の上での同一性だけで古代的な階級社会と結びつけるのではなく、実際の生産の場面などを考慮して混同を避けなければならないとする林（1998）の意見も参考になるだろう。

(3) 山内（1930）はいわゆる奥羽文化南漸論（甲野1928、八幡1930）のもつ一面性にも注意を払いつつ、土器の変化のうえでの「東北」の自立性とその南方への影響を想定している。これに対して「北漸論」（大場1931、1932）は当時の学会の一般的な考えから出てくる「素直」な解釈であったに違いない。

(4) このほか筆者が「周縁化アプローチ」とよぶ立場もある。「中央」と「周縁」の図式のなかで本州島東北部を「周縁」と位置づけ、「中央」との関係を探る立場である。工藤雅樹（1991、1998）は、「東北古代史」という枠組みのなかで伊東信雄の業績を継承しようとするが、弥生時代に関しては「列島西南部との同一歩調」をつよく否定し、古墳時代以降をより大きな画期として位置づけている。しかし、本州島東北部に「発展」

がもたらされた時期の判断をのぞけば、研究姿勢としては同一化アプローチと本質的に異なっているとはいえない。また、弥生時代に関しては考古資料をもちいた具体的な分析が展開されているわけではないため、ここでは詳しく取り上げない。

(5) 鈴木 (1987a) は、「手法B」の沈線化を促した要因として補助単位文の消失による三角文の扁平長大化をあげている。しかし、変形匹字文の沈線化が生じた後にも補助単位文が残存している例が牧野Ⅱで多数みられることから、補助単位文の有無にかかわらず全体の平行線化がもっとも重要な原因であったと考えておくべきであろう。また、田部井 (1992) のいう「大洞A'式古古段階」は、「手法A」および「手法B」が明確に存在していることから、大洞A_2式にふくめて考えるべきである。

(6) 福田 (1997) は二枚橋式と砂沢ⅢB群の波状工字文が入組文と系譜関係にあることを論じながらも、両者のあいだに大きな違いがみられることを指摘した。そこで二枚橋式よりも古い剣吉荒町Ⅱ群土器が砂沢Ⅲb群と並行し、これにともない二枚橋式と砂沢式の一部が並行すると考えている。そこでは剣吉荒町Ⅱ群を大洞A'式 (古段階) とする工藤 (1987) の主張がみとめられているので、砂沢式・二枚橋式はともに一部が大洞A'式期新段階に入ることになる。しかし、次節で述べるように、筆者は砂沢式と二枚橋式は並行関係になるどころか、その間にはいまだ型式論的な間隙があると考えている。

(7) このような組成をもつ土器群に対し、安部・伊藤 (1987) は「生石2式」を設定している。

(8) 本州島東北部での遠賀川系要素の認識は江坂 (1957a、1957b) がもっともはやく、植物茎回転圧痕とハケメの誤認を伴うものも含めれば杉原 (1936) にまでさかのぼる。石川 (2000b) は、こうした議論が深化されなかったのは当時の学会によって打ち消されたためと考えているが、やはり資料不足から説得性をもった議論に発展し得なかった側面があったのではないか。1980年代の議論は、この時期に集中した資料の増加や日本考古学協会八戸大会がかさなり、それまでとは類遠賀川系土器をめぐる議論の環境がかなり異なっていた点は見逃すことはできない。

(9) 松本 (1998) は、列島西南部で土器作りを目にした経験はあるもののそれに携わらなかった者が本州島東北部に移住してから土器を作り始めたことで地紋のない「『原型』型遠賀川系土器」が生じ、これを見た在地の集団あるいは次の世代によって地紋のつく「『融合』型遠賀川系土器」が製作されたという考えを提起している。初期弥生時代研究につきまとう「移住によるものか在地的発展かという二項対立的図式」(家根1993、p.267) を崩すひとつの試みという意味で興味深い仮説であるが、考古資料によってどこまでが検証可能なのかを吟味して取り扱う必要があるだろう。

(10) 須藤（1990）はいわゆる「X字状文」を扱っているが、これが北陸との関係で成立するとの意見もある（鈴木 1987b）。

(11) 木目列点の変化は、日本考古学協会八戸大会における佐原真の発言にもとづいている。

(12) 鈴木（1987b）は、本州島東北部の類遠賀川系土器の認識そのものに痛烈な批判をなげかけている。すなわち、佐原（1987a、1987b）があげた技術的な諸特徴や文様のいくつかを列島東部内での変遷の結果と考え、遠賀川式・遠賀川系土器との接点を否定しているのである。たとえば横長列点の系譜を北陸の下野式（吉岡 1971）・長竹式（中島 1977）にみられる短沈線にもとめている。しかし、これらは新しく見積もっても大洞 A₁ 式並行であり、その後の北陸では短沈線の発展はみられない。さらに弥生前期の本州島東北部では横長列点が在地系の土器に付されることがない点や、八戸周辺で全面が明確なハケメによって調整された甕などが出土し始めていることを考えると、やはり遠賀川式・遠賀川系土器の影響は想定せざるをえないだろう。

(13) ヘラミガキは在地系要素との識別が困難で、遠賀川系要素といいきるわけにはゆかない。黒斑は砂沢式期以降に顕著になることはたしかだが、在地系土器にもみられる場合がある。黒斑の顕在化が焼成技術の変化を反映しているならば興味深い視点ではあるが（岡安 1994、久世・北野・小林 1997）、自らの実験・資料観察データがなくここでは詳しく取り扱うことができない。黒塗りについてはいまのところ山形県生石2遺跡の1例しかないため、具体的な伝播経路を推定する検討対象とはならない。このほか引き直しがされず粘土のマクレカエリが顕著なヘラ描き沈線は遠賀川系要素といいうるが、地域的なまとまりを見いだすことができない。

(14) 木目沈線[＝刷毛目沈線（石井 1989、p.136）]と木目列点はハケメ原体をもちいた沈線・列点であり、器面調整技術としてのハケメの存在がこれらの生じる条件である。なお、本州島東北部北部の縄文晩期粗製深鉢にみられる条痕はハケメよりも粗雑な原体による縦位方向のみの調整であり、本州島東北部の南部に起源をもつと考えられる細密条痕（横山 1979、小林 1991）ともことなる。ヨコナデはおもに甕の口縁部外面調整に顕著にみられ、在地系土器の器面調整とはあきらかに区別される。胎土への砂礫の混和は、精良な粘土中に比較的大粒の砂礫を多量に混入するもので、在地系（とくに精製土器）の胎土とは対照的である。

(15) 福島県根古屋遺跡第25号墓坑は異系統壺の共伴も他の土坑との切り合いもなく、時期の特定が難しい。しかし、この土坑の壺（第52図6・8）には剣吉荒町例（第52図2）と類似した特徴がみられ、御代田式以降の南部太平洋側に見られるものとは著し

く異なっており、大洞A'式期の所産と考える。

(16) 林（1981c）・松本（1998）は金田一川出土の浅鉢を砂沢式と考えているが、狭い文様帯幅および内傾する口縁をもつ器形は大洞A'式の基準を満たしている。

(17) 日本列島西南部からの影響が一時的なものであったことが（鈴木1987b、設楽1991b、林1993）、こうした現象に関係している。

(18) 青森県内の類遠賀川系土器を再検討した木村（2000）も、八戸周辺に津軽よりも古いものが存在しており、そこから津軽へと拡散したと考えている。

(19) このような特徴は在地系深鉢のなかにも散見され、口縁部にくびれをもつ器形、沈線や条痕調整などは在地での変化で説明がつくかもしれない。しかし、ハケメ・ヨコナデなどの調整技術はやはり遠賀川式・遠賀川系土器との関連を考えなければならず、砂礫を多量に含む胎土も在地系深鉢とはことなる。また、一個体内における在地系要素と非在地系要素の共存も非常に限定されたかたちでしか現れていないことから、これらに外部の影響が関与している点はたしかである。

(20) 福島県鳥内遺跡IV E区22号土坑では大洞A'式期とされる甕が1点出土しているが（第56図15）、伴出土器や遺構の切合い関係などが判断材料とならず、ここでは大洞A'式期には含めない。

(21) ここで問題になるのは、青森県畑内遺跡出土壺（第53図8）に描かれた逆転有軸羽状文である。この文様は板付IIa式の特徴であるため（下條1993）、壺も日本海ルートで伝播したかのように思えるからである。畑内例では、羽状の1単位をなす沈線が5～8本と少なく、頻繁に逆転を繰り返すのが特徴である。伴出土器は砂沢式であり、板付IIa式期に遡る積極的な根拠は今のところない。文様の類例は愛知県朝日貝殻山地点（第53図11、柴垣ほか1972）があり、羽状とはならないが三重県納所（伊藤1980）・神奈川県平沢同明（平野1985）などには鋸歯文の例がある。東海西部では沈線本数の少ない羽状文・鋸歯文が前期「新段階」以降にものこるので、本資料も内陸・太平洋ルートの延長線上でとらえることが可能である。

(22) 木目沈線についても同様の成立過程が考えられる。

(23) 青森県剣吉荒町の報文（鈴木編1988）では大洞A'式期の蓋とされるものがあるが（第59図10）、筆者はこの種の土器は蓋ではなく第59図16のような特殊な小型鉢と考えている。かりに蓋だとしても、文様・形態のうえで逆皿形蓋とは異質といわざるをえない。また、鈴木（1998）は本州島東北部の中・南部の大洞A₂～A'式期において、鉢の一種と考えられてきた資料も蓋と考えている。これらが蓋として転用されることはあるが、同様の文様帯構成をもつ宮城県梁瀬浦（角田市教育委員会1976）出土の鉢や変

形匜字文の上下関係から判断して、器種としての蓋とは認定できない。ただし鈴木が指摘しているように、本州島東北部の中・南部にみられる青木畑・御代田式以降の笠形蓋のうち、第59図7のようなものは今後一般的な笠形蓋とは系統的には分離しなければならないだろう。

(24) 井沢式以降に属する逆皿形蓋の施文が隆線をともなうのにたいして、砂沢・地蔵田では沈線のみによる施文であり、これらの逆皿形蓋は砂沢式期から出現するものであることは確実である。

(25) 小田野 (1983) は、本州島東北部の笠形蓋には炭化物の付着がみられるが、逆皿形にはそれがない点を指摘している。

(26) 弥生中期中葉以降の類遠賀川系要素の展開は、各地域で在地系土器との融合化を果たしつつ地域色の形成に関与しているが、明確な組列となって残る例は少ない。しかし、秋田県域や仙台平野、今和泉式以降の本州島東北部南部の甕などは明らかに前期の特徴を引き継いでいるし、桝形式までの仙台平野では壺にも大洞系のものとは明確に異なる独自の組列を形成している。

(27) 津軽平野に位置する駒泊遺跡 (葛西・高橋1984) では2棟の住居の検出が報じられているが、プランや柱穴配置などが明確ではなく、その規模も半径1。0～1。5mと極めて小さいので、ここでの検討対象からは除外する。

(28) 5～8本主柱のばあい、球心構造と有軸対称構造 (都出1989) の両方が用いられている。

(29) 本論で用いた住居の床面積は、プラニメータによる5回の計測値の平均を用いている。

(30) 佐藤広史 (1987) は、住居跡が機能時の状態を反映しているかどうかを判断するための基準をしめしている。それは機能的論理性、器種的同一性、状況的論理性、住居内施設、反復性の5点に要約されるが、このうちここで最も重視しているのは遺物の出土位置がパターン化される反復性である。

(31) 容量の計測は都出 (1989) がしめす方法にしたがった。なお、精製の高坏がAブロックのみにみられる点は、各ブロック間の関係、ひいては後述する細分単位のあいだの優劣関係を考えるうえで見逃せない現象と思われる。

(32) 「占有スペース」は、分割された空間を各単位が排他的に利用できるものとは必ずしも考えていない。あくまでも、それぞれの単位が優先的に物資を置き、消費の場面で使用することができる空間であり、「占有」の程度は文脈をこえて固定されていたわけではないであろう。

(33) これに類似する間取りが、橋本（1976）によって指摘されている。
(34) 高橋（1991）のように住居内遺棄遺体例を廃屋墓とし、被葬者が生前に居住した施設への埋葬とする解釈も成立しうる。ただし、その場合でも、廃屋墓には「身内男性」と「外来女性」が埋葬されているとすれば（高橋1991、p.76）、そこには夫婦関係にある男女が含まれる場合もあると考えるのが自然であろう。原理的には「死亡年齢の異なる兄弟姉妹の合葬」の可能性ものこされるが（高橋1991、p.56）、その可能性が完全に排除できない以上、夫婦関係にある男女の存在も想定されてしかるべきである。だとすれば、結局、複婚の存在そのものを完全に否定する論理も現段階ではないことになり、ここでは春成（1981）・高橋（1991）の見解を併記する意味で、「細分単位」の内容を「単婚・複婚夫婦とその子供たち」と理解しておくことにしたい。
(35) さまざまな理由によって夫婦とその子供以外が細分単位に含まれる場合もあったはずであるが、原則として夫婦およびその子供を細分単位の成員と考える。また細分単位の最小推定人数を3人としたのは、複婚制が存在したとすれば子供がいない場合でも細分単位の最低人数は3人以上になるため、平均的な推定を行う際の最小人数としては2人よりも3人がふさわしいと考えたためである。
(36) 龍門寺遺跡の「第2号竪穴住居跡」の内部には非常に幅の広い溝がみられ、そこから多量の遺物が出土している。報告者（猪狩・高島1985、p.21）も指摘するように、この遺構を住居として認定するにはやや疑問がのこることから、ここでは1号のみを住居としてあつかっている。
(37) 秋田県上新城中学校遺跡（石郷岡ほか1992）や福島県南諏訪原遺跡（武田ほか1991）でも縄文晩期後葉の集落を囲む溝がみつかっている。したがって、地蔵田遺跡の柵列に関しても環濠集落との関係が強調される必要は現段階ではないと考える。
(38) 地蔵田集落の時期は砂沢式期のなかにおさまるというのが一般的な理解であるが、筆者は集落の開始は大洞A'式期にさかのぼる可能性を考えている。住居跡からは大洞A'式・砂沢式がわずかに出土しているにすぎないが、遺構外からは大洞A'式も多量に出土しており、柵木列の外側に隣接する墓域も大洞A'式期から営まれているからである。松本（1998）も同様の見解をしめしており、住居出土の砂沢式が集落の年代の下限をしめすとしても、上限までを規定するものではないという考えに賛成したい。
(39) 出入口は、プランとの交点において直交するものとして統一している。
(40) これにたいして、人間活動がときに狩猟圧として動物の齢構成に影響を与えていたとする考えが、小池・大泰司（1984）、小池・林（1984）によって述べられている。
(41) 本来は、市町村における埋蔵文化財担当専門職員の有無・人数・勤続年数・勤務内

容、分布調査の方法・精度、時期判定の厳密性なども考慮する必要がある。しかし、単純に数値で測定し得ない情報も多くここでは深く踏み込まなかった。

(42) INTCAL98（Stuiver et al. 1998）にもとづいた補正プログラム CALIB4.1 による較正年代はつぎの通りである。2480±85B. P. は誤差 1σ で calB. P. 2740～2357（2707、2633、2609、2594、2535、2533、2492）、2240±80B. P. は誤差 1σ で calB. P. 2347～2125（2309、2222、2209）。14C 濃度が比較的一定の時期にあたるが（今村 2001、p.514）、いずれも縄文時代晩期～弥生時代に相当すると考えて大過ないだろう。

(43) 鋤については、黒崎（1988）が土木工事に適する道具であり、耕作には向かないことを指摘している。

(44) 沢田（1972）のデータをもとに、寺沢・寺沢（1981）が試算した値を用いている。

(45) この数値は寺沢（1986）の掲げる民族例では、インド・アッサムや西表島の湿地に立地する水田の半分以下の収穫量であり、タイやフィリピンの山岳地帯の収穫量とほぼおなじである。

(46) 都出（1983）は、傾斜地でも耕作可能な点に小区画水田の意義をもとめている。これにたいして藤原ほか（1989）は、保水性や作業効率の面からも小区画水田の意義を評価している。このほか保温性にも優れていることが考えられる。

(47) 10 年間にわたる垂柳遺跡およびその周辺の調査によって、遺跡の範囲は約 14 ヘクタールと判断された（田舎館村歴史民俗資料館 1998）。しかし、垂柳遺跡では居住域が検出されていないことに加えて、周辺には高樋（3）、田舎館といった弥生時代遺跡が隣接しており、垂柳遺跡をとりまく集落群の理解は今後の調査によってより深まるものと考えられる。したがって、ここでの検討は、あくまでも垂柳遺跡からいま現在えられている情報にもとづいた試算であり、遺跡の内容把握の進展にともなって修整すべき部分がでてくることが当然予想される。

(48) 報文（田舎館村歴史民俗資料館 1998）では、検出される畦畔の高さにいくつかのパターンがあることが注目されており、高さが低く検出しにくいものについては休耕田の可能性があるとの見解が示されている。

(49) 生産性とは直接関係してこないが、イネの管理に権力が介在している点を細谷（2000）が、穀物がもつ儀礼的側面を Thomas（1991、1999）が指摘している。

(50) 報文（田舎館村歴史民俗資料館 1998）では、こうした遺物集中箇所が耕作者の休憩場所や集合場所となっていた可能性が指摘されている。

(51) 須藤（1990、1998）は、本州島東北部の弥生中期には大規模な水田が存在している点から、前段階までの複数の集落がより大きな共同体を形成し、水田経営、水田・水路

の管理・維持にあたっていたと考えている。ここで示した筆者の結論は、集団と労働の対応関係に関するこのような従来の見解を具体的にとらえたものである。

(52) 報文（田舎館村歴史民俗資料館 1998）でも、垂柳遺跡周辺には大規模な集落があるはずという先入観があったことをみとめつつ、実際には集落が分散していた可能性が考えられている。

(53) 佐藤が主張するように「熱帯ジャポニカ＝陸稲」という前提自体を再検討する必要はのこされており、水田でも熱帯ジャポニカが栽培されていたことも考えられる。しかし、下之郷の例は井戸と環壕という施設から出土した点で直接水田とは結びつけられず、また高樋（3）のように水田遺跡から出土したものであっても炭化していることの意味を考える必要があるだろう。したがって、ここではひとまず熱帯ジャポニカを縄文稲作の系譜上にある陸稲として位置づけておく。

(54) 広瀬（1997、p.88）は、本州島東北部ではある「地域集団」のなかで特定の「小集団（家族）」が稲作に従事し始めたのであり、生業を異にする小集団が共存していたとする見解を述べているが、残念ながらこれがどのような根拠に基づいているのかは明示されてはいない。

(55) 林（1977）のいう「埋葬区」は、春成（1979）の「埋葬小群」と同義と理解して用いられる場合が多い。しかし、春成の理解のように「埋葬小群」が「出自」によって構成されている場合もあるとするならば、それは厳密には「世帯」に対応するものではないはずである。ここでは「世帯」との対応関係を意識するため、「埋葬区」をもちいることにする。

(56) 大洞系の文様・器形をもちながらも、細密条痕をもつものを折衷系とした。

(57) 前田ほか（1993）の区分にしたがい、立位は土器の中軸線が 90～60 度、斜位は 60～30 度、横位は 30～0 度を基準とする。

(58) 春成の仮説は、東海地方でみられた抜歯系列による「埋葬小群」の認識に出発点をおいている。しかし、そのような意味での「埋葬小群」は東海地方以外では明確ではなく、多くの場合ひとつの「埋葬区」にさまざまな系列が混在している。したがって、東海地方においてみられた 4I 系の優勢を列島西南部全域に敷衍することには飛躍があることは確かであり、春成自身もおこなってきたような装身具や墓地の中での位置関係、乳幼児の有無などからの補強の努力が今後も続けられなくてはならない。

(59) 最近、米代川水系下流域における墓地の調査結果が報告された（利部 2000）。秋田県八竜町館の上遺跡では、24 基の壺棺再葬墓と少なくとも 46 基の土坑墓が検出されている。墓坑群は約 50m の距離をおいて大きく 2 つに分かれており、双方に再葬墓坑が

ふくまれている。土坑墓とともに再葬墓数も多く、米代川流域でも上流域の居住者が下流域へ再葬制を持ち込みながら移住してきた可能性が高い。土器棺には胴下半部に地紋がほどこされ頸部に積極的に文様が描かれているものが多いことから、地蔵田よりは時間的に新しく位置づけられる。地蔵田のように集落に近接する墓地ではなく、その用益主体は村落にあったと考えられる。2つの群の両方に再葬墓が含まれていることから内陸部出身者が深く関与する村落の墓地である可能性が高いが、この地域で対比できる集落遺跡が今後検出されれば、集落居住者の構成や墓地の構成の理解にも進展が期待できる。

(60) 林(1986)が提示した図の計測結果によれば、宮城県南境・沼津・尾田峯の3集落から形成される縄文期村落の領域はおよそ16,500ヘクタールとなる。ただし、この地域の領域は日本列島東部のなかでも広いことが指摘されており、内陸部ではより狭くなると予想される（林1993b）。米代川流域では能代市周辺の沿岸部と鷹巣・大館・花輪盆地をあわせた面積だけでも約70,000ヘクタールに達し、さらに山間部をふくめるとこの数倍の面積が「領有」の対象となっていたことは間違いなく、同一水系であっても平野部と盆地部のそれぞれに村落が複数あった蓋然性は高いといえるだろう。

(61) これに対して高橋護(1986、1987)は、九州島北部でみられる夜臼式と板付式の混在現象は、北部九州以外で成立した板付式（あるいは遠賀川式）が伝播してきた「周辺現象」と考え、遠賀川式の起源は九州島東北部から瀬戸内海沿岸にあると指摘した。この根拠となっているのが瀬戸内海沿岸中西部における弥生前期前葉の土器群であり、編年論の再検討からも少なくとも九州島北部だけを特別に古く位置づける編年観は疑われる意見も提出されてきている。そして、遠賀川式土器の成立については、西から東ではなくその逆の影響関係も多分に関与しており（田畑2000）、瀬戸内海沿岸・四国島から九州島北部までほぼ一体のものとして成立したことも説かれるようになってきた（平井1995a、1995b、出原2000など）。豆谷(1995、2000)の指摘のとおり、この議論は九州島北部を出発点とする「文化伝播論」から「文化変容論」へと議論の枠組みを大きく転回させる可能性がある。ただし、本州島東北部との関連でいえば、従来の枠組みを大きく壊すものともいえないので、ここでは詳しくふれないこととする。

(62) 移住者そのものの存在を積極的に評価しない見解もみられる（橋口1985、1999、藤尾1987、松本2000）。しかし、九州島北部の弥生時代に関して移住者の存在に否定的な研究者も、本州島西南部までの「弥生文化」の成立には移住者の存在を積極的に説く傾向があることも確かである（春成1990）。「弥生化」の契機をもたらした渡来人の存在はともかく、列島西南部内部での「弥生文化」の拡散には人の移住をともなうという

認識があるのは現在も同じであろう。

(63) 農耕民と狩猟採集民の接触のあり方を演繹的にモデル化しても、狩猟採集民がなぜ稲作を導入するのかにたいする答えを導くことができるわけではない点には注意が必要である。

(64) ここで関与してくるのが、本格的農耕の開始による人口増と耕地拡大の必要性による圧迫・吸収というシナリオ（藤尾1991、1999）である。しかし、このなかでは「突帯文人」はあくまでも駆逐・吸収される存在にすぎず、そこで「突帯文人」が果たした役割はもはや考慮されることはほとんどない。また、農耕民の生業が水稲耕作に全面的に依拠しているという前提も含まれるが、これを無批判に受け入れることはできない。さらに、狩猟民と農耕民のあいだの戦争という選択枝も考えられるが、ここでも「突帯文人」の対応や主体性などが弥生文化の成立に関与する余地はなくなってしまい、いち早く水稲耕作を取り入れた集団の役割だけを重視するものといえ、広域な伝播の説明という面でも都合がわるいだろう。橋口（1985、1999）のように首長権の確立という側面で戦争を引き合いに出すのであればともかく、もっとも初期の農耕集団と縄文集団の関係の説明方法として敵対的な関係をもちだすのはあまり有効とはいえないのではなかろうか。

(65) 近年の「共生」論（秋山1995、1999、田中2000）は、基本的には伝播論的な枠組みの中にある議論であり、「稲作志向モデル」のなかに位置づけることが可能である。しかし、農耕民と狩猟採集民のあいだでの資源の競合を基本的に想定しない「住み分け」論に対して、「共生」論では両者はひとつの共同体を形成していたと理解しなければならない。「共生」化による人口増、大幅な労働組織・労働形態の改変が狩猟採集民も巻き込んで生じていた可能性が必然的に視野に入ることになり、ここに縄文晩期社会のあり方やそこに農耕民が加わったときの集落・村落組織の再編内容に関する議論が促進される可能性が秘められている意味では期待感をもっている。

(66) 都出（1989、p.460）は、分散居住によって「世帯共同体」よりも世帯間のつながりが弱くなっているものを「世帯群」と呼び分けている。しかし、すでに述べたとおり列島東北部の縄文〜弥生社会に「世帯共同体」の概念を適用するには多くの問題があり、この状況は「世帯群」についても変わらない。

(67) 関東平野や北陸・中部高地では弥生時代前期の集落の検出例はまだ少ないが、本州島東北部の北半で特に目立つような大きな住居・集落が一般化できるとは考えられない。したがって、いまのところ本書で指摘できた社会変化の形態を本州島東部全体に拡げることも当然のことながら不可能である。

SOCIOGRAPHY OF YAYOI PERIOD

IN THE NE HONSHU ISLAND

BY

TAKASE, Katsunori

Tokyo Metropolitan University

ROKUICHI SHOBO CO. LTD. , TOKYO

2004

Contents

PART I Outline of Yayoi Period in the northeastern part of Honshu Island

Chapter 1 "Tohoku District" as a study field of prehistoric archaeology

Chapter 2 History of study and perspectives

PART II Establishment of the time scale

Chapter 3 Pottery chronology from the final stage of Jomon Period to the early stage of Yayoi Period

Chapter 4 Pottery chronology of the middle stage of Yayoi Period

PART III Sociography of Yayoi Period

Chapter 5 Diffusion process of exotic elements

Chapter 6 Internal relationship and regional structure in the NE Honshu Island

Chapter 7 Change of residential unit

Chapter 8 Reorganization of settlements

Chapter 9 Two patterns of settlement concentration : Tsugaru Plain and Sendai Plain

Chapter 10 Productivity and labor of paddy cultivation

Chapter 11 Evaluation of resources utilization

Chapter 12 Social change and burial activity

PART IV Early agrarian society of the NE Honshu Island
Chapter 13 Characteristics and significances of the early agrarian society in the region
Chapter 14 Various relationships between hunter-gatherers and cultivation

Summary

The northeastern part of Honshu Island that is the largest island in Japanese Archipelago occupies the wide region that reaches north and south 500km and east and west 200km. The two descriptions, which contradict oneself on the early paddy cultivation society of the region, have been used in various contexts skillfully.

The one is the explanation emphasizes that the wet rice cultivation spread rapidly and widely in Japanese Archipelago by paying attention to rice fields, wooden cultivating implements and exotic elements of material culture found in this region. The other one is the explanation stressing the continuity of social organization and/or spiritual aspect between the final stage of Jomon Period and Yayoi Period of the region. The purpose of the book is to understand these both explanations coordinative by building bridge between the change of the resources utilization and the social organization. In fact, this important problem has been neglected for a long time in Japanese Archaeology.

After such a purpose and problem consciousness of this book were described in chapter 1, the author looked back on the study history of Yayoi Period of the region in chapter 2. Although the research of Yayoi Period was rapidly advanced in the southwestern part of Japanese Archipelago from 1930 to 1945, the viewpoint of the research opened up by Dr. Sugao Yamanouchi in 1925 and 1930 was not inherited before the end of the Second World War in the NE Honshu Island. I discussed that this fact gave the decisive effect on the study attitude of Dr. Nobuo Ito who undertook the research of Yayoi Period of the region after the war. At the present time, there can be recognized two principal schools : "identical approach" and "differential approach". But the studies of the mechanism of introducing wet rice cultivation and the relationship between resources utilization and social organization have not improved well. The purpose of the book is to clarify this point.

In chapter 3, the pottery chronology of the final stage of Jomon Period and the beginning of Yayoi Period was reexamined, and I discussed that wet rice cultivating in the region was introduced in the early stage of Yayoi Period and the multiple occurrence of the triangular pottery pattern called "Henkei-Koujimon". In chapter 4, I arranged pottery chronology of the middle stage of Yayoi Period in each plain of the region.

In chapter 5, diffusion process of exotic element that originated in the southwestern part of Japanese Archipelago was reexamined. By reconsidering the distribution and the transition of these elements, it was cleared that there were some contexts of their propagation, and they are influenced by the smaller regional composition of the district.

In chapter 6, the examination of large and small-scale relationships in the region was carried out using archaeological materials concerning with the courtesy and crude-made earthenware. As a result, although there was the high possibility of broad mutual relationships including almost all part of Japanese Archipelago, it should be thought that plains or drainages played very important role in the case of small area relationships in the NE Honshu Island.

In chapter 7, I examined changes of residential unit and consumptive unit by spatial analysis of houses. The houses of Yayoi Period rapidly enlarged, and the floor space became over 3 times of the one of the final stage of Jomon Period. It should be thought that this phenomenon shows the existence of change of residential unit from the end of Jomon Period to Yayoi Period, and the possibility in which "integration of households" was occurred with the introduction of wet rice cultivation should be supposed. And it could be also pointed out that the number of inhabitants in a house of Yayoi Period can be estimated according to the formula that 60% of the floor space was utilized at about 2.6 square meter per one person.

In chapter 8, the combination of houses and the population in each settlement were examined. As a result, there were four main types among the settlements of Yayoi Period of the region : the "Ryumonji type", the "Kazanashidai type", the "Kazahari type" and the "Jizoden type". The "Ryumonji type" is the most small settlement, and it is not almost different from settlement of the final stage of Jomon Period. The "Jizoden type" settlement is the largest settlement at that time, and its population could be estimated 16 times as many as the one of the Jomon Period. It was considered that there was "integration of settlements" and the existence of the immigrant from the inland to the plain area was indicated, because "Jizoden type" settlement was constructed in the lower area of Omono River basin and multiple settlements of 'Kazanashidai type' were also established in the circumference. And that houses with attributes originated in the inland area coexisted with houses with characters originated in the plain area in the "Jizoden type" settlement.

In chapter 9, the site concentrating process to the lower basin for paddy field in Tsugaru Plain was concretely clarified. As a result, in Tsugaru Plain, it passed through some stages until settlements concentrated finally to Aseishi River watershed, which is the most suitable area for paddy field. In Sendai Plain, on the other hand, large-scale concentration of settlements might be occurred rapidly in the end of the early stage of Yayoi Period or the beginning of the middle stage of Yayoi Period. These two types of site concentration processes are a remarkable contrast. However, the intention of the expansion to the bad condition area for paddy field seemed to be rarefied commonly. I pointed out that their principal purpose was rather to live in the same area for a long time, not to introduce wet rice cultivation itself.

In chapter 10, after reexamining paddy fields, wooden farm implements, harvesting tools and threshing tools from the NE Honshu Island, I tried a quantitative restoration of productivity and labor of wet rice cultivation in Yayoi Period. The role which the rice plant occupied in the food in those days was estimated about 8.0–22.0%, and it was discussed that to overestimate the significance of the rice plant is not possible by the present data.

In chapter 11, food resources utilization except wet rice was examined. It was clarified that similar kinds of resources as Jomon Period were utilized in Yayoi Period by investigating flora and fauna remains. Nuts and cereals have been excavated stably, and it was not possible to find the data that show depletion of animal resources from excavated bones. However, it was indicated that hunting activity was unstable in the inland area in the northern part of the NE Honshu Island according to the examination of the stone implement composition, and this was supported by use-wear analysis of stone tools. In addition, it was possible to find stone flakes and scrapers that seem to be used for harvesting gramineous plants in the Yayoi Period by lithic use-wear analysis, although the northern part of the NE Honshu Island is the region where stone knives and sickles have not been excavated. And the author discussed that the most important cause for the end of "Kamegaoka culture", the final stage of Jomon Period in the NE Honshu Island, was the instability of supplying human and/or material resources. Hence introduction of wet rice cultivation was one of the means for solving their social problems when they started to live in a close formation in the lower basin of the river system.

In chapter 12, tombs and cemeteries were reexamined. In the cemeteries of the NE Honshu Island, only people who migrated from the inland area to the plain area held the special funeral courtesy, and I think that this phenomenon should be interpreted as a result of the effort for maintaining the conventional settlement organization in their mind. Though large-scale reorganization was caused in the beginning of Yayoi Period in the region, the conventional organization played a certain role as a unit of exogamy in those days.

In chapter 13, the historical significance of Yayoi Period in the NE Honshu Island was examined comparing with the studies of Yayoi Period of the southwestern part of Japanese Archipelago. It was explained that there was the very important significance in the large-scale social changes with vast geographic range as a unit and the maintaining the distribution principle of egalitarianism.

In chapter 14, it was asserted that we must pay more attention to the diversity of the relationship between hunter-gatherer society and cultivation/agriculture referring to the studies in Europe and tropical rainforest region. The formation process of early agrarian society should be discussed not by sticking to the conventional schema, but considering the actual condition of the archaeological records of each region. It is thought that describing various formation process of farming society on the earth is also an important mission of prehistoric archaeology and human history.

引用文献（五十音順）

<あ行>

相原康二　1980『東北縦貫自動車道関係埋蔵文化財調査報告書――一関地区東裏遺跡Ⅵ』岩手県教育委員会。

相原康二　1998「岩手県矢巾町大渡野遺跡出土土器の再検討」『(財) 岩手県文化振興事業団埋蔵文化財センター研究紀要』ⅩⅧ、53-66頁。

青木健一　1996「農耕の伝播と初期農耕民の分布域拡大　ヨーロッパのコムギ、日本の稲」『科学』66-3、173-181頁。

青野友哉・大島直行　2003「恵山文化と交易」野村　崇・宇田川洋編『新古代の北海道』2、10-29頁、北海道新聞社。

青森県教育委員会　1985『垂柳遺跡発掘調査報告書』青森県教育委員会。

青森県教育委員会　1986『今津・間沢遺跡』青森県教育委員会。

青森県教育委員会　1998『青森県遺跡地図』青森県教育委員会。

青森県立郷土館考古部門　1989「西津軽郡鰺ヶ沢町大曲遺跡発掘調査報告」『青森県立郷土館調査研究年報』13、57-82頁。

赤木　清　1937「考古学遺物と用途の問題」『ひだびと』5-9、1-4頁。

赤澤靖章　1996「中在家南遺跡出土の弥生土器について」工藤哲司編『中在家南遺跡他仙台市荒井土地区画整理事業関連発掘調査報告書』第2分冊分析・考察編、103-165頁、仙台市教育委員会。

秋田県教育委員会　1966『柏子所貝塚』秋田県教育委員会。

秋田県教育委員会　1985『七曲台遺跡群発掘調査報告書』秋田県教育委員会。

秋元信夫・藤井安正　1994『特別史跡　大湯環状列石発掘調査報告書（10）』鹿角市教育委員会。

秋山浩三　1995「吉備――縄紋系ムラと共存した弥生系ムラ」金関恕・大阪府立弥生文化博物館編『弥生文化の成立』、141-151頁、角川書店。

秋山浩三　1999「近畿における弥生化の具体相」『論争吉備』、189-222頁、考古学研究会。

阿子島香　1989『石器の使用痕』ニュー・サイエンス社。

阿子島香・須藤　隆　1984「富沢水田遺跡泉崎前地区出土石庖丁の使用痕」『富沢水田遺

跡』1、213-216頁、仙台市教育委員会。

渥美町教育委員会　1972『伊川津貝塚』。

阿部敬生編　1995『上沢遺跡発掘調査報告書』神戸市教育委員会。

安部　実　1985『にひゃく寺遺跡発掘調査報告書』日本道路公団仙台建設局・山形県教育委員会。

安部　実・伊藤邦弘　1987『生石2遺跡発掘調査報告書(3)』山形県・山形県教育委員会。

安部　実・月山隆弘　1988『げんだい遺跡発掘調査報告書』山形県・山形県教育委員会。

網野善彦　1980『日本中世の民衆像―平民と職人―』岩波書店。

網野善彦・石井　進　2000『米・百姓・天皇　日本史の虚像のゆくえ』大和書房。

荒井　格　1992「東北地方の木製農具―古墳時代以前の様相―」『東北文化論のための先史学歴史学論集』、809-832頁。

荒井　格・赤澤靖章編　2000『高田B遺跡』仙台市教育委員会。

嵐　嘉一　1974『日本赤米考』雄山閣。

荒巻　実・若狭　徹ほか　1986『沖Ⅱ遺跡』藤岡市教育委員会。

安藤広道　1990「神奈川県下末吉台地における宮ノ台式土器の細分―遺跡群研究のためのタイムスケールの整理―」『古代文化』42-6・7、28-38頁、13-24頁。

安藤広道　1992「弥生時代水田の立地と面積―横浜市鶴見川・早淵川流域の弥生時代中期集落群からの試算―」『史学』62-1・2、131-164頁。

安藤広道　1993「弥生時代の水田から米はどれだけとれたか」『新視点日本の歴史』1、196-201頁、新人物往来社。

安藤広道　2003「弥生時代遺跡群の地域単位とその構造―東京湾西岸域における地域社会の一位相―」『考古学研究』50-1、77-97頁。

Ammerman,A.and Cavalli-Sforza,L.1971 Measuring the rate of speed of early farming in Europe, Man 6,pp.674-688.

Jennbert,K.1985 Neolithization-a Scanian perspective,Journal of Danish Archaeology 4,pp.196-198.

飯塚博和　1989「「亀ヶ岡式精製土器の文様帯を示す模型図」覚書」『土曜考古』13、85-93頁。

五十嵐彰　2001「実験痕跡研究の枠組み」『考古学研究』47-4、76-89頁。

猪狩忠雄・高島好一　1985『龍門寺遺跡』いわき市教育委員会。

石井　淳　1997「東北地方天王山式成立期における集団の様相」『古代文化』49-7、49-

9、20-33 頁、15-25 頁。

石井清司　1989「山陰系土器について」石井清司編『京都府弥生式土器集成』(財) 京都府埋蔵文化財調査研究センター、136-138 頁。

石川日出志　1984「岩尾遺跡出土資料の編年的位置と特色」『史館』16、71-84 頁。

石川日出志　1985「関東地方初期弥生土器の一系譜」『論集日本原史』、479-506 頁。

石川日出志　1987a「再葬墓」金関恕・佐原真編『弥生文化の研究』8 墓と祭りと装い、148-153 頁。

石川日出志　1987b「土偶形容器と顔面付土器」金関恕・佐原真編『弥生文化の研究』8 墓と祭りと装い、160-164 頁。

石川日出志　1988「縄文・弥生時代の焼人骨」『駿台史学』74、84-110 頁。

石川日出志　1992「道具の組み合わせ　a 早・前期」日本第四紀学会・小野昭・春成秀爾・小田静夫編『図解・日本の人類遺跡』、110-113 頁、東京大学出版会。

石川日出志　1993「鳥屋 2b 式土器再考―六野瀬遺跡出土資料を中心に―」『古代』95、208-225 頁。

石川日出志　1996「東日本弥生中期編年の概略」『YAI！弥生土器を語る会 20 回到達記念論文集』、151-161 頁。

石川日出志　1999「東日本弥生墓制の特質」設楽博己編『新弥生紀行』、175-176 頁、朝日新聞社。

石川日出志　2000a「天王山式土器弥生中期説への反論」『新潟考古』11、5-31 頁。

石川日出志　2000b「木村早苗論文に対するコメント」『突帯文と遠賀川』、734 頁。

石川日出志　2000c「東北日本の人びとの暮らし」国立歴史民俗博物館編『倭人をとりまく世界』、68-86 頁、山川出版社。

石川日出志　2000d「南御山 2 式土器の成立と小松式土器との接触」『北越考古学』11、1-22 頁。

石川日出志　2000e「突帯文期・遠賀川期の東日本系土器」『突帯文と遠賀川』、1221-1238 頁。

石川日出志　2001「関東地方弥生時代中期中葉の社会変動」『駿台史学』113、57-93 頁。

石川日出志　2003「関東・東北地方の土器」武末純一・石川日出志『考古資料大観』1、357-368 頁、小学館。

石川日出志・増子正三・渡邊裕之編　1992『六野瀬遺跡 1990 年調査報告書』安田町教育委員会。

石黒立人　1992「遠賀川系土器、条痕紋系土器」服部信博編『山中遺跡』、92-97 頁、100-

104 頁、愛知県埋蔵文化財センター。

石郷岡誠一・西谷　隆　1987『地方遺跡　台 B 遺跡　秋田市秋田新都市開発関係埋蔵文化財発掘調査報告書』秋田市教育委員会。

石郷岡誠一・安田忠市・納谷信広　1992『秋田市上新城中学校遺跡―学校改築に伴う緊急発掘調査報告書―』秋田市教育委員会。

泉　拓良　1985「縄文集落の地域的特質　近畿地方の事例研究」藤岡謙二郎編『講座考古地理学』4 村落と開発、45-64 頁。

磯崎正彦　1957「新潟県鳥屋の晩期縄文式土器（予察）」『石器時代』4、22-35 頁。

磯崎正彦　1964「晩期の土器」、山内清男編『日本原始美術』1、170-173 頁、講談社。

磯崎正彦　1975「工字文土器論序説」『大阪学院大学人文自然論叢』1、49-62 頁。

磯崎正彦・上原甲子郎　1969「亀ヶ岡式文化の外殻圏における終末期の土器型式―新潟県・緒立遺跡出土の土器をめぐって―」『石器時代』9、55-86 頁。

市川金丸・木村鐵次郎　1984「青森県松石橋遺跡から出土した弥生時代前期の土器」『考古学雑誌』69-3、362-370 頁。

一篠孝夫　1989『入大遺跡』丸森町教育委員会。

一迫町教育委員会　1977『巻堀遺跡』一迫町教育委員会。

井藤暁子　1981「弥生土器―近畿 1―」『考古学ジャーナル』195、8-14 頁。

伊藤玄三　1958「仙台市西台畑出土の弥生式土器」『考古学雑誌』44-1、11-28 頁。

伊東照雄編　1981『綾羅木郷遺跡 I』下関市教育委員会。

伊東信雄　1950「東北地方の弥生式文化」『文化』2-4、40-64 頁。

伊東信雄　1956「東北」『日本考古学講座』4 弥生文化、112-118 頁、河出書房。

伊東信雄　1957「弥生式文化時代」『宮城県史』1（古代・中世史）、52-70 頁。

伊東信雄　1960「東北北部の弥生式土器」『文化』24-1、17-45 頁。

伊東信雄　1970「稲作の北進」『古代の日本』8 東北、22-42 頁。

伊東信雄　1974「弥生文化」『水沢市史』1 原始・古代、291-346 頁。

伊東信雄　1979「東北の弥生文化―辰馬考古資料館開館記念講演―」『東北学院大学東北文化研究所紀要』10、1-12 頁。

伊東信雄　1984「青森県における稲作農耕文化の形成」『東北学院大学東北文化研究所紀要』16、1-26 頁。

伊東信雄・須藤　隆　1982「瀬野遺跡―青森県下北郡脇野沢村瀬野遺跡の研究―」。

伊東信雄・須藤　隆　1985『山王囲遺跡発掘調査図録』一迫町教育委員会。

伊藤久嗣　1980『納所遺跡―遺構と遺物―』三重県教育委員会。

引用文献（五十音順）　369

伊藤博幸・佐久間賢・西野　修編　1982『杉の堂―第4次発掘調査概報―』水沢市教育委員会。

伊藤　実　2000「削出突帯と貼付突帯」『突帯文と遠賀川』、331-246頁。

稲垣甲子男・笹津海祥・望月薫弘　1975『駿河山王　静岡県富士川町山王遺跡群調査報告書』富士川町教育委員会。

田舎館村歴史民俗資料館　1991『垂柳遺跡発掘調査報告書（6）』田舎館村教育委員会。

田舎館村歴史民俗資料館　1993『垂柳遺跡発掘調査報告書（8）』田舎館村教育委員会。

田舎館村歴史民俗資料館　1994『村内遺跡発掘調査報告書』田舎館村教育委員会。

田舎館村歴史民俗資料館　1998『垂柳遺跡発掘調査報告書（10）』田舎館村教育委員会。

田舎館村教育委員会　2002『高樋（3）遺跡発掘調査報告書』田舎館村教育委員会。

犬飼安太郎　1958「最上郡大蔵村上竹野出土遺物についての一考察」『山形考古』4、9-12頁。

今村峯雄　2001「縄文～弥生時代移行期の年代を考える―問題と展望―」『第四紀研究』40-6、pp.509-516。

入交好修　1970「解題」『清良記―親民鑑月集―』（日本史料選書5）、5-17頁、近藤出版社。

入校好修校訂　1970『清良記―親民鑑月集―』（日本史料選書5）近藤出版社。

岩木山刊行会編　1978『岩木川　岩木山麓古代遺跡発掘調査報告書』。

岩瀬　透編　1996『田井中遺跡発掘調査概要・V』大阪府教育委員会。

磐田市教育委員会　1961『西貝塚』磐田市教育委員会。

岩本義雄・天間勝也・三宅徹也　1979『宇鉄II遺跡発掘調査報告書』青森県立郷土館。

Ingold,T.1983 The significance of storage in hunting societies,Man 18,pp.553-571.

Whittle,A.1996 Europe in the Neolithic:The creation of new worlds,Cambridge University Press.

上原真人　1991「農具の変遷―鋤と鍬―」『季刊考古学』37、46-52頁。

宇垣匡雅編　1994『百間川原尾島遺跡3　旭川放水路（百間川）改修工事に伴う発掘調査IX』建設省岡山河川工事事務所・岡山県教育委員会。

内田年昭　1999「弥生人の栄養状態」大阪府立弥生文化博物館編『卑弥呼の食卓』、21-24頁、吉川弘文館。

宇部則保　1980『是川中居・堀田遺跡発掘調査報告書』八戸市教育委員会。

海津正倫　1974「岩木川河床より出土した埋没林とその形成環境」『第四紀研究』13、pp.216-219。

海津正倫　1976「津軽平野の沖積世における地形発達史」『地理学評論』49、pp.714-735。

引用文献（五十音順）

梅宮　茂・大竹憲治ほか　1986『霊山根古屋遺跡の研究』霊山町教育委員会。
江坂輝弥　1957a「奥羽地方北部の続縄文文化の問題」『貝塚』63、1-2頁。
江坂輝弥　1957b「奥羽地方北部の続縄文式土器と弥生土器の関係に関する一見解」『日本考古学協会第一九回総会研究発表要旨』、5-6頁。
江坂輝弥　1961「岩手県大船渡町下船渡貝塚」『日本考古学協会年報』14、86-87頁。
江藤吉雄・目黒吉明・穂積勇蔵　1967「福島県表郷村滝ノ森遺跡調査報告」『福島考古』8、14-36頁。
江花明久・福島雅義　1988『一斗内遺跡　国営総合農地開発事業母畑地区遺跡調査報告書16』福島県教育委員会・福島県文化センター。
エンゲルス，F.　1965（戸原四郎訳）『家族・私有財産・国家の起源』岩波書店。
及川　旬ほか　2001『平成12年度市内遺跡発掘調査報告書（反町下層遺跡）』江刺市教育委員会。
大木直枝・中村五郎　1970「山草荷2式土器について」『信濃』22-9、39-60頁。
大久保進　1965「関東における縄文式最後の貝塚―埋葬人骨」『科学読売』17-10、37-39頁。
大越道正・西山真理子・熊谷金一　1990『能登遺跡　東北縦貫自動車道遺跡調査報告書10』福島県教育委員会・福島県文化センター。
太田昭夫　1979「宮城県名取市十三塚遺跡出土の弥生土器」『籾』1、10-19頁。
太田昭夫　1988「宮城県における弥生土器編年研究の現状と課題」岡田康博編『東北地方の弥生式土器の編年について』、頁なし、縄文文化検討会。
太田昭夫　1999「富沢水田の弥生水田」『仙台市史』通史編1原始、331-339頁、仙台市。
大竹憲治　1985「御代田式土器の再検討」『物質文化』44、1-20頁。
大竹憲治　1993『双葉陣場沢弥生遺跡の研究』双葉町教育委員会。
大竹憲治　1997『双葉（乾）双葉町史別冊Ⅰ』双葉町。
大竹憲治・志賀敏行　1985「東北南部における初期弥生式磨消縄文系土器群の研究―今和泉遺跡出土土器の再吟味―」『福島考古』24、45-60頁。
大竹憲治・山崎京美ほか　1988『薄磯貝塚　縄文時代晩期貝塚の調査』いわき市教育委員会。
大田原潤・新山隆男・杉野森淳子　1997『垂柳遺跡・五輪野遺跡』青森県教育委員会。
大塚　実　1981「世帯共同体について」『考古学研究』27-4、94-105頁。
大友　透・鳥崎哲也　2000a『原遺跡　カインズホーム名取店建設関係発掘調査報告書』名取市教育委員会・カインズホーム。

引用文献（五十音順）

大友　透・鳥崎哲也　2000b『原遺跡　仙台観光施設建設関係発掘調査報告書』名取市教育委員会・仙台観光（株）。

大友　透・福山宗志　1997『原遺跡―県道名取村田線改良工事関係発掘調査報告書―』名取市教育委員会・宮城県仙台土木事務所。

大場磐雄　1931「関東における奥羽薄手式土器」『史前学雑誌』3-5、1-6頁。

大場磐雄　1932「関東における奥羽薄手式土器」『史前学雑誌』4-1、1-10頁。

大町市教育委員会　1980『借馬遺跡（付トチガ原遺跡立ち合い調査報告）』。

大参義一　1955「愛知県大地遺跡―尾張における初期弥生式文化の一様相―」『古代学研究』11、1-8頁。

大参義一　1972「縄文式土器から弥生式土器へ―東海地方西部の場合―」『名古屋大学文学部研究論集』56。

小笠原善範・村木　淳編　1991『風張（1）遺跡Ⅱ』八戸市教育委員会。

岡田康博編　1988『東北地方の弥生式土器の編年について』縄文文化検討会。

岡本孝之　1994「東北大森文化続期論序説」『神奈川考古』30、43-56頁。

岡安雅彦　1994「黒斑にみる弥生土器焼成方法の可能性」『三河考古』7、45-65頁。

小川英文　1998「考古学者が提示する狩猟・採集社会イメージ」『民族学研究』63-1、202頁。

小川英文　2000「狩猟採集社会と農耕社会の交流：相互関係の視角」小川英文編『交流の考古学』、266-295頁、朝倉書店。

小田野哲憲　1983「岩手県出土の「蓋形土器」について」『岩手県立博物館研究報告』1、66～83頁。

小田野哲憲　1986「湯舟沢遺跡3区の弥生式土器」『湯舟沢遺跡』、391-412頁、滝沢村教育委員会・（財）岩手県文化振興事業団埋蔵文化財センター・トーメン住宅開発株式会社。

小田野哲憲　1987a「岩手の弥生式土器編年試論」『岩手県立博物館研究報告』5、1-22頁。

小田野哲憲　1987b「東北北部縄文時代末期・弥生時代初頭の遺構と遺物」『古代』95、66-88頁。

小田野哲憲　1988「岩手県における弥生式土器編年研究の現状と課題」『東北地方の弥生式土器の編年について』、頁なし、縄文文化検討会。

小田野哲憲編　1985『岩手県東山町熊穴洞窟発掘調査報告書』岩手県立博物館。

小田野哲憲・高橋義介・昆野　靖　1991『上村貝塚発掘調査報告書』（財）岩手県文化振

興事業団埋蔵文化財センター。
小田野哲憲ほか 1985『岩手県東山町熊穴洞窟遺跡発掘調査報告書』岩手県立博物館。
乙益重隆 1978「弥生農業の生産力と労働力」『考古学研究』25-2、17-28 頁。
乙益重隆 1980「古代水田区画雑考」『鏡山猛先生古希記念古文化論攷』、343-352 頁。
小野 忍 1987『山形県酒田市生石 2 遺跡—宅地造成に伴う緊急発掘調査の概要—』酒田市教育委員会。
小畑 巌・柴田陽一郎 1990『高屋館跡 西山地区農免農道整備事業に係る埋蔵文化財発掘調査報告書Ⅵ』秋田県教育委員会。
面代民義 1985『大芦遺跡発掘調査報告書』久慈市教育委員会。

＜か行＞
甲斐博幸ほか 1996『常代遺跡群』君津群市考古資料刊行会。
科学技術庁資源調査会編 1998『四訂食品成分表 1998』女子栄養大学出版部。
利部 修 2000『館の上遺跡』秋田県教育委員会。
利部 修・和泉昭一 1990『諏訪台 C 遺跡発掘調査報告書』秋田県教育委員会。
角田市教育委員会 1976『梁瀬浦遺跡』角田市教育委員会。
葛西 励編 1976『井沢遺跡』平賀町教育委員会。
葛西 励編 1983『五輪野遺跡発掘調査報告書』尾上町教育委員会。
葛西 励編 1991『戸沢川代遺跡発掘調査報告書』川内町教育委員会。
葛西 励・高橋 潤 1984『駒泊遺跡』平賀町教育委員会。
笠原安夫 1985「青森県垂柳遺跡の水田跡埋蔵種子分析」青森県教育委員会『垂柳遺跡発掘調査報告書』、347-361 頁、青森県教育委員会。
勝浦康守 1997『三谷遺跡』徳島市埋蔵文化財発掘調査委員会。
梶原 洋・阿子島香 1981「頁岩製石器の実験使用痕研究—ポリッシュを中心とした機能推定の試み—」『考古学雑誌』67-1、1-36 頁。
梶浦泰久 2003「文化史的研究と考古学表象—弥生成立期を事例にして—」『考古学研究』49-4、96-109 頁。
加藤道男 1982『青木畑遺跡』宮城県教育委員会。
加藤 稔 1965「山形県東根市蟹沢遺跡」『日本考古学協会年報』13、96 頁。
門島知二 2000「二戸市 似鳥遺跡」『岩手考古学会第 24 回研究大会発表資料』、5-6 頁。
金関 丈夫 1955「人種の問題」杉原荘介編『日本考古学講座』4、238-252 頁。
金関 恕・大阪府立弥生文化博物館編 1995『弥生文化の成立』角川書店。

引用文献（五十音順）

金子佐知子・高橋與右衛門・金子昭彦　1998『才津沢遺跡発掘調査報告書　農免農道整備事業関連遺跡発掘調査』（財）岩手県文化振興事業団埋蔵文化財センター。

金子拓男編　1983『緒立遺跡発掘調査報告書』黒埼町教育委員会。

兼田芳宏　1988『宮城県仙台市下ノ内浦遺跡』埋蔵文化財発掘調査研究所。

兼平文憲・中里康和　1991「植物遺体の同定」藤田弘道・矢島敬之ほか『砂沢遺跡発掘調査報告書―本文編―』、248頁、弘前市教育委員会。

狩野　睦　1982「中小泉遺跡」『北陸自動車道遺跡調査報告書―上市町土器・石器編―』富山県埋蔵文化財センター。

鎌木義昌・高橋　護　1965「瀬戸内」『日本の考古学』Ⅱ縄文時代、220-249頁、河出書房。

上西美佐子ほか　1984『山賀（その3）近畿自動車道天理～吹田線建設に伴う埋蔵文化財発掘調査概要報告書―本文編―』財団法人大阪文化財センター。

亀沢　磐　1958「福岡町の金田一遺跡」『岩手県史研究』29、58-62頁。

河合英夫　1999「南関東弥生農耕形成期の集落―小田原市中里遺跡の調査―」『多摩考古』29、1-3頁。

川上貞雄　1993『山ん家遺跡緊急発掘調査報告書』横越村教育委員会。

河西英通　2001『東北―つくられた異境』中央公論社。

川村　均　1993『兵庫館跡　兵庫館・梅ノ木台地Ⅱ遺跡発掘調査報告書』（財）岩手県文化振興事業団埋蔵文化財センター。

姜　仁求・李　健茂ほか　1979『松菊里Ⅰ』國立中央博物館。

喜田貞吉　1936a「日本石器時代の終末に就いて」『ミネルヴァ』1-3、1-9頁。

喜田貞吉　1936b「「あばた」も「えくぼ」、「えくぼ」も「あばた」」『ミネルヴァ』1-5、1-6頁。

木幡成雄・馬目隆康・矢島敬之　1991『久世原館　西端域の調査』いわき市立総合磐城共立病院・いわき市教育委員会。

木村早苗　2000「青森県出土の遠賀川系土器」『突帯文と遠賀川』、699-733頁。

木村茂光　1992『日本古代・中世畠作史の研究』校倉書房。

木村茂光　1996『ハタケと日本人　もう一つの農耕文化』中央公論社。

木村鐵次郎・水谷和憲・三林健一　1997『畑内遺跡Ⅳ』青森県教育委員会。

木元元治・藤間典子　1980『東北新幹線関連遺跡発掘調査報告書Ⅱ』福島県教育委員会。

Gamble,C.1986　The Palaeolithic Settlement of Europe,Cambridge University Press.

Keeley,L.1977　The functions of paleolithic flint tools,Scientific American 237-5,pp.108-126.

草間俊一・金子浩昌　1971『貝鳥貝塚—第4次調査報告』花泉町教育委員会。
久世健二・北野博司・小林正史　1997「黒斑からみた弥生土器の野焼き技術」『日本考古学』4、41-90頁。
工藤　大編　1997『馬淵川流域の遺跡調査報告書』青森県立郷土館。
工藤　武　1982「谷起島遺跡の範囲と概要について」『研究紀要』11、59-68頁、岩手県南史談会。
工藤竹久　1978「東北北部における弥生時代の諸問題」『北奥古代文化』10、43-52頁。
工藤竹久　1987「東北北部における亀ヶ岡式土器の終末」『考古学雑誌』72-4、39-68頁。
工藤竹久・高島芳弘　1986「是川中居遺跡出土の縄文時代晩期終末期から弥生時代の土器」『八戸市博物館研究紀要』2、1-31頁。
工藤哲司　1996「中在家南・押口遺跡出土の木製品類」『中在家南遺跡他　仙台市荒井土地区画整理事業関連発掘調査報告書』第2分冊分析・考察編、279-337頁、仙台市教育委員会。
工藤哲司編　1996『中在家南遺跡他　仙台市荒井土地区画整理事業関連発掘調査報告書』仙台市教育委員会。
工藤利幸・中川重紀・田村荘一　1986『馬場野II遺跡発掘調査報告書』(財)岩手県文化振興事業団埋蔵文化財センター。
工藤雅樹　1974「ミネルヴァ論争とその前後—考古学から見た東北古代史像の形成に関連して—」『考古学研究』20-3、14-40頁。
工藤雅樹　1991『城柵と蝦夷』ニューサイエンス社。
工藤雅樹　1998『古代蝦夷の考古学』吉川弘文館。
熊谷太郎　1983『中山遺跡』五城目町教育委員会。
熊谷常正ほか　1987『岩手県野田村根井貝塚発掘調査報告書』岩手県立博物館。
熊谷幹男　1985『長岫遺跡』泉市教育委員会。
工楽善通　1968「北関東地方I」小林行雄・杉原荘介編『弥生土器集成本編』、117-121頁。
工楽善通　1987「遠賀川・砂沢・水神平」『季刊考古学』19、24-29頁。
工楽善通　1991『水田の考古学』東京大学出版会。
Clarke,D.1976　Mesolithic Europe:the economic basis.in Sieveking,Longworth and Wilson(eds.) Problems in Economic and Social Archaeology,pp.449-481,Duckworth.
栗澤光男・武藤裕浩　1988『中小坂遺跡発掘調査報告書』秋田県教育委員会。
黒尾和久・高瀬克範　2003「縄文・弥生時代の雑穀栽培」木村茂光編『雑穀』、29-56頁、

青木書店。
黒川利司 1981『東北自動車道遺跡調査報告書Ⅴ 東足立遺跡』宮城県教育委員会。
黒崎　直 1970「木製農耕具の性格と弥生社会の動向」『考古学研究』16-3、21-42頁。
黒崎　直 1988「耕作」金関恕・佐原真編『弥生文化の研究』8 生業、53-62頁。
Case,H.1969　Neolithic explanations,Antiquity 43,pp.176-187.
気賀沢　進・小原晃一　1979『荒神沢遺跡―緊急発掘報告書―』南信土地改良事務所・駒ヶ根市教育委員会。
小井川和夫・岡村道雄ほか　1984『里浜貝塚Ⅲ　宮城県鳴瀬町宮戸島里浜貝塚西畑地区の調査・研究Ⅲ』東北歴史資料館。
小池裕子・大泰司紀之　1984「遺跡出土ニホンシカの齢構成からみた狩猟圧の時代変化」『古文化財の自然科学的研究』、508-517頁。
小池裕子・林　良博　1984「遺跡出土ニホンイノシシの齢査定について」『古文化財の自然科学的研究』、519-524頁。
高知県埋蔵文化財センター　1998『居徳遺跡群―平成9年度現地説明会資料』。
紅村　弘 1956「愛知県における前期弥生式土器と終末期縄文土器との関係―土器形式の分類とその編年―」『古代学研究』13、1-9頁。
紅村　弘・伊藤秋男・金子浩昌・中村文哉ほか　1961『篠束―篠束第二次樫王・行明調査報告―』小坂井町教育委員会。
甲野　勇 1928『埼玉県柏崎村真福寺貝塚調査報告』史前学会。
甲野　勇 1937「遺物用途問題と編年」『ひだびと』5-11、18-21頁。
神戸聖語・関口　修・高橋政子　1980『御布呂遺跡　浜川運動公園建設に伴う古代水田址の調査概報』高崎市教育委員会・高崎市文化財保護協会。
甲元真之 1978「弥生文化の系譜」『歴史公論』4-3、48-56頁。
甲元真之 1986「弥生人の食料」『季刊考古学』14、14-17頁。
甲元真之 1988「播種と収穫」金関恕・佐原真編『弥生文化の研究』8　生業、62-68頁。
甲元真之 1992「海と山と里の形成」『考古学ジャーナル』344、2-9頁。
甲元真之 2000「弥生時代の食料事情」佐原真・都出比呂志編『古代史の論点1　環境と食料生産』、167-182頁、小学館。
郡山市教育委員会1988『滝ノ口遺跡　中山地区土地改良共同施工事業関連発掘調査報告書2』。
小金井良精 1918「日本石器時代に上犬歯を抜き去る風習ありしことに就て」『人類学雑誌』33-2、31-36頁。

引用文献（五十音順）

小金井良精　1933「安房神社洞窟人骨」『史前学雑誌』5-1、1-29頁。
古環境研究所　1996「中在家南遺跡の種実同定」工藤哲司編『中在家南遺跡他　仙台市荒井土地区画整理事業関連発掘調査報告書』分析・考察編、47-56頁、仙台市教育委員会。
国生　尚　1984『安堵屋敷遺跡発掘調査報告書』（財）岩手県埋蔵文化財センター。
小柴吉男ほか　1990『荒屋敷遺跡Ⅱ』三島町教育委員会。
小杉　康　1988「縄文時代の時期区分と縄文文化のダイナミックス」『駿台史学』73、99-124頁。
小杉　康　1994「土器型式と土器様式」『駿台史学』94、58-131頁。
小杉　康　1995「縄文後半期における大規模配石記念物の成立」『駿台史学』93、101-149頁。
小杉　康　1996「土製品—動物形土製品を例にして—」『考古学雑誌』82-2、37-49頁。
小杉　康　1998「縄文時代の儀礼と祭祀」『縄紋の祈り・弥生の心—森の神から稲作の神へ—』、94-101頁、大阪府立弥生文化博物館。
小滝利意　1960『今和泉』会津史談会考古学研究部会。
小武海松四郎　1977『籾痕土器をともなう秋田県南秋田郡井川町新間遺跡遺物について』（昭和51年度文部省科学研究助成報告書）。
小玉　準　1983『平鹿遺跡発掘調査報告書』秋田県教育委員会。
児玉　準　1984『横長根A—秋田県南秋田郡若美町横長根A遺跡の調査報告—』若美町教育委員会。
後藤勝彦　1972『宮城県七ヶ浜町二月田貝塚（Ⅱ）』宮城県塩釜女子高等学校。
小林和彦　1987「八幡遺跡から出土した動物遺存体」八戸市教育委員会編『八幡遺跡』、195-205頁、八戸市教育委員会。
小林和彦　1991「砂沢遺跡から出土した動物遺存体」藤田弘道・矢島敬之ほか『砂沢遺跡発掘調査報告書—本文編—』、243-245頁、弘前市教育委員会。
小林圭一・大泉壽太郎　1997『北柳1・2遺跡発掘調査報告書』山形県埋蔵文化財センター。
小林青樹　1991「浮線網状文土器様式の細密条痕技法」『國學院大學考古学資料館紀要』7、50〜64頁。
小林青樹　1998「浮線文土器の西方展開」『古代吉備』、11-19頁。
小林青樹　1999「縄文・弥生移行期の東日本系土器」平成10年度文部省科学研究費補助金日本人および日本文化の起源に関する学際的研究考古学資料集9。

小林青樹　2000「東日本系土器からみた縄文・弥生広域交流序説」『突帯文と遠賀川』、1193-1219頁。

小林秀夫編　1982『長野県中央道埋蔵文化財包蔵地発掘調査報告書―茅野市　その5―昭和52・53年度』日本道路公団名古屋建設局・長野県教育委員会。

小林正史　1988「新潟県山北町上山遺跡出土の縄文時代終末期の土器群」『北越考古学』1、35-45頁。

小林正史　2000「土器文様にみられる地域色の動態を生み出すプロセス」『佐藤広史君追悼論文集　一所懸命』、181-199頁。

小林　克　1995「葬制からみた亀ヶ岡文化」『縄文発信―「じょうもん発信展」関連事業報告―』、66-71頁、岩手県立博物館。

小林　克　1997「秋田県の石器」『農耕開始期の石器組成3　北海道・東北・関東』、179-206頁、国立歴史民俗博物館。

小林　克・榮　一郎ほか　1990『はりま遺跡発掘調査報告書（下巻）―東北自動車道小坂インターチェンジ建設工事に係る埋蔵文化財発掘調査報告書―』秋田県教育委員会。

小林　克・武藤裕浩　1989『八木遺跡発掘調査報告書　公害防除特別土地改良事業八木地区に係る埋蔵文化財発掘調査』秋田県教育委員会。

小林行雄　1932「第二編　吉田遺跡及び遠賀川土器とその伝播」『考古学』3-5、21〜27頁。

小林行雄　1934「一の伝播変移現象―遠賀川系土器の場合―」『考古学』5-1、9〜16頁。

小林行雄　1938「弥生式土器」『日本文化史大系』1原始文化、248-253頁、誠文堂新光社。

小林行雄　1959a「おんががわしきどき」『図解日本考古学辞典』、134頁、東京創元社。

小林行雄　1959b「ふた」『図解日本考古学辞典』、861頁、東京創元社。

小林行雄・杉原荘介編　1968『弥生式土器集成本編』東京堂出版・日本考古学協会弥生式土器文化総合研究特別委員会。

小山修二ほか　1986「討論―「採取社会から農耕社会へ」をめぐって」竹村卓二編『日本民俗社会の形成と発展』、429-438頁、山川出版社。

近藤義郎　1959「共同体と単位集団」『考古学研究』6-1、13-20頁。

近藤義郎　1962「弥生文化論」『岩波講座日本歴史』1原始および古代、139-188頁。

＜さ行＞

サイード、エドワード　1978（1993年板垣雄三・杉田英明監修、今沢紀子訳）『オリエン

タリズム』上・下、平凡社。

斉藤邦雄・田鎖壽夫　1995『国道395号改良工事関連遺跡発掘調査　大日向Ⅱ遺跡発掘調査報告書―第2次～第5次調査―』(財)岩手県文化振興事業団埋蔵文化財センター。

齋藤瑞穂　2001「東北地方における遠賀川系土器の展開に関する一試論」『筑波大学先史学・考古学研究』12、37-56頁。

斉藤吉弘・高橋守克・真山　悟　1980「宮沢遺跡」『東北自動車道遺跡調査報告書Ⅲ』、3-261頁、宮城県教育委員会・日本道路公団。

斎野裕彦　1987「弥生時代・古墳時代の水田跡」『富沢　仙台市都市計画道路長町・折立線建設に伴なう富沢遺跡第15次発掘調査報告書』、502-506頁、仙台市教育委員会。

斎野裕彦　1989「東北地方における初期稲作農耕の様相(予察)」『地方史研究』39-4、4-18頁。

斎野裕彦　1993「弥生時代の大型直縁刃石器(上)」『弥生文化博物館研究報告』2、85-110頁、大阪府立弥生文化博物館。

斎野裕彦　1994a「弥生時代の大型直縁刃石器(下)」『弥生文化博物館研究報告』3、31-68頁、大阪府立弥生文化博物館。

斎野裕彦　1994b「東北の水田稲作農耕」『古代の水田を考える』、7-24頁、帝塚山考古学研究所。

斎野裕彦　1996「板状石器の形態と使用痕」工藤哲司編1996『中在家南遺跡他　仙台市荒井土地区画整理事業関連発掘調査報告書』第2分冊分析・考察編、181-200頁、仙台市教育委員会。

斎野裕彦　1998「片刃磨製石斧の実験使用痕分析」『仙台市富沢遺跡保存館研究報告』1、3-22頁。

酒井重洋　1982「正印新遺跡」『北陸自動車道遺跡調査報告書―上市町土器・石器編―』富山県埋蔵文化財センター。

酒井宗孝　1997『上鷹生遺跡発掘調査報告書』(財)岩手県文化振興事業団埋蔵文化財センター。

佐久間賢編　1983『杉の堂遺跡―第5次発掘調査概報―』水沢市教育委員会。

桜田　隆　1984『石名館遺跡発掘調査報告書　仙北平野農業水利事業上総川排水路工事に係る埋蔵文化財発掘調査』秋田県教育委員会。

佐々木清文　1986『手代森遺跡発掘調査報告書』(財)岩手県文化振興事業団埋蔵文化財センター。

佐々木高明　1977『稲作以前』日本放送出版協会。

引用文献（五十音順）　　379

佐々木　勝　1980「遺跡の構造と特質」『東北新幹線関係埋蔵文化財調査報告書Ⅶ（西田遺跡）』、465-469 頁、岩手県教育委員会・日本国有鉄道盛岡工事局。

佐々木洋治　1974『数馬遺跡　山形県飯豊町白川ダム水没遺跡発掘調査報告書』山形県教育委員会・山形県立博物館。

笹森一朗・茅野嘉雄　1997『津山遺跡―国道 101 号道路改良工事に伴う遺跡発掘調査報告書―』青森県教育委員会。

佐藤和雄・工藤研治ほか　1998『上磯町茂別遺跡』（財）北海道埋蔵文化財センター。

佐藤好一編　1990『赤生津遺跡―赤生津遺跡発掘調査報告書―』仙台市教育委員会。

佐藤甲二編　1988『富沢遺跡―第 28 次発掘調査報告書―』仙台市教育委員会。

佐藤甲二編　1993『下ノ内浦遺跡　第 4 次発掘調査報告書』仙台市教育委員会。

佐藤禎宏　1984『砂川 A 遺跡発掘調査報告書』朝日村教育委員会。

佐藤禎宏・佐藤鎮雄　1972『神矢田遺跡―第 3 次・第 4 次・第 5 次発掘調査報告と考察―』遊佐町教育委員会。

佐藤庄一　1978「山形県における縄文時代最末期の土器様相」『山形考古』2-3、40-56 頁。

佐藤庄一　1980「山形県にみる亀ヶ岡文化の特質と変容」『考古風土記』5、126-143 頁。

佐藤敏也　1984「横長根 A 遺跡の米粒」児玉準『横長根 A 遺跡―秋田県南秋田郡若美町横長根 A 遺跡の調査報告』、142-147 頁、若美町教育委員会。

佐藤敏也　1987「生石 2 遺跡 C 地区出土米粒」安部実・伊藤邦弘『生石 2 遺跡発掘調査報告書（3）』、付編 8-10 頁、山形県・山形県教育委員会。

佐藤信行・岡村道雄・太田昭夫・藤原二郎　1982「宮城県岩出山町境ノ目 A 遺跡の出土遺物」『籾』4。

佐藤広史　1985「型式の空間分布から観た土器型式―東北地方大洞 C2 式期を中心として―」『赤い本〜片倉信光氏追悼論文集』、4-22 頁。

佐藤広史　1987「住居跡の床面遺物について―東北地方の縄文時代後・晩期を中心として―」『福島考古』28、43-50 頁。

佐藤由紀男　1983「東海地方東部における畿内第 1。様式・第 2。様式に並行する土器の編年について」『東日本における黎明期の弥生土器』、296-309 頁。

佐藤由紀男　1999『縄文弥生移行期の土器と石器』雄山閣。

佐藤由紀男　2002「煮炊き用土器の容量変化からみた本州北部の縄文／弥生」『日本考古学』13、1-18 頁。

佐藤由紀男　2003「本州北部出土の『遠賀川系的要素を持つ土器群』について」『みず

ほ』38、62-82頁。

佐藤洋一郎　1999『DNA考古学』東洋書店。

佐藤洋一郎　2000「日本のイネはどこからきたか　DNA分析」馬淵久夫・富永健編『考古学と化学をむすぶ』、223-242頁、東京大学出版会。

佐藤嘉広　1985「最上川流域における弥生文化の成立」『北奥古代文化』16、33-60頁。

佐藤嘉広　1991「岩手県地域の概要」『東日本における稲作の受容』第Ⅱ分冊東北・関東地方、8-65頁、東日本埋蔵文化財研究会。

佐藤嘉広　1992「東北地方における遠賀川系土器の受容」加藤稔先生還暦記念会編『東北文化論のための先史学歴史学論集』、729-762頁。

佐藤嘉広　1994「岩手県二戸市金田一川遺跡出土の土器について」『岩手考古学』6、64-69頁。

佐藤嘉広　1997「東北地方の弥生土偶」『考古学雑誌』81-2、31-60頁。

佐藤嘉広・伊藤博幸　1992「岩手県水沢市橋本遺跡出土土器について」『岩手県立博物館研究報告』10、19-36頁。

佐藤嘉広・伊藤博幸・池田明朗・佐々木千鶴子　1995「岩手県水沢市橋本遺跡出土資料について」『岩手県立博物館研究報告』13、27-48頁。

佐原　真　1967「山城における弥生文化の成立─畿内第Ⅰ様式の細分と雲ノ宮遺跡の占める位置─」『史林』50-5、103-127頁。

佐原　真　1968「畿内地方」小林行雄・杉原荘介編『弥生式土器集成本編』、53-72頁、東京堂出版・日本考古学協会弥生式土器文化総合研究特別委員会。

佐原　真　1979「土器の用途と製作」『日本考古学を学ぶ』(2)、42-63頁。

佐原　真　1987a「みちのくの遠賀川」岡崎敬先生退官記念事業会『東アジアの考古と歴史』中、265-291頁。

佐原　真　1987b「東北地方における遠賀川系土器」金関恕・佐原真編『弥生文化の研究』4、217-222頁、雄山閣。

佐原　真　1987c『体系日本の歴史1』日本人の誕生、小学館。

佐原　真　1995「米と日本文化」『国立歴史民俗博物館研究報告』60、107-131頁。

沢　四郎　1974「縄文文化から続縄文文化へ」『新釧路市史』1、217-247頁。

沢田吾一　1972『奈良朝時代民政経済の数的研究』(復刻版) 柏書房。

塩釜市　1928『塩釜市史』Ⅲ。

志賀敏行　1986「出土遺物」梅宮茂・大竹憲治編『霊山根古屋遺跡の研究』、45-84頁、霊山根古屋遺跡発掘調査団。

引用文献（五十音順）

重松和男　1987『高蔵遺跡発掘調査報告書』名古屋市教育委員会。
設楽博己　1982「中部地方における弥生土器の成立過程」『信濃』134-4、87-129頁。
設楽博己　1991a「最古の壺棺再葬墓―根古屋遺跡の再検討―」『国立歴史民俗博物館研究報告』36、195-238頁。
設楽博己　1991b「関東地方の遠賀川系土器」『児島隆人先生喜寿記念論集　古文化論叢』、18-48頁。
設楽博己　1993a「壺棺再葬墓の基礎的研究」『国立歴史民俗博物館研究報告』50、3-48頁。
設楽博己　1993b「縄文時代の再葬」『国立歴史民俗博物館研究報告』49、7-46頁。
設楽博己　1994「壺棺再葬墓の起源と展開」『考古学雑誌』79-4、1-40頁。
設楽博己　1995「縄文葬制における亀ヶ岡文化」『縄文発信―「じょうもん発信展」関連事業報告』、89-93頁、岩手県立博物館。
設楽博己　1997「青森県の石器」『農耕開始期の石器組成3　北海道・東北・関東』、65-96頁、国立歴史民俗博物館。
設楽博己　2000a「弥生文化の二者―大陸系と縄文系―」国立歴史民俗博物館編『倭人をとりまく世界』、172-185頁、山川出版社。
設楽博己　2000b「縄文系弥生文化の構想」『考古学研究』47-1、88-100頁。
設楽博己　2000c「縄文晩期の東西交渉」『突帯文と遠賀川』、1165-1190頁。
設楽博己　2000d「弥生文化観の転換」『東北学』2、273-284頁。
設楽博己編　1999『新弥生紀行』朝日新聞社。
柴垣勇夫・伊東　稔ほか　1972「貝殻山貝塚調査報告」愛知県教育委員会。
柴田桂太編　1957『資源植物事典（増補改訂版）』北隆館。
柴田俊彰　1976「人面付土器の意義」『考古学研究』23-1、104-115頁。
柴田陽一郎・山崎文幸・船木義勝・高橋忠彦ほか　1990『東北横断自動車道秋田線発掘調査報告書V―手取清水遺跡―』秋田県教育委員会。
柴谷篤弘　1998『比較サベツ論』明石書店。
志間泰治　1971『鱸沼遺跡』東北電力株式会社。
清水芳裕　1987「人が動き土器も動く」『季刊考古学』19、30-33頁。
下條信行　1993「西部瀬戸内における出現期弥生土器の様相」坪井清足さんの古希を祝う会編『論苑考古学』、331-363頁。
Jacobi,R.1980a　The Mesolithic of Essex,in D.Buckley(ed.)The Archaeology of Essex to A. D.1500,pp.14-25.

Jacobi,R.1980b　The early Holocene settlement of Wales,in J.E.Taylor(ed.)Culture and Environment in Prehistoric Wales,pp.131-206.

Shanks,M.and Tilley,C.1992　"Re-constructing archaeology:Theory and Practice" Routledge.

周東一也　1977『岩代国宮崎遺跡』金山町教育委員会。

周東一也・宮沢　聡　1992『村下遺跡A地点の調査』南郷村教育委員会。

白鳥文雄ほか　1998『見立山（1）遺跡・弥次郎窪遺跡Ⅱ』青森県教育委員会。

白鳥文雄・下山信昭・山内　実・野村信生　1997『宇田野（2）遺跡・宇田野（3）遺跡・草薙（3）遺跡』青森県教育委員会。

進藤秋輝・阿部博志・柳沢和明ほか　1990『摺萩遺跡』宮城県教育委員会。

末永雅雄・小林行雄・藤岡謙二郎　1943『大和唐古弥生式遺跡の研究』。

菅原俊行編　1984『秋田市秋田新都市開発開発整備事業関係埋蔵文化財発掘調査報告書　坂ノ上E遺跡　湯ノ沢A遺跡　湯ノ沢C遺跡　湯ノ沢E遺跡　湯の沢F遺跡　湯ノ沢H遺跡　野形遺跡』、秋田市教育委員会。

菅原俊行編　1985『秋田市秋田臨空港新都市開発関係埋蔵文化財発掘調査報告書　下堤E遺跡　下堤F遺跡　坂ノ上F遺跡　狸崎A遺跡　湯ノ沢D遺跡　深田沢遺跡』秋田市教育委員会。

菅原俊行編　1986『秋田市秋田新都市開発開発整備事業関係埋蔵文化財発掘調査報告書　地蔵田B遺跡　台A遺跡　湯ノ沢I遺跡　湯ノ沢F遺跡』、秋田市教育委員会。

菅原俊行編　1987『秋田市秋田新都市開発整備事業関係埋蔵文化財発掘調査報告書　地蔵田B遺跡　台A遺跡　湯ノ沢A遺跡　湯ノ沢F遺跡』秋田市教育委員会。

菅原俊行編　1994『秋田市秋田新都市開発整備事業関係埋蔵文化財発掘調査報告書　地蔵田A遺跡』秋田市教育委員会。

杉原荘介　1936「下野・野沢遺跡及び陸前・桝形囲貝塚出土の弥生式土器の位置に就いて」『考古学』7-8、370-384頁。

杉原荘介　1956「福島県会津若松市南御山遺跡の土器」『弥生式土器集成』資料編1、19-20頁。

杉原荘介　1958「福島県会津若松市南御山遺跡の土器」『弥生式土器集成』Ⅰ、19-20頁。

杉原荘介　1968a「新潟県六野瀬遺跡の調査」『考古学集刊』4-2、19-28頁。

杉原荘介　1968b「福島県成田における小竪穴と出土土器」『考古学集刊』4-2、19-28頁。

杉原荘介・大塚初重・小林三郎　1967「東京都（新島）田原における縄文・弥生時代の遺跡」『考古学集刊』3-3、45-80頁。

杉原荘介・戸沢充則・小林三郎　1969「茨城県・殿内（浮島）における縄文・弥生両時代

の遺跡」『考古学集刊』4-3、33-71 頁。

杉山浩平　1998「小田原市中里遺跡の弥生土器から」『史峰』24、11-20 頁。

鈴鹿良一ほか　1987『真野ダム関連遺跡発掘調査報告書Ⅸ』福島県教育委員会・福島県文化センター。

鈴鹿良一・松本　茂　1986「第 2 編　岩下 D 遺跡」『真野ダム関連遺跡発掘調査報告書Ⅷ』、7-171 頁、福島県教育委員会・福島県文化センター。

鈴鹿良一・山内幹夫・松本　茂・吹野富美夫　1988『真野ダム関連遺跡発掘調査報告ⅩⅡ　羽白 C 遺跡（第 1 次）』福島県教育委員会・福島県文化センター。

鈴木克彦　1988「本州北端における異系統土器の及と展開」『弘前大学國史研究』84、1-21 頁。

鈴木克彦編　1988『名川町剣吉荒町遺跡（第 2 地区）発掘調査報告書』青森県立郷土館。

鈴木公雄　1963「千葉県山武郡横芝町山武姥山貝塚の晩期縄文土器」『史学』36-1、67-94 頁。

鈴木　源　1998「弥生時代の蓋形土器―東北南部資料を中心として―」『列島の考古学―渡辺誠先生還暦記念論集―』、151-159 頁。

鈴木隆雄　1988「頭骨」鈴木　啓・藤原妃敏・森　幸彦ほか『三貫地貝塚』、413-438 頁、福島県立博物館。

鈴木隆英・嶋　千秋　1985『曲田Ⅰ遺跡発掘調査報告書　東北縦貫自動車道関連遺跡発掘調査』（財）岩手県埋蔵文化財センター。

鈴木　啓・藤原妃敏・森　幸彦ほか　1988『三貫地貝塚』福島県立博物館。

鈴木　啓・辻　秀人・藤原妃敏・森　幸彦　1983『天神沢』竹島国基。

鈴木正博　1985「「荒海式」生成論序説」『古代探叢』Ⅱ、83-135 頁。

鈴木正博　1987a「続大洞 A2 式考」『古代』84、110-133 頁。

鈴木正博　1987b「『流れ』流れて北奥「遠賀川系土器」」『利根川』8、12-18 頁。

鈴木正博　1987c「「白幡本宿式」土器考―大宮大地に於ける縄紋式晩期終末比定土器の系統再点検事始―」『埼玉考古』23、32-50 頁

鈴木正博　2000「「明神越式」の制定と「恵山式縁辺文化」への途」『茨城県考古学協会誌』12、15-40 頁。

鈴木正博・川井正一・海老沢稔　1991「茨城県の概要」『東日本における稲作の受容』第Ⅱ分冊東北・関東地方、195-220 頁、東日本埋蔵文化財研究会。

鈴木光喜・中村信夫・山口邦夫　1984「横長根 A 遺跡から出土した種子の同定と発芽植物の生育特性」児玉準『横長根 A 遺跡―秋田県南秋田郡若美町横長根 A 遺跡の調査報

告』、154-171頁、若美町教育委員会。

鈴木雄三・春日茂一・渡辺昌幸ほか　1984『四十内遺跡』郡山市教育委員会。

須藤　隆　1970a「大曲市宇津ノ台遺跡の弥生式土器について」『文化』33-3、72-109頁。

須藤　隆　1970b「青森県大畑町二枚橋遺跡出土の土器・石器について」『考古学雑誌』56-2、10-65頁。

須藤　隆　1983「東北地方の初期弥生土器—山王Ⅲ層式—」『考古学雑誌』68-3、1-53頁。

須藤　隆　1984「弥生文化の伝播と恵山文化の成立」『考古学論叢』Ⅰ、309-360頁。

須藤　隆　1990「東北地方における弥生文化」『伊東信雄先生追悼　考古学古代史論攷』、243-322頁。

須藤　隆　1997「東北地方における弥生文化成立過程の研究」『歴史』89、44-82頁。

須藤　隆　1998『東北日本先史時代文化変化・社会変動の研究』纂修堂。

須藤　隆　1999a「岩手県足沢遺跡資料　山内清男考古資料10」奈良国立文化財研究所。

須藤　隆　1999b「弥生土器と農耕社会」『仙台市史』通史編1原始、359-376頁、仙台市。

須藤　隆編　1984『中沢目貝塚　縄文時代晩期貝塚の研究』東北大学文学部考古学研究室。

須藤　隆編　1996『国史跡山王囲遺跡発掘調査報告書Ⅰ』一迫町教育委員会。

須藤　隆・工藤哲司　1991「東北地方弥生文化の展開と地域性」『北からの視点』、97-114頁、日本考古学協会1991年度宮城・仙台大会実行委員会。

須藤　隆・田中　敏編　1984『福島県会津若松市墓料遺跡　1980年度発掘調査報告書』会津若松市教育委員会。

Stuiver,M.,Reimer,P.J.,Bard,E.,Beck,J.W.,Burr,G.S.,Hughen,K.A.,Kromer,B.,McCormac,G.,van der Plincht,J.and Spurk,M.1998 INTCAL98 radiocarbon age calibration,24,000-0 cal BP.Radiocarbon,40,pp.1041-1083.

Zvelvil,M.and Rowley-Conwy,P. 1984 Transition to farming in northern Europe:a hunter-gatherer perspective,Norwegian Archaeological Review 17,pp.104-127.

Zvelvil,M.and Rowley-Conwy,P.1986 Forager and farmaers in Atlantic Europe.in M.Zvelbil(ed.) Hunters in Transition,pp.67-93.Cambridge University Press.

澄田正一・大参義一・岩野見司　1967『新編一宮市史　資料編二』。

住田町教育委員会　1973『湧清水洞窟遺跡』住田町教育委員会。

井　憲治・吉田亨子　1994『南入A・長瀞遺跡（第2次・第3次調査）　原町火力発電所

関連遺跡調査報告書Ⅳ』福島県教育委員会・福島県文化センター。

瀬川芳則　1983「稲作農業の社会と民俗」『稲と鉄―さまざまな王権の基盤』131-218頁、小学館。

関　孝一　1965「長野県埴科郡保地遺跡発掘調査概報」『考古学雑誌』51-3、25-43頁。

関野　克　1938「埼玉縣福岡村の縄紋前期住居址と堅穴住居の系統に就いて」『人類学雑誌』53-8、1-18頁。

芹沢長介　1960『石器時代の日本』築地書館。

仙台市　1950『仙台市史』3　別編1。

＜た行＞

高島好一・木幡成雄ほか　1993『久世原館・番匠地遺跡』いわき市・いわき市教育委員会。

高瀬克範　1996「恵山文化における魚形石器の機能・用途」『物質文化』60、60-70頁。

高瀬克範　1998「恵山式土器群の成立・拡散とその背景」『北海道考古学』34、21-40頁。

高瀬克範　2003「続縄文恵山式と東北弥生文化」『東・北日本の弥生文化』(考古学研究会第2回東京例会資料)、20-29頁。

高田和徳ほか　1996『一戸町の遺跡Ⅵ―平成7年度町内遺跡詳細分布調査報告書―』一戸町教育委員会。

高田　勝　1987「郡山市熱海町滝ノ口遺跡1号住居跡出土の土器」仲田茂司編『西方前遺跡Ⅱ　土製品・石製品篇』、140-144頁、建設省三春ダム工事事務所・三春町教育委員会。

高橋栄一・古川一明ほか　1995『高田B遺跡　第2・3次調査』宮城県教育委員会。

高橋憲太郎編　1992『細越Ⅰ遺跡・芋野Ⅱ遺跡』宮古市教育委員会。

高橋義介　1981『火行塚遺跡　二戸バイパス関係遺跡発掘調査報告書』(財)岩手県埋蔵文化財センター。

高橋富雄　1973『東北の歴史と開発』山川出版社

高橋　学　1994『白坂遺跡発掘調査報告書　県営圃場整備事業に係る埋蔵文化財発掘調査』秋田県教育委員会。

高橋　護　1986「遠賀川式土器の伝播」金関恕・佐原真編『弥生文化の研究』9、35-44頁、雄山閣。

高橋　護　1987「遠賀川式土器」金関恕・佐原真編『弥生文化の研究』4、7-16頁、雄山閣。

引用文献（五十音順）

高橋　護　1997「縄文時代中期稲作の探求」『堅田直先生古希記念論文集』、1-21頁。
高橋奥右衛門ほか　1985『川口Ⅱ遺跡発掘調査報告書』（財）岩手県埋蔵文化財センター。
高橋龍三郎　1991「縄文時代の葬制」山岸良二編『原始・古代の墓制』、pp. 48-84、同成社。
高橋龍三郎　1993「大洞C2式土器細分のための諸課題」『先史考古学研究』4、83-151頁。
高畑知功　1984「田植えと収穫量」『百間川原尾島遺跡2　旭川放水路（百間川）改修工事に伴う発掘調査Ⅴ（本文）』、678-693頁、岡山県文化財保護協会。
滝沢村教育委員会　1986『湯舟沢遺跡』滝沢村教育委員会・（財）岩手県文化振興事業団埋蔵文化財センター・トーメン住宅開発株式会社。
滝沢幸長・工藤竹久　1984『剣吉荒町遺跡発掘調査報告書』名川町教育委員会。
田鎖壽夫　1995『大日向Ⅰ遺跡発掘調査報告書―第2次～第5次調査―』（財）岩手県文化振興事業団埋蔵文化財センター。
竹島国基　1968「先史時代・古墳時代」『原町市史』、5-72頁。
武田耕平・丸山泰徳・堀江　格・安中　浩ほか　1991『南諏訪原遺跡　松山小学校移転用地内発掘調査報告』福島市教育委員会・（財）福島市振興公社・福島地方土地開発公社。
武田祐浩　1991『上猪岡遺跡　東北横断自動車道秋田線発掘調査報告書Ⅹ』秋田県教育委員会。
田崎博之　1989「地形と土と水田」下條信行編『古代史復原』4弥生農村の誕生、56-67頁、講談社。
田崎博之　2002「日本列島の水田稲作―紀元前1千年紀の水田遺構からの検討―」後藤直・茂木雅博編『東アジアと日本の考古学Ⅳ生業』、73-117頁、同成社。
橘　善光　1971「青森県尻屋念仏間の弥生式土器について」『北海道考古学』7、39-43頁。
橘　善光　1977『下北の古代文化』下北の歴史と文化を語る会。
橘　善光　1981「青森県出土の石包丁について」『考古風土記』6、118－125頁。
橘　善光　1994『むつ市史　原始・古代・中世編』むつ市。
橘　善光・山本一雄　1967「青森県むつ市江豚沢遺跡調査概報（1）」『うそり』4、17-23頁。
田中清美　2000「河内潟周辺における弥生文化の着床過程」『突帯文と遠賀川』、869-901

田中國男　1944（1972再版）『弥生式縄文式接触文化の研究』。

田中良之　1986「縄文土器と弥生土器　西日本」金関恕・佐原真編『弥生文化の研究』3、115-125頁。

田中良之　1993「古人骨から推定する親版システム」『朝日ワンテーママガジン日本人はどこからきたか』、223-232頁、朝日新聞社。

田中良之　1998「出自標示論批判」『日本考古学』5、1-18頁。

田中良之・土肥直美　1988「出土人骨の親族関係の推定」『伊川津貝塚』、421-425頁、渥美町教育委員会。

Tanaka,Y. 1993 Tooth measurements as indicators of kinship distance and post-marital residence patterns in the final Jomon of Western Japan.Abstracts of the 58th annual meeting,p.137,Society for American Archaeology.

田辺昭三・佐原　真　1966「弥生文化の発展と地域性　3 近畿」和島誠一編『日本の考古学Ⅲ弥生時代』、108-140頁、河出書房新社。

谷口　肇　1989「『東北遠賀川論』の再検討及びその意義」『早稲田大学大学院文学研究科紀要哲学・史学編別冊』15、199-209頁。

谷口　肇　1996「ポスト浮線紋―神奈川周辺の状況―（その1）」『神奈川考古』32、153-166頁。

種市　進編　1983『道地Ⅱ遺跡・道地Ⅲ遺跡発掘調査報告書東北縦貫自動車道関連遺跡発掘調査』（財）岩手県埋蔵文化財センター。

田畑直彦　1997「畿内第Ⅰ様式古・中段階の再検討」『立命館大学考古学論集Ⅰ』、79-99頁。

田畑直彦　2000「西日本における初期遠賀川式土器の展開」『突帯文と遠賀川』、913-956頁。

田部井　功　1992「大洞A2式に関する覚書」『古代』95、89-113頁。

Childe,G. 1958 The prehistory of European society,Penguin Ltd.

辻　秀人・藤原妃敏ほか　1992『桜井』。

都出比呂志　1983「古代水田の二つの型」『展望・アジアの考古学　樋口隆康教授退官記念論集』、394-410頁、新潮社。

都出比呂志　1988「森本六爾論」金関恕・佐原真編『弥生文化の研究』10、133-145頁、雄山閣。

都出比呂志　1989『日本農耕社会の成立過程』岩波書店。

引用文献（五十音順）

坪井洋文　1979『イモと日本人』未來社。

坪井洋文　1982『稲を選んだ日本人』未來社。

勅使河原　彰　1988『日本考古学史　年表と解説』東京大学出版会。

勅使河原　彰　1995『日本考古学の歩み』名著出版。

Dennel,R. 1983 European Economic Prehistory;A New Approach,Academic Press.（先史文化談話会訳 1995『経済考古学―ヨーロッパ先史時代の新しい区分―』同成社）

出原恵三　2000「四国における遠賀川式土器の成立」『突帯文と遠賀川』、825-868 頁。

寺崎裕助・高橋保雄・高橋昌也・竹田和夫ほか　1986『北陸自動車道糸魚川地区発掘調査報告書Ⅳ　原山遺跡　大塚遺跡』新潟県教育委員会。

寺沢　薫　1986「稲作技術と弥生の農業」森浩一編『日本の古代』4 縄文・弥生の生活、291-350 頁、中央公論社。

寺沢　薫・寺沢知子　1981「弥生時代植物質食料の基礎的研究―初期農耕社会研究の前提として―」『考古学論攷　橿原考古学研究所紀要』5、1-129 頁。

寺沢　薫・森岡秀人編　1989『弥生土器の様式と編年　近畿編Ⅰ』木耳社。

寺沢　薫・森岡秀人編　1990『弥生土器の様式と編年　近畿編Ⅱ』木耳社。

土肥富士夫編　1986『小島六十苅遺跡』七尾市教育委員会。

藤間生大　1949『政治的社会の成立』社会構成史体系第 1 部、日本評論社。

富樫泰時・高橋忠彦・柴田陽一郎　1981『藤株遺跡発掘調査報告書』秋田県教育委員会。

土岐山　武　1980「安久東遺跡」『東北新幹線関係遺跡調査報告書Ⅳ』宮城県教育委員会。

栃澤満郎　1985『小井田Ⅲ遺跡発掘調査報告書　東北縦貫自動車道関連遺跡発掘調査』（財）岩手県埋蔵文化財センター。

Thomas,J.　1988 Neolithic Explanations Revisited:The Mesolithic-Neolithic Transition in Britain and South Scandinavia.Proceedings Prehistoric Society 54, pp59-66.

Thomas,J.　1991 Rethinking the Neolithic.Cambridge University Press.

Thomas,J.　1999 Understanding the Neolithic,Routledge.

富岡直人　1996「中在家南遺跡出土動物遺存体の分析」工藤哲司編『中在家南遺跡他　仙台市荒井土地区画整理事業関係発掘調査報告書』、201-254 頁、仙台市教育委員会。

外山和夫　1986a「三笠山岩陰遺跡」『群馬県史』資料編 2 原始古代 2、483-485 頁。

外山和夫　1986b「只橋川下岩陰遺跡」『群馬県史』資料編 2 原始古代 2、485-487 頁。

外山和夫・宮崎重雄・飯島義雄　1989「再葬墓における穿孔人歯骨の意味」『群馬県立歴史博物館紀要』10、1-30 頁。

<な行>

中井一夫　1975「前期弥生文化の伝播について」『橿原考古学研究所論集』、75-98 頁。

中沢道彦　1991「氷式土器をめぐる研究史（一）」『信濃』43-5、439-457 頁。

中沢道彦　1998「縄文文化の終焉」『御代田町誌歴史編上』、158-192 頁。

中沢道彦・丑野　毅　1998「レプリカ法による縄文時代晩期土器の籾状圧痕の観察」『縄文時代』9、1-28 頁。

長島栄一編　1992『郡山遺跡―第 65 次発掘調査報告書―』仙台市教育委員会。

中島俊一　1977『松任市長竹遺跡発掘調査報告　県道松任―矢作道路改良工事関係埋蔵文化財発掘調査報告書』石川県教育委員会。

中島直幸ほか　1982『菜畑　佐賀県唐津市における初期稲作遺跡の調査』唐津市教育委員会。

中島　宏ほか　1984『池上・池守』埼玉県教育委員会。

永嶋　豊　2002「東北地方北部の初期弥生集落―亀ヶ岡集落からの系譜―」『月刊文化財』470、8-13 頁。

仲田茂司編　1987『西方前遺跡Ⅱ土製品・石製品篇』建設省三春ダム工事事務所・三春町教育委員会。

中西靖人　1984「前期弥生ムラの二つのタイプ」『縄文から弥生へ』、120-126 頁、帝塚山考古学研究所。

中西靖人　1992「農耕の定着」『新版古代の日本』5 近畿Ⅰ、93－118 頁、角川書店。

長橋　至・阿部明彦　1984『作野遺跡発掘調査報告書』山形県教育委員会。

永峰光一　1969「氷遺跡の調査とその研究」『石器時代』9、1-54 頁。

中村　大　1993「秋田県柏子所貝塚からみた亀ヶ岡文化―装身具に見る階層化社会―」『考古学ジャーナル』368、25-30 頁。

中村五郎　1976「東北地方南部の弥生式土器編年」東北考古学会編『東北考古学の諸問題』、205-248 頁。

中村五郎　1978「東部・西部弥生式土器と続縄文土器の編年関係」『北奥古代文化』10、1-8 頁。

中村五郎　1982『畿内第Ⅰ様式に並行する東日本の土器』。

中村五郎　1988『弥生文化の曙光』未來社。

中村五郎　1990a「第Ⅴ章人工遺物　第 1 節土器」『荒屋敷遺跡Ⅱ』、181-502 頁、福島県会津若松建設事務所・三島町教育委員会。

中村五郎　1990b「建造物の推定」『荒屋敷遺跡Ⅱ』、116-125頁、三島町教育委員会。
中村五郎　1998「いわき地方の弥生土器編年について」『いわき市教育文化事業団研究紀要』9、15-20頁。
中村五郎・穴沢咊光　1958「福島県・川原町口遺跡について」『古代学研究』19、20-23頁。
中村五郎・新井田忠誠・生江芳徳・本田　昇・芳賀英一　1980「北会津村西麻生遺跡A地点出土の弥生式土器」『福島県考古学年報』9、43-64頁。
中村友博　1982「土器様式変化の一研究―伊勢湾第Ⅰ様式から伊勢湾第Ⅱ様式へ―」『考古学論考』、159-188頁、小林行雄博士古希記念論文集刊行委員会。
中村　豊　2000「阿波地域における弥生時代前期の土器編年」『突帯文と遠賀川』、471-497頁。
中村良幸　1979『小田遺跡発掘調査報告書』大迫町教育委員会。
中山平次郎　1932「福岡地方に分布せる二系統の弥生式土器」『考古学雑誌』22-6、1-28頁。
中山雅弘・廣岡　敏　1986『向山遺跡　弥生時代から平安時代の遺物包含層の調査』いわき市教育委員会。
中谷治宇二郎　1934「日本石器時代に於ける大陸文化の影響」『考古学』5-4、91-103頁。
長山幹丸　1990『木形台Ⅱ遺跡発掘調査報告書』協和町教育委員会・建設省磐城国道事務所。
名取市教育委員会　1995『平成6年度　年報』名取市教育委員会。
浪岡　実　1991「砂沢遺跡出土の炭化米について」藤田弘道・矢島敬之ほか『砂沢遺跡発掘調査報告書―本文編―』、239-242頁、弘前市教育委員会。
奈良貴史・鈴木敏彦・百々幸雄　1998「96年里浜貝塚出土人骨について」会田容弘編『里浜貝塚平成9年度発掘調査概報』、119-134頁、鳴瀬町教育委員会・奥松島縄文村歴史資料館。
成田滋彦・北林八洲晴ほか　1984『大石平遺跡』青森県教育委員会。
名和達郎・渡辺　薫　1994『岡ノ台遺跡発掘調査報告書』(財)山形県埋蔵文化財センター。
贊　元洋　1993『白石遺跡』豊橋市教育委員会。
西沢寿晃　1982「中部高地諸遺跡出土の抜歯人骨」『中部高地の考古学』Ⅱ、33－46頁。
西村正衛　1961「千葉県成田市荒海貝塚―東部関東地方縄文文化終末期の研究―（予報）」『古代』36、1-18頁。

西村正衛　1975「千葉県成田市荒海貝塚（第二次調査）―東部関東における縄文後・晩期文化の研究（その二）―」『學術研究―地理学・歴史学・社会科学編―』24、1-25頁、早稲田大学教育学部。

丹羽佑一　1982「縄文時代の集団構造―中期集落における住居址群の分析より―」『考古学論考』、41-74頁、平凡社。

丹羽佑一　1994「縄文集落の基礎単位の構成員」『文化財学論集』、221-228頁。

丹羽佑一　2000「稲作の始まり」佐原真・都出比呂志編『古代史の論点1　環境と食料生産』、139-166頁。

襧宜田佳男　1993「東北の弥生石器」『弥生文化博物館研究報告』2、149-170頁。

襧宜田佳男　2000「稲作の始まり」佐原真・都出比呂志編『古代史の論点1 環境と食料生産』、139-166頁、小学館。

＜は行＞

Heine-Geldern,R.1932 Urheimat und Fruheste Wanderungen der Austronesir,Anthropos 27, pp.543-619.

芳賀英一　1986『国営会津農業水利事業関連遺跡調査報告書Ⅳ　下谷地ヶ平B・C』福島県教育委員会。

芳賀英一　1988『国営会津農業水利事業関連遺跡調査報告書Ⅵ　一ノ堰A・B遺跡』福島県教育委員会。

芳賀英一　1998「再葬墓の構成土器」目黒吉明ほか『福島県指定史跡　鳥内遺跡』、269-288頁、石川町教育委員会。

橋口達也　1985「日本における稲作の開始と発展」『石崎曲り田遺跡』Ⅲ（今宿バイパス関係埋蔵文化財調査報告11）、5-102頁、福岡県教育委員会。

橋口達也　1999『弥生文化論　稲作の開始と首長権の展開』雄山閣。

羽柴直人　1994「岩泉町安家出土の縄文時代終末期の土器」『岩手考古学』6、59-63頁。

橋本澄夫　1982「能登邑知地溝帯とその周辺の文化―四つの雑感を中心に―」『七尾市奥原縄文遺跡・奥原遺跡』、92-104頁、石川県立埋蔵文化財センター。

橋本　正　1976「竪穴住居の分類と系譜」『考古学研究』23-3、37-72頁。

長谷部言人　1919「上顎外切歯を欠く貝塚頭骨」『人類学雑誌』34-8、274-276頁。

長谷部言人　1925「陸前大洞貝塚調査所見」『人類学雑誌』40-10、349-360頁。

畠山憲司・橋本高史・栗澤光男　1979『梨ノ木塚遺跡発掘調査報告書』秋田県教育委員会。

引用文献（五十音順）

八賀　晋　1979「水田区画にみる水稲耕作技術」『日本の黎明―考古資料にみる日本文化の東と西―』、226-231頁、京都国立博物館。
八戸市教育委員会　1978『是川中居遺跡地内発掘調査概要』八戸市教育委員会。
八戸市教育委員会編　1988a『八幡遺跡発掘調査報告書』八戸市教育委員会。
八戸市教育委員会編　1988b『八戸新都市区域内埋蔵文化財発掘調査報告書V　田面木平遺跡（1）』八戸市教育委員会。
服部信博編　1992『山中遺跡』愛知県埋蔵文化財センター。
花篭博文・鎌田祐二　1985『城内遺跡』紫波町教育委員会。
Hanihara,K. 1987 Estimation of the number of early migrants to Japan:A simulative study、『人類学雑誌』95-3、pp. 391-403.
馬場悠男ほか　1986「根古屋遺跡出土の人骨・動物骨」梅宮茂・大竹憲治ほか『霊山根古屋遺跡の研究』、93-106頁、霊山町教育委員会。
濱田　宏・高橋一浩・田中元明　1995『水吉IV遺跡発掘調査報告書』（財）岩手県文化振興事業団埋蔵文化財センター。
浜松市教育委員会　1962『蜆塚遺跡』総括編、浜松市教育委員会。
林　謙作　1976「亀ヶ岡文化論」『東北考古学の諸問題』、169-203頁。
林　謙作　1977「縄文期の葬制　第II部遺体の配列、とくに頭位方向」『考古学雑誌』63-8、211-246頁。
林　謙作　1979a「縄文時代の集落と領域」『日本考古学を学ぶ』（3）原始・古代の社会、108-127頁。
林　謙作　1979b「縄文期の村落をどうとらえるか」『考古学研究』26-3、1-11頁。
林　謙作　1980「東日本縄文期墓制の変遷（予察）」『人類学雑誌』88-3、269-284頁。
林　謙作　1981a「住居面積から判ること」『信濃』33-4、13-27頁。
林　謙作　1981b「縄文晩期という時代」鈴木公雄・林謙作編『縄文土器大成』4晩期、130-136頁。
林　謙作　1981c「271　合口棺」鈴木公雄・林謙作編『縄文土器大成』、173頁。
林　謙作　1982『杉の堂遺跡―第4次発掘調査概報―』水沢市教育委員会。
林　謙作　1986「亀ヶ岡と遠賀川」『岩波講座日本考古学』5 文化と地域性、93-124頁。
林　謙作　1993a「クニのない世界」『みちのく弥生文化』、66-76頁、大阪府立弥生文化博物館。
林　謙作　1993b「縄文時代史　縄文人の領域（4）」『季刊考古学』43、91-98頁。
林　謙作　1994「縄紋時代史　縄紋人の集落（1）」『季刊考古学』47、89-96頁。

引用文献（五十音順）　393

林　謙作　1998「縄紋社会は階層社会か」都出比呂志・田中琢編『古代史の論点』4 権力と国家と戦争、87-110 頁。

林　謙作・小田野哲憲編　1977『谷起島遺跡第一次発掘調査報告書（LOC.A）』一関市教育委員会。

パリノ・サーヴェイ 1992「郡山遺跡発掘調査　材及び種子同定報告」長島栄一編『郡山遺跡―第 65 次発掘調査報告書―』、355-366 頁、仙台市教育委員会。

春成秀爾　1973a「弥生時代はいかにしてはじまったか」『考古学研究』20－1、5－24 頁。

春成秀爾　1973b「抜歯の意義（1）―縄文時代の集団関係とその解体過程をめぐって―」『考古学研究』20-2、25-48 頁。

春成秀爾　1974「抜歯の意義（2）」『考古学研究』20-3、41-58 頁。

春成秀爾　1979「縄文晩期の婚後居住規定」『岡山大学法文学部学術紀要』40（史学篇）、25-63 頁。

春成秀爾　1980a「縄文合葬論」『信濃』32-4、1-35 頁。

春成秀爾　1980b「縄文中・後期の抜歯儀礼と居住規定」『鏡山猛先生古稀記念古文化論攷』、39-68 頁。

春成秀爾　1981「縄文時代の複婚制について」『考古学雑誌』67-2、1-40 頁。

春成秀爾　1983a「縄文墓制の諸段階」『歴史公論』9、40-51 頁。

春成秀爾　1983b「抜歯」『考古遺跡・遺物地名表』、423-429、柏書房。

春成秀爾　1986「縄文・弥生時代の婚姻居住様式」『日本民俗社会の形成と発展―イエ・ムラ・ウジの源流を探る』、391-414 頁、山川出版社。

春成秀爾　1987「縄文社会論」加藤晋平・小林達雄・藤本強『縄文文化の研究』8 社会・文化、223－252 頁。

春成秀爾　1990『弥生時代の始まり』東京大学出版会。

春成秀爾　1993「弥生時代の再葬制」『国立歴史民俗博物館研究報告』49、47-91 頁。

春成秀爾　1997「葬制と親族組織」『展望考古学』、84-93 頁。

Perterson,J.T.1978　The Evolution of Social Boundary,University of Illinois Press.

平井　隆　1928「静岡県浜名郡入野村字蜆塚貝塚より発掘せる三頭蓋骨について」『人類学雑誌』43-5、197-216 頁。

平井　勝　1985「瀬戸内地方における縄文時代研究の課題―晩期農耕について―」『考古学研究』32-1、107-117 頁。

平井　勝　1995a「遠賀川系土器の成立」『展望考古学』、67-74 頁。

平井　勝　1995b「岡山平野における遠賀川系土器の出現」『古代吉備』17、20-33頁。
平沢英二郎ほか　1986『田柄貝塚』Ⅰ・Ⅱ・Ⅲ、宮城県教育委員会。
平野吾郎　1985「伊賀谷遺跡出土の土器について」『古代』80、291-310頁。
平山久夫・安藤幸吉・中村五郎　1971「山内清男先生と語る」『北奥古代文化』3、59-80頁。
弘前大学教育学部考古学研究室　1981「牧野Ⅱ遺跡出土遺物について（Ⅰ）―岩木山麓の縄文時代終末期の土器資料―」『弘前大学考古学研究』1、30-45頁。
広瀬和雄　1993「みちのく弥生文化論」『みちのく弥生文化』、49-58頁、大阪府立弥生文化博物館。
広瀬和雄　1997『縄紋から弥生への新歴史像』角川書店。
廣野耕造　1996『石動遺跡―平成7年度発掘調査概報』新潟市教育委員会。
Fisher,A. 1982 Trade in Danubian shaft-hole axes and introduction of Neolithic economy in Denmark,Journal of Danish Archaeology 1,pp.7-12.
福島正美編　1987『吉崎・次場遺跡　第1分冊（資料編(1)）』石川県埋蔵文化財センター。
福田正宏　1997「亀ヶ岡式土器における入組文のゆくえ」『物質文化』63、36-57頁。
釜山大学校博物館　1995『蔚山検丹里マウル遺跡』釜山大学校博物館研究叢書第17輯。
藤尾慎一郎　1987「板付Ⅰ式甕形土器の成立とその背景」『史淵』124、1-27頁。
藤尾慎一郎　1991「水稲耕作開始期期の地域性」『考古学研究』38-2、30-54頁。
藤尾慎一郎　1993「生業からみた縄文から弥生」『国立歴史民俗博物館研究報告』48、1-66頁。
藤尾慎一郎　1999「福岡平野における弥生文化の成立過程　狩猟採集民と農耕民の集団関係」『国立歴史民俗博物館研究報告』77、51-83頁。
藤尾慎一郎　2000「弥生文化の範囲」国立歴史民俗博物館編『倭人をとりまく世界』、158-171頁、山川出版社。
藤沢一夫・小林行雄　1934「尾張西志賀の遠賀川系土器」『考古学』5-2、44-50頁。
藤田弘道・矢島敬之ほか　1988『砂沢遺跡発掘調査報告書―図版編―』弘前市教育委員会。
藤田弘道・矢島敬之ほか　1991『砂沢遺跡発掘調査報告書―本文編―』弘前市教育委員会。
藤村東男　1980「大洞諸型式設定に関する二、三の覚書」『考古風土記』5、19-35頁。
藤村東男編　1977『九年橋遺跡第3次調査報告書』北上市教育委員会。

　　　　　　1980『九年橋遺跡第 6 次調査報告書』北上市教育委員会。
　　　　　　1988『九年橋遺跡第 11 次調査報告書』北上市教育委員会。
藤本　強　1979『北辺の遺跡』教育社。
藤本　強　1988『もう二つの日本文化』（UP 考古学選書）、東京大学出版会。
藤原宏志　1990「砂沢遺跡におけるプラント・オパール分析」藤田弘道・矢島敬之ほか
『砂沢遺跡発掘調査報告書本文編』、235-238 頁、弘前市教育委員会。
藤原宏志・佐々木章・俣野敏子　1989「先史時代水田の区画規模決定要因に関する検討」
『考古学と自然科学』21、23-33 頁。
藤原宏志・松田隆二・杉山真二　1990「青森：垂柳遺跡における水田域の推定とその変遷
に関する実証的考察」『考古学と自然科学』22、29-41 頁。
Hutterer,K.1976　An Evolutionary Approach to the Southeast Asian Cultural Sequence,Current Anthropology 17,pp.221-242.
舟橋京子　2003「縄文時代の抜歯施行年齢と儀礼的意味—晩期西日本の諸遺跡出土人骨を対象として—」『考古学研究』50-1、56-76 頁。
文化庁　1997「平成 6・7 年度史跡の新指定」『考古学雑誌』83-2、96-109 頁。
Headland,T.N.and Reid,L.A.1989　Hunter-gatherers and their neighbor from prehistory to the present,Current Anthropology 30,pp.43-66.
星川清親　1984「富沢水田遺跡泉崎前地区出土種子鑑定」工藤哲司編『富沢水田遺跡　病院建設に伴う泉崎前地区の調査報告書』、201-210 頁、仙台市教育委員会。
星川清親・庄司駒男　1987「仙台市富沢遺跡より発掘された植物遺体の鑑定報告」『富沢　仙台市都市計画道路長町・折立線建設に伴なう富沢遺跡台 15 次発掘調査報告書』、413-430 頁、仙台市教育委員会。
星川清親・庄司駒男　1988「富沢遺跡台 28 次調査出土種子鑑定結果」『富沢遺跡第 28 次発掘調査報告書』、137-139 頁、仙台市教育委員会。
星　雅之・阿部勝則・佐瀬　隆・高橋與右衛門　1998『本内Ⅱ遺跡発掘調査報告書　東北横断自動車道秋田線建設関連　遺跡発掘調査』（財）岩手県文化振興事業団埋蔵文化財センター。
細谷　葵　2000「「交流」の復元レシピ"欧米風"」小川英文編『交流の考古学』、199-227 頁、朝倉書店。
堀田　満ほか編　1989『世界有用植物事典』平凡社。

<ま行>

引用文献（五十音順）

前田清彦ほか　1993『麻生田大橋遺跡発掘調査報告書』豊川市教育委員会。
前田義明・磯部　勝　1990『平成元年度京都市埋蔵文化財発掘調査概要』（財）京都市埋蔵文化財研究所。
前田佳久編　1993『大開遺跡発掘調査報告書』神戸市教育委員会・（財）神戸市教育スポーツ公社。
前山精明　1996「縄文時代晩期後葉集落の経済基盤―新潟県御井戸遺跡出土植物性食料残渣の計量分析から―」『考古学と遺跡の保護』、83-99頁。
増子康眞　1988「東海からみた北陸における弥生式土器成立の過程」『大境』12、41-58頁。
松崎　真・山岸英夫　1990『角間遺跡　東北横断自動車道遺跡調査報告8』福島県教育員会・福島県文化センター。
松田　訓・森　勇一・宮腰健司・佐藤公保　1990『月縄手・貴生町遺跡』愛知県埋蔵文化財センター。
松村博道ほか　1995『雀居遺跡』（福岡市埋蔵文化財調査報告書407）福岡市教育委員会。
松本　茂編　1985「第1編　岩下A遺跡（第1次）」『真野ダム関連遺跡発掘調査報告Ⅶ』、9-171頁、福島県教育委員会・福島県文化センター。
松本　茂・吹野富美夫ほか　1988「第2編岩下A遺跡（第2次）」『真野ダム関連遺跡発掘調査報告ⅩⅠ　松ヶ平B遺跡　岩下A遺跡（第2次）、羽白D遺跡（第2次）　宮内B遺跡（第1次）』、71-174頁、福島県教育委員会・財団法人福島県文化センター。
松本建速　1998「大洞A'式土器を作った人々と砂沢式土器を作った人々」『野村崇先生還暦記念論集　北方の考古学』、225-251頁。
松本友之・山内幹夫　1977『輪山遺跡　先土器・弥生時代遺構の調査』いわき市教育委員会。
松本直子　2000『認知考古学の理論と実践的研究　縄紋から弥生への社会・文化変化のプロセス』九州大学出版会。
松本彦七郎　1920「二三石器時代に於ける抜歯風習の有無及様式に就て」『人類学雑誌』35-3・4、61-83頁。
松本彦七郎　1922「二三石器時代古式遺跡に於ける抜歯風習について」『人類学雑誌』37-8、243-254頁。
松山　力・鈴木克彦・成田滋彦・城前喜英　1979『新郷村咽畑遺跡の調査―咽畑遺跡発掘調査報告書―』亀ヶ岡文化研究会。

引用文献（五十音順）

馬目順一　1971『岩代陣場遺跡の研究』本宮町教育委員会。
馬目順一　1978「弥生土器—東北　南東北 3—」『考古学ジャーナル』154、12-19 頁。
馬目順一　1982『楢葉天神原弥生遺蹟の研究』Ⅰ・Ⅱ、楢葉町教育委員会。
馬目順一　1983「東北南部」佐原真編『弥生土器Ⅱ』、533-603 頁。
馬目順一　1987「桝形式と南御山式土器」金関恕・佐原真編『弥生文化の研究』4、181-192 頁。
馬目順一・古川　猛　1970『福島県郡山市一人子遺跡の研究—所謂亀ヶ岡式土器終末期の吟味—』南奥考古学研究叢書Ⅰ。
豆谷和之　1995「前期弥生土器出現」『古代』99、48-73 頁。
豆谷和之　2000「遠賀川式土器の成立」『弥生文化の成立—各地域における弥生文化成立期の具体像—』、1-10 頁、埋蔵文化財研究会。
三浦圭介・内村三千夫　1982「前坂下（3）遺跡」『下北地点原子力発電所建設予定地内埋蔵文化財試掘調査報告書』青森県教育委員会。
皆川隆男　1988『牛窪遺跡　羽太地区遺跡発掘調査報告書Ⅲ』西郷村教育委員会。
三宅徹也　1975「西津軽郡深浦町吾妻野Ⅱ遺跡出土土器について」『調査研究年報』1、131-143 頁、青森県立郷土館。
宮崎重雄・外山和夫・飯島義雄　1985「日本先史時代におけるヒトの骨及び歯の穿孔について—束脛洞窟遺跡資料を中心に—」『群馬県立歴史博物館紀要』6、77-108 頁。
宮城県教育委員会文化財保護課編　1977『清太原西遺跡・船渡前遺跡』宮城県教育委員会。
宮古市教育委員会　1998『近内中村遺跡—平成 10 年度発掘調査現地公開資料—』。
宮本一夫　2000「縄文農耕と縄文社会」佐原真・都出比呂志編『古代史の論点 1　環境と食料生産』115-138 頁、小学館。
宮本長二郎　1986「住居と倉庫」金関恕・佐原真編『弥生文化の研究』7 弥生集落、9-23 頁。
三好孝一　1992「歴史的環境」『河内平野遺跡群の動態』（財）大阪府文化財調査研究センター。
三好孝一編　1996『巨摩・若江北遺跡発掘調査報告書—第 5 次—』（財）大阪府文化財調査研究センター。
武藤裕浩　1991『上猪岡遺跡　東北横断自動車道秋田線発掘調査報告書Ⅹ』秋田県教育委員会。
武藤康弘　1993「竪穴住居の面積」『季刊考古学』44 号、23-27 頁。

武藤康弘　1999「縄文、階層化した狩猟採集民」『考古学研究』45-4、24-25頁。

村木　淳編　1996『牛ヶ沢(4)遺跡Ⅰ　石灰石採掘表土堆積場設置事業に伴う第1次発掘調査』八戸市教育委員会。

村越　潔　1965「東北北部の縄文式に後続する土器」『弘前大学教育学部紀要』14、27-34頁。

目黒吉明　1962「福島県田村郡御代田遺跡について」『東北考古学』3、30-43頁。

目黒吉明・柴田俊彰・芳賀英一・梅宮　茂ほか　1998『福島県指定史跡　鳥内遺跡』石川町教育委員会。

Mellers,P. 1976　Fire ecology,animal populations and man,Proceedings of the Prehistoric Society 42,pp.15-45.

毛利俊雄・奥千奈美　1998「西日本縄文晩期抜歯型式のもつ意味―頭蓋非計測的特徴による春成仮説の検討―」『考古学研究』45-1、91-101頁。

本吉町教育委員会　1979『前浜貝塚』本吉町教育委員会。

森岡秀人　1984「縄文ムラと弥生ムラの出会い―畿内北部を中心として―」『縄文から弥生へ』、38-48頁、帝塚山考古学研究所。

森岡秀人　1993「初期稲作志向モデル論序説―縄文晩期人の近畿的対応―」『関西大学考古学研究室解説四拾周年記念　考古学論叢』、25-53頁、関西大学。

森貞次郎・岡崎　敬　1961「福岡県板付遺跡」『日本農耕文化の生成』、37-77頁、東京堂出版。

森本六爾　1933「東日本の縄文式時代における弥生式並びに祝部式系文化の要素の摘出の問題」『考古学』4-1、7-12頁。

<や行>

谷地　薫・柴田陽一郎　1992『家ノ後遺跡　曲田地区農免農道整備事業に係る埋蔵文化財調査報告書Ⅱ』秋田県教育委員会。

柳瀬昭彦　1988「米の調理法と食べ方」金関恕・佐原真編『弥生文化の研究』8 生業、84-95頁、雄山閣。

八幡一郎　1930「奥羽文化南漸資料」『考古学』1-1、18-20頁。

八幡一郎　1938「先史遺物用途の問題」『ひだびと』6-1、7-9頁。

山口　巖　1996『浄法寺町遺跡地図』浄法寺町教育委員会。

山口　巖　1998「縄文晩期～続縄文前葉の集落―岩手県上杉沢遺跡」『季刊考古学』63、81-82頁。

山口　巌編　2001『上杉沢遺跡』浄法寺町教育委員会。
山崎純男　1987「北部九州における初期水田」『九州文化史研究所紀要』32、127-186頁。
山下孫継・鍋倉勝夫　1974『鎧田遺跡発掘調査報告書』秋田県教育委員会。
山田康弘　1993「遠賀川系土器使用の壺棺葬の系譜とその性格について」『筑波大学先史学・考古学研究』4、71-90頁。
山内清男　1925「石器時代にも稲あり」『人類学雑誌』40-5、181-184頁。
山内清男　1930「所謂亀ヶ岡式土器の分布と縄紋式土器の終末」『考古学』1-3、139-157頁。
山内清男　1936a「日本考古学の秩序」『ミネルヴァ』1-4、137-146頁。
山内清男　1936b「考古学の正道―喜田博士に呈す」『ミネルヴァ』1-6・7、37-43頁。
山内清男　1939『日本遠古之文化』(補注付新版)。
山内清男　1968「日本先史時代概説」『日本原始美術』1、135-147頁。
山内清男　1972「縄紋式土器・総論」『先史考古学論文集』新第四集、145-183頁。
山内清男編　1964『日本原始美術』1、講談社。
家根祥多　1993「遠賀川式土器の成立をめぐって―西日本における農耕社会の成立―」坪井清足さんの古希を祝う会編『論苑考古学』、267-329頁。
家根祥多　1997「朝鮮無文土器から弥生土器へ」『立命館大学考古学論集Ⅰ』、39-64頁、立命館大学考古学論集刊行会。
山本悦世ほか　1992『津島岡大遺跡3』岡山大学埋蔵文化財調査研究センター。
湯尻修平　1983「柴山出村式土器について」『北陸の考古学』(石川考古学研究会々誌26)、233-255頁。
横尾秋子　1973「米沢市堂森遺跡出土の弥生式土器」『最上川流域の歴史と文化』、52-82頁、山形史学研究会。
横山浩一　1979「刷毛目技法の源流に関する予備的考察」『九州文化史研究所紀要』24、233-245頁。
吉岡康暢　1971「石川県下野遺跡の研究」『考古学雑誌』56-4、1-49頁。
吉川國男　1982「西関東における弥生文化の波及について」『埼玉県史研究』9、1-20頁。
吉川純子　1996「中在家南遺跡より出土した大型植物化石」工藤哲司編『中在家南遺跡他仙台市荒井土地区画整理事業関係発掘調査報告書』分析・考察編、57-68頁、仙台市教育委員会。
吉川純子　2000「高田B遺跡より出土した大型植物遺体」荒井格・赤澤靖章『高田B遺跡発掘調査報告書』仙台市教育委員会。

吉崎昌一　1992「青森県八幡遺跡12号住居から検出された雑穀類とコメほかの植物種子」小笠原善範編『八幡遺跡』、59-73頁、八戸市教育委員会。
吉崎昌一　1997「縄文時代の雑穀栽培」『第四紀研究』36-5、343-346頁。
吉田富夫　1951「接触式土器の一新例」『考古学雑誌』37-4、41頁。
吉田富夫・和田英雄　1971『名古屋市中区古沢町遺跡発掘調査報告書Ⅰ縄文時代編』名古屋市教育委員会。
吉田　寛　1993「大分市植田市遺跡出土の縄文晩期土器―特殊な鉢形土器の紹介を中心に―」『古代』95、12-23頁。
吉田博行ほか　1983『五本松遺跡』会津武家屋敷・会津歴史資料館。
吉田博行・古川利意ほか　1992『経塚古墳発掘調査報告書』会津坂下町教育委員会。

＜わ行＞
若松博憲編　1997『水走遺跡第3次・鬼虎川遺跡第21次発掘調査報告』東大阪市教育委員会・(財) 東大阪市文化財協会。
渡辺一雄・大竹憲治　1983『道平遺跡の研究―福島県道平における縄文時代後・晩期埋設土器群の調査―』大熊町教育委員会。
渡辺一雄・大竹憲治・大平好一ほか　1981『三貫地遺跡』福島県三貫地遺跡発掘調査団。
渡邊朋和 1998「三、緒立遺跡B地区出土土器 (2) 弥生土器」『黒埼町史　資料編一　原始・古代・中世』、65-115頁、黒埼町。
渡辺　誠　1966「縄文文化における抜歯風習の研究」『古代学』12-4、173-201頁。
渡部　紀　1995『伊古田遺跡　仙台市高速鉄道関係遺跡発掘調査報告書Ⅲ』仙台市教育委員会。
和深俊夫・矢島敬之・末之成清・佐藤勝比古　1996『番匠地遺跡―水田跡の調査―』財団法人いわき市教育文化事業団。

＜ら行＞
Rowley-Conwy,P.1983　Sedentary hunters:the Ertebølle case, in G.Bailey(ed.)Hunter-Gatherer Economy in Prehistory,pp.11-126,Cambridge University Press.

索　引

〈あ行〉

青木畑式　33, 37, 42, 43, 44, 46, 47, 50, 52, 53, 60, 62, 64, 77, 81, 86, 104
阿賀野川（水系・流域）　38, 81, 91, 94, 95, 100, 104, 105, 121, 127, 133, 136, 138, 263, 277
阿武隈川（水系・流域）　38, 82, 91, 94, 104, 105, 120, 121, 127, 133, 136, 138, 194, 195, 263, 277
井沢式　69, 76, 77, 104, 191
石囲炉　146, 158, 180, 181, 189, 190, 191
石庖丁　12, 111, 195, 218, 261
「移住説」　112, 335
田舎館式（Ⅱ・Ⅲ群）　69, 76, 77, 104, 105, 120
「稲作指向モデル」　323
今和泉式　50, 94, 95, 104
磐城海岸　38, 100, 101, 104, 121, 194, 195, 263, 277
岩木川（水系・流域）　3, 38, 69, 78, 127, 136, 138, 164, 191, 198, 211, 212, 242
宇津ノ台式（1・2群）　81, 100, 104, 105
宇鉄Ⅱ式　68, 69
LBK文化　337
円田式　90, 91
王字文　64, 86, 90, 100
大洞A$_1$式　30, 36, 41, 54, 56, 135, 136, 281
大洞A$_2$式　25, 28, 29, 30, 31, 32, 36, 37, 38, 43, 44, 47, 52, 54, 55, 56, 58, 124, 126, 139
大洞A'式　11, 23, 25, 26, 27, 28, 29, 30, 32, 34, 36, 37, 38, 39, 41, 42, 44, 46, 47, 48, 50, 51, 52, 53, 54, 55, 56, 58, 59, 60, 64, 88, 111, 116, 117, 120, 121, 122, 123, 124, 126, 127, 128, 139, 183, 186, 192, 320
緒立式　56, 60, 132
雄物川（水系・流域）　38, 77, 78, 82, 104, 117, 121, 127, 128, 138, 148, 164, 180, 181, 186, 196, 263
遠賀川式　58, 59, 60
遠賀川系（要素）　112, 113, 114, 116, 117, 120, 121, 133, 135, 141

〈か行〉

階層　4, 15, 16, 283, 326, 327, 330
拡大再生産　194, 212, 279, 281
隔離モデル　339,
笠形（蓋）　128, 129, 130, 131, 132
風無台タイプ（集落）　174, 179, 228, 229, 231
風張タイプ（集落）　174, 178, 179, 191, 194, 228, 231
樫王式　54, 58, 59, 60, 113
「亀ヶ岡式（土器）」　10, 23, 26, 27, 136, 138, 142
「亀ヶ岡文化」　4, 135, 136, 197, 277, 278, 283, 342
亀形土製品　135
渦文　66, 91, 95, 100, 101, 104
川原町口式　94, 95, 100, 101, 105
北上川（水系・流域）　38, 76, 81, 82, 120, 121, 122, 123, 127, 133, 148, 192, 263, 277, 320
漁撈具　263

逆皿形（蓋） 128, 130, 131, 132, 133
「共有スペース」 159
居住単位 15, 19, 163
「均衡モデル」 339
工字文系列 32, 33, 41, 52
研磨加工具 263
氷（I・II）式 54, 55, 56, 58, 59, 60
五所式 69, 104
木葉文 112, 113, 121
小松式 100, 105
婚後居住（規定） 301, 303, 307, 311

〈さ行〉

差違化アプローチ 15, 17, 18, 19, 346
再葬（墓・制） 279, 284, 286, 288, 289, 291, 292, 293, 294, 298, 300, 315, 317, 319, 320
栽培植物（作物） 5, 239
崎山式 90
桜井式 101, 106
雑穀 232, 236, 237, 238, 330
山王III層式 44, 50, 76, 77, 81, 82, 94, 100, 104, 186, 187, 320
三陸沿岸 38, 82, 120, 138, 192, 320
地床炉 180, 181, 189, 190
地蔵田タイプ（集落） 174, 179, 194, 229, 231
志藤沢式 69, 76, 77
柴山出村式 58
下北半島 38, 66, 68, 191
下野式 56
収穫具 218, 223, 242, 260, 261, 262, 277
重三角文 64, 91, 95, 100, 101, 104
「受容説」 335
集住化 195, 212, 238, 275, 281, 320
重菱形文 64, 90, 95, 104
集落（・村落）組織 17, 19, 195, 242, 263, 277, 327

「集落の統合」 179, 184, 185, 186, 187 189, 191, 192, 194, 195, 196, 197, 236, 281, 320, 328, 342
種子 236
狩猟具 263, 264, 273
条痕文（系） 26, 58, 106, 113, 117, 129, 293, 300, 301
縄文系弥生文化 212
使用痕 18, 232, 242, 243, 260, 261, 263, 273
人種論 11
陣場式 95
進歩史観 5
水神平式 54, 58, 59, 60
水田 4, 7, 14, 15, 16, 18, 19, 66, 144, 191, 194, 195, 197, 211, 212, 214, 215, 218, 220, 222, 223, 224, 226, 227, 228, 229, 230, 231, 232, 236, 237, 238, 239, 241, 280, 281, 330
水田構造 214
水田中心史観 329, 330, 333
砂沢式 23, 25, 26, 37, 38, 39, 46, 47, 52, 53, 54, 56, 60, 62, 68, 69, 76, 77, 104, 112, 117, 121, 122, 123, 124, 126, 130, 131, 132, 186, 187, 300
「住み分け論」 323
世帯共同体 325, 326
「世帯の統合」 162, 163, 166, 167, 184, 185, 186, 189, 190, 191, 192, 194, 195, 196, 197, 231, 236, 238, 281, 319, 320, 328, 342
切截加工具 263
仙台平野 38, 44, 76, 82, 86, 90, 94, 95, 100, 104, 121, 127, 128, 139, 144, 194, 195, 196, 198, 212, 218, 223, 263, 276, 277, 279, 329
「占有スペース」 158, 159, 160, 161, 163
「相互依存モデル」 339

層波文　64, 77, 81, 95, 100
相馬海岸　38, 100, 101, 104, 105, 121, 195, 263, 277

〈た行〉

大陸系磨製石器　4, 15, 18, 111
棚倉式　91
単位集団　14
炭化米　12, 66
千網式　54
津軽半島　38, 66, 68, 191
津軽平野　76, 77, 104, 122, 123, 133, 144, 191, 198, 212, 277, 279, 280
寺下式　82, 86, 90, 91, 100, 104
天神原式　100, 101
天皇制イデオロギー　9
天王山式　105, 106
同一化アプローチ　14, 15, 16, 17, 18, 19, 346
「東北型弥生文化論」　16, 327
凸字文系列　32
鳥屋式　56, 60

〈な行〉

長竹式　58
名取平野　44, 194
鳴瀬川（水系・流域）　38, 82
新井田川（水系・流域）　38, 76, 82, 104, 126, 138, 141, 146, 148, 154, 164, 186, 192
二枚橋式　41, 42, 68, 69, 76, 77, 82, 104
熱帯雨林地域　8, 339
念仏間式　68

〈は行〉

橋本式　81
波状文　41, 68, 69, 76, 77, 78, 82
伐採加工具　263

抜歯　301, 302, 303, 304, 307, 311, 312
発展史観　5
原式　82
ひだびと論争　11
ヒトデ文　50, 100
「非文明」　339, 341, 345
江豚沢式　68
浮線文（系）　26, 36, 55, 113, 114, 117, 124, 129, 293, 294, 299, 300, 301
太型蛤刃石斧　111
プラントオパール　223, 236, 329
フローテーション（法）　66, 237
粉砕加工具　263
分散居住　4
変形匹字文　28, 29, 32, 33, 44, 46
変形匹字文系列　32, 33, 41, 52
変形工字文　23, 25, 26, 27, 28, 29, 30, 31, 32, 33, 38, 41, 42, 43, 44, 46, 47, 48, 50, 51, 52, 53, 54, 62, 64, 68, 69, 77, 82, 90, 116

〈ま行〉

桝形式　9, 11, 12, 82, 86, 90, 91, 104, 194, 195
馬淵川（水系・流域）　3, 38, 76, 82, 104, 117, 122, 123, 126, 127, 128, 138, 141, 146, 148, 164, 186, 190, 191, 192, 263
南御山1式　91, 94, 100, 101, 104, 195
南御山2式　76, 91, 94, 95, 100, 101, 104, 120, 195
ミネルヴァ論争　10, 11
御代田式　37, 48, 50, 51, 52, 53, 54, 55, 56, 60, 62, 64, 94, 100, 104, 105, 106, 124, 132
最上川（水系・流域）　38, 82, 91, 104, 127, 138, 196, 263
木製農具　4, 15, 111, 215, 218, 229
「模倣説」　112

籾圧痕　11, 12, 66

〈や行〉

谷起島式　81, 104
山草荷式　95, 100, 105
「弥生化経験」　5, 143, 324, 325, 328, 332, 342
米代川（水系・流域）　38, 77, 78, 82, 104, 123, 127, 138, 148, 164, 180, 186, 195, 262, 263
ヨーロッパ　7, 8, 20, 335, 336, 337, 338, 339

〈ら行〉

雷文　66
流通（機構・原理）　328, 329
龍門寺式　82, 100, 101
龍門寺タイプ（集落）　169, 179, 194, 228
類遠賀川系（土器）　4, 15, 43, 62, 77, 82, 88, 90, 111, 112, 113, 114, 116, 117, 120, 121, 123, 124, 126, 127, 130, 131, 133, 138, 141, 293, 300, 313, 315, 317, 320, 325

【著者略歴】

高 瀬 克 範（たかせ かつのり）
1974年札幌生。1996年北海道大学文学部史学科卒。2001年北海道大学大学院文学研究科博士後期課程修了。博士（文学）。(財)岩手県文化振興事業団埋蔵文化財センターを経て、現在、東京都立大学人文学部史学科助手。

本州島東北部の弥生社会誌

2004年5月20日　初版発行

著　者　高瀬　克範

発行者　八木　環一

発行所　有限会社 六一書房
　　　　〒101-0064　東京都千代田区猿楽町1-7-1　高橋ビル1階
　　　　TEL　03-5281-6161　　FAX　03-5281-6160
　　　　http://www.book61.co.jp/　　E－mail info@book61.co.jp
　　　　振替　00160－7－35346

印　刷　藤原印刷株式会社

ISBN4-947743-22-0　C3021　　　　　　　　　　　　　　Printed in Japan